# 표현의 자유 확장을
# 위한 논리

LOGIC FOR EXPANDING FREEDOM OF EXPRESSION

나와 타인, 모두의 권리를 위하여

이 책의 각 장은 아래와 같은 논문들에 기반한 것임을 밝힙니다.

1장  이정기. 2015. 〈언론인 해고 관련 판결의 특성과 판결에 나타난 법원의 '언론의 자유' 인식, 한계에 관한 탐색적 연구: 이명박 정권 출범 이후의 언론인 해고를 중심으로〉.《한국언론학보》제59권 4호.

2장  이정기. 2019. 〈정치적 풍자의 자유와 한계에 관한 탐색적 연구: 오프라인 공간에 나타난 정치풍자 판례를 중심으로〉.《사회과학연구》제35권 1호.

3장  이정기 · 이재진. 2017. 〈국가인권위원회의 표현의 자유 보호 현황과 한계에 관한 연구: 진정 사례 분석을 중심으로〉.《언론과 법》제16권 2호.

4장  이정기. 2016. 〈'종북(從北)' 관련 판례의 특성과 판례에 나타난 법원의 표현의 자유 인식〉.《미디어와 인격권》제2권 1호.

5장  이정기 · 김현정. 2021. 〈힙합음악의 혐오표현의 자유와 한계〉.《사회과학연구》제37집 1호.

6장  이정기 · 黃于恬. 2019. 〈한국 성소수자 광고의 특성과 허용 필요성에 관한 탐색: 성소수자 광고 불허 및 허용 사례를 중심으로〉.《사회과학연구》제35권 3호.

7장  이정기. 2016. 〈공익제보 사례에 담긴 공적 표현의 자유 가치에 대한 탐색적 연구: 참여연대공익제보지원센터의 '의인상' 수상 사례를 중심으로〉.《미디어 경제와 문화》제14권 2호.

8장  이정기. 2021. 〈대학생들의 공익제보에 대한 태도 및 공익제보 의도 결정요인 연구: 언론 인식, 정치 · 심리 변인 및 확장된 계획행동이론을 중심으로〉.《지역과 커뮤니케이션》제25권 4호.

9장  이정기. 2017. 〈표현의 자유의 적, 대학생들의 '위축효과'에 대한 실증적 고찰〉.《미디어와 인격권》제3권 2호.

10장  이정기. 2021. 〈정치 · 사회, 학내 문제에 대한 '위축효과' 연구: 대학생 집단을 중심으로〉.《사회과학연구》제37권 3호.

11장  이정기. 2017. 〈대학생들의 표현의 자유 인식과 저항적 정치 표현행위 결정요인 연구: 2016년 최순실 국정농단(박근혜-최순실 게이트) 사건을 중심으로〉.《언론과학연구》제17권 3호.

# 표현의 자유 확장을 위한 논리

LOGIC FOR EXPANDING FREEDOM OF EXPRESSION

## 나와 타인, 모두의 권리를 위하여

이정기 지음

이담북스

# 표현의 자유 확장을 위한 논리

　필자는 2011년《표현, 언론 그리고 집회결사의 자유》(공저, 한양대학교 출판부)를 출판한 이래 2016년《대한민국 표현 자유의 현실 1》(커뮤니케이션북스), 2020년《대한민국 표현자유의 현실 2》(커뮤니케이션북스), 2021년《위축효과》(커뮤니케이션북스)를 지속적으로 펴냈다. 부족한 연구 능력과 글솜씨를 가진 필자가 표현의 자유 관련 저서를 꾸준히 쓰고 있는 것은 두 가지 이유 때문이다.

　첫째, 필자를 비롯한 많은 시민이 여전히 공적인 표현을 수행하는 과정에서 위축효과를 경험하고 있다. 불충분한 법과 제도적 장치, 사회문화적 규범과 같은 다양한 원인에 의해 시민들이 표현의 자유를 충분히 향유하지 못하고 있는 상황인 것이다. 필자를 비롯한 시민들, 사회적 소수자들이 공적인 문제에 대해 위축 없이 자유롭게 표현할 수 있는 환경이 만들어질 때까지, 표현의 자유에 대한 필자의 연구와 관련 저서 집필은 계속될 것이다. 둘째, 표현의 자유의 연구는 주로 언론법학자, 법학자들에 의해 법, 제도적 문제로 다루어지고 있다. 자연스럽게 표현의 자유 연구는 판례 분석 등을 중심으로 이루어지고 있다. 그러나 필자는 표현의 자유를 위축시키는 사건을 다룬 판례 분석에 더하여, 표현의 자유를 위축시키는 사회문화적 상황과 맥락에 대한 분석, 그리고 시민들의 표현을 위축시키는 원인을 실증적으로 규명하는 수용자 연구가 함께 진행될 때 표현의 자유 확장을 위한 논리를 더 체계적으로 확보할 수 있으리라 생각한다. 다행히 국내에는 한양대 이재진 교수, 충남대 이승선 교수 등 판례 분석에 기반한 언론법 연구의 대가들이 존재한다. 필자는 이들의 연구에 서베이, 사례 분석 등을 더해 표현의 자유 연구의 외연을 확장함으로써, 표현의 자유 확장을 위한 논리 구축에 기여하고 싶었다.

이러한 맥락에서 이 책은 한국 사회의 '표현의 자유'를 확장하기 위한 다양한 학술적 접근 방법과 논리를 소개하고자 기획됐다. 표현의 자유와 관련한 각종 판례 분석, 사례 분석, 수용자 대상 설문 조사를 구분하지 않고, 때로는 두 가지 이상의 방법론을 융합하여 국내에서 발생하고 있는 다양한 표현의 자유 이슈를 입체적으로 분석하고자 했다. 표현의 자유를 확장할 수 있는 실용적인 방법을 제안해 보고자 한 것이다. 다시 말해 필자는 이 책을 통해 판례 분석, 사례 분석과 설문 조사를 통한 표현의 자유 연구의 외연 확장, 시민들과 사회적 소수자들의 공적 표현의 자유 확장을 위한 논리 구축, (소수자들의) 표현의 자유를 제한하는 표현(혐오표현)의 제한 필요성이라는, 필자의 표현의 자유에 대한 관점을 제시하고자 했다.

이 책은 표현의 자유 이슈를 4개의 소 영역으로 구분한 후 논의를 전개한다. '정치적 표현의 자유와 한계', '혐오표현과 관용', '공익제보', '위축효과와 정치적 표현' 등이 그것이다. 보다 구체적으로 이 책의 첫 번째 파트는 '정치적 표현의 자유와 한계'를 다루고 있다. 1장부터 3장까지에 해당한다. 1장에서는 보수 정권에서 나타난 언론인 해고 판결을 검토하여 언론인들의 정치적 표현의 자유의 보호 수준과 한계를 확인하고자 했다. 이러한 과정을 통해 정치적 표현의 자유를 확장하기 위한 방안을 논해 보고자 했다. 2장에서는 공인을 대상으로 이루어진 정치적 풍자물과 관련된 판결을 검토했다. 이러한 과정을 통해 정치적 풍자/패러디의 보호 수준과 한계를 제시하고, 이를 극복하기 위한 방안을 제시해 보고자 했다. 3장에서는 국가인권위원회의 표현의 자유와 관련된 입장과 진정 사례 등을 분석했다. 이러한 과정을 통해 인권으로서 표현의 자유의 보호 범위와 한계, 사회적 소수자들의 표현을 확장하는 방안을 제시해 보고자 했다.

이 책의 두 번째 파트는 '혐오표현과 관용'을 다루고 있다. 4장부터 6장까지에 해당한다. 4장에서는 '종북從北'이라는 혐오적 표현을 다룬 판례를 비판적으로 검토했다. 이러한 과정을 통해 법원의 종북에 대한 인식을 확인하고, 종북이란 표현이 유발할 수 있는 표현의 자유 제한 가능성에 대해 논해 보고자 했다. 5장에서는 힙합 음악 속 혐오표현의 사례와 판례를 분석하고, 힙합 음악의 혐오표현에 대한 수용자들의 인식을 확인해 보고자 했다. 이를 통해 힙합 음악 속 혐오표현이 유발할 수 있는 표현의 자유 제한 가능성에 대해 논하고자 했다. 6장에서는 성소수자 광고의 국내외 유형과 성소수자 광고 규제의 찬반 근거를 검토한 후, 성소수자 광고 허용 및 규제 사례를 검토했다. 이러한 과정을 통해 국내에서 성소수자 광고가 허용되는 것의 당위성에 대해 논해 보고자 했다.

이 책의 세 번째 파트는 '공익제보'를 다루고 있다. 7장에서 8장까지에 해

당한다. 7장에서는 참여연대의 의인상 수상 공익제보 사례를 수집한 후 의인
상 수상자의 공익제보 후 상황을 검토했다. 이러한 과정을 통해 공익제보자
보호 제도의 한계를 논하고, 공익제보를 활성화하기 위한 전략을 제시해 보
고자 했다. 8장에서는 대학생을 대상으로 공익제보에 대한 긍정적 인식과 공
익제보 행위를 결정짓는 원인이 무엇인지 실증적으로 분석했다. 이러한 과정
을 통해 공익제보라는 저항적 정치적 표현 행위를 활성화하기 위한 수용자
차원의 전략에 대해 논하고자 했다.

이 책의 마지막 파트는 '위축효과와 정치적 표현'을 다루고 있다. 9장부터
11장까지에 해당한다. 9장과 10장은 박근혜 정권과 문재인 정권에서 대학생
들을 대상으로 진행된 2차례의 위축효과 관련 설문 조사를 통해, 표현의 자
유의 적인 위축효과가 어떠한 이유에서 발생하는지 그 원인을 규명하고자 했
다. 이러한 과정을 통해 시민들이 위축효과를 극복하고 표현의 자유를 마음
껏 누릴 수 있는 환경을 만들기 위한 논의를 진행해 보고자 했다. 이어 11장
은 표현의 자유 인식과 저항적 정치참여의 관계를 실증적으로 분석하고자 했
다. 이러한 과정을 통해 시민들의 저항적 정치표현 행위를 활성화하기 위한
전략을 논하고자 했다.

이 책은 필자가 2015년부터 2021년까지 7년간 써온 표현의 자유 관련 논
문 11편에 기반하고 있다. 7년간 대한민국의 각종 표현의 자유 관련 이슈에
대해 고민하고 나름대로 해결 논리를 제시하고자 한 이 책이 소수자의 표현
을 제한하지 않는 환경을 만드는 데 기여할 수 있길, 공적인 표현의 자유가
한 단계 확장되는 데 기여할 수 있길 희망한다. 마지막으로 이 책의 바탕이
된 논문들에 공동 필자로 참여해 준 한양대 이재진 교수님과 황우념 박사님,
동아대 김현정 선생님께 감사의 말씀을 전한다.

# 목차

01

제1부

# 정치적 표현의
# 자유와 한계

# 1 장

## 언론인 해고 관련 판결 속
## 언론의 자유와 한계:
### 이명박 정권 이후 판례를 중심으로

## 1. 언론인 해고 판결 속
## 언론의 자유와 한계 규명의 필요성

언론은 이윤을 추구하는 기업이다. 그러나 정치 권력과 자본 권력에 대한 성역 없는 비판(감시견 기능)을 통해 국민의 알 권리를 보호하는 공적인 성격을 지니기도 한다. 한국언론진흥재단, 지역신문발전위원회, 한국방송통신전파진흥원, 한국콘텐츠진흥원 등 공적 기관이 국민의 세금을 투입하여 언론사를 진흥시키는 핵심적 명분도 언론의 공적 기능에 있다(이정기, 2013). 공공의 이익과 언론(표현)의 자유를 지향하는 언론인이 언론의 공정성과 내적, 외적 편집권 침해에 민감하게 반응하는 것, 사내의 부조리에 대해 발언하는 것은 언론인의 의무이자 권리라고 할 수 있다(정철운, 2014.11.28.).

그렇다면, 언론의 자유를 업으로 삼고 있는 언론인이 언론사를 비판하는 일은 어떠한가. 표현의 자유로 정당화될 수 있을까. 일반적으로 생각해 보면,

언론인은 언론의 자유가 핵심 정체성인 기업이기 때문에 내적인 비판과 문제 제기는 충분히 용인될 만한 사안으로 생각될 수 있다. 그러나 최근 발생한 한 사건은 언론사에 대한 내적인 문제 제기가 해고 사유가 될 수 있음을 보여 준다. 예컨대 2015년 1월 19일, MBC 인사위원회는 권성민 PD가 웹툰에서 자신의 처지를 '유배'에 비유하고, 김재철 전 MBC 사장을 등장시키면서 '회사의 명예를 훼손'하는 해사 행위를 한 것이 인정된다고 결정했다. 권성민 PD는 2015년 1월 21일, 취업규칙 제3조의 준수 의무, 제4조의 품위유지, MBC 소셜미디어 가이드라인(공정성, 품격유지) 위반 등으로 해고됐다.* 이 사건이 발생한 이후 언론사에 의한 언론인의 표현의 자유 억압에 대한 논란이 발생하였다. MBC 노조를 중심으로 시민, 사회단체, KBS 일부 언론인들이 언론사인 'MBC의 자기부정' 행위가 발생했다며 비판하는 일이 발생한 것이다 (최영주, 2015.01.30.). 즉 언론의 자유를 지향해야 할 MBC가 언론의 자유를 침해하고 있다는 문제가 제기되기 시작한 것이다. 물론 MBC는 자사의 결정이 규정에 의한 합리적인 결정이라고 반박했다.

사실 언론인 해직과 언론의 자유 관련 문제가 제기되기 시작한 것은 2015년 권성민 PD 사건이 처음은 아니다. 과거 세 차례의 대량 언론인 해직 사태가 진행된 바 있다. 1차 언론인 해직 사태가 발생한 것은 박정희 정권인 1975

---

* 권성민 PD는 MBC의 세월호 참사 보도에 대해 인터넷에 사과의 글을 올렸다가 6개월의 정직을 받았다. 그는 2014년 6월 9일 온라인 커뮤니티 사이트 '오늘의 유머'에 '엠병신 PD입니다'라는 제목의 장문의 글을 올렸다는 이유로 징계받았다. 그는 이 글에서 "세월호 참사의 MBC 보도는 보도 그 자체조차 참사에 가까운 수준이었다. 지금 참을 수 없이 화가 나지만, 그 화를 못 이겨 똑같이 싸웠다가는 또 똑같이 질 수밖에 없다는 것을 뼛속 깊이 배웠기 때문에 치욕을 삼키고 있다."라고 밝혔다. 권 PD는 재심을 요구했으나 2014년 6월 18일 동일한 결정을 받았으며, 2014년 12월 11일 인사 발령을 통해 예능 1국 소속에서 비제작 부서인 경인지사(지방자치단체의 협찬 사업을 유치하는 부서)로 전보 조치되었다. 이후 그는 발령 난 자신의 처지를 만화로 표현했다(최영주, 2015.01.30.).

년으로 거슬러 올라간다. 이른바 동아투위(동아자유언론수호투쟁위원회) 시절이다. 당시 언론 자유를 주장한 100명 이상의 언론인이 해고되었다.* 2차 언론인 해직 사태는 1980년 전두환 신군부의 언론창달계획 과정에서 이루어졌다. 신군부의 언론인 강제 해직 및 언론사 강제 통폐합 조치 과정에서 1,000명 이상의 언론인이 불법으로 해직되었고, 172종의 정기 간행물이 폐간되었으며, 46개 언론사가 폐간(64개 언론사가 18개 언론사로 강제로 통폐합)되는 일이 발생하였다(고승우, 2010.01.30.). 3차 언론인 해직 사태가 발생한 것은 2008년 이명박 대통령 취임하면서였다. 2008년 7월 이명박 대통령 선거캠프의 언론특보 출신 구본홍 사장이 YTN 사장으로 취임한 후 방송 공정성에 대한 문제 제기가 이루어졌고, 6명의 언론인이 해고되었다. 이후 이명박 정권에서 언론 독립성 및 공정성의 문제를 제기한 MBC 기자 7명, 국민일보 기자 2명, 부산일보 기자 2명 등이 해고되었다(김수정, 2014.02.26.).

이명박 정권에서 방송과 신문을 비롯한 언론인들의 해고가 지속해서 이루어지자 2013년 6월, 2013년 11월에 이어 2014년 10월 17일 국제기자연맹(IFJ)은 YTN, MBC 해직 언론인의 복직을 촉구하는 성명을 채택했다. "언론 자체를 보호하고 언론의 자유를 보장하는 것은 민주정부가 잊어서는 안 될 의무"라는 것이었다(김도연, 2014.10.20.). 유엔 인권옹호자 특별보고관

---

\* 국가의 언론 통제에 반대한 동아일보 기자 130여 명이 해직된 사태였다. 동아일보 기자 180명은 1974년 10월 24일 자유언론실천선언을 발표하고 외부 간섭 배제, 언론인 불법 연행 거부, 기관원 출입 금지를 천명한다. 이에 동아일보는 기구 축소를 이유로 28명, 무허가 집회를 이유로 17명 등 총 130여 명의 기자를 해고했다. 이후 동아일보와 동아방송 기자, PD 등 200여 명은 1975년 3월 18일 동아자유언론수호투쟁위원회를 결성했다. 상당수의 기자는 이후에도 동아일보에 복직되지 못했다. 동아투위 관련자의 복직을 요구하며 농성한 70여 명의 조선일보 기자도 해직되는 등, 관련 사회적 문제도 발생하였다. 이후 동아자유언론수호투쟁위원회의 송건호 기자 등은 씨알의 소리, 한겨레신문 등에 참여하게 된다.

마거릿 세카기야Margaret Sekaggya 역시 "당국의 부정부패를 고발하거나 정부를 비판한 언론인들에 대해 위협과 불법 사찰이 이루어지고 있다"라고 주장했다. 언론인들이 YTN, MBC 등 언론사 내의 부당한 관행에 항의하고자 집단 행동을 했다는 이유로 부당한 해고가 이루어지고 있다는 문제를 지적한 것이다(강진아, 2014.01.23.).

해고의 부당성을 주장하는 언론인과 해고의 정당성을 주장하는 언론인의 주장이 대립하는 상황이다. 언론의 자유에 의해 성장했고, 언론의 자유를 지향해야 할 언론사가 언론인의 비판적 표현 행위를 문제 삼아 해고하는 행위는 과연 합리적인 것일까. 언론사가 피고용인인 언론인을 해고할 정도로 문제가 있다고 판단한 사건은 무엇이었을까. 아울러 언론인이 소송을 제기할 정도로 부당하다고 판단한 해고 부당성의 근거는 무엇일까. 고용인인 언론사와 피고용인인 언론인 간의 소송 발생 시, 우리 재판부는 언론의 자유와 공익성 등 언론의 가치를 어떻게 비교 형량하고 있을까. 갑을 관계가 문제시되는 오늘날 한국에서, 이른바 갑에게 저항한 을이 승소했을 경우 을은 여전히 자유로운 언론 활동을 수행할 수 있을까. 혹시 위축효과chilling effect가 발생하는 것은 아닐까.

이 글은 이러한 궁금증에 대한 하나의 해답을 구하고자 하였다. 특히 1970년대 1차 언론인 해고 사태, 즉 동아투위 사태 당시 언론인 해고의 원인과 이후의 상황에 대해서는 몇몇 선행 연구(김세은, 2010; 김세은 2012)가 이루어진 것과 달리, 2008년 이후 이루어진 이른바 3차 언론인 해고 사태에 관한 학술 연구는 존재하지 않는 상황이라는 점에 착안하여, 2008년 이후의 언론인 해고 사례에 대한 분석을 수행하고자 하였다. 구체적으로 이 글은 이명박 정권 이후 도출된 판례에 대한 분석을 통해 소송의 원인, 소송 유형, 소송 발생 시 사법부의 판단 기준, 해고 판례 도출 이후 언론인들의 복직 여부 혹은 직업 구조의 변화를 추적해 내고자 하였다. 이를 통해 언론인 해고와 언론인의 언론의 자유가 충돌할 때 대승적 차원에서 공익성과 언론의 자유를 극대화하기 위한 하나의 방안을 제안하고자 했다.

## 2. 언론인 해고 관련 선행 연구

언론인 해고를 직접적으로 다룬 선행 연구물은 많지 않다. 4편의 관련 연구가 존재하는데, 이는 두 가지 유형으로 구분된다. 첫 번째 유형은 1975년 박정희 정권에서 발생한 해직 언론인에 대한 질적, 생애사적 접근이다(김세은, 2010; 2012). 두 번째 유형은 언론인의 해직 문제를 표현의 자유 문제와 결부하여 법적으로 분석한 접근이다(송강직, 2006; 한지혜, 2014).

첫 번째 유형인 김세은(2010; 2010)의 연구는 1975년 박정희 정권에서 해고된 언론인들의 삶, 즉 해고의 이유와 복직이 안 된 이유, 그 이후의 삶 등을 추적하고, 그것이 현재에 던지는 메시지를 살펴보았다. 구체적으로 김세은(2010)은 동아투위와 조선투위(조선자유언론수호투쟁위원회) 해직 언론인들의 경력을 조사, 수집, 계량화하여 정권별 특성을 분석했다. 동아투위, 조선투위에 참여한 211명의 해직 언론인을 대상으로 조사 및 분석한 결과에 따르면, 박정희 정권에서 절반 정도가 무직으로 남아 있었으며, 신문/방송에 종사한 언론인은 3명(2.1%)에 불과했다. 이후 전두환 정권 시절 신문/방송 종사자 수는 37명(17.5%)이었고,《한겨레》가 창간된 노태우 정권 시절 신문/방송 종사자 수는 110명(52.1%)으로 늘어났다. 김세은(2010)은 김대중 정권에서 일부 해직 언론인(11.9%)이 정부/공공기관/공기업에 진출하고, 노무현 정권에서 언론 관련 대부분의 요직에 해직 언론인이 진출하면서 한국 사회의 이념적 분열에 따른 담론 투쟁, 언론의 정파성 등과 관련한 일부 문제를 야기했다고 주장한다. 다만, 해직 언론인들은 정치 권력과의 긴장 속 시민사회를 공고히 하고 민주화를 이끌어 내는 데 핵심적인 역할을 했다고 평가한다.

한편, 2010년 연구의 후속 연구 격인 김세은의 2012년 연구는 동아투위 참여 해직 언론인에 대한 생애사를 추적한다. 생애사적 접근은 회고록, 자서 전 등의 기록물과 개인 기록, 12명의 해직 언론인에 대한 심층 인터뷰로 이루어졌다. 김세은(2012)은 무엇이 그들을 해직 언론인으로 만들었고, 해직에 대한 인식은 어떠했으며, 해직 이후 삶의 변화, 복직이 안 된 이유와 복직을 위한 노력이 어떠한 방식으로 이루어졌는지 분석했다. 김세은(2012)은 유신독재 시절 언론 통제 시도 속에서 자유 언론을 지켜내고자 했던 저항 언론인의 의지는 해직 이후의 생활고, 고문, 투옥 등에도 꺾이지 않았고, 한국 사회의 민주적 이행을 추동했다고 분석했다. 아울러 그는 동아투위로 대표되는 해직 언론인은 자유 언론의 가치를 상징적으로 보여 준다고 주장한다. 동아 투위 사례가 권력의 언론 통제가 자유 언론에 대한 열망과 공정 보도에 대한 소신을 지닌 언론인에 의해 어느 정도 견제될 수 있음을 보여 준다는 것이다. 다만, 그는 70년대의 해직 문제에 대한 명예 회복이 아직도 이루어지지 못한 현실에서 또 다른 해직 기자가 양산되고, 언론의 자유가 침해당하는 것에 문제가 있다고 보았다. 동아투위와 2012년 언론사에서 발생했던 언론인 해직 사태를 간접적으로 비교한 것이다. 그는 낙하산 인사, 언론인 감찰을 통해 언론을 통제하려는 정치 권력, 공정 보도보다 사업 확장에 관심을 가지는 언론 권력 등 현재 언론이 당면한 상황은 총체적 위기라고 진단했다.

이상의 연구는 1975년 이후 동아일보와 동아방송, 그리고 조선일보 해직 기자들에 관한 연구이다. 즉 이른바 1차 언론인 대량 해고 사태를 다룬 연구물이다. 이들에 대한 논의는 여전히 진행 중이다. 예컨대 대법원 (2014.12.25.)은 동아투위 해직 기자들이 국가를 상대로 제기한 손해배상청구 소송 상고심에서 "원고들의 정신적 고통은 인정하지만, 시효가 만료됐다" 라며 원고 패소 판결을 한 원심 판결을 일부 파기했다. 해당 사건을 서울고등 법원에 환송한 것이다. 구체적으로 대법원은 고 성유보 씨 등 14명에 대해서만 국가배상 취지의 판결을 했다. 그러자 원고들은 2014년 12월 29일 '동아 투위의 정부 상대 손해 배상소송에 대한 대법원의 꼼수 판결 규탄 기자회견'을 여는 등 대법원의 결정에 반발했다(유성애, 2014.12.29.). 동아투위 관련 문제는 여전히 논란이 계속되고 있는 것이다. 더욱이 대부분의 언론인이 언론 현장에 복직하지 못했고, 생활고를 겪었다. 이 중 일부 언론인들은 한겨레 신문 등 대안 언론에 참여했다. 불법 행동을 이유로 해고된 이들이 언론의 자유와 민주화에 기여한 것이다. 문제는 언론의 공정성을 근거로 한 언론인들의 표현 행위와 이에 근거한 언론사의 해고 조치가 이후에도 여전히 이루어지고 있다는 점이다. 2012년 1월 30일 MBC 노동조합이 언론 공정성을 요구하며 진행한 파업 이후 언론인 해고 사례가 증가했고, 관련 판례가 속속 도출되고 있는 시점이라는 측면에 착안한다면, 과연 해고된 언론인이 관련 소송에서 승소했는지, 언론 현장에 복직하여 언론인으로서 생활을 수행하는지를 분석할 필요성이 제기된다고 하겠다.

두 번째 유형으로 송강직(2006)과 한지혜(2014)는 언론인의 해직 문제를 표현의 자유 문제와 결부하여 법적으로 분석했다. 구체적으로 송강직(2006)은 언론의 자유와 부당노동행위, 언론의 자유와 해고의 관계 등을 연구하였다. 그는 부당노동행위와의 관계에서 사용자의 언론의 자유가 제한될 수밖에 없다는 것에는 이견이 존재할 수 없다고 주장한다. 사용자의 언론의 자유는 실질적으로 제한된다는 것이다. 다만, 사용자가 노동자에게 구조 조정을 위해 구체적 인원 정리 규모와 기준을 설정, 면담 등을 통해 (제반 사정을 고려해) 사직서 제출을 종용하는 행위 등은 언론사에게 다소 관대하게 보장된다고 주장한다. 송강직(2006)의 연구는 언론의 자유와 사용자의 재산권이라는 관점에서 연구를 진행했다는 측면에서 가치가 있다.

한편, 한지혜(2014)는 2012년 1월 30일, 김재철 사장 퇴진과 언론 공정성을 요구하며 170일간 진행된 MBC 노동조합의 파업에 근거한 언론인 해고의 해고무효확인 소송(서울남부지법 2012가합3891, 이 글의 분석이 된 판례번호로는 A4)을 주제로 한 논문이다. 이 사례에서 사법부는 방송 매체에 대한 객관성과 공정성 보장이 필요하다며, 방송의 공정성을 위한 파업의 정당성이 인정된다고 판시했다. 구체적으로 재판부는 "사용자가 관련 법규나 단체협약을 위반해 인사권이나 경영권을 남용하는 방법으로 방송의 공정성을 훼손하는 경우 이는 근로조건을 저해하는 행위일 뿐 아니라 공정방송의 의무를 위한한 위법행위에 해당한다"라고 판시한 바 있다. 그는 언론 종사자는 방송의 자유를 주관적 자유가 아닌 매체의 자유라는 객관적 법질서로 파악하고, 따라서 공적 기능을 수행하기 위한 방송 조직은 사기업과 달리 입법형성의 결과로 등장한다고 주장한다. 아울러 경영자 측에서 내부 규약을 거부한 것에서 시작된 파업, 즉 경제적 이유와 관련한 정치 파업의 양상을 지닌 MBC 노조의 파업 결과 징계 무효와 복직을 결정한 판례는 합리적이라고 주장한다. 즉 한지혜(2014)는 2012년 MBC 노동조합의 파업에 의한 언론인 해고는 헌법 제21조가 보장하는 언론의 자유, 언론의 공익성, 의견 형성의 다양성에 비추어 볼 때 부당하다고 주장한다.

한지혜(2014)의 연구는 2012년 이후 이어진 언론인 해고에 대한 최초의 학술적 접근이라는 점에서 가치가 있다. 그러나 2012년 MBC 노동조합의 파업과 관련된 다양한 판례가 도출된 상황이고, 연이어 다른 언론사의 해고 사례도 이어졌다. 따라서 언론의 공정성을 위한 파업이 정당하고, 이에 근거한 해고가 부당하다는 사법부의 판단이 과연 일관적인 사법부의 판결인지 등에 대해선 확신할 수 없다. 또한 언론사의 해고가 노동조합의 파업에만 한정하여 이루어지는 것인지를 분석한 연구 결과물은 존재하지 않는다. 이러한 측면에서 과연 언론사의 언론인 해고의 작동 동학이 어떠한지 분석하는 일은 부당한 언론인 해고를 줄이고 언론의 자유를 확장하는 데 도움이 될 수 있을 것이다.

## 3. 언론인 해고의 근거 및 보호 법리

언론사들은 자체적으로 가지고 있는 취업규칙을 소속 언론인이 위반할 때 징계위원회를 개최하여 언론인에 대한 해고를 명할 수 있다. 예컨대 MBC의 경우 최근 취업규칙 제3조(준수의무), 제4조(품위유지), 제7조(각종 허가사항 위반) 그리고 소셜미디어 가이드라인의 공정성과 품격유지 위반을 근거로 언론인을 해고한 경험이 있다(최영주, 2015.01.30.; 채은하, 2010.07.11.). 이러한 결정은 각 언론사의 인사위원회에서 이루어지는데, 해고에 불복할 경우 근로기준법 제28조에 근거하여 노동위원회에 구제를 신청하거나 소송을 제기할 수 있게 되는 방식이다. 앞서 설명한 MBC 권성민 PD의 경우 인터넷 커뮤니티 사이트에 〈엠병신 PD입니다〉라는 세월호 보도를 비판한 글을 썼다가 인사위원회에 회부되어 6개월 정직을 받았고, 개인 블로그와 페이스북에 웹툰을 올렸다가 취업규칙 제3조, 제4조, 소셜미디어 가이드라인의 공정성, 품격유지 위반으로 해고 조치 됐다. 이 경우 권성민 씨가 취할 수 있는 조치는 노동위원회에 구제를 신청하거나 징계(해고)무효소송을 제기하는 것이다.

언론인이 언론사의 해고 조치에 대해 이의를 제기할 수 있는 법적 근거는 근로기준법이다. 언론인도 언론사에 소속된 노동자이기 때문에 근로기준법상의 보호를 받는다. 예컨대 근로기준법 제23조는 해고 등의 제한 규정을 다루고 있다. 제1항은 "사용자는 근로자에 대하여 정당한 이유 없이 해고, 휴직, 정직, 전직, 감봉 그 밖의 징벌(이하 부당해고 등)을 하지 못한다"라고 규정하고 있다. 따라서 언론인 역시 정당한 이유 없이 해고될 수 없다. 다만 사용자가 긴박한 경영상의 이유가 있다면, 근로기준법 제24조 제1항부터 제3항까지의 규정에 따른 요건을 갖추어 노동자를 해고할 시 정당한 해고로 간주한다(제25조 제5항). 제24조 제2항은 사용자가 해고를 피하기 위한 노력을 다해야 하며, 합리적이고 공정한 해고 기준을 정하고 이에 따라 대상자를 선정해야 한다고 규정하고 있고, 제24조 제3항은 해고를 피하기 위한 방법과 해고의 기준 등에 관하여 그 사업 또는 사업장에 근로자의 과반수로 조직된 노동조합이 있는 경우 그 노동조합에 해고하려는 날의 50일 전까지 통보하고 성실하게 협의해야 한다고 규정하고 있다. 한편, 근로기준법 제28조는 사용자가 근로자에게 부당해고 등을 하면 근로자는 노동위원회에 구제를 신청할 수 있다고 규정하고 있다. 이 조항이 MBC 인사위원회에 의해 해고당한 권성민 PD가 노동위원회에 이의를 제기할 수 있는 법적 근거인 것이다.

즉 근로기준법 때문에 명분 없는 언론인의 해고는 어려우며, 해고된다고 하더라도 노동위원회와 사법부의 구제 장치가 존재한다. 그럼에도 국내 언론사의 언론인 해고는 UN과 국제기자연맹이 우려할 정도로 지속적으로 발생하고 있다(김도연, 2014.10.20.; 강진아, 2014.01.23.). 그러나 언론의 자유를 정체성으로 하는 언론사가 언론인의 표현(행위)을 문제 삼아 해고한 사건의 원인이 무엇인지, 아울러 해고에 이를 정도로 문제가 된 언론인의 표현이 무엇인지, 언론인 해고가 소송으로 비화할 경우 우리 사법부의 판결 기준이 무엇인지 분석한 학술 연구는 존재하지 않는다.

## 4. 연구 문제 및 연구 방법

### 1) 연구 문제

이 글은 이명박 정권 이후 언론사 파업과 해고가 본격화되었다는 측면에 착안하여 일차적으로 이명박 정권 이후 언론인 해고 판례(사례)에 나타난 소송의 일반적인 특성(언론 승소 여부 등)과 소송의 원인, 소송 유형을 확인하고자 하였다(연구 문제 1). 또한 언론인 해고 판례(사례)의 근거로서 언론의 공익성에 대한 사법부의 인식을 파악하고자 하였다(연구 문제 2). 한편, 판례(사례)에 대한 분석이 이루어지고 있는 시점에도 해고 언론인 승소 사례를 둘러싼 언론사의 항소와 동일 언론인에 대한 재해고 등이 지속적으로 이루어지고 있다는 측면에 주목하였다. 이에 이차적으로 언론인 해고 판례(사례) 도출 이후 승소한 언론인들이 이후 (2015년 시점에) 해당 언론사에 복직하였는지, 직업 구조는 어떠한지를 파악함으로써 언론인 해고 판례(사법부)의 영향력 등을 추가로 파악하고자 하였다.

연구 문제 1. 언론인 해고 판례(사례)에 나타난 소송 원인과 소송 유형은 어떠한가?

연구 문제 2. 언론인 해고 판례(사례)의 근거로서 언론의 공익성에 대한 사법부의 인식은 어떠한가?

연구 문제 3. 언론인 해고 판례(사례) 도출 이후 언론인들의 언론사 복직이 제대로 이루어지고 있는가?

## 2) 연구 방법

이 글은 연구 문제의 해결을 위해 12개 사건 26개 판례, 2개의 지방노동위원회의 결정례 등 14개 사건 28개 사례를 분석했다. 모든 사례는 보수적 정권으로 평가되는 이명박 정권 이후 사례라는 공통점을 지닌다. 이명박 정권 이후 언론사 파업과 해고가 활발하게 이루어졌다는 측면에서 이명박 정권 이후의 언론사 파업 사례는 언론 공정성, 언론의 자유와 관련한 함의를 제공해 줄 것이다. 판례 수집은 일차적으로 2015년 3월 1일부터 3일까지, 이차적으로 5월 17일부터 5월 18일까지 이루어졌다. 처음에는 대법원(www.scourt.go.kr), 로앤비(www.lawnb.com) 등의 키워드 검색(언론인 해고, 언론인 해직, 해직 기자 등)을 사용했으나 판례 수집이 어려웠다. 이에 한국언론진흥재단의 빅카인즈(www.bigkinds.or.kr)에서 동일 키워드로 기사를 검색하였고, 기사에 나타난 판례와 지방노동위원회 결정 사례 등을 찾는 방식으로 분석 사례를 수집할 수 있었다.

## 5. 언론인 해고 관련 판례 분석

언론인 해고 판례는 12개 사건 26개 판례이다. 사건 번호 A1~3은 2008년 7월 이명박 대통령 특보 출신 구본홍 씨가 YTN 사장에 선임되자 YTN 노조원들이 낙하산 인사 반대 투쟁을 벌이면서 진행된 파업을 근거로 노종면, 조승호 등 기자 9인이 해고된 사건을 다루고 있다. 1심 재판부(서울중앙지법 2008가합101129)는 원고들의 행위가 공적 이익 도모 목적임을 참작할 필요가 있다며 해고 무효를 판결했다. 그러나 2심(서울고등법원, 2009나115139)과 대법원(2011다41420)은 노종면, 현덕수, 조승호 기자의 징계 해고는 정당하며, 나머지 3인에 대한 징계 해고는 무효라고 판결했다. 재판부는 노종면 위원장 등의 출근 저지 농성 등이 방송의 중립성 등 공익성을 가진다고 해도, 경영진 구성원과 경영주 대표권을 침해한 사례로 징계 사유에 해당한다고 판결했다. 결국 2015년 3월 기준 노종면 기자는 뉴스타파, 국민TV 등 비영리 독립 언론사를 거쳐 무소속으로 남았으며, 조승호, 현덕수 기자는 뉴스타파에 참여하고 있었다. 우장균, 권석재, 정유신 기자는 뉴스타파 참여 후 복직하였으나 2015년 1월 16일 정직 5개월 처분을 받아 2월 16일 소송을 제기하였다.

사건 번호 A4~5 역시 A1~3과 관련된 사건의 형사사건을 다루고 있다. 2건의 재판 모두 노종면 위원장 등 출근 저지 농성 주체자들의 YTN 업무 방해 혐의가 인정되었다. 앞서 언급했듯 2015년 3월 기준 노종면 기자는 뉴스타파, 국민TV를 거쳐 무소속으로 남았고, 현덕수 기자 등은 뉴스타파에 참여하고 있다.

사건 번호 A6~7은 MBC 노조원 44명이 MBC를 상대로 제기한 징계무효확인 소송을 다루고 있다. 이 사건은 2012년 1월부터 7월까지 노조원들이 김재철 사장 체제의 MBC 방송에 공정성을 요구하며 진행된 파업을 진행한 후 MBC가 참여자들을 해고, 정직 등 징계하면서 발생하였다. 서울남부지방법원(2012가합3891)은 2014년 1월 17일 방송사는 객관성과 공정성 보장이 필요하다며 파업의 정당성이 인정된다고 판시하였다. 2015년 4월 29일 서울고등법원(2014나10931)의 항소심 역시 파업의 정당성을 인정하였다. 다만, 2015년 5월 기준 해고 언론인들의 복직은 이루어지지 않았다. 최승호 기자는 비영리 독립언론 뉴스타파에 참여하고 있었다.

사건 번호 A8~9 역시 A6~7의 연장선에서 MBC 노조원 44명이 MBC를 상대로 제기한 해고무효확인 소송을 다루고 있다. 2014년 1월 17일, 서울남부지방법원(2012가합16200) 재판부는 경영진의 공정방송 의무 위반에 대해 근로자가 시정을 구하기 위해 쟁의 행위로 이어진 파업은 정당하며, 파업을 주도하거나 참가한 것을 사유로 한 징계 처분은 무효라고 판시하였다. 2014년 4월 29일 서울고등법원(2014나11910) 역시 방송의 공정성 보장을 요구하기 위한 노조원들의 파업은 정당한 행위이며, 이에 참여한 것을 징계 사유로 삼을 수 없다고 판시하였다. 다만, 전술했듯 최승호 기자 등 많은 언론인은 이후에도 MBC에 복직하지 못하였다.

사건 번호 A10은 해직 기자 6명에 대한 복직 판결이 이루어졌으나 MBC가 이에 불복, 해고자를 복직시키지 않았고, 2014년 3월 단체협약 40조에 근거하여 근로자지위보전 가처분 신청을 제기한 사건을 다루고 있다. 서울남부지법은 2014년 6월 27일 초심의 초치를 취해야 한다고 판시했다. 이상호 기자는 2015년 5월 기준 인터넷 뉴스 고발뉴스에 참여하고 있었다.

사건 번호 A11~12는 국민일보 조상운 기자가 2011년 국민일보 사장에 대한 비리 의혹을 제기하는 등의 글을 공개하자 경영진의 명예를 실추했다며 국민일보가 그를 해고한 사건에서 비롯되었다. 서울행정법원은 2013년 5월 23일, 일부 징계 사유는 인정되나 해고 처분은 가혹하다고 판시하였다. 아울러 서울고등법원은 2014년 1월 17일, 언론사 경영진에 대한 준엄한 감시가 필요하며 노조위원장이 회사에 진상 규명을 요구하는 것은 감시 역할과 무관치 않다고 판시하였다. 그러나 2015년 5월 기준, 조상운 기자는 국민TV 사무국장으로 참여하고 있었다.

사건 번호 A13~16은 부산일보 이정호 기자가 정수장학회를 비판하는 기자회견을 보도했다는 등의 이유로 2012년 4월 사측에 의해 대기 발령되고, 6개월 동안 보직을 받지 못한 채 해고당하면서 비롯되었다. 부산지방법원(2012가합542)은 2013년 6월 14일 대기처분무효확인 소송에서 원고 승소 판결을 내렸다. 부산고등법원(2013나5176) 역시 2014년 1월 8일, 정수장학회 기사 게재 과정에서 보인 대립이 언론의 자유에 대한 시각에서 나온 것으로, 이를 이유로 한 징계처분은 과잉 대응이라고 판시했다. 부산지방법원(2013카합1309)의 2013년 11월 26일 결정과 부산고등법원(2013라299)의 2014년 7월 10일 결정은 징계무효 소송에서 승소한 후 업무방해금지 가처분 신청을 제기한 사건을 다루고 있다. 이정호 기자는 모두 승소했다. 그러나 부산일보는 항소하였다.

사건 번호 A17~18은 MBC 이상호 기자가 2012년 12월 17일 트위터에 "엠비시 김정남 단독인터뷰 비밀리 진행, 선거 전날 보도 예정설"이라는 글을 올리면서 시작되었다. MBC는 명예훼손과 품위유지 위반을 근거로 2013년 1월 이상호 기자를 해고했다. 서울남부지방법원은 2013년 11월 23일 이상호 기자의 발언 내용에 상당성이 있어, 이를 근거로 해고하는 것은 재량권 일탈로 판시했다. 서울고등법원(2013나77425) 역시 이상호 기자의 해고가 무효라고 판결했다. 그러나 2015년 5월 기준 이상호 기자는 인터넷 뉴스 고발뉴스에 참여 중이었다.

사건 번호 A19~21은 KBS 연봉 계약직 직원들이 2009년 경영합리화 방안으로 대거 해직되자 KBS를 대상으로 징계(해고)무효 소송을 제기한 사건을 다루고 있다. 1심은 해고가 적자 타개를 위한 정당한 경영 방침이라고 판단하였으나, 2심과 대법원은 계속 고용에 대한 기대권이 인정되므로 계약 해지가 부당하다고 판시했다.

사건 번호 A22~23 역시 A19~21의 연장선에서 KBS 연봉 계약직 직원들의 KBS 대상 징계(해고)무효 소송을 다루고 있다. 1심(서울중앙지방법원 2009가합129193)은 해고가 적자 타개를 위한 합리적 이유가 있다고 주장했으나, 2심(서울고등법원 2010나103071)은 해당 해고가 적자 타개를 위한 목적 달성에 도움이 되지 않으며, 계약 갱신 거절에 따른 정당성을 결여한다고 판시했다. 계속 근로의 기대 가능성이 높은 상황에서의 해고가 부당하다는 것이다.

사건 번호 A24는 KBS가 2007년 7월 VJ 12명에게 사업자등록 후 업무를 수행할 것을 요청했으나 원고(2명)가 거부하자 해고한 사건이다. 서울행정법원(2008구합25500)은 KBS가 이들과 계약해 오다 비정규직보호법 발효를 앞둔 2007년 8월 법 적용 배제를 위해 사업자등록을 요구한 것이 부당하며, 따라서 이를 거절했다는 이유로 계약을 종료한 것 역시 부당하다고 판시했다.

사건 번호 A25~26은 인천일보 기자 정찬흥이 인천일보의 요구를 거부하자 대기 발령 후 해고한 사건 등에 근거하여 제기된 소송을 다루고 있다. 서울행정법원(2010.01.11), 서울고등법원(2010.07.16)은 해고 징계 절차에 있어서 노동조합과 사전 협의를 거치지 않았고, 사측으로만 구성된 징계위원회를 개최하여 해고를 결의한 것은 중대한 하자가 있다고 판시했다.

표 1-1. 언론인 해고 판례

| # | 내용 |
| --- | --- |
| A1 | **서울중앙지법 2009.11.13. 2008가합101129**<br>[원고] YTN 기자 20인 [피고] YTN<br>2008년 7월 이명박 대통령 선거캠프 언론특보를 지낸 구본홍 씨가 YTN 사장에 선임됨. YTN 노조는 공정방송 사수와 낙하산 사장 반대 투쟁을 벌였고 이 과정에서 그해 10월 노종면, 현덕수, 조승호, 우장균, 권석재, 정유신 기자 해고. 재판부는 뉴스 전문 방송사인 YTN은 "공정보도의 원칙을 준수할 책임이 있다"라고 전제. "원고들의 행위는 대표이사가 이명박 대선 후보를 위해 활동했던 경력이 있어 공정보도 원칙이나 정치적 중립이 저해될지도 모른다는 우려에서 비롯돼, 공적 이익을 도모하려는 동기가 포함된 점을 참작할 필요가 있다"라고 판시. 징계의 적절성의 경우 "사회통념상 회사와 근로관계를 지속할 수 없을 정도로 책임 있는 사유가 있다고 볼 수 없다"라고 판단. "회사와 근로관계를 더 이상 지속할 수 없을 정도로 노 위원장 등에게 책임 있는 사유가 있다고 볼 수 없으므로 해고는 재량권을 남용한 것." 노 위원장 등 6명에 대한 징계해고는 무효, 나머지 14명에 대한 정직, 감봉 조치는 정당.<br>[결과] 원고 승소 |
| | **서울고등법원 2011.04.15. 2009나115139 / [A3] 대법원 2014.11.27. 2011다41420**<br>[원고] YTN 기자 9인 [피고] YTN |

| # | 내용 |
|---|------|
| A2 A3 | YTN 해직 기자 9명에 대한 징계무효 소송 상고심에서 노종면, 현덕수, 조승호 기자에 대해선 회사 측의 징계 해고는 정당하고, 나머지 우장균, 정유신, 권석재 기자에 대한 징계 해고는 무효라고 판단한 원심을 확정. 대법원은 사장 출근 방해, 인사위 개최 방해, 항의 농성, 인사명령 거부, 급여 결재 방해 등은 "사용자의 본질적이고 핵심적 권리인 경영진 구성권과 경영주의 대표권을 직접 침해한 것으로서 사회통념상 고용관계를 계속할 수 없을 정도의 징계해고 사유"라고 밝힘. 재판부는 "노 전 위원장 등의 출근 저지 농성이 비록 방송의 중립성 등 공적 이익을 도모한다는 목적이 담겨있는 사정을 참작한다고 하더라도, 징계재량권을 일탈하거나 남용했다고 볼 수 없다"라고 밝힘.<br>[결과] 원고 패소 확정<br><br>**판결 후 관계자 동향(2015년 현재)**<br>2015년 1월 16일, 우장균, 권석재, 정유신 기자 사측 정직 5개월 확정. 2월 16일 정직처분무효 소송 제기, 노종면, 뉴스타파 참여 후 미디어협동조합 국민TV 참여 이후 사퇴. 권석재와 정유신, 비영리 독립언론 뉴스타파 참여 후 복직. 조승호와 현덕수, 2015년 2월 1일 뉴스타파 참여. |
| A4 | **서울중앙지법 2009.09.01. 2009고단2813**<br>[원고] YTN 기자 [피고] YTN<br>형사, 업무방해 혐의, 노종면 위원장 벌금 1,000만 원. 현덕수 전 위원장 등 집행부 3명 벌금 500~700만 원 선고.<br>[결과] 원고 패소 |
| A5 | **서울중앙지법 2009.12.10. 2009노2962**<br>[원고] YTN 기자 [피고] YTN<br>형사, 업무방해 혐의, 노종면 위원장 벌금 2,000만 원. 현덕수 전 위원장 등 집행부 3명 벌금 500~1,000만 원 선고.<br>[결과] 원고 패소<br><br>**판결 후 관계자 동향(2015년 현재)**<br>노종면, 뉴스타파 참여 후 미디어협동조합 국민TV 참여 이후 사퇴(2015년 5월 기준). 현덕수, 2015년 2월 1일 뉴스타파 참여. |
| A6 | **서울남부지법 2014.01.17. 2012가합3891**<br>[원고] MBC 노조원 44명 [피고] MBC<br>MBC 해직 언론인 등(정영하 전 MBC노조 위원장, 최승호, 이용마, 강지웅, 박성제, 박성호 등 44명)이 제기한 징계, 무효확인 소송에서 원고 승소. 재판부는 "방송 매체는 일반 기업과 달리, 표현의 자유와 올바른 알권리 보장을 위해 방송의 객관성과 공정성 보장이 필요하다"라면서 "방송의 공정성을 위한 파업의 정당성이 인정된다"라고 밝힘. 법원 징계 처분을 모두 무효, 해직 언론인 6인에게 각 2,000만 원, 나머지 38인에게 각 1,000만 원의 손해배상금을 지원, 소송 비용을 피고가 부담하라고 판결.<br>[결과] 원고 승소 |

| # | 내용 |
| --- | --- |
| A7 | **서울고등법원 2015.04.29. 2014나10931**<br>[원고] MBC 노조원 44명 [피고] MBC<br>해고무효 소송 항소심, MBC 노조는 김재철 사장 퇴진과 공정성 보장을 목적으로 파업함. 즉 파업의 주된 목적이 공정성 보장에 있음. 파업 시기나 절차와 관련해서 관련 법규에 정한 법규에 다소 미비된 점이 있으나 파업 정당성이 상실되는 정도에 이르지는 않음. 사용자가 인사권을 남용하는 방법으로 공정성을 훼손하거나 훼손할 가능성이 있는 경우 근로조건을 저해하는 행위라고 판시.<br>[결과] 원고 승소<br><br>**판결 후 관계자 동향(2015년 현재)**<br>노종면, 뉴스타파 참여 후 미디어협동조합 국민TV 참여 이후 사퇴(2015년 5월 기준). 현덕수, 2015년 2월 1일 뉴스타파 참여. |
| A8 | **서울남부지법 2014.01.17. 2012가합16200**<br>[원고] MBC 노조원 44명 [피고] MBC<br>정영하 전 MBC 노조위원장, 최승호, 이용마, 강지웅, 박성제, 박성호 등 44명이 제기한 해고무효 확인 소송. 방송사 경영자의 공정방송 의무 위반에 대해 근로자가 그 시장을 구하기 위해 쟁의 행위로 나아간 파업은 정당함. 파업 주도나 참가를 사유로 한 징계 처분은 무효. 해고자에게 2,000만 원, 정직자에게 1,000만 원 지급 판결.<br>[결과] 원고 승소 |
| A9 | **서울고등법원 2014.04.29. 2014나11910**<br>[원고] MBC 노조원 44명 [피고] MBC<br>지방법원의 내용을 인정. 일부 원고들의 징계 사유가 인정된다고 해고 내지 정직 처분을 하는 것은 재량권을 넘는 것이라고 판시.<br>[결과] 원고 승소<br><br>**판결 후 관계자 동향(2015년 현재)**<br>최승호, 비영리 독립언론 뉴스타파 참여. |
| A10 | **서울남부지법 2014.06.27. 출처: 정아란(2014. 06. 27)**<br>[원고] MBC 노조 [피고] MBC<br>해고자 6인에 대한 근로자지위보전 가처분 신청 인용 결정. 정영하 전 MBC 본부장, 강지웅 전 사무처장, 박성호 전 MBC 기자회장, 박성제 전 MBC 기자, 이상호 전 MBC 기자 등 6명 전원 복직 판결. 2014년 1월 17일 판결에서 승소하였으나 MBC는 이에 불복, 언론인을 복직시키지 않았음. 이에 2014년 3월 단체협약 40조에 근거 MBC를 상대로 근로자지위보전 가처분 신청. 해당 조항에 따르면 MBC는 조합원에 대한 해고 및 징계가 법원의 초심결정에 따른 조치를 취해야 한다고 규정되어 있음.<br>[결과] 원고 승소<br><br>**판결 후 관계자 동향(2015년 현재)**<br>이상호, 인터넷 뉴스 고발뉴스 참여. |

| # | 내용 |
|---|------|
| A11<br>A12 | **서울행정법원 2013.05.23. 출처: 조윤호(2013. 5. 24) / 서울고등법원 2014.01.17. 출처: 조윤호(2014. 1. 17)**<br>[원고] 국민일보 조상운 [피고] 국민일보<br>부당해고 구제신청 기각결정 취소소송에서 승소. 2011년 조민제 전 국민일보 사장에 대한 비리 의혹을 제기하고 조용기 목사를 비방하는 글을 사내외에 공개. 회사 측은 조 전 위원장이 회사와 경영진의 명예를 실추시켰다며 해고. 조 전 위원장은 자신의 의혹 제기가 대부분 공공의 이익에 부합하는 내용이었다고 주장했으나 중앙노동위원회가 사측의 부당해고와 부당노동행위를 인정하지 않자 소송 제기. 재판부는 조 전 위원장을 해고한 것이 노조 활동을 위축시키려는 사측의 부당노동행위이라는 주장은 받아들이기 어려우나, 회사 측 해고가 부당했다고 판시. "공익을 대변하고 여론을 형성하는 언론의 사회적 책임을 비춰볼 때 언론사 경영진에 대해서는 준엄한 감시가 필요하다", "노조위원장이라는 직책을 고려하면 회사에 진상규명을 요구한 것은 감시 역할과 무관하지 않다"라고 판시. 1심에서 서울행정법원은, 서울지방노동위는 조 전 위원장의 해고에 대해 '부당해고'로 판정했지만, 중노위는 이를 번복함. 조 전 위원장 측은 행정법원에 소송, 1심은 "일부 징계 사유는 인정되나 해고 처분은 지나치게 가혹하다"라며 일부 승소 판결.<br>[결과] 원고 승소<br><br>**판결 후 관계자 동향(2015년 현재)**<br>조상운, 국민TV 사무국장으로 참여 |
| A13 | **부산지방법원 2013.06.14. 2012가합542**<br>[원고] 부산일보 이정호 [피고] 부산일보<br>이정호 전 국장은 정수장학회를 비판하는 기자회견을 보도했다는 이유 등으로 2012년 4월 사측에 의해 대기 발령된 이후 6개월 동안 보직을 받지 못한 채 해고. 이 전 국장은 부산일보를 상대로 대기처분무효 확인 소송을 제기했고, 6월 1심에서 승소.<br>[결과] 원고 승소 |
| A14 | **부산고등법원 2014.01.08. 2013나5176**<br>[원고] 부산일보 이정호 [피고] 부산일보<br>대기처분 무효 확인소송 항소 기각. 재판부는 "사측이 내린 '대기처분'은 사규와 포상징계 규정에 따라 정하고 있는 징계 가운데 면직 다음으로 중한 징계로, 통상 잠정적인 조치로서 하는 보직 해제를 뜻하는 대기발령과는 성질이 다르다"라며 "또한 대기처분 후 6개월 내 보직을 받지 못할 경우 자동 해임되는 규정이 있어, 이 사건 징계처분은 징계권자가 재량권을 남용한 경우에 해당해 위법하다"라고 밝힘. 또한 "원고와 발행인이 정수장학회와 관련한 일련의 기사 게재 과정에서 보인 대립은 결국 언론의 자유에 대한 서로 다른 시각에서 나온 것으로 볼 수 있고, 피고가 원고의 편집권 부당행사를 내세워 해고에 준하는 이 사건 징계처분을 한 것은 과잉 대응"이라고 판시.<br>[결과] 원고 승소 |
| | **부산지법 2013.11.26. 2013카합1309 / 부산고등법원 2014.07.10. 2013라299**<br>[원고] 부산일보 이정호 [피고] 부산일보<br>징계무효 소송에서 승소 이후 업무방해금지 가처분 신청 제기, 인사발령, 회사 출입 허용, |

| # | 내용 |
|---|---|
| A15 A16 | 업무에 필요한 기자재 지급 등 요구, 법원은 이를 받아들임, 불 이행시 하루에 강제 이행금 50만 원씩 납부, 재판부는 "근로자지위보전가처분 인용 결정이 확정되고, 대기처분 무효확인 소송에서 근로자가 1, 2심에서 승소한 후 대법원에 사건이 계속 중인 상태에서 회사가 근로자에게 임무를 부여하지 아니하는 것은 근로자의 인격적 법익을 침해하는 것이 되므로, 사용자는 근로자의 업무수행이 그 인격권 실현의 본질적 부분에 해당하고 사용자의 업무지휘권 등의 행사에 지장을 초래하는 등의 특별한 사정이 없는 경우에는 근로자의 근로제공을 거부하여서는 아니된다"라고 판시. 또한 "관련소송의 진행 경과 및 취재, 기사 작성 또는 편집 등의 업무에 종사하는 것이 기자로서 그 인격 발현의 가장 본질적인 부분인 점을 고려할 때, 회사인 피신청인은 기자가 신청인의 신문사 사옥 및 사무실 내부에 대한 출입을 방해하는 행위, 신청인에 대한 인사발령을 거부하는 행위, 신청인에 대한 노트북 컴퓨터 제공 등 기자로서의 업무수행에 필수적인 편의제공을 거부하는 행위를 하여서는 아니된다"라고 판시.<br>**[결과]** 원고 승소<br><br>**판결 후 관계자 동향(2015년 현재)**<br>부산일보 항소. |
| A17 | **서울남부지법 2013.11.22. 출처: 김고은(2013. 11. 22).**<br>**[원고]** 이상호 기자 **[피고]** MBC<br>MBC는 이상호 기자가 2012년 12월 17일 개인 트위터에 〈엠비시 김정남 단독인터뷰 비밀리 진행, 선거 전날 보도 예정설〉이란 글을 올리고, 회사 허락 없이 팟캐스트에 출연했다는 이유로 2013년 1월 해고. 명예훼손과 품위유지 위반이 이유, 실제로 MBC 특파원은 말레이시아에서 김정남을 만나 5분간 대화를 나눈 것으로 밝혀짐. 재판부는 "원고가 피고의 명예를 훼손해 징계사유가 되더라도 그 내용이 진실하다고 볼 만한 상당한 근거가 있으면 이를 이유로 근로자를 징계해고까지 하는 것은 재량권을 일탈한 것"이라고 판시, 아울러 "MBC가 해고 사유로 삼은 이 씨의 트위터 이용 및 고발뉴스 출연이 그 자체로는 해고에 이를 만큼 중대한 징계사유로 보이지 않는다"라고 판단. 해고 무효, 복직일까지 원고에게 월 400만 원 지급 판결.<br>**[결과]** 원고 승소. |
| A18 | **서울고등법원 2014.10.13. 2013나77425**<br>**[원고]** 이상호 기자 **[피고]** MBC<br>이상호 기자는 회사를 상대로 해고무효 확인소송, 2013년 11월 1심에서 승소, 항소심에서 "트위터에 사실과 다른 내용을 유포해 사쪽의 명예를 훼손한 점 등 일부 징계사유가 될 수는 있어도 해고 사유에 해당하지는 않는다. 해고는 사쪽의 징계재량권 남용"이라고 판시. 아울러 "해고를 통지하면서 해고 사유를 구체적으로 기재하지 않았고, 이는 근로기준법 27조 위반에 해당한다"라고 판시. 해고무효 확인 항소심 승소.<br>**[결과]** 원고 승소<br><br>**판결 후 관계자 동향(2015년 현재)**<br>이상호, 인터넷 뉴스 고발뉴스 참여. |

| # | 내용 |
|---|---|
| A19 | 서울중앙지법 2010.09.28. 2009가합129193, 출처: 장은교(2014. 12. 30)<br>[원고] 연봉계약직 직원 이 씨, 홍 씨, 김 씨 [피고] KBS<br>KBS 상대 해고무효확인 청구 소송, 원고 패소, KBS는 2009년 경영 합리화 방안으로 연봉계약직 420명 중 222명을 계약 해지 대상자로 결정, 소송 제기자들은 디지털뉴스팀, 스포츠취재제작팀, 창원방송국 보도팀 등에서 기획, 편집, 그래픽 디자인 등의 업무 담당, 소송자 이 씨는 2004년부터 5년간 계약 갱신함, 홍 씨는 10년간 계약 갱신함, 원고는 계속 고용에 대한 정당한 기대가 존재하는 연봉계약직원에 대한 이유 없는 계약해지는 부당하다고 주장, 법원은 적자 타개를 위한 정당한 경영 방침이었다는 KBS 주장을 지지.<br>[결과] 원고 패소 |
| A20<br>A21 | 서울고등법원 2012.01.27. 2010나103071 / 대법원 2014.12.30. 출처: 장은교(2014. 12. 30)<br>[원고] 연봉계약직 직원 이 씨, 홍 씨, 김 씨 [피고] KBS<br>KBS 상대 해고무효확인 청구 소송, "회사는 계약 해지를 회피하기 위한 어떤 노력도 하지 않고 기간제법(기간제 및 단시간근로자보호법)의 시행으로 2년 이상 초과해 근무한 근로자의 경우 무기계약직으로 전환해야 하는 상황을 앞두고 단지 연봉계약자이기만 하면 계약 해지 대상으로 삼았다"라며 "정당성을 결여했다"라고 밝힘. 재판부는 "원고들이 짧게는 5년 길게는 10년여 동안 근로계약을 계속 갱신하면서 근무했고 원고들이 담당했던 업무가 소정의 근무평가 에서 일정 수준 이상의 평점을 얻게 되는 등의 요건이 충족되면 근로계약이 갱신된다는 신뢰관계가 형성돼 있어 원고들에게는 근로계약이 갱신되리라는 정당한 기대권이 인정된다고 본다"라고 판시. 대법 역시 2심 확정.<br>[결과] 원고 승소 |
| A22 | 서울중앙지법 2010.09.28. 2009가합129193<br>[원고] 연봉계약직 직원 ○○○ 외 3인 [피고] KBS<br>기간제법 시행 이후 계약 갱신 거절과 해고, 원고는 짧게는 5년, 길게는 9년간 근로계약 갱신하며 피고에서 계속 근무 중이었음. 1년 단위의 계약고용. 기간제법 시행으로 2년 초과 근무하는 기간제의 경우 기간의 정함이 없는 노동자로 의제됨으로써 사용자가 근로계약의 갱신 여부를 결정하는 데 중대한 사정 변경이 발생했다는 점을 근거로 합리적 이유가 있는 갱신 거절에 해당한다고 판시.<br>[결과] 원고 패소 |
| A23 | 서울고등법원 2012.01.27. 2010나103071<br>[원고] 연봉계약직 직원 ○○○ 외 3인 [피고] KBS<br>KBS가 경영 합리화를 위해 정규직 근로자와 연봉계약직 중에서 계약직 근로자를 감축한 것은 합리적으로 보일 수 있으나, 경영합리화를 위해 인원 감축을 하고 있다는 외관을 만들어내는 효과가 있을 뿐 비용 절감 효과가 있을 것으로 보이지 않는 등 경영 합리화 목적 달성에 도움 안 됨. 계약 갱신 거절에 따른 정당성 결여, 효력 인정 안 됨. 즉 매년 1년 단위로 기간을 정해 근로계약을 체결했다면 계속근로의 기대 가능성(갱신 기대 가능성)이 그만큼 높음. 따라서 일방적인 계약 종료의 통보는 정당성을 인정받기 어려움.<br>[결과] 원고 승소 |

| # | 내용 |
|---|---|
| A24 | **서울행정법원 2009.06.24. 2008구합25500**<br>**[원고]** KBS **[피고]** VJ A 씨 등<br>KBS는 2007년 7월 〈아침뉴스타임〉 VJ 12명에게 사업자등록을 마친 후 VJ 업무를 수행할 것을 요청. 그러나 A 씨 등 2명은 이를 거부, KBS는 8월 계약을 종료. A 씨 등은 구제 신청을 했고 중노위는 이들이 근로자에 해당하므로 계약 종료는 부당해고에 해당한다는 재심 판정 도출. 이에 KBS는 2008년 6월 소송 제기, 재판부는 "계약이 종료된 A 씨 등은 KBS의 채용공고에 의해 VJ로 채용돼 KBS가 기획·의도한 시간과 장소에서 영상을 촬영해 수정·편집"해 왔고, "KBS는 2년 또는 5년 동안 A 씨 등과 계약을 유지해 오다 비정규직보호법 발효를 앞둔 2007년 8월 법적용 배제를 위해 사업자등록을 요구한 후 계약종료에 이르게 됐다"라며, "KBS가 사업자등록을 요구한 자체가 정당한 요구가 아니므로 이를 거절했다는 이유로 계약을 종료한 것은 부당해고에 해당한다"라고 판시.<br>**[결과]** 원고 패소 |
| A25<br>A26 | **서울행정법원 2010.01.11. 출처: 기수정(2010. 7. 28) / 서울고등법원 2010.07.16. 출처: 한만송(2010. 8. 2)**<br>**[원고]** 최승만, 정찬흥 기자 **[피고]** 인천일보<br>정찬흥은 개인 사정 휴직 후 2009년 1월 복직 신청, 사측은 급여의 70% 지급 유급휴직 제안, 정찬흥이 거부하자, 사측은 대기 발령 후 징계 절차에 이어 징계 해고. 이종만 기자의 경우 경기 본사 전보를 발령받았으나 이를 거부, 무단결근한 점을 들어 징계 해고. 최승만 기자의 경우 영업팀 전보 발령 후 거부하자 징계 해고됨, 최승만의 전보 발령 부당 결정, 최승만과 정찬흥 기자에 대한 해고 부당 판결. 재판부는 이들의 해고에 대해 "징계 절차에 있어서도 노동조합과 징계 해고와 관련해 아무런 사전협의 절차를 거치지 않았을 뿐 아니라, 사측 위원으로만 구성된 징계위원회를 개최해 해고를 결의한 점 등으로 미뤄 징계절차에 중대한 하자가 있다"라고 판시.<br>**[결과]** 원고 승소 |

한편, 판례와 별개로 언론인 해고와 관련하여 지방노동위원회가 결정을 한 사례는 2건이다. B1은 서울지방노동위원회의 2014년 11월 20일 결정으로 전자신문사 이은용 기자가 부당 해고 사례를 진정한 사건을 다루고 있다. 전자신문사는 전국언론노동조합 전자신문지부 부지부장인 이은용 기자가 근태 보고 지시를 거부하고 업무 명령을 불이행한다는 등의 이유로 해고했다 (2014년 9월 5일). 이은용 기자는 서울지방노동위원회에 진정을 요구했고, 노동위는 해고가 부당하다고 결정했다. 이후 이은용 기자는 복직되었다. 그

러나 2015년 1월 23일 근태 보고 지시 불이행 등의 이유로 정직 1개월 결정을 받았다. B2는 인천지방노동위원회의 2015년 1월 23일 결정으로 인천일보 정찬홍 기자가 부당 해고 사례를 진정한 사건을 다루고 있다. 인천일보는 2014년 10월 30일 근무 태만, 징계위원회 방해 등의 명목으로 정찬홍 기자를 해고했다. 정찬홍 기자는 2009년 무단 결근, 2013년 정찬홍 기자가 사옥 매각 반대 기자회견 등 주도, 2014년 무단 결근, 근무 태만 등을 이유로 해고된 바 있다. 5번째 해고에서 노동위는 이를 부당해고로 판정하였다.

**표 1-2. 언론인 해고 관련 지방노동위원회 사례**

| # | 내용 |
|---|---|
| B1 | **서울지방노동위원회 2014.11.20. 출처: 강주희(2014. 11. 22)**<br>**[원고]** 이은용 기자 **[피고]** 전자신문<br>전자신문은 2014년 8월 24일 이은용 전자신문 기자(전국언론노동조합 전자신문지부 부지부장)를 해고, 이 지부장은 재심신청, 전자신문은 2014년 9월 5일 해고 확정, 해고 사유는 근태 보고 지시 거부 및 불이행, 업무 명령 불복종, 연감 발생 일정 미준수 등, 서울지방노동위원회는 일부 징계 사유는 인정하나 해고 징계는 부당하다고 판단. 부당해고 결정.<br>**[결과]** 부당해고 판정<br><br>**판결 후 관계자 동향**<br>이은용 기자 복직. 그러나 2015년 1월 23일 근태 보고 지시 불이행, 경위서 제출 명령 거부 및 불이행, 회사 및 임원, 간부에 대한 명예훼손 및 품행 불량, 무단 결근 및 직장 이탈 등의 이유로 정직 1개월 결정. |
| B2 | **인천지방노동위원회 2015.01.23. 출처: 강성원(2015. 1. 28)**<br>**[원고]** 정찬홍 기자 **[피고]** 인천일보<br>인천일보는 2014년 10월 30일, 무단 결근, 무단 외출, 지각, 조퇴, 근무 태만, 징계위원회 방해 등의 명목으로 정찬홍 기자를 5번째 해고, 그는 2007년 실적대로 월급을 주겠다는 인천일보의 방침에 노조가 반대하는 과정에서 1차 해고, 2009년 무단결근을 이유로, 2013년 사옥매각 반대 기자회견 주도 이유로, 2014년 무단 결근, 무단 외출, 지각 및 조퇴, 근무 태만, 징계위원회 방해 행위를 이유로 해고된 바 있음. 2015년 1월 23일 인천지방노동위원회는 부당해고로 판정, 다만, 인천일보가 전직원회의에서 정기자에 대한 징계 방침을 공언하거나 보복성 부당 대기 발령, 노조 와해 시도 등 부당노동행위를 했다는 주장에 대해 기각 결정을 내림.<br>**[결과]** 부당해고 판정 |

## 6. 언론인 해고 사례의 일반적 특성

언론인 해고와 관련한 12개 사건 26개 판례, 2개 지방노동위원회 결정례를 포함한 총 14개 사건 28개 사례에 대한 분석을 수행하였다. 분석 사례의 일반적인 사례를 분석한 결과는 다음과 같다. 첫째, 사례의 승·패소 결과를 확인하였다. 그 결과 해고당한 언론인이 패소한 판례는 7건(A2, A3, A4, A5, A19, A22, A24, 25%), 해고당한 언론인이 승소한 판례는 21건(75%)으로 나타났다. 이는 우리 사법부가 대부분 사례에서 언론인 해고의 부당성을 확인하고 있다는 점을 보여 준다. 즉 우리 법원은 소송으로 비화된 많은 언론인 해고 사건에서 해고가 부당하다는 것을 확인하고 있는 것이다. 일부 언론인 해고가 인정된 사례는 경영권을 침해하는 언론인의 표현 행위가 부당하다는 것(A2, A3), 경영 합리화에 의한 해고에 명분이 있다는 것(A19, A22)과 같이 언론인 해고가 경영상의 문제 해결에 도움이 된다는 경제적인 측면에서 접근한 사례였다.

둘째, 언론사별 소송 사례 결과를 확인하였다. 그 결과 해고된 언론인의 소속은 방송사 중 MBC가 7건(A6~7, A8~9, A10, A17~18), KBS가 6건(A19~21, A22~23, A24), YTN이 5건(A1~3, A4~5), 신문사 중 부산일보가 4건(A13~16), 인천일보가 3건(A25~26, B2), 국민일보가 2건(A11~12), 전자신문이 1건(B1)으로 각각 나타났다. 즉 방송사 대상 소송은 9개 사건 18개 사례(64.29%), 신문사 대상 소송은 5개 사건 10개 사례(35.71%)로 나타났다. 이는 공영성을 핵심으로 하는 지상파 공영 방송사(MBC, KBS)와 YTN에서 언론인 해고와 관련 소송이 빈번히 이루어졌음을 보여 주는 결과이다. 한편, 방송사 대상 소송 가운데 3개 사례(A2, A3, A14)에서는 방송사가 승소했다(해고가 정당하다는 결정). 그러나 신문사 대상 소송 가운데 신문사가 승소한 사례는 존재하지 않았다.

셋째, 판례 중 1심과 2심 혹은 최종심의 결과가 상이한 경우는 3개 사례 (A1~3(A1은 원고 승소, A2~3은 원고 패소), A19~21(A19는 원고 패소, A20~21은 원고 승소), A22~23(A22는 원고 패소, A23은 원고 승소))였다. A1~3의 경우 1심과 상급심 2개 판례가 다른 사건이다. 1심에서는 언론의 사장에 대한 투쟁에 공익성이 인정된다며, 해고가 무효라는 판결을 내렸다. 다만 2심과 최종심에서는 사장에 대한 투쟁에 공익성이 인정되지만, 경영진 구성권, 경영주 대표권을 침해한 점 등이 해고 사유에 해당한다는 판결을 내렸다. 반면, A19~21의 경우 1심에서 사법부는 적자 타개를 위한 계약직원 해고는 타당하다고 판결했으나, 2심과 최종심에서는 근로자들에게 계약갱신에 대한 정당한 기대권이 인정되기 때문에 해고가 적법하지 않다고 판결했다. 즉 일부 판례의 경우 재판관의 언론의 공익성에 대한 가치 부과 여부에 따라 재판 결과에 차이가 있을 수 있다는 점, 사회적 약자로서의 노동자에 대한 인식(또는 경영 합리화에 대한 경제적 인식)에 따라 재판 결과에 차이가 있을 수 있다는 점을 보여 준다.

넷째, 언론인 해고 관련 사건이 단일심으로 끝나지 않고 항소로 이어진 경우는 14개 사건 중 12개 사건(A10, A24 제외)이었다. YTN 기자들이 YTN을 상대로 제기된 소송은 초심(서울중앙지법, 2008가합101129)이 2009년 11월 13일에 이루어졌고, 최종심(대법원 2011다41420)이 2014년 11월 27일에 이루어져, 5년에 걸쳐 소송이 진행되었다(사례 A1~3). 부산일보 이정호 기자가 부산일보를 대상으로 진행한 소송은 2013년 6월 14일 1심(부산지법, 2012가합542)이 이루어진 이후 2015년 5월 이후에도 소송이 진행 중이었다(사례 A13~16). 이밖에 이상호 기자가 MBC를 대상으로 제기한 소송은 1심과 2심의 간격이 1년에 이른다(사례 A17~18). 또한 KBS 연봉계약직원들의 소송은 1심이 2010년 9월 7일에 이루어졌고, 최종심이 2014년 12월 30일에 이루어져 4년에 걸쳐 소송이 이루어졌다. 즉 언론인 해직 관련 소송은 장기화될 경우 최소 1년에서 많게는 5년에 걸쳐 이루어지고 있었다. 해고 직후 1심에 걸리는 시간, 해고 직후 지방노동위원회에 진정하는 시간 등을 포괄적으로 고려한다면, 언론인들의 해고 관련 소송 결과 도출에 걸리는 시간은 더욱 늘어날 것이라는 점을 확인할 수 있다.

표 1-3. 판례 결과의 요약

| # | 원고 | 피고 | 소송 유형 / 소송 원인 | | 소송 결과 | 기타(2015년 현재 상황) |
|---|---|---|---|---|---|---|
| A1~3 | 기자, 노조원 | YTN | 징계(해고)무효 | | 1심: 원고 승소 2심, 최종심: 원고 패소 | 노종면, 조승호, 현덕수(2014년 한국방송기자대상 특별상) 우장균, 권석재, 정유신(2015년 2월 16일 정직처분무효소송 제기) 조승호, 현덕수(2015년 뉴스타파 참여) 노종면(뉴스타파, 국민TV 참여) |
| | | | YTN 사장 반대 투쟁 | | | |
| A4~5 | 기자, 노조원 | YTN | 업무 방해 | | 원고 패소 | 노종면(뉴스타파, 국민TV 참여) 현덕수(2015년 2월 뉴스타파 참여) |
| | | | YTN 사장 반대 투쟁 | | | |
| A6~7 | 기자, 노조원 44명 | MBC | 징계(해고)무효 | | 원고 승소 | MBC 항소 방침 복직, 신분 전환 이루어지지 않음 최승호(비영리 독립언론 뉴스타파 참여) |
| | | | 공정방송 요구 파업 | | | |
| A8~9 | 기자, 노조원 44명 | MBC | 징계(해고)무효 | | 원고 승소 | MBC 항소 방침 복직, 신분 전환 이루어지지 않음 최승호(비영리 독립언론 뉴스타파 참여) |
| | | | 공정방송 요구 파업 | | | |
| A10 | 기자, 노조원 6명 | MBC | 근로자지위보전 가처분 | | 원고 승소 | 이상호(인터넷 뉴스 고발뉴스 참여) |
| | | | MBC 재판 불복 | | | |

| # | 원고 | 피고 | 소송 유형 소송 원인 | 소송 결과 | 기타(2015년 현재 상황) |
|---|------|------|----------------------|-----------|------------------------|
| A11~12 | 기자, 노조원 조상운 | 국민일보 | 부당해고 구제신청 기각결정 취소 / 국민일보 사장 비리 폭로, 지방노동위원회 결정에 이의 제기 | 1심, 2심: 원고 승소 | 조상운(국민TV 사무국장으로 참여) |
| A13~14 | 기자, 노조원 이정호 | 부산일보 | 대기처분무효 / 정수장학회 비판 기자회견 등 | 1심, 2심: 원고 승소 | 부산일보 항소 방침, 2015년 3심 진행 |
| A15~16 | 기자, 노조원 이정호 | 부산일보 | 징계(해고)무효, 업무방해금지 가처분 / 정수장학회 비판 기자회견 등 | 1심, 2심: 원고 승소 | |
| A17~18 | 기자 이상호 | MBC | 징계(해고)무효 / MBC 관련 발언, 팟캐스트 참여 | 1심, 2심: 원고 승소 | 이상호(인터넷 뉴스 고발뉴스 참여) |
| A19~21 | 계약직 (기획· 편집인) | KBS | 징계(해고)무효 / 타당하지 않은 이유의 계약 해지 | 1심: 원고 패소 2심, 최종심: 원고 승소 | |
| A22~23 | 계약직 | KBS | 징계(해고)무효 / 타당하지 않은 이유의 계약 해지 | 1심: 원고 패소 2심: 원고 승소 | |
| A24 | KBS | VJ | 부당해고구제 재심판정 취소 / 타당하지 않은 이유의 계약 해지 | 원고 패소 | |

| # | 원고 | 피고 | 소송 유형 | 소송 결과 | 기타(2015년 현재 상황) |
|---|------|------|-----------|-----------|------------------------|
| | | | 소송 원인 | | |
| A25~26 | 기자, 노조원 3명 | 인천 일보 | 징계(해고)무효 | 1심, 2심: 원고 승소 | 정찬흥(2015년 1월까지 해고, 부당해고 판정 반복) |
| | | | 회사 요구 거부 | | |
| B1 | 기자, 노조원 이은용 | 전자 신문 | 징계(해고)무효 | 부당해고 결정 | 이은용(전자신문은 복직시켰으나 광고마케팅국으로 발령, 복직 후 정직 결정) |
| | | | 업무 명령 불복종, 노조 활동 | | |
| B2 | 기자, 노조원 정찬흥 | 인천 일보 | 징계(해고)무효 | 부당해고 결정 | 5번 해고, 부당해고 판정 |
| | | | 월급 체계 등 회사 방침에 노조 반대 | | |

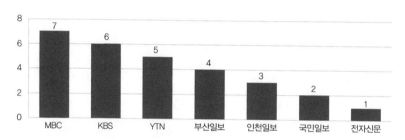

그림 1-1. 언론사별 해고 판례(사례) 수 (단위: 건)

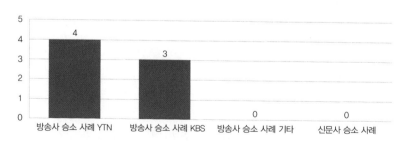

그림 1-2. 언론사 해고 승소 사례 (단위: 건)

## 7. 언론인 해고 판례(사례)에 나타난 소송의 원인, 소송 유형

언론인 해직의 소송 유형은 징계(해고)무효 소송(A1~3, A6~7, A8~9, A17~18, A19~21, A22~23, A25~26, B1, B2, 이상 18건, 64.29%), 부당해고 구제신청 기각결정 취소 소송(A11~12, A24, 이상 3건, 10.71%), 대기처분무효 소송(A13~14, 이상 2건, 7.14%), 업무방해금지 가처분 신청(A15~16, 이상 2건, 7.14%), 근로자지위보전 가처분 신청(A10, 이상 1건, 3.57%), 업무 방해(A4~5, 이상 2건, 7.14%) 등으로 나타났다.

일반적으로 언론인이 해고될 경우 징계(해고)무효 소송을 제기하게 된다 (64.29%). 만약 언론인이 사법부가 아닌 지방노동위원회에 해고의 부당성에 관한 판단을 요청할 경우, 소송으로 비화되지 않고 복직이 이루어지기도 한다. 다만, 지방노동위원회에서 해고의 적절성을 결정한다면, 언론인은 사법부의 판단을 요청할 수 있다. 이 경우 부당해고 구제신청 기각결정 취소 소송(10.71%)이 제기된다. 한편, 언론사가 징계위원회에서 언론인을 대기 발령 후 해고 등의 절차를 밟았다면, 대기처분무효확인 소송을 통해 문제를 제기하는 경우도 있다(7.14%). 이후 사법부의 결정에 의해 언론인 해고가 부당하다고 판단될 경우, 언론인의 복직이 이루어지게 된다. 문제는 그 이후이다. 언론사가 해고 언론인의 복직을 결정하더라도 언론인에게 원래의 직책과 다른 직책을 부여하여 언론 활동을 막거나 취재 활동에 필요한 장비 등을 제공하지 않을 경우, 언론인은 업무방해금지 가처분이나 근로자지위보전 가처분을 신청하는 일이 발생하기도 하는 것으로 나타났다.

한편, 언론인 해직의 직접적 원인은 파업(언론 사장에 대한 반대, 공정방송 요구)(A1~3, A4~5, A6~7, A8~9, A10, 이상 10건), 사장(회사) 비리 폭로(비판)(A11~12, A13~16, A17~18, 이상 8건), 비합리적 해고(경제

적) (A19~21, A22~23, A24, 이상 6건), 사장(회사) 업무 명령(방침) 거부
(A25~26, B1, B2, 이상 4건) 등으로 나타났다.

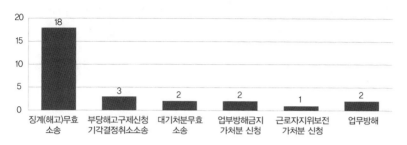

그림 1-3. 언론인 해직 판례(사례)의 소송 유형 (단위: 건)

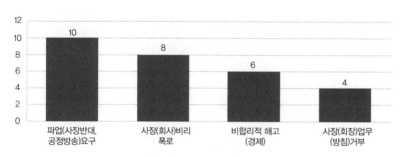

그림 1-4. 언론인 해직의 원인 (단위: 건)

이 가운데 사장(회사)의 비리 폭로나 비판, 낙하산 언론 사장에 대한 반대,
공정방송 요구 등 15건(53.57%)의 사례는 언론의 공익성을 제고하기 위한
명분의 언론인 파업, 집단행동이 업무 방해, 업무 태만, 회사나 사주에 대한
명예훼손에 해당한다며, 해고 조치의 명분이 된 사례를 다루고 있다. 이 가운
데 사례 A1~3, A4~5는 2008년 7월 이명박 대통령 선거캠프의 언론특보 출
신의 구본홍 씨가 YTN 사장에 선임된 것은 언론 공정성 침해가 우려되는 일
이라며 진행한 집단행동이 해고로 이어진 사건을 다루고 있다. 사례 A6~10

은 공영 방송 MBC 정상화와 이명박 대통령의 측근으로 MBC 사장에 취임한 김재철 씨의 퇴임을 주장하며 2012년 진행된 파업의 결과 언론인들을 해고한 사례를 다루고 있다. 당시 MBC는 시사교양국을 해체하고, 보도본부를 축소하는 등의 조처를 했고, 이것이 언론 자유를 침해했다는 평가를 받았다. 이밖에 사례 A6~7, A8~11, A12~13 등은 사주나 회사에 대한 비판 혹은 의혹 제기, 예컨대 사장의 비리 폭로, 대주주인 정수장학회에 대한 비판에 근거한 해직 사례를 다루고 있다.

아울러 사옥 매각, 성과제 임금체계 등에 언론인과 직접적으로 관련이 있는 부분에 대한 언론사의 요구를 따르지 않았다는 이유로 해고 조치된 사례도 4건(14.29%) 나타났고, 2007년 비정규직 보호법 발효를 앞두고 경영 합리화라는 명분으로 비정규직 직원을 해고한 사례도 6건(21.43%) 나타났다. 즉 공정성과 직접적인 관련이 없는 사항에 대한 해고도 10건(35.71%) 나타났다.

## 8. 언론의 해고 판례 중 공익성 고려 판례

언론인은 이윤을 추구하는 기업의 종사자이면서 정치 권력과 자본 권력에 대한 견제, 비판, 국민의 알 권리 보호라는 공적인 책무를 가지고 있다. 따라서 언론인들의 표현 행위에 의한 해고, 특히 공익성에 기반한 표현 행위의 제재는 신중하게 이루어질 필요가 있다. 이에 이 글은 언론인 해고 판례에 표현자의 공익성이 어떻게 고려되고 있는지 확인하였다.

비록 1심 재판부의 판결(A1)이지만, 재판부는 YTN의 경우 공정보도의 원칙을 준수할 책임이 있다고 보았다. 즉 YTN 노조의 사장 반대 투쟁이 공익성을 가지므로, 이에 근거한 해고가 부당하다고 판단한 것이다. 그러나 동일 사건의 상급심 재판부는 출근 저지 농성이 공익성(방송 중립성)을 가지고 있다고 해도, 그 농성이 사용자의 본질적 권리인 경영진 구성권과 경영주의 대표권을 침해한 것이라면 위법하다고 판단하기도 했다(A2~3). 즉 우리 사법부는 언론인들의 단체 행동이 공익성을 가지고 있다고 해도 그것이 경영진 구성권, 경영주 대표권 등 사용자의 권리를 침해하는 방식으로 이루어질 경우 해고가 정당하다는 인식을 보인 바 있다.

다만, 사법부는 김재철 사장 체제의 MBC 방송 공정성을 요구하며 진행된 파업이 공익성(방송 공정성)을 가진다고 판단하기도 했고(A6~7, A8~9, A10), 사주에 대한 비리 의혹 제기가 공익성(언론의 사회적 책임)을 가진다고 판단한 바 있다(A11~12). 또한 사례 A13~14에서 사법부는 정수장학회 등 언론사 자본에 대한 비판 역시 언론의 자유로 인정해야 한다는 인식, 명예훼손적 표현이라고 해도 상당성이 있을 경우 이를 근거로 징계하는 것은 재량권을 일탈한 것이라는 인식(A17~18)을 보이기도 했다는 사실을 확인할 수 있다.

즉 26건의 언론인 파업 판례 가운데 14건(53.85%)에서 포괄적 의미의 언론의 공익성이 언급되었다는 사실을 확인할 수 있다. 대체로 사법부는 경영진의 경영권을 침해하지 않는 방향에서 이루어진 파업, 사주에 대한 비판, 언론 자본에 대한 비판의 경우, 공익성이 인정되면 언론인의 언론의 자유로 인정해야 한다고 인식한다는 사실을 확인할 수 있다. 아울러 회사나 사주에 대한 명예훼손적 표현 행위라고 해도 상당성이 있다면 면책될 수 있다는 위법성 조각 사유의 논리가 일부 반영되고 있다는 점 역시 확인할 수 있다. 다만, 언론인의 표현 행위가 경영권을 침해하는 방식으로 이루어진다면, 그것이 공적인 성격을 가지는 표현 행위더라도 해고가 정당하다는 판결도 도출되었다(대법원, 2014.11.27. 2011다41420).

한편, 언론인 해고 판례 중 공익성이 고려되지 않는 경우에도 언론인이 승소한 사례가 5건 나타났다. 이는 계약직 언론인들의 일방적 계약 종료 과정에서 계속 근로의 기대 가능성(A20~21, A23) 등의 이유, 징계 절차의 부당성(A25-26), 공익성에 근거한 징계무효 소송 승소 이후 업무 방해(A15-16) 등이 원인이 된 것이었다.

## 9. 언론인 해고 승소 판례(사례) 도출 후 언론인 복직 여부

언론인이 승소한 21개 판례(사례)에서 언론인(일부 언론인)이 해당 언론사에 복직하지 못한 경우는 13개 사례(A1, A6~12, A17~18, A20~21, A23, 61.90%)였다. 이 가운데 뉴스타파에 참여한 사례는 5건(A1, A6~9, 23.81%), 국민TV에 참여한 사례는 3건(A1, A11~12, 14.29%), 고발뉴스에 참여한 사례는 3건(A10, A17~18, 14.29%)으로 나타났다. 또한 일부 인원이 미복직한 사례도 3건(A20~21, A23, 14.29%) 나타났다. 언론사의 추가 징계 등에 의해 언론인이 언론사에 정착하지 못하는 경우는 4개 사례(A25~26, B1~B2, 19.05%)로 나타났다.

## 10. 결론: 정치권력에 대한 언론인들의 비판 기능 향상을 위하여

본 장의 결론에서는 2008년 이후 본격화된 언론인 해고 관련 판례(사례) 분석을 통해, 언론인 해고와 언론의 자유가 충돌할 때 언론의 자유를 극대화하는 판결을 도출하는 방안에 대해 제언하고자 한다. 이 연구의 핵심적 발견과 함의는 다음과 같다.

첫째, 언론인 해고와 관련된 판례(사례) 분석 결과, 사법부에 의해 언론인 해고가 긍정된 사례는 7개 사례(25%)에 불과했다. 75%의 사례에서 재판부는 언론인 해고가 적법하지 않다는 인식을 보였다. 즉 우리 법원은 소송으로 비화된 많은 언론인 해고 사건에서 그 해고 사유나 절차가 부당함을 확인해 주고 있다. 더불어 언론사(사용자)의 언론의 자유(언론인 해고의 자유)는 실질적으로 제한될 수밖에 없다는 송강직(2006)의 연구를 지지하는 결과이기도 하다. 구체적으로 앞에서 분석 대상이 된 사례에서 확인할 수 있듯 언론인들이 언론의 공정성을 요구하거나 언론사(주)에 대한 표현(행동)이 문제가 되어 해고 조치된 사례에서 우리 사법부는 대체로 언론인들의 표현의 자유를 긍정하는 판결을 내놓고 있었다. 이는 언론의 존재 이유가 국민의 알 권리 충족과 헌법 제21조가 보장하는 언론(표현)의 자유에 있고, 정치 권력과 자본 권력뿐만이 아니라 언론(사) 역시 그 표현의 대상이 될 수 있어야 한다는 상식을 우리 사법부가 대체로 지지하고 있음을 보여 준다.

다만, 언론인 해고가 긍정된 1개 사건 2개 판례(A2~3)의 경우 1심(A1)과 판결 결과가 달랐는데, 이는 모든 사법부가 동일하게 언론(표현)의 자유의 가치가 언론사 경영권, 언론사나 언론사주의 명예권보다 우월함을 인정하는 것은 아님을 보여 준다. 재판관의 언론인 해고 사유와 해고 절차에 대한 판단 결과에 따라 소송 결과에 차이가 존재할 수 있는 것이다. 예컨대 A2의 서울 고등법원과 A3의 대법원에서 재판부는 언론인의 집단 표현 행위에 공익성이 인정되더라도 경제, 경영권이 우선된다는 인식을 보인 바 있다. 이는 언론인들의 언론사 대상 표현 행위에 근거한 소송에 있어 발언 주체자들의 공익성과 언론(표현)의 자유가 핵심적 판결 근거로 작동하지 않을 수 있음을 뜻한다. 사법부가 공익성과 언론의 자유를 중시하는 언론 기업의 특성을 고려하여, 언론인들의 정치적 집단행동(파업 등)을 일반 사기업 종사자들의 집단행동과 구분하여 판단할 필요성이 있는데(한지혜, 2014), 일부 사법부는 언론(기업)과 언론인의 특성을 고려하여 언론인 해고 관련 판결을 도출하지 못하는 일이 발생할 수 있는 것이다. 한편, 언론인 해고가 인정된 또 다른 사례인

A19의 재판부는 경영 합리화를 위한 해고에 명분이 있다며, 경제, 경영권 우선적 판결을 내렸다. 결국 언론인 해고와 관련된 소송에서 우리 사법부의 판단은 '언론의 공익성'과 '언론사의 경제, 경영권' 간의 충돌에서 어느 쪽에 가치를 부여하는지에 따라 구분된다는 사실을 확인할 수 있다.

이상의 결과로 보아, 언론인들의 해고 관련 소송에서 보다 일관적인 판결을 내리기 위해서는 언론 기업을 일반 기업과 동일한 수준으로 설정할 것인지에 대한 일차적 고민과 내적 합의가 필요할 것으로 생각된다. 만약 언론 기업의 공적 속성을 고려하는 판결 도출에 대한 합의가 이루어진다면, 언론의 자유와 언론의 공정성 등 공적인 목적을 위한 표현 행위는 면책시키는 방향의 판결을 수행할 필요가 있다. 예컨대 공익성과 진실성이 있는 언론인들의 언론사 대상 표현이라고 한다면, 그것이 경영권을 일부 침해하는 방식으로 이루어지더라도 대승적 차원에서 보장할 필요가 있다는 것이다. 존재 이유가 언론의 자유인 언론이, 자신에 대한 언론인의 비판을 경영권을 이유로 제한하는 것은 자기모순일 수 있기 때문이다. 특히 26건의 언론인 해고 판례 중 언론의 공익성을 고려한 판결은 14건에 불과했다는 점, 그리고 언론인 해고 소송의 대부분이 공익성을 사시로 하는 공영 방송(KBS, MBC)에서 발생했다는 점은, 언론의 공익성에 관한 우리 사법부의 이해가 다소 부족하다는 점을 보여 주는 결과라고도 할 수 있다. 언론 관련 소송의 경우 언론법과 관련된 전문적 지식을 지닌 재판관이 참여하거나, 재판 과정에 언론의 공익성에 대한 전문적 이해를 지닌 학자, 언론인의 조언을 듣는 시스템을 도입하려는 노력이 필요할 것이다.

둘째, 언론인 해고가 단일심으로 멈추지 않고 항소로 이어진 경우가 많았다. 대부분 언론사의 항소였고, 언론인 해직 관련 소송은 장기화될 경우 최소 1년, 최대 5년까지 진행된다는 사실을 확인하였다. 해고 직후 1심에 걸리는 시간, 해고 직후 노동위원회 진정 시간을 포괄적으로 고려할 경우 언론인들의 해고 관련 소송은 더욱 장기화된다는 사실을 확인할 수 있다. 소송 기간이 지나치게 장기화될 경우 언론인의 업무 능력이 감소될 여지가 있고, 아울러 생계와 관련된 문제도 생길 가능성이 있다. 예컨대 해고된 후 5년이 지나서 복직 판결을 받았다고 생각해 보자. 그동안의 생계를 해결하는 데 어려움이 있을 것이며, 업무 복귀에 따른 적응도 어려울 수 있다. 따라서 노동 관련 문제에 관한 판결, 예컨대 징계(해고)무효 소송의 판례는 시기를 단축하기 위한 사회적 합의가 필요할 것으로 생각된다. 그렇지 않다면 지방노동위원회의 업무 전문성과 권한을 강화하여 관련 분쟁을 단기간에 해결하는 장치를 구축할 필요가 있다고 보인다. 언론 기업의 특성은 다른 사기업과 다를 수 있다는 점에 착안하여 분쟁 조정 과정에서 언론의 공적 성격에 관한 이해도가 높은 학자, 언론인 등을 포함한다면, 불필요한 분쟁에 의한 소송 장기화를 예방할 수 있을 것이다.

셋째, 언론인 해직 소송 유형은 징계(해고)무효 소송이 18건으로 가장 많았고, 부당해고 구제신청 기각결정 취소 소송이 3건, 대기처분무효 소송이 2건, 업무방해금지 가처분 신청이 2건, 근로자지위보전 가처분이 1건으로 나타났다. 이는 해직된 언론인이 취하는 기본적 조치는 징계(해고)무효 소송이라는 것, 그러나 소송에서 승소하여 복직이 이루어지더라도 원활하게 업무 수행이 이루어지지 않을 가능성이 있음을 유추케 한다. 또한 언론인 행위의 합법성 여부와 달리 이른바 내부고발에 의한 괘씸죄가 언론 현장에서도 나타날 수 있다는 점을 보여 준다. 언론인 해고의 부당성이 인정되는 판결을 받았다면, 해당 언론인이 요청하지 않는 한 (혹은 언론인과 언론사 간의 합의가 이루어지지 않는 한) 현장에서 일을 할 수 있도록 조치할 필요가 있다. 징계성 부서 이동, 업무 방해 등은 사법부의 결정을 존중하지 않는 행위일 수 있기 때문이다.

넷째, 언론인 해직의 직접적 원인을 확인한 결과 28건의 분석 판례(사례) 중 15건의 핵심 해고 근거는 공익성을 제고하기 위한 명분의 파업, 집단행동이 업무 방해, 업무 태만, 회사나 사주에 대한 명예훼손에 해당한다는 것이었다. 아울러 공정성과 직접적 관련이 없지만, 경영 합리화, 경제적 문제에 근거한 노동자들의 요구와 이에 대한 사측의 거부에 따른 해고 사례도 10건에서 나타났다.

언론인의 정체성은 정치 권력과 자본 권력에 대한 비판과 감시, 국민의 알 권리 보장에 있다. 언론의 자유가 중요한 이유는 대의 민주주의 사회에서 언론사가 표현의 자유를 통해 사회의 정의와 공익을 도모할 수 있을 것이라는 믿음 때문이다. 언론이 주로 감시, 견제해야 할 대상은 공인public figure이다. 권력을 가진 공적 주체 누구라도 비판할 수 있어야 한다. 언론도 공적 주체이기 때문에(이재진·이정기, 2011b), 언론인의 비판 대상에서 예외가 될 수 없다. 그런데 언론인 해고의 대부분 원인은 언론인의 자사 언론사(사장) 비판 때문에 발생했다. 비판과 견제를 업으로 삼는 언론이 자기비판에 과민하게 반응하고 있다는 것인데, 이는 모순된 행동일 수 있다고 생각된다. 물론 근거 없는 비판과 표현 행위는 처벌받아 마땅하다. 그러나 민주사회의 발전을 위해서는 공적 주체(공인)에 대한 표현은 사적 주체에 대한 표현 행위에 비해 폭넓게 용인될 필요가 있다(이재진·이정기, 2011b). 특히 공익성과 상당성에 기반한 표현 행위(집단행동)라면 형법 제310조 위법성 조각 사유로 보호되어야 한다. 현실적 악의 원칙actual malice 등을 통해 공인에 대한 비판, 감시 기능을 확장해야 할 언론사가 공인인 자신을 향한 비판, 감시 기능의 발현에 해고 조치로 맞서는 행동은 자기모순이다. 언론사 경영진(특히 정치권에 의해 임명되는 언론사 경영진)은 언론의 공적 성격, 공인성 등에 대해 보다 세심한 이해가 필요하다.

한편, 신자유주의 시대 비정규직 문제에 대한 처우 문제와 계약 문제는 언론사에도 존재했다. 같은 일을 하고, 계속 계약에 대한 기대가 있는 비정규직 언론인에 대한 처우 문제를 개선하고, 더 안정적인 고용 체계를 보장하기 위한 노력은 사회 정의를 추구하는 언론사가 앞장설 필요가 있는 부분이다. 특히 정치적 파업, 당파적 파업, 귀족 노조 등 수많은 비판 여론에 직면해 있는 언론노동조합이 공익성의 추구라는 진정성을 보이기 위해서라도, 비정규직 언론인들의 문제 해결에 동참하는 등의 모습을 보일 필요가 있을 것이다. 아울러 언론사, 특히 방송사에 광범위하게 존재하는 비정규직 문제를 해결하기 위한 비정규직 언론인 실태 조사와 이를 근거로 한 처우 개선 방안에 대한 정책 연구가 축적될 필요가 있다. 언론학계와 정부의 관심이 요구되는 부분이다.

다섯째, 21건의 언론인 승소 판례 중 언론인이 해당 언론사에 복직하지 못한 경우는 13개 사례로 나타났다. 특히 해당 언론사에 복직하지 못한 모든 사례에서 언론인들은 인터넷 기반 비영리 독립 언론사에서 활동하는 것으로 나타났다. 구체적으로 파업, 집단행동, 언론사주 비판 등의 방식으로 언론의 공정성을 요구하다 해고된 언론인의 경우, 각각 비영리 인터넷 독립 언론이자 탐사 보도 전문 언론인 뉴스타파(MBC 출신 최승호, YTN 출신 조승호, 현덕수), 미디어협동조합 국민TV(YTN 출신 노종면, 국민일보 출신 조상운), 인터넷 고발뉴스(MBC 출신 이상호) 등 인터넷 기반 비영리 독립 언론에서 언론 활동을 이어가고 있는 것으로 조사되었다.

물론 과거 권위주의 정권 시절과 절차적 민주주의가 완성되었다고 평가되는 2008년 이후 진행된 언론인의 해고와 복직, 대안 언론 참여 과정을 직접적으로 비교하기에는 무리가 있다. 해직 언론인들이 언론계로 복귀할 가능성, 언론인 해직 이후의 삶의 질 역시 과거 권위주의 정권 시절에 비해 상대적으로 나아졌다고 평가할 수도 있을 것이다. 그럼에도 해직 언론인들이 인터넷 기반 비영리 독립 언론을 만들거나 이직하게 된 것은 1975년 동아투위와 조선투위 해직 언론인들의 한겨레신문 창립, 참여와 유사한 맥락에서 해석될 수 있을 것이다. 앞서 언급했듯 2008년 이후 해직된 많은 언론인은 언론 공정성을 요구하다가 해직되었다. 그들이 기존 언론사에서 언론 공정성을 추구할 수 없다고 판단하고, 정치 권력과 자본 권력, 언론 권력의 영향력에서 자유로운 독립 언론을 만들었기 때문이다(박진관, 2014.10.31.). 즉 언론 공정성에 대한 열망이 그들을 해직 기자로 만들었고, 새로운 형태의 대안 언론을 만드는 데 이른 것이다. 한편, 1975년 이후 동아투위와 조선투위 활동으로 해고당한 언론인들의 박정희 정권 시절 신문/방송사 취업률은 2.1%에 불과했다. 전두환 정권 시절 역시 17.5%에 불과했다. 그들은 노태우 정권 시절인 1988년, 자본과 권력의 영향력에서 자유로운 국민주 방식의 대안 언론사 한겨레신문을 창립하게 되었다. 이 시절 해직 언론인들의 신문/방송사 취업률은 52.1%에 이르게 된다(김세은, 2010). 이상의 결과는 1987년 체제 이후 언론의 자유가 획기적으로 확장되었지만, 여전히 언론인들 사이에서 언론 공정성에 대한 문제 제기가 이루어지고 있음을 보여 준다. 아울러 해직 언론인에 의해 새로운 형태의 대안 언론이 등장하고 있다는 점도 보여 준다. 직접적 비교는 어렵지만, 1975년 동아투위와 2008년 YTN 언론인 해고 사태 이후의 상황이 유사한 방식으로 전개되고 있다는 것이다(이정국, 2014.10.23.).

많은 언론인이 2008년 이후 언론 공정성을 요구하다 해고당한 후, 소송을 통해 사법부로부터 언론사 복귀 판정을 받았다. 그럼에도 다수가 자신의 언론사에 복귀하지 않고 (혹은 복귀하지 못하고) 새로운 대안 매체 창립을 주도했다는 점은 언론사들이 해고당한 언론인들이 주장하는 언론 공정성에 대한 요구를 충분히 수용하지 못하고 있음을 예측하게 한다. 부당한 이유로 언론인이 해고당한 것 자체가 위법하다는 판정을 받고 나서도 언론인들이 대부분 현장에 복귀하지 못하고 있다는 것이다. 예컨대 MBC, YTN 해직 언론인 등 수많은 해고 언론인이 만들어 낸 뉴스타파의 경우 수많은 특종과 심층 보도로 공정 언론의 면모를 갖추어 왔으나 그 기간 언론인 해고의 주체사인 공영 방송 MBC는 신뢰도가 지속적으로 감소하고 있다.* 물론 공영 방송 MBC의 신뢰도 추락이 공정방송을 요구하는 언론인들의 해고 사퇴와 직접적인 관련성이 있는지는 과학적으로 추가적인 분석이 이루어져야 할 필요가 있다. 다만, 공영성이 중요한 공영 방송 MBC에서 방송 공정성과 언론의 자유를 요구하는 기자들의 이탈이 이루어지고 있다는 측면과 그 시점을 전후로 공영 방송의 신뢰도가 추락하고 있다는 점에 대해, 공영 방송 MBC 등 언론인 해고를 결정하여 패소한 언론사들은 심각하게 고민할 필요가 있을 것으로 생각된다.

한편, 언론사의 추가 징계 등에 의해 언론인이 정착하지 못하는 경우는 4건 나타났다. 결국 해고된 언론인이 재판 결과 승소하여 복직 판결을 받더라도, 여러 가지 이유에 의해 모든 언론인이 언론 현장에 복직하는 것은 현실적

---

* 2012년 출범한 인터넷 독립 언론, 탐사 보도 전문 매체인 뉴스타파는 조세 피난처 등의 심층 보도를 통해 공정성과 심층성을 인정받고 있다. 2012년 한국PD연합회의 '이달의 PD상', 2012년 제24회 '안종필 자유언론상', 2012년 제11회 '송건호 언론상', 2013년 미디어공공성포럼의 '언론상' 등 수많은 상을 받은 바 있다. 한편, 2014년 5월 28일 리서치뷰의 설문에 따르면 MBC의 신뢰도는 10.5%로 JTBC 27.9%, KBS 20.6%, SBS 11%에 이어 4위를 기록했다. 또한 2014년 8월 13일 기자협회보의 기자들이 꼽은 가장 영향력 있는 언론사 설문에서 1.2%의 응답으로 7위를 기록했다. 2014년 8월 31일 시사저널 설문 조사 결과에서 MBC의 신뢰도는 6위(9.7%)였다. 동 조사의 2011년 결과에서 MBC의 신뢰도는 1위(24.9%)였고, 2013년 결과에서는 4위(14.7%)였다(정종오, 2014.10.21.).

으로 어렵다는 점을 보여 준다.* 재판 결과를 언론사가 받아들이지 않고 항소하거나, 복직된 이후에 다른 형식의 추가적 징계가 이루어지는 경우가 빈번하게 발생한다는 것이다. 이는 징계(해고)무효 소송이 해고 언론인들의 명예를 회복하는 수단이 될 수는 있으나, 실질적으로 모든 해고 언론인의 복직을 이끌어 내긴 어렵다는 것을 의미한다.

1987년 직선제 개헌이 이루어진 후 절차적 민주주의가 완성되었다. 언론 허가제가 등록제로 전환되며 언론의 자유도 크게 신장되었다. 그러나 언론의 자유를 업으로 하는 언론인들의 표현이 제한당하고, 언론인들의 표현이 문제가 되어 해고당하는 일은 절차적 민주주의가 완성된 현재도 진행 중이다. 특히 국제기자연맹(IFJ)과 유엔(UN)은 이러한 상황이 한국 언론의 자유와 민주주의를 위협한다고 우려하고 있다. 사이비 기자, 부정한 기자, 회사의 명예를 심각하게 훼손하는 해사 행위를 한 기자는 해고될 수 있다. 다만, 언론인의 해고는 다른 노동자들의 해고와 마찬가지로 적법한 절차에 따라 이루어져야 한다. 특히 언론사는 일반 기업과 달리 공익성을 지닌다는 특수성이 있다. 언론의 공익성의 근거는 대의 민주주의 체제에서 언론이 언론(표현)의 자유를 통해 정치 권력과 자본 권력을 견제하고, 국민의 알 권리를 보장한다는 것에서 나온다. 그런데 국민의 알 권리와 공익성이란 명분 아래 언론사를 대상으로 이루어진 표현 때문에, 그것도 사법부에 의해 정당한 표현이라고 인정된 표현 때문에 언론인들의 정상적 활동이 제약되는 일이 발생하는 것은 있

---

* 언론인 해고 소송에서 승소한 언론인이 복직하지 못한(않은) 이유를 심층적으로 확인하기 위해서는 해고 언론인에 대한 인터뷰 등의 추가 분석이 필요할 것이다. 다만, 이번 장의 분석 결과를 통해 유추할 수 있는 이유는 첫째, 언론인이 승소하여 회사에 복직하더라도 언론사가 항소함으로써 여전히 소송 대상자 신분이 되며, 둘째, 언론인이 현장에 복귀하더라도 이른바 패씸죄로 업무 방해가 발생하거나 징계성 보직 이동 등의 행위가 이루어질 수 있기 때문인 것으로 예측된다.

을 수 없는 일이라고 생각된다. 존재 이유를 망각한 일부 언론사의 반성이 필요한 부분이다.

한편, 프리덤 하우스에 의하면 이명박 정권 시절인 2010년 이후 현재까지 우리나라는 '부분적 언론의 자유 보장 국가'이다. 구체적으로 프리덤 하우스의 언론의 자유 순위에 의하면, 우리나라는 2010년 67위, 2011년 70위, 2012년 68위, 2013년 64위, 2014년 68위로 나타났다. 언론인 해고가 가시화된 시점을 전후로 국내의 언론의 자유 순위가 계속 하락한 것이다. 2008년 YTN과 2012년 MBC에서 진행된 언론인 해고 조치의 경우 이명박 대통령과 친분을 가진 인사들이 소위 낙하산 인사를 통해 사장직에 취임했고, 이러한 상황이 언론의 공정성을 훼손시킨다는 명분으로 작용해 이루어진 표현 행위가 문제시된 것이었다. 공교롭게도 낙하산 사장의 취임, 언론인 해고 등의 조치는 프리덤 하우스가 국내 표현의 자유 순위를 낮게 평가한 핵심 근거 중 하나였다. 그렇다면 언론의 공정성에 대한 인식이 부족한 정치권(대통령)에 의해 공영 방송의 사장이 결정되면서 언론인들의 공정성 요구와 해고, 소송이 순차적으로 발생한 것일 수 있다는 유추가 가능하다. 언론의 공정성과 언론의 자유에 대한 사명 의식이 투철한 인사가 사장에 취임하여 언론사를 경영해 나가는 것이 이러한 소모적인 소송을 줄이는 하나의 방편일 수 있다고 생각되는 이유이다.

**권성민**님이 사진첩에 새로운 사진 10장을 추가했습니다. 예능국 이
야기 #1.
2014년 12월 18일 · 🖉

유배 기간 한정 예능국 이야기.
비정기적으로 그려서 올립니다.

좋아요 · 댓글 달기 · 공유하기

👍 265명이 좋아합니다.

↷ 공유 34개

그림 1–5. 권성민 PD 페이스북 웹툰

# 2장

## 정치적 풍자의 자유와 한계:
오프라인 공간에 나타난
정치 풍자 판례를 중심으로

## 1. 정치적 풍자 사례 검토의 필요성

정치 풍자를 시도한 예술 작품은 헌법 제21조의 표현의 자유, 헌법 제22조
의 학문과 예술의 자유의 영역에서 보호될 수 있다. 다만, 모든 정치 풍자 작
품이 표현의 자유로 인정되는 것은 아니다. 한국 사회에서 정치 풍자 작품은
사회 윤리, 인격권 침해, 재물손괴죄 등의 문제에서 자유로울 수 없다. 예컨
대 2017년 1월 20일, 프랑스 화가 에두아르 마네의 〈올랭피아〉를 패러디하
여 박근혜 전 대통령을 풍자한 작품 〈더러운 잠〉은 여성 혐오적 표현(인격권
침해)인가 공적 인물에 대한 정당한 표현(표현의 자유)인가를 둘러싼 사회적
논란을 불러일으켰다. 작품 속에 등장하는 박근혜 전 대통령은 나체로 잠을
자고 있다. 그리고 그림의 배경에는 세월호 침몰의 모습이 담겨 있다. 상당
수 법조인은 이 작품에 대해 "표현을 문제 삼을 수 있지만 표현의 자유를 인
정해야 한다"라는 의견을 보였다(송경민 · 유동주, 2017.01.26.). 다만, 이 과

정에서 전시회를 허용한 표창원 의원에 대한 비판의 목소리도 나타났다. 일부 보수 단체는 표 의원의 가족(부인, 미성년자 자녀)을 나체 패러디의 대상으로 삼은 포스터를 제작하여 온오프라인 공간에 배포하기도 했다(김주리, 2017.01.24.). 표창원 의원에 대한 비판의 목소리가 커지자 2017년 2월 2일 더불어민주당 윤리심판원은 표 의원에게 당직 자격 정지 6개월 징계 처분을 내렸다.

위의 사례에서 확인할 수 있듯 정치적 풍자 작품이 표현의 수단으로 인정받을 수 있는지, 아니면 규제의 대상이 되어야 하는지에 대해서 이해 주체 사이의 의견이 충돌하고 있다. 먼저 정치적 풍자에 대한 규제 반대론은 헌법 제21조 표현의 자유, 헌법 제22조 예술의 자유와 관련된 논의로 귀결됨을 확인할 수 있다. 예컨대 정치 패러디와 같은 정치적 풍자에 대한 규제는 표현의 자유 위축이나(김경호, 2005) 예술의 자유 위축으로(손봉석, 2017.01.24.) 이어질 수 있으므로 규제되어선 안 된다는 것이다. 아울러 정치적 풍자에 대한 규제 반대의 논리는 정치적 표현과 비정치적 표현 규제의 형평성에 대한 문제 인식에서 나타나기도 한다(정민경, 2017.06.16.; 김현정, 2015.05.15.). 비정치적 표현일 경우 처벌받지 않는 정도의 표현도 그것이 정치적 표현이므로 규제될 수 있다는 문제 인식 때문에, 정치적 풍자 작품의 규제에 문제가 있다는 것이다. 한편, 정치적 풍자 규제 찬성론 또는 처벌 불가피론은 대체로 정치 풍자나 패러디의 선거 개입 가능성, 명예훼손 가능성에 대한 논의로 귀결됨을 확인할 수 있다. 예컨대 선거 기간의 정치적 패러디와 같은 풍자물이 불법 선거 운동의 일환으로 활용될 가능성에 대한 우려(문재완, 2004), 정치 패러디와 같은 정치 풍자가 혐오적 표현으로 기능할 가능성에 대한 우려(국민일보, 2005.04.18.; 김하늘, 2017.01.25.; 최진녕, 2017.01.28.)에서 정치 풍자에 대한 규제 찬성론 또는 규제 불가피론이 형성되고 있다.

이처럼 정치적 풍자의 자유 문제는 이해 주체 간 의견이 첨예하게 충돌하는 이슈 중 하나다. 다만, 정치 풍자는 법령이나 판례에 근거한 명확한 규정이 존재하지 않는다(장연이 · 김희권, 2017). 한편, 정치적 풍자와 관련하여 주목할 만한 점은 2000년 이후 인터넷의 발달과 함께 성장하기 시작했다고 평가받는 정치적 패러디에 대한 소송이 박근혜 정부에서 빈번히 등장했다는 것이다. 예컨대 사회적 예술가들은 정치 패러디와 같은 정치 풍자물에 대한 압박이 박근혜 정부 들어 강화되었다고 평가하고 있다(방준호 · 김규남, 2015.05.18.). 그렇다면 과연 정치적 풍자에 대한 규제 반대론자들의 주장처럼, 예술가들의 정치적 풍자에 대한 규제가 정치적인 목적에 의해 이루어지고 있을까. 과연 정치적 풍자 규제가 박근혜 정부에서 심화되었을까. 소송으로 비화된 정치 풍자는 누구를 대상으로 하고 있으며, 관련 판례 도출에 공인 이론과 같은 표현의 자유 보호 법리가 충분히 적용되고 있을까. 혹시 정치적 풍자 규제 불가피론자들의 주장처럼 정치 풍자 속에 혐오표현적 요소가 존재하는 것은 아닌가. 이 글에서는 이러한 문제에 대한 하나의 해답을 구해 보고자 하였다.

즉 본 장은 정치 풍자 관련 판례 분석을 통해 정치 풍자의 성격과 규제 동학에 대해 살펴보고자 하였다. 그동안 오프라인상의 정치적 풍자를 대상으로 표현의 자유와 규제 관련 논의를 진행한 학술적 접근은 이루어지지 않았다. 어느 정도의 정치적 풍자가 표현, 예술의 자유로 인정받고, 어느 정도의 정치적 풍자가 인격권 침해 등으로 처벌받는지에 대한 누적 데이터가 부족하다 보니 해마다 정치적 풍자를 진행한 예술가나 일반인들이 구속되고, 송사를 겪고, 처벌받는 일이 반복되고 있는 것으로 판단된다. 이러한 측면에서 아래서는 사회적 예술가들과 정치 풍자에 관심을 둔 일반인들이 더 자유롭고 안정적인 상황에서 정치적 풍자라는 창작 활동을 수행할 수 있는 방안이 무엇인지 모색해 보고자 했다. 정치적 풍자 관련 판례의 성격과 규제 동학을 규명하고자 이 시도가 한국 사회의 정치적 표현의 자유 확산과 민주주의 발전에 기여할 수 있기를 기대한다.

## 2. 정치적 풍자의 정의와 관련 연구 동향

정치 풍자satire는 주어진 정치적인 사실을 곧이곧대로 드러내는 것이 아니라 과장, 왜곡, 비꼼으로써 웃음을 유발하는 것을 의미한다(송진우, 2007). 풍자는 "유머의 영역에서 가장 명시적으로 정치적인 장르"다(Faina, 2012). 한편, 정치 패러디parody란 "원작을 변형시키거나 왜곡시킴으로써 정치 현실을 풍자하거나 비평하는 창작 방법"으로 정의된다(정상조, 2004). 페이나(Faina, 2012)는 풍자와 패러디가 "특정한 텍스트나 장르가 어떻게 기능하는지를 조소하면서 그러한 텍스트나 장르를 비판하는 작업"이라고 정의한 바 있다(이기형 · 채지연 · 권영숙, 2015, 45쪽, 재인용). 풍자의 역할은 패러디의 역할과 일정 부분 겹칠 수 있다. 예컨대 2017년 1월 사회적 이슈로 부각됐던 〈더러운 잠〉이라는 작품은 프랑스 화가 에두아르 마네의 〈올랭피아〉를 패러디하여 박근혜 전 대통령을 비판하는 정치적 풍자화로 볼 수 있다. 결과적으로 정치 패러디는 정치 풍자를 위한 수단 정도로 볼 수 있을 것이다. 국내에서 시민과 예술가들에 의한 정치적 풍자는 온라인 문화가 발달하기 시작한 2000년대 이후 본격화되었다고 평가받고 있다(방준호 · 김규남, 2015.05.18.). 아울러 조국(2015)은 전직, 현직 대통령을 풍자하고 조롱하는 형태의 낙서, 그림, 포스터, 유인물 등을 배포하고, 그런 배포자를 수사하고 기소하는 일이 이명박, 박근혜 정부에서 계속되고 있다고 주장한 바 있다.

다만, 정치적 풍자, 정치적 패러디와 표현의 자유의 관련성에 대해 논한 연구물은 많지 않다. 정치적 풍자와 패러디와 관련된 연구는 주로 온라인 공간에서의 정치적 표현의 자유의 확대나 인격권 보호 등을 위한 측면에서 규제에 대한 찬반 근거를 논한 연구를 중심으로 이루어져 왔다(김경호, 2005; 문재완, 2004; 방석호, 2006; 송경재, 2005). 이들 연구는 연구자 각각의 관점에서 온라인 정치 풍자가 보호 또는 규제되어야 할 필요성에 대해 논하고 있다. 아울러 온라인 정치 패러디의 미학적 측면의 의미와 한계를 논한 연구(이광석, 2009)도 존재한다. 이광석(2009)에 따르면, 온라인 정치 패러디는 디지털 기술에 의한 매체 표현의 다면성, 아마추어 작가의 등장이라는 측면의 장점을, 아마추어 작품으로서 그 영향력은 단발성과 휘발성이 강하다는 측면의 단점을 가지고 있다. 이처럼 정치적 풍자, 패러디와 관련된 연구의 대부분은 2000년 이후 활성화된 온라인 공간에서의 풍자, 패러디와 관련된 연구들이다.

오프라인 공간에서 발생하는 정치적 풍자, 패러디와 관련된 연구는 온라인 공간에서의 정치적 풍자, 패러디 연구에 비해 훨씬 부족하다. 텔레비전을 통한 정치 패러디 사례 분석을 진행한 연구(김지연 · 허철, 2010) 등에 불과한 상황이다. 특히 오프라인 공간에서 사회적 예술가 또는 개인에 의해 발생하는 정치적 풍자, 패러디에 대한 논의는 거의 이루어지지 않았다. 이병하(이하) 작가의 '백성공주 박근혜 포스터 판례'와 박정수 씨 등의 'G20 포스터 쥐 그림 그라피티 판례'를 분석한 후 표현의 자유 확장의 필요성에 대해 논한 조국(2015)의 연구 등 일부 연구만이 오프라인상의 정치적 풍자 행위에 대해 논하고 있다. 결과적으로 전현직 대통령 등 공인 대상의 정치적 풍자, 패러디 작품 활동이 활발하게 이루어지고 있고(조국, 2015), 아울러 정치적 풍자, 패러디가 소송으로 비화되는 일이 언론을 통해 빈번하게 보도되고 있다. 더욱이 정치적 풍자, 패러디와 관련된 소송이 표현의 자유를 제한할 수 있다는 논의도 존재한다. 문제는 그럼에도 공인을 대상으로 한 정치적 풍자, 패러디에 대한 학술적 접근이 매우 부족하다는 데 있다. 사회적으로 문제가 되는 현실에 대한 학술적 접근이 부족하다는 것은 사회적 문제점을 개선하려는 시도가 부족함을 의미한다. 이런 측면에서 이번 장에서는 오프라인 공간에서 발생한 정치적 풍자, 패러디와 관련한 판례를 분석해 보고자 했다. 판례 분석을 통해 정치적 풍자, 패러디와 관련된 소송의 작동 동학을 밝히고, 이러한 소송이 표현의 자유를 위축시키지는 않는지 비판적으로 접근함으로써 관련 연구의 활성화와 건전한 정치적 풍자의 자유 확대에 기여해 보고자 한 것이다.

## 3. 표현의 자유와 인격권의 충돌과 비교 형량에 관한 논의

표현의 자유는 헌법 제21조가 보장하는 기본권이다. 특히 대의 민주주의 사회에서 정치적 표현의 자유는 정치인의 자질이나 정책 검증을 위해 반드시 필요하다. 정치적 표현의 자유 제한은 위축효과chilling effect를 유발하여 국민의 알 권리를 제한할 가능성이 있다(김태수, 2007, 48쪽). 다만, 헌법 제21조 제4항은 "언론·출판은 타인의 명예나 권리 또는 공중도덕이나 사회윤리를 침해하여서는 아니된다"라고 규정하고 있다. 미국과 달리 우리나라의 표현의 자유는 절대적 보호를 기반으로 하지 않는 것이다(이부하, 2012, 72쪽). 즉 기본권인 표현의 자유는 다른 기본권인 인격권 등과 비교 형량을 통해 보호 여부가 결정되는 구조를 가진다(이정기, 2016b; 이정기·이재진, 2017).

이재진(2003a)에 따르면 인격권의 핵심은 개인의 명예다. 명예는 "개인이 속한 지역사회에서의 신뢰, 명망, 그리고 전문적 능력 등에 대한 평가에 직결되는 필수적인 요인"이다. 그러나 시의성을 핵심으로 국민의 알 권리 보호 기능을 담당하는 언론은 개인의 명예를 세심하게 다룰 수 없는 상황에 직면

한다. 이 경우 소모적인 소송이 지속적으로 반복될 수 있고, 이 과정에서 표현의 자유가 위축될 가능성도 존재한다. 결과적으로 "불필요한 소송을 예방하고 소송으로 인한 피해를 최소화하기 위해서는 언론 자유와 명예권 사이의 사법적 이익형량"이 필요하다(이재진, 2003a, 236쪽).

우리나라의 판례는 특정 표현에 의해 인격권 침해를 받은 주체가 공인인지 여부, 특정 표현이 공공적·사회적인 관심사인지 여부를 소송의 중요 판단 기준으로 삼고 있다(이부하, 2012). 일반적으로 인격권 관련 사건에서 공인 이론은 면책 사유로 인정되는 것으로 알려져 있다(이재진, 2006, 360쪽). 여기에서 공인 이론이란 명예훼손적 표현을 당한 당사자가 공인일 경우 현실적 악의 원칙actual malice principle에 근거하여 공인 스스로 표현 당사자가 악의를 가지고 표현을 행했음을 입증해야 한다는 내용을 핵심으로 한다.

다만, 국내에서 공인 이론은 완전히 정립된 이론이라고 보기 어렵다. 예컨대 광고에서의 명예훼손의 경우 공인 이론이 면책 사유로 고려되지 않으며, 표현이 개인의 명예를 어느 정도나 침해했는가가 핵심적 고려 대상이 된다는 연구가 존재한다(이재진, 2006, 364쪽). 아울러 표현의 자유와 공인의 인격권이 충돌하는 유사 판례 분석 결과, 정권별로 의미 있는 차이가 존재한다는 연구 결과도 존재한다(이정기·이재진, 2017).

## 4. 정치적 풍자의 자유와 한계에 관한 논의

정치적 풍자 역시 정치적 표현의 하나로 볼 수 있다. 다만 정치 풍자의 자유 역시 일반 정치적 표현의 자유와 마찬가지로, 풍자나 패러디 대상이 된 정치적 인물이나 단체를 묘사하는 과정에서 그들의 인격권과 충돌할 가능성이 있다. 따라서 정치 풍자의 자유는 인격권 등 다른 기본권과 비교 형량 과정을 통해 보호 여부가 판단된다.

예컨대 방석호(2006)는, 저작권법이라는 채를 통해 창작물을 걸러 보호할 만한 가치가 있다고 판단된 정치 패러디라고 해도, 명예훼손과 공직선거법 등의 적용을 통해 이익형량이 이루어져야만 한다고 주장한 바 있다. 보다 구체적으로 그에 따르면 특정 표현이 명예훼손으로 처벌받기 위해서는 구체적 사실의 적시가 필요하다. 다만 정치 패러디는 하나의 화면에 모든 내용을 담아 구체적 사실 적시가 어렵고, 이미지를 통한 연상만 가능하게 만들어 명예훼손 처벌이 어려워 보일 수 있다고 말한다. 그러나 그는 "간접적이고 우회적인 표현에 의하더라도 그 표현의 전 취지에 비추어 그와 같은 사실의 존재를 암시하고, 또 이로써 특정인의 사회적 가치 내지 평가가 침해될 가능성이 있을 정도의 구체성이 있으면(2000.07.28. 대법원 99다6208)" 정치 패러디도 명예훼손의 책임을 충분히 물을 수 있다고 주장한 바 있다(방석호, 2006, 16쪽). 아울러 그는 "패러디 장르가 특성상 풍자, 해학, 다소간의 악의가 용인된다는 점을 고려하더라도 단순한 풍자, 비판을 넘어서 특정 정당을 반대하거나 지지하면서… 낙선운동 또는 지지 호소 목적으로 만들어진 것…"이라면 처벌받을 수 있다는 서울중앙지방법원의 판결(2004고합715) 내용을 인용하여 정치적 패러디가 규제될 수 있음을 주장한 바 있다.

문재완(2004) 역시 정치 풍자의 일종인 정치 패러디의 허용 한계를 세 가지로 요약하여 정리하고, 이를 통해 정치 패러디가 명예권 등의 기본권과 비교 형량 될 수밖에 없음을 주장하였다. 구체적으로 그는 구체적인 사실의 적시가 없을 경우, 즉 단순한 자신의 의견 표명일 경우 명예훼손죄가 성립되지 않는다고 주장했다. 아울러 패러디로 명예훼손의 피해를 본 대상이 공인으로, 공인의 공적 활동에 관한 내용을 풍자한 것이라면 표현의 자유가 우선되어야 한다고 주장했다. 마지막으로 공인 대상 패러디라고 해도, 선거 동안 패러디를 통해 허위 사실 공표, 후보자 비방이 이루어질 경우 처벌이 불가피할 수 있다고 주장했다(문재완, 2004, 71~72쪽).

다만, 정치 풍자의 일종인 패러디의 자유가 공인의 인격권과 충돌할 경우 표현의 자유가 위축될 여지가 있고, 이러한 표현의 자유 위축의 문제를 개선하기 위한 법 제도의 개선이 필요하다는 논의도 존재한다. 예컨대 김경호(2005)는 패러디를 사실 적시로 간주하여 선거법을 적용, 처벌할 경우 공공 이슈에 대한 표현의 자유 위축이 유발될 수 있다고 주장했다. 패러디가 사회적 용인을 벗어나 인격 모욕에까지 이르지 않았거나, 설령 내용 일부에 공격적 표현이 담겨 있다고 해도 풍자적 은유가 진실이라고 믿어지는 수준이 아니라면 표현의 자유로서 보호될 필요가 있다는 것이다. 아울러 이명박 정권에서 발생한 G20 포스터 패러디 사건과 박근혜 정권에서 발생한 백설공주 박근혜 포스터 사건을 검토한 조국(2015)은 정치 권력자에 대한 패러디, 풍자 행위의 범죄화 결정 이전에 형법의 보충성과 최후 수단성의 원칙을 고려해야 한다고 주장한다. 표현의 자유 행사 과정에서 일정한 법익 침해가 발생하지만, 그것을 이유로 형법 조문을 적용하여 처벌하는 행위는 표현의 자유를 억압할 수 있다는 것이다.

한편 유럽인권재판소는 정치적 풍자와 정치인의 명예권이 충돌할 때, 표현 자유의 수단으로서 정치적 풍자를 더욱 중요한 가치로 평가하는 경향을 보인다. 예컨대 정치적 풍자 표현 관련 최근 판례 4건(Vereinigung Bildender Künstler v. Austria, Alves da Silva v. Portugal, Alves da Silva v. Portugal, Tuşalp v. Turkey)을 분석한 이형석(2018)의 연구에 따르면, 예술가에 의한 풍자 표현은 사회 비판의 핵심 표현 방식의 하나다. 아울러 예술가에 의해 표현 대상자가 된 정치인의 지위는 민주사회에서 자신에 대한 비판을 관용해야 하는 존재다(이형석, 2018, 176~177쪽). 즉 유럽인권재판소는 정치인 등 공적 인물에 대한 정치적 풍자의 경우 일반인보다 수인 가능성이 높다고 인식하여 폭넓게 인정하고 있었다. 풍자 형식의 경우 그림, 만화 등 예술 작품에서 현수막, 피켓 등으로 확대되고 있고, 이러한 형식의 풍자들이 광범위하게 인정되는 경향을 보였다. 아울러 풍자가 정치인(공인)의 명예권과 충동할 경우 정치인의 명예권보다 표현의 자유에 비중을 두는 경향을 보이는 것으로 나타났다(이형석, 2018, 164쪽).

## 5. 연구 문제 및 연구 방법

### 1) 연구 문제

이 글에서는 정치적 풍자와 관련된 소송 중 그라피티와 벽보, 퍼포먼스처럼 오프라인 공간에서 소개된 정치적 풍자 관련 소송만을 분석했다. 연구 문제 1은 소송으로 비화된 정치적 풍자 작품의 특성을 확인하기 위해 설정되었다. 이를 위해 풍자 내용, 풍자 작가의 공·사인 여부, 풍자 작품의 유형(그라피티, 벽보, 퍼포먼스 등), 풍자 작품 게시 장소 등에 대해 분석하였다. 연구문제 2는 정치적 풍자가 어떠한 인물이나 기관을 대상을 이루어지고 있는지확인하고(풍자 대상의 공·사인 여부), 어떠한 인물이나 기관에 의해 소송으로 비화되었는지를 확인하고자 설정되었다. 연구 문제 3은 정치적 풍자가 소송으로 비화된 정치적 풍자의 원인을 확인하기 위해 설정되었고, 연구 문제 4는 정치적 풍자 판례에서 풍자 작가의 승·패소 결과와 결과의 법적 근거가무엇인지 확인하기 위해 설정되었다.

연구 문제 1. 소송으로 비화된 정치적 풍자 작품의 특성(풍자 작품의 내용,
　　　　　 작가의 공·사인 여부, 작품의 유형, 작품 게시 장소)은 어떠

한가?

연구 문제 2. 정치적 풍자의 대상은 누구이며, 누구에 의해 해당 풍자가 소송으로 비화되었는가?

연구 문제 3. 소송으로 비화된 정치적 풍자의 원인은 무엇인가?

연구 문제 4. 정치적 풍자 판례에서 풍자 작가의 승·패소 결과와 법적 근거는 무엇인가?

## 2) 분석 판례의 수집, 분석 방법

이번 장에서는 4개의 연구 문제 해결을 위해 8개 사건 18개 판례에 대한 분석을 수행하였다. 분석 대상이 될 판례는 대법원(www.scourt.go.kr), 로앤비(lawnb.com)의 키워드 검색 결과(정치 패러디, 정치 풍자, 패러디, 풍자 등)를 중심으로 수집하되,《법률신문》과《로이슈》등 법률 전문 신문의 키워드 검색, 구글, 네이버, 다음 등 포털 사이트 키워드 검색(정치 패러디, 정치 풍자, 패러디, 풍자) 결과를 통해 보완하였다. 한편, 이 장의 분석 대상이 될 판례는 2000년 이후 오프라인 공간에서 나타난 정치적 풍자로 한정하였다. 분석 시기를 2000년 이후로 설정한 것은 두 가지 이유에서다. 첫째, 예술가들의 정치적 풍자가 본격화된 것은 온라인 문화가 발달하기 시작한 2000년 이후라고 평가받고 있다(방준호·김규남, 2015.05.18.). 둘째, 판례 검색 결과 사회적 예술가들의 정치적 풍자에 의한 유의미한 판례를 찾지 못했다. 아울러 대상 판례를 오프라인 공간에서 나타난 정치적 풍자로만 한정한 이유 역시 판례 검색 과정에서 유의미한 온라인 정치 풍자 판례를 찾지 못했기 때문이다.

한편, 수집된 데이터는 장용진 외(2011), 이지문(2003), 이정기(2015; 2016)의 판례 분석 틀을 따라 분석되었다. 구체적으로 이들은 공익제보 등 표현의 자유와 관련된 판례를 '표현자의 유형(성격)', '표현 방법/대상 및 매체', '표현 내용과 과정', '표현의 결과' 등으로 구분하여 살펴본 바 있다. 정치적 풍자의 자유라는 표현의 자유 관련 판례 분석을 진행하고자 한 이번 장에서는 표현자의 특성(작가의 공·사인 여부)과 표현이 이루어진 매체와 작품의 유형을 분석한 후(연구 문제 1) 표현 내용과 과정(풍자 사건의 유형, 풍자 내용의 특성, 풍자 대상의 공인, 사인 여부)을 분석했다(연구 문제 2). 또한 정치적 풍자의 원인(연구 문제 3)을 확인하고, 풍자 주체자의 처벌 여부, 처벌 근거, 승소 근거와 같은 풍자의 결과를 확인해 보고자 했다(연구 문제 4). 이를 통해 정치적 풍자와 관련된 판례를 입체적으로 분석하고, 특히 표현의 자유 관련 판례 분석 과정에서 공인(공적 인물, 기관)에 이른바 공인 이론이 적용되는지에 대한 분석을 수행함으로써(이재진·이정기, 2012), 공인 대상의 정치적 풍자의 보호 실태에 대한 함의를 제시해 보고자 했다.

## 6. 정치적 풍자 작품의 특성 분석

정치적 풍자와 관련한 8개의 사건 18개 판례에 대한 분석을 수행하였다. 먼저 정치적 풍자 관련 판례의 내용을 확인해 보았다. 사건 1은 대학 강사와 연구원이 2010년 10월 31, G20 홍보물에 스프레이 페인트로 쥐를 그려 넣은 이른바 'G20 청사초롱 쥐' 사건이다. 그림에는 사실 적시 없이 쥐만 그려져 있었다. 당시 쥐는 이명박 대통령으로 상징되었다. 단순한 의견 표명으로 볼 수 있는 그림이었다.

사건 2는 2014년 8월 15일, 효녀연합으로 유명한 예술가 홍승희 씨가 (이미 많은 그림이 그려진) 공사장 임시 가벽에 대통령 풍자 그림을 그린 이른바 '사요나라 박근혜' 사건이다. 그림에는 "사요나라 박근혜"라는 문구 외의 사실 적시는 없었다. 단순한 의견 표명으로 볼 수 있는 그림이었다.

사건 3은 2014년 10월 20일, 팝아티스트 이병하(이하) 씨와 연극배우 한 모 씨가 〈웰컴 투 동막골〉의 여주인공으로 박근혜 대통령을 묘사한 후 전단 윗부분에 "Wanted"(지명 수배), 아랫부분에 "Mad Government"(미친 정부)라고 쓴 패러디 벽보를 부착한 이른바 '웰컴 투 동막골 박근혜' 사건이다.

사건 4는 2012년 6월, 이병하 씨가 박근혜 대통령을 백설 공주로 묘사한 그림 200여 장을 부산 시내 버스, 택시 정류장 광고판 등에 게시하고 2011년 11월 서울 시내 일대에 문재인과 안철수의 얼굴을 합성한 벽보 895매를 게시한 이른바 '백설 공주 박근혜' 사건이다. 사건 5는 2012년 5월 17일, 팝아티스트 이병하 씨가 서울 연희동 일대에 전두환 전 대통령이 수의를 입고, 29만 원짜리 수표를 들고 있는 풍자 작품 55장을 붙인 혐의로 기소된 이른바 '29만 원 전두환' 사건이다.

사건 6은 대학생이자 예술가인 김 모 씨가 박근혜 대통령 생가터 인근 동성로 일대에 박정희 전 대통령의 입에 닭 부리를 그려 넣은 이른바 '파파치킨(아빠 닭)' 사건이다. 사건 7은 2015년 4월 28일, 박근혜 대통령의 행정에 의혹을 제기하는 전단지를 제작, 배포하는 것을 명예훼손죄로 수사하는 검찰에 항의하고자 사회환경운동가 박성수 씨가 기자회견을 진행하던 중 '멍멍'이라고 퍼포먼스를 진행한 것이 불법집회라고 체포한 이른바 '박근혜-대검찰청 기자회견 사건'이다.

사건 8은 2015년 6월 18일, 예술가 정 모 씨가 대구 동성로와 박 대통령 생가 근거 일대 공사장 건물 벽에 박근혜 대통령 풍자화 6점을 붙인 혐의로 기소된 이른바 '왕관 쓴 박근혜' 사건이다.

연구 문제의 순서에 따라 정치적 풍자 관련 판례의 성격과 풍자 작품의 유형을 확인하였다(연구 문제 1의 규명). 그 결과 8개의 사건 중 정치적 풍자를 수행한 주체의 경우 강사/연구원이 1건(사건 1), 예술가가 4건(사건 2, 3, 4, 5, 8), 예술가/대학생이 1건(사건 6), 사회적 활동가가 1건(사건 7)인 것으로 나타났다. 즉 소송으로 비화된 8개의 사건 중 풍자의 주체가 예술가인 경우는 6건, 사회적 활동가인 경우는 1건, 강사/연구원인 경우는 1건인 것으로 나타났다. 아울러 정권별 정치적 풍자 관련 판례를 확인한 결과 8개의 사건 중 1개 사건을 제외한 7개 사건 15개 판례는 박근혜 정권에서 나타난 정치적 풍자라는 사실을 확인할 수 있었다. 1개 사건 3개 판례만이 이명박 정권에서 나타난 정치적 풍자였다.

결과적으로 정치적 풍자는 주로 사회적 예술가들에 의해 이루어지고 있었다. 사회적 활동가, 강사/연구원 등에 의해 이루어진 풍자가 소송으로 비화된 경우도 각 1건씩은 존재했다. 아울러 8개 사건 중 7개 사건이 박근혜 정권에서 이루어졌고, 1개 사건은 이명박 정권에서 이루어졌다. 이명박, 박근혜 정권은 보수 정부로 평가받는다. 이상의 결과는 권력 풍자와 비판, 사회 이슈를 질료로 삼는 사회적 예술이 보수 정권인 박근혜 정부에서 강하게 규제되었다는 사회적 예술가들의 평가(방준호 · 김규남, 2015.05.18.), 박근혜 정부가 풍자나 비판에 민감하게 반응했다는 한국예술종합학교 이동연 교수(문화연대 집행위원장)의 평가(정영오 · 고경석, 2016.10.24.)와 맥을 같이한다. 창의적이고 자유로운 표현을 추구하는 사회적 예술가들의 작품 활동이 보수 정권에서 잦은 소송의 대상이 되고 있다. 이는 소송의 결과를 떠나 사회적 예술가들이 보수 정권에서 작품 활동을 하는 데 있어 자기검열 효과, 위축효과를 유발할 가능성을 예측하게 한다. 앞선 이론적 논의에서 살펴봤듯 유럽인권재판소는 예술가의 풍자에 의한 표현의 자유와 정치인의 명예권이 충돌할 때 명예권보다 표현의 자유를 우선적 가치로 판단하고 있었다(이형석, 2018). 예술가들에 의한 풍자의 중요성을 중시한 판결이 도출되고 있는 것이다. 이는 예술가들의 표현을 과도하게 제한할 경우 예술가들의 자기검열, 위축효과를 높이게 되고, 궁극적으로 민주주의 발전에 부정적 영향을 미칠 수 있을 것이라는 재판부의 판단에 근거한 것이다. 사회적 예술가들의 풍자에 대한 소송은 소송 행위 자체가 예술가들의 표현의 자유를 위축시키는 방향으로 흐르지 않도록 신중하게 이루어질 필요가 있다.

한편, 풍자 작품의 유형을 구분해 보면, 기존의 그림에 특정 그림을 덧붙인 형태가 1건(사건 1), 그라피티인 경우가 2건(사건 2, 6), 패러디 벽보인 경우가 4건(사건 3, 4, 5, 8), 벽보 및 퍼포먼스인 경우가 1건(사건 7)으로 확인된다. 나아가 정치적 풍자물이 게시된 장소의 경우를 살펴보면, 8개 사건 가운데 풍자물의 게시 공간이 담벼락이나 길거리인 경우가 5건[공사장 가벽(사건 2, 8), 일반인 담벼락(사건 3), 전직 대통령 집 인근 담벼락(사건 5), 길거리(사건 6)]으로 나타났다. 그 밖에 정부 공식 홍보물(사건 1), 공적 장소(버스, 택시 정류장) 광고판이나 지하철 출입구(사건 4), 대검찰청 앞(사건 7)과 같은 공적 장소에 풍자물이 게시된 사례도 있었다.

그라피티, 전단지(벽보), 건물 기습 점거, 온라인 게시물 등은 사회적 예술의 대표적 형태로 알려져 있다(방준호 · 김규남, 2015.05.18.). 따라서 이는 이명박 정권에서 기존 그림에 패러디 그림을 덧붙이는 형태의 그림으로 시작된 정치적 패러디가 박근혜 정권에서 그라피티, 벽보, 퍼포먼스 등으로 확장되었다는 점을 보여 준다. 아울러 이는 사회적 예술에 대한 소송이 보수 정권으로 평가되는 이명박 정권에서 처음 등장하여 박근혜 정권에서 정점을 이루고 있음을 의미하는 것이기도 하다.

한편, 이명박, 박근혜 정부는 이른바 블랙리스트를 통해 예술의 자유, 표현의 자유를 제한했다. 특히 박근혜 정권은 문화예술계 인사 9,473명을 좌파 예술가(블랙리스트)로 규정, 재정 지원을 중단하거나 방송 출연을 금지해

왔다(김규종, 2017.09.14.). 결과적으로 사회적 예술가들의 정치적 패러디에 대한 소송이 이명박 정권에서 시작되어 박근혜 정권에서 극대화되었다는 것은 이명박, 박근혜 정권이 정권에 대해 비판의 목소리를 내는 문화예술계 인사를 블랙리스트로 규정한 것과 같은 맥락에 있다고 볼 여지가 있다. 진보적인 정권에서 표현의 자유를 중시하는 판결을 내리는 경향의 사법부가 보수적인 정권에서 표현의 자유를 제한하는 판결을 내리는 경향을 보인 것이 비단 어제, 오늘의 일만은 아니기 때문이다(이정기 · 이재진, 2017).

표 2-1. 정치적 풍자 관련 판례

| # | 내용 |
|---|---|
| 사건 1<br><br>G20<br>청사초롱<br>쥐 사건 | **2011.05.13. 서울중앙지법 2011고단313**<br>**[피고(풍자가)]** 박정수(강사), 최지영(연구원)<br>2010년 10월 31일 오전 0시 30분부터 새벽 2시까지 종로, 을지로, 남대문 등 도심 22곳에서 G20 정상회담 준비위원회가 G20 홍보용으로 설치한 대형 홍보물 13개, 소형 홍보물 9개에 스프레이 페인트로 쥐를 그림. 1심 재판부는 "다른 사람의 창작물이나 공공안내문, 게시판에 그림을 그리거나 낙서하는 등의 방법으로 그 물건을 훼손하는 경우에는 비록 그것이 예술 작품의 창작과 표현 활동의 영역에서 발생한 일이라 하더라도 그 행위가 형법에서 금지하고 있는 범죄에 해당하는 이상 예술창작과 표현 활동이라는 이유로 그 행위가 정당화되지는 아니한다"라고 판시.<br>**[결과]** 유죄(박 씨: 벌금 200만 원, 최 씨: 벌금 100만 원) |
| | **2011.08.11. 서울중앙지법 2011노1742 / 2011.10.13. 대법원 2011도11074**<br>피고인들의 상고를 기각, 피고인들에 대하여 벌금형을 선고한 원심 판결 확정.<br>**[결과]** 유죄(상고 기각) |
| 사건 2<br><br>사요나라<br>박근혜<br>사건 | **2016.11.11. 서울서부지법 2015고단2959 및 서울서부지법 2016고단632 (병합)**<br>**[피고(풍자가)]** 홍승희(예술가)<br>2014년 8월 15일 세월호 집회의 도로 불법 점거 행진 퍼포먼스 참가 혐의(일반교통방해), 2015년 11월 홍대 한진중공업 공사장 임시 가벽에 그린 시민, 경찰, 대통령 풍자 그림에 대해 재물손괴죄로 검찰 징역 1년 6개월 구형. 재판부는 "홍 씨가 그림을 그린 한진중공업이 설치한 철제담장에는 이미 낙서가 있고 포스터 등이 붙어 있었으나 방치돼 있었고 한진중공업이 홍 씨를 고소하지도 않았다", "홍 씨에게 재물손괴의 고의가 있다고 보기 어렵고 담장의 효용을 해쳤다고 볼 수 없다"라고 판시. |

| # | 내용 |
|---|---|
| | [결과] 무죄 |
| | **2017.06.15. 서울서부지법 2016노1658 / 2017.12.13. 대법원 2017도10474** |
| | 재판부는 "사건 이후 한진중공업이 50만 원을 들여 훼손된 철제 담장을 교체한 것으로 보이는 등 홍 씨가 재물의 효용성을 떨어뜨린 점이 인정된다"라고 판시. |
| | [판결] 유죄(벌금 150만 원) |
| **사건 3**<br><br>웰컴 투 동막골 박근혜 사건 | **2016.08.19. 서울중앙지법 출처: 유길용(2016. 8. 19)**<br>**[피고(풍자가)]** 이병하(이하, 팝아티스트), 한○○(연극배우)<br>2014년 10월 20일 영화 〈웰컴 투 동막골〉의 주인공처럼 박근혜 전 대통령 묘사, 전단 윗부분에 "Wanted"(지명 수배), 아랫부분에 "Mad Government"(미친 정부)라고 적은 풍자 벽보(스티커)를 금지된 장소에 부착하거나 전단지를 배포. 이를 위해 일반인 출입이 금지된 옥상에 들어갔다는 등의 공소사실로 기소. 재판부는 피고인이 비영리 목적으로 자신의 예술적 생각과 정치적 의견을 담아 그림을 제작하였다고 하더라도, 이는 옥외광고물등관리법과 경범죄처벌법에서 정한 '광고물 등'에 해당한다고 판시.<br>[판결] 유죄(이 씨: 벌금 200만 원, 한 씨: 벌금 20만 원) |
| | **2017.05.31. 대법원 2017도50**<br>피고인들의 상고를 기각, 피고인들에 대하여 벌금형을 선고한 원심 판결 확정.<br>[결과] 유죄(상고 기각) |
| **사건 4**<br><br>백설공주 박근혜 사건 | **2013.10. 서울중앙지법 2013고합538**<br>**[피고(풍자가)]** 이병하(이하, 팝아티스트)<br>2012년 6월 말, 박근혜 전 대통령이 백설공주 옷을 입고, 박정희 전 대통령의 얼굴이 그려진 사과를 들고 비스듬히 누워 있는 모습을 그린 그림 200여 장을 부산 버스 및 택시 정류장 광고판에 게시, 공직선거법 위반으로 기소. 2011년 11월에는 서울 종각역 등 서울 시내 일대 버스 정류장, 지하철 출입구 등에 문재인과 안철수의 얼굴을 합성한 벽보를 제작, 895매 부착. 검찰은 선거에 영향을 미치고자 문재인, 안철수를 추천하기 위해 벽보를 부착했다며 기소. 1심에서 박근혜 백설공주 포스터의 경우 국민참여재판 중 배심원 9명 무죄 1명은 유죄 평결, 문재인, 안철수 합성 포스터의 경우 배심원 5명 무죄, 4명 유죄 평결.<br>[결과] 무죄 |
| | **2013.12.06. 서울고법 2013노3199 / 2014.6.12. 대법원 2013도15474**<br>2심 재판부는 "포스터를 붙인 때가 선거 시기여서 오해를 샀지만, 예전부터 비슷한 작업을 해온 점을 고려", "창작의 일환으로 볼 여지가 충분하다"라고 판시. 대법원 역시 "문제가 된 포스터에 특정 후보자를 지지하거나 반대하는 문구도 없고, 대선에 맞춰 제작된 것도 아니다"라며, "이 씨가 지속적으로 해온 정치인 대상 거리예술 창작의 일환일 뿐 선거법 위반으로 볼 수 없다"라고 판시.<br>[결과] 무죄 |

| # | 내용 |
|---|---|
| 사건 5<br><br>29만 원<br>전두환<br>사건 | **2013.10. 서울서부지법 (신종훈, 2015.12.11.)**<br>**[피고(풍자가)]** 이병하(이하, 팝아티스트)<br>2012년 5월 17일 오전 1시부터 3시 30분까지 서울 연희동 일대 주택가 담벽 등에 전두환 전 대통령의 풍자 포스터 55장을 붙인 혐의로 기소. 포스터에는 푸른 수의를 입은 전 전 대통령이 수갑을 착용한 채 29만 원짜리 수표를 든 모습이 그려짐, 1심 재판부는 "예술 표현의 자유는 헌법에 따라 국가안전보장이나 질서유지 또는 공공복리를 위해 필요한 경우 제한할 수 있다"라고 판시. 소유자나 거주자 동의 없이 타인의 담벼락에 포스터를 붙인 것은 재산권 침해일 수 있음.<br>**[결과]** 유죄(벌금 10만 원, 선고유예)<br><br>**2014.07. 서울서부지법 2013노1175 / 2015.12.11. 대법원 (신종훈, 2015.12.11.)**<br>2심 재판부는 피고인이 포스터를 부착한 곳은 주택가 담벼락으로서 광고물 등을 붙이는 것을 목적으로 하는 장소가 아니며 타인의 소유물인바, 피고인의 포스터 부탁 행위로 인해 불특정 다수의 재산권이 침해될 수 있다고 판시, 피고인의 주택 소유자의 동의 없이 예술적, 정치적 표현의 자유를 실현을 위한 다른 수단이나 방법이 없었다고 보이지 않는다고 판시. 대법원 역시 "경범죄 처벌법의 입법 목적 및 남용금지의 원칙, 예술창작과 표현의 자유 및 재산권과의 비교 형량 등에 관한 법리를 오해하고 필요한 심리를 다하지 않는 등의 잘못으로 인해 판결에 영향을 미친 위법이 없다"라고 판시.<br>**[결과]** 유죄(상고 기각) |
| 사건 6<br><br>파파치킨<br>사건 | **2015.05.15. 대구지방법원 (김현정, 2015.05.15.)**<br>**[피고(풍자가)]** 김 모 씨(필명 푸가지, 대학생/예술가)<br>2014년 11월 6일, 박근혜 대통령 생가터 인근, 동성로 야외무대 등 대구 번화가 5곳에 박정희 전 대통령을 패러디인 그라피티 '파파치킨'을 그림. 재물손괴죄로 유죄 판결, 건물주인의 고소 고발 없었음.<br>**[결과]** 유죄(벌금 100만 원) |
| 사건 7<br><br>박근혜-<br>대검찰청<br>기자회견<br>사건 | **2015.12.22. 대구지방법원 2015고단1834**<br>**[피고(풍자가)]** 박성수(사회환경운동가)<br>2015년 4월 28일 박성수 씨가 세월호 참사 당시 박근혜 대통령의 7시간 행적과 관련하여 정윤회 씨와의 염문설 의혹을 제기하는 전단지를 제작, 배포하는 것을 명예훼손죄로 수사하는 검찰에 항의하기 위해 대검찰청 앞에서 시민 10여 명과 기자회견을 진행함. 회견 도중 참가자들이 박 씨의 선창에 따라 '멍멍' 하고 개 짖는 소리를 제창하자, 현장에 있던 (대검) 공안3과장이라고 밝힌 이가 기자회견이 아닌 불법집회라며 경찰에 지시하여 현행범으로 체포. 재판부는 표현의 자유에 의해 보호될 수 있는 영역의 범위를 벗어났다고 판단.<br>**[결과]** 유죄(징역 1년, 집행유예 2년)<br><br>**2018.01.25. 대구지방법원 (참여연대, 2015)**<br>박근혜 전 대통령 비판 전단 배포 행위는 무죄 판결. 재판부는 전단지가 표현하려는 주요 내용은 박근혜 정부와 관련된 관권 선거, 언론에 보도된 정윤회와 관련된 비선 |

| #    | 내용                                                                 |
|------|--------------------------------------------------------------------|
|      | 실세 등 여러 가지 의혹을 제기하면서 이러한 의혹을 밝혀야 한다거나 그 의혹을 덮으려고 공안 정국을 조성한다는 것으로 보이고, 이는 박근혜 정권에 대한 피고인들의 의견 표명이므로 이를 지적하는 항소는 이유 있다고 판시. 다만 개와 닭의 교미 사진 합성한 합성물에 대해 명예훼손 인정, 이를 SNS에 올린 것은 단순 의견 표명 무죄, 기자회견 시 멍멍이라고 구호를 외친 행위에 대해서는 집시법 위반이라는 원심 판결 유지. **[결과]** 일부 유죄, 일부 무죄(원심 파기, 벌금 200만 원). 이후 대법원 항소 진행. |
| 사건 8<br><br>왕관을<br>쓴<br>박근혜<br>사건 | **2016. 10. 20. 대구지방검찰청 출처: 김영화(2016. 10. 22)**<br>**[피고(풍자가)]** 정 모 씨(필명 팔로, 예술가)<br>2015년 6월 18일 대구 동성로와 박 대통령 삼덕동 생가 근처 일대 건물 벽(공사장 펜스)에 박근혜 전 대통령 풍자화 6점을 붙인 정 모 씨를 '재물손괴죄'로 벌금 300만 원에 약식명령. 재판 포기, 벌금형 확정. 풍자화는 영국 펑크 록 밴드 '섹스 피스톨즈'의 앨범 표지를 패러디한 '왕관 쓴 박근혜.' 건물주 등의 고소 고발 없었고, 지나가던 사람의 경찰 신고에 의해 재물손괴죄 판결.<br>**[결과]** 유죄(벌금 300만 원) |

## 7. 정치적 풍자자와 정치적 풍자의 대상

연구 문제 2, 즉 정치적 풍자물의 풍자 대상이 누구이며, 소송의 이유가 무엇인지 확인한 결과는 다음과 같다. 먼저 8개의 사건 중 풍자 대상의 유형, 공·사인 여부를 확인한 결과, 현직 대통령인 경우가 7건[사건 1(이명박 대통령), 사건 2(박근혜 대통령), 사건 3(박근혜 대통령), 사건 4(박근혜 대통령), 사건 6(박근혜 대통령), 사건 7(박근혜 대통령), 사건 8(박근혜 대통령/검찰)], 전직 대통령인 경우가 2건[사건 5(전두환 대통령), 사건 6(박정희 대통령)]인 것으로 나타났다. 즉 8개의 사건 18개 판례 모두 풍자의 대상이 자발적, 정치적 공인,* 즉 대통령이었음을 확인할 수 있다. 사건 8의 경우 풍자

---

* 이재진·이성훈(2003)에 따르면, 정치인, 공무원, 공적 인물, 경제 및 사회 지도자, 유명인은 공인에 해당한다. 아울러 이승선(2007)에 따르면 선출직 공무원, 즉 대통령, 국회의원, 고위공직자는 자발적, 정치적 공인으로 분류된다.

대상이 대통령인 동시에 검찰이었다. 검찰 역시 공적 기관으로 자발적, 정치적 공인으로 구분할 수 있다(〈표 2-1〉 참조).

주목할 만한 결과는 정치적 풍자의 대상인 전직, 현직 대통령이 명예훼손을 이유로 소송을 제기한 경우는 한 건도 없었다는 점이다. 아울러 8개 사건 18건의 소송 모두 정치적 풍자물에 의해 피해를 당했다고 주장하는 피해자의 요청 없이 이루어졌음을 확인할 수 있었다. 특정 건물에서 정치 풍자 작품이 게시되었을 때, 건물 주인의 고소 고발이 없는 상황에서 검찰에 의해 기소가 이루어지고, 소송으로 비화된 경우도 많았다. 예컨대 사건 2에서 그라피티가 그려진 한진중공업 공사장 임시 가벽의 경우, 이미 다른 그림이 많이 그려져 있는 상황이었고 한진중공업 측의 고소가 없었음에도 소송이 진행되었다. 아울러 사건 5의 경우 포스터 부착 당시 주민들의 민원이 없었고, 주택 소유자의 민원 역시 없었다. 사건 6도 그라피티가 그려질 당시 건물 주인의 고소 고발은 없었다. 사건 7 역시 마찬가지다. 패러디 포스터가 붙여질 당시 건물주인의 고소 고발은 없었다(〈표 2-1〉 참조).

결과적으로 이상의 결과는 정치적 풍자의 대상이 된 공인의 요청 없이도 정치적 패러디가 얼마든지 소송으로 비화될 수 있음을 보여 준다. 풍자를 진행한 사람, 풍자 대상자, 풍자가 이루어진 장소 관계자가 아닌 제삼자의 요청으로 소송으로 비화될 수 있다는 것이다. 아울러 정치적 풍자와 관련된 판례 분석 결과에 따르면, 정치 풍자와 관련한 명확한 기준은 없으며 재판부의 자의적인 기준에 의해 처벌 여부가 결정될 수 있음을 확인할 수 있다. 예컨대 백설공주 박근혜 사건에서 재판부는 예술가 이병하 씨가 예전부터 비슷한 작업을 해왔기 때문에 그의 패러디 작품이 정치적 목적으로 만들어진 것이 아니라고 보았다. 이 경우 공적 장소의 광고판이나 지하철 출입구에 허가 없이 붙였다고 해도 처벌되지 않았다. 그런데 같은 예술가 이병하 씨가 전직 대통령이 사는 지역의 담벼락에 포스터를 붙인 29만 원 전두환 사건에서 재판부는, 포스터의 예술성이 인정되고 그 제거가 용이하며 부착 당시 주민들의 민원이 없는 상황을 고려한다고 해도, 주택 소유자의 동의 없이 이루어진 예술 행위이기 때문에 표현의 자유로 인정할 수 없다고 보았다. 이는 동일 인물이 비슷한 종류의 풍자물을 비슷한 시기에 부착하더라도 서로 다른 판결이 도출될 수 있음을 나타낸다. 이렇게 판결 도출이 다른 이유는 정치적 풍자에 대한 명확한 판단 근거가 부재하기 때문으로 보인다.

## 8. 정치적 풍자의 원인

연구 문제 3, 즉 정치적 풍자 관련 판례에서 재판 청구의 원인, 재판의 승·패소 여부, 승·패소의 법적 근거를 확인하였다. 먼저 정치적 풍자물이 소송으로 비화된 이유, 즉 재판 청구의 원인을 확인한 결과 재물손괴죄 3건(사건 2, 사건 6, 사건 8), 경범죄처벌법 위반 2건(사건 3, 사건 5), 공용물건 손상 1건(사건 1), 건조물 침입 1건(사건 3), 공직선거법 위반 1건(사건 4), 명예훼손 1건(사건 7), 집회및시위에관한법률 위반 1건(사건 7) 등으로 나타났다(〈표 2-1〉 참조).

정치적 풍자와 관련된 판례는 표현의 자유와 관련 이슈를 다루고 있다. 그러나 재판 청구의 원인을 살펴보면, 명예훼손과 같은 인격권 침해와 관련되어 소송이 나타나기보다 재물손괴죄, 경범죄처벌법, 공영건물손상과 같은 법리 위반으로 소송으로 비화되는 경우가 많다는 사실을 확인할 수 있다. 주목할 만한 점은 상당수의 정치적 패러디 관련 소송이 재물손괴죄, 경범죄처벌죄 등을 이유로 이루어지고 있지만, 많은 소송이 건물주 등 피해자의 고소 고발 과정 없이 검찰에 의해 이루어지고 있다는 것이다.

정치 풍자는 주로 정치적, 자발적 공인인 전현직 대통령에 대한 풍자, 표현의 자유와 관련된 문제를 다루고 있다. 그럼에도 명예훼손과 같은 인격권 침해에 의한 소송은 이루어지지 않았다. 이는 표면적으로 정치적 풍자라는 예술적, 정치적 표현이 명예훼손과 비교 형량되어 규제된 사례가 없다는 사실을 보여 준다. 그러나 이것을 정치적 표현의 자유가 잘 보호된 사례로만 볼 수는 없다. 예컨대 사건 2에서 '사요나라 박근혜' 패러디를 진행한 홍승희 씨는 재물손괴죄, 도로교통방해죄 등으로 기소되어 유죄 판결을 받았지만, 조사 과정에서 "재물손괴죄나 도로교통방해 혐의 입증을 위한 질문보다는 '박근혜 정부를 싫어하는지', '어디 소속인지'" 등만을 추궁당했다고 주장한 바 있다(방준호·김규남, 2015.05.18.). 아울러 사건 6 '파파치킨'을 그린 김 씨도 재물손괴죄로 조사한다며 그림을 그린 의도가 무엇인지, 왜 박정희 전 대통령을 풍자하는 그림을 그렸는지와 같은 정치적 질문만 받았다고 주장한 바 있다(조정훈, 2014.12.18.). 이에 대구민예총은 "재판부가 벽화를 국가원수에 대한 모독으로 해석"한 것이라고 주장하기도 했다(정상혁, 2015.05.15.). 아울러 사건 3, 4, 5에서 풍자를 진행한 팝아티스트 이병하(이하) 씨는 이명박, 박근혜 정권에서 문화예술인의 작품 활동에 대해 정치적 해석이 급증하는 현실을 두고, 보수 정권이 예술의 영역까지 정치적으로 판단한다고 주장한 바 있다(김미란, 2015.09.22.). 결과적으로 많은 정치적 풍자 관련 소송이 재물손괴, 도로교통방해, 경범죄 등과 같은 비정치적 원인에 의해 유발되는 것처럼 보인다. 그러나 정치적 풍자를 수행한 당사자의 상당수가 자신의 정치적 풍자가 정치적으로 해석되어 소송으로 비화되고 있으며, 이것이 예술가들의 표현의 자유를 제한한다고 주장함을 확인할 수 있다.

한편, 분석 대상이 된 사건은 모두 사회적 예술의 (표현) 자유와 관련된 문제를 다루고 있다. 사회적 예술은 그 특성상 미술관이 아니라 길거리에서 이루어지는 경우가 많다. 그라피티, 포스터 부착 등은 사회적 예술의 대표적인 형태다(방준호 · 김규남, 2015.05.18.). 결과적으로 사회 비판과 저항을 핵심 가치로 삼는 사회적 예술이 작품의 혐오감 유발 여부, 탈착의 용이성 여부, 풍자 당사자나 관계자의 신고 여부와 상관없이 단순히 재물손괴죄, 경범죄 등으로 처벌될 수 있다는 것은, 재판부가 사회적 예술의 맥락을 충분히 고려하지 않았음을 보여 준다. 아울러 재판부가 사회적 예술에 민감하게 반응했던 보수 정권의 성격을 고려하여 판단했을 가능성을 유추케 한다.

## 9. 정치적 풍자 판례의 결과

8개 사건 18개 판례의 승 · 패소 여부를 확인한 결과, 풍자 당사자가 유죄로 판결된 사례는 7개 사건 13개 판례였다. 구체적으로 사건 1, 사건 2의 2심과 최종심, 사건 3, 사건 5, 사건 6, 사건 7의 1심, 사건 8의 경우 풍자 당사자가 패소했다(〈표 2-1〉 참조).

사건 1에서 재판부는 예술 창작과 표현 활동이라고 해도 원작품에 대한 훼손이 이루어질 경우 해당 행위가 법적으로 보호받을 수 없다고 판단했다. 다만, 이 과정에 경제적 손실 여부에 대한 내용을 포함함으로써 특정 표현이 원작품에 대한 유의미한 경제적 손실을 불러왔을 이끌어 냈을 경우 처벌될 수 있음을 예측하게 한다. 사건 2의 2심과 최종심에서 재판부는 특정 기관의 담벼락이 예술가의 그라피티가 그려진 후 교체되었다면, 그라피티가 재산물의 효용성을 떨어트린 것으로 인정될 수 있다고 판단했다. 즉 재판부는 특정 표현으로 인해 재산물에 대한 경제적 손실이 유발했을 경우 처벌될 수 있다고 판단했다. 사건 3에서 재판부는 풍자 벽보가 비영리 목적의 예술품이라고 해도 금지 장소에 부착하거나 전단지를 배포하기 위해 출입이 금지된 옥상에

들어가는 행위가 경범죄처벌법 등에 해당한다고 판시했다. 사건 5에서 재판부는 예술, 표현의 자유는 국가안전보장, 질서유지, 공공복리를 위해 필요한 경우 제한할 수 있다고 보았다. 부착 당시 주변인이나 소유자의 민원이 없다고 해도 소유자의 동의 없이 타인의 담벼락에 포스터를 붙이는 것이 재산권 침해일 수 있다는 것이다. 사건 6에서 재판부는 건물 주인의 고소가 없다고 해도 소유자의 동의 없이 그려진 그라피티는 처벌받을 수 있다고 보았다. 사건 7의 1심에서 재판부는 전단지를 통해 대통령을 둘러싼 의혹을 제기하고, 기자회견 중 검찰을 비판하는 퍼포먼스를 진행한 것을 불법집회로 판단했다. 이는 기자회견 시의 의견 표명이 집회로 인식되어 처벌될 수 있음을 보여 준다. 사건 8에서 재판부는 공사장 담벼락에 대통령 풍자화를 붙인 행위가 재물손괴죄에 해당한다고 보았다. 공장 담벼락은 철거될 벽이다. 따라서 경제적 손실의 문제에서 자유로울 수 있다고 판단될 수 있다. 그럼에도 해당 풍자화는 재물손괴죄로 처벌받았다.

한편, 8개 사건 18개 판례의 승·패소 여부를 확인한 결과 풍자 당사자가 승소한 경우는 사건 2의 1심, 사건 4의 1심, 2심, 최종심, 사건 7의 2심 등 3개 사건 5개 판례에 불과했다. 또 이 가운데 사건 2는 최종심에서 풍자 당사자가 유죄로 판결되었다(〈표 2-1〉 참조).

먼저 사건 2의 1심에서 재판부는 예술 작품이 특정인이나 기업의 재산(담장 등)에 표현되어 재물손괴죄로 볼 수 있다고 해도, 재산물이 방치되어 있었고, 당사자가 피해를 주장하지 않는다면 고의가 있다고 보기 어렵고, 재산물의 효용성을 해쳤다고 보기 어렵다고 판시했다. 즉 사건 2의 1심 재판부는 재물손괴죄가 인정되기 위한 기준으로 고의성과 재산물의 효용성 등을 고려한 것이다. 이상의 결과는 사건 8의 결과와 차이가 있다. 이는 누가 해당 재판을 진행하는지에 따라, 즉 재판부의 판단에 따라 표현물의 처벌 여부도 다르게 나타날 수 있음을 예측하게 한다.* 아울러 사건 4에서 재판부는 거리에 포스터를 붙인 시기가 선거 시기여서 정치에 영향을 줄 목적이 있다는 오해를 불러일으킬 수 있지만, 거리 예술을 오랫동안 해온 작가의 특성을 고려할 때 창작의 일환이라고 볼 여지가 있다고 판시했다. 포스터에 특정 후보자에 대한 지지, 반대 문구가 없다는 점도 무죄의 근거가 되었다. 즉 사건 4에서 재판부는 공공 시설물에 부착된 포스터라고 해도 작품에 구체적인 표현 문구가 들어가지 않는다면 선거에 직접적인 영향을 미칠 목적으로 창작된 작품이 아니라고 판단, 위법성이 없다고 보았다. 사건 7의 2심의 경우 길에서 배포한 전단지에 정권에 대한 의혹이 제기되어 있지만, 이를 정권에 대한 단순한 의견 표명으로 판단하고 표현의 자유로 인정받아야 한다고 재판부는 보았다.

결과적으로 8개 사건 18개 판례 중 최종적으로 정치적 풍자를 진행한 당사자가 처벌받지 않은 경우는 2개 사건 4개 판례에 불과했다. 이는 국내의 정치적 풍자가 소송으로 비화될 경우 상당히 높은 비율로 처벌될 가능성이 있음을 보여 준다. 다만, 사건 4의 재판부는 정치인을 대상으로 한 풍자 작품이라고 해도 작품에 구체적인 표현이 없고 선거에 영향을 미칠 목적이 인정되지 않는다면 처벌할 수 없다는 인식을 보였다. 설령 그것이 공공장소에서 허가 없이 게시된 포스터라고 해도 말이다. 아울러 사건 7의 재판부는 단순한 의견 표명일 경우 표현의 자유로 인정되어야 한다는 인식을 나타냈다. 그러나

---

* 보수 정권에서 검찰이 공인에 대한 정치적 풍자 행위를 명예훼손이 아니라 재물손괴죄로 기소하는 사례가 나타나는 것은 해당 표현을 명예훼손으로 기소했을 때 자발적·정치적 공인에 대한 명예훼손적 표현의 경우 실질적인 처벌이 어렵다는 점, 명예훼손으로 정치적 풍자 행위를 기소했을 때 정치적 탄압이라는 논란이 유발될 수 있다는 점에 근거한 것이라고 추론할 수 있다. 다만 이러한 결과는 사회과학적 추론에 불과하다. 검사나 재판관에 대한 심층 인터뷰 등의 후속 연구를 통해 정치적 풍자 행위가 재물손괴죄로 기소되는 이유에 관하여 보다 과학적인 조사가 필요하다.

정치적 패러디가 원작품에 대한 훼손(사건 1), 금전적 손실(사건 1, 2), 동의 없는 작품 게시 또는 재산권 침해(사건 3, 사건 5, 사건 6, 사건 8)를 유발할 경우 표현의 자유로 인정받을 수 없다는 사실을 확인하였다. 여기에서 금전적 손실이란 직접적인 경제적 손실만을 의미하는 것이라고 보기 어렵다. 실제적 경제 손실이 적다고 해도 추산된 손실(홍보 효과 훼손)이 우려된다거나(사건 1), 기존에 낙서가 이루어진 담장이 교체되었다는 이유로(사건 2) 정치적 패러디가 금전적 손실을 유발했다고 판단하여 패소하는 사례가 발생하고 있기 때문이다. 아울러 정치적 풍자 작품을 게시한 장소의 건물주 등의 동의를 거치지 않았다는 이유로 패소하는 사례도 빈번하게 발생하고 있었다. 이는 재판부가 정치적 풍자에 대해 어떠한 관점을 가졌는지에 따라 그것을 표현의 자유로 인정할지 아닐지가 결정될 수 있음을 보여 준다. 정치적 풍자에 대한 재판부의 일관성 있는 판단 근거의 부재는 재판 결과에 결정적인 영향을 미친다. 정치적 풍자에 대한 개념 정립과 함께, 정치적 풍자 관련 판례 도출에 대한 가이드라인이 필요한 이유다.

## 10. 결론: 자유로운 정치적 풍자를 위하여

이번 장은 정치적 풍자와 관련된 8개 사건, 18개 판례에 대한 분석을 수행했다. 이를 통해 정치적 풍자 판례의 성격을 파악하고, 정치적 풍자가 한국 사회에서 얼마나 보호되고 있는지, 어떠한 경우에 규제되고 있는지에 대한 함의를 도출했다. 연구 문제 분석 결과를 바탕으로 도출된 함의에 근거하여 사회적 예술가들과 관심을 지닌 일반인들이 더 자유롭고 안정적인 상황에서 정치적 풍자라는 창작 활동을 수행할 방안을 두 가지로 요약하여 제시하고자 한다.

첫째, 사회적 예술로 볼 수 있는 정치적 풍자에 대한 개념화가 필요하다. 18개 판례 중 사회적 예술로서 정치적 풍자를 정의하고, 정치적 풍자의 특성을 고려한 상황에서 판례를 도출한 사례는 발견되지 않았다. 대부분 판례는 비영리적 정치적 풍자물에 일반 상업 포스터 이상의 가치를 부여하지 않았다. 일반 상업 포스터에 관대했던 사법부가 정치 풍자물에만 엄격한 모습을 보일 때도 있었다.

결과적으로 정치적 풍자가 소송으로 비화될 경우 패소하는 현상을 예방하기 위해서는 재판부가 길거리에서 진행되는 사회적 예술인 정치적 풍자의 특성을 이해할 필요가 있다. 아울러 저항과 비판을 핵심으로 하는 정치적 풍자에 대한 시민들의 용인 인식 등을 충분히 고려한 후, 해당 풍자를 규제하는 것이 합리적인지를 판단할 필요가 있다.

둘째, 거리 예술의 허용 범위 설정이 필요하다. 예컨대 건물주나 건물 관리 기관의 허락을 받은 경우에만 거리 예술이 가능한 것인지, 건물의 특성(가벽인지, 이미 훼손된 건물인지 등), 작품 탈착의 용이성(쉽게 지워질 수 있는지), 건물 관리 기관이나 건물주의 신고 여부, 비정치적 광고 홍보물 등과의 형평성 등에 따라 허용될 수 있는 것인지에 대한 구체적인 기준 설정이 필요하다. 그래야만 이후 나타날 유사 정치 풍자 작품에 대한 불필요한 소송을 예방할 수 있을 것이다.

예술가, 학자, 법조인, 일반인 간의 충분한 토론 과정을 거쳐 거리 예술의 허용 범위를 설정할 필요가 있다. 비정치적 이유로 소송이 이루어진 정치적 풍자 예술이 정치적으로 과대 해석되는 현상을 예방하기 위해서는 추정 가능한 경제적 손실이 (거의) 없거나 피해 당사자(자발적, 정치적 공인, 풍자가 이루어진 장소의 주인 또는 관계자)의 요청이 없다면, 또는 작품에 대한 탈착이 어렵지 않은 상황에서 행해진 정치적 풍자라면, 이를 포괄적으로 허용하는 방식 등에 대한 면밀한 고려가 필요하다.

아울러 자발적, 정치적 공인에 대한 비판을 활성화하기 위해 정치적 풍자물이 단순한 의견 표명일 경우 명예훼손 소송에서 면책될 수 있도록 하는 등의 기준 설정도 필요해 보인다. 그렇지 않으면 지금과 같이 정치적 풍자가 소송으로 비화되는 일이 계속될 것이고, 소송 후 패소하는 현상이 지속될 것이다. 이러한 현상의 반복이 사회적 예술가들의 사회 비판의 자유를 위축시킬 것이라는 사회적 합의가 필요하다.

만약 단기간에 사법부의 노력을 이끌어 내기에 어려움이 있다면, 전국 각 지역에 사회적 예술가들이 정치적 풍자물을 자유롭게 게재할 수 있는 거리를 조성하여 특성화하는 방법을 고려할 필요가 있다. 정치적 풍자물 거리 특성화 사업은 정치 풍자와 관련하여 빈번하게 제기되는 재물손괴죄의 문제를 원천적으로 예방하는 방법이 될 수 있을 것이기 때문이다.

그림 2-1. 소송 대상이 된 정치 풍자 작품

| # | 그림 | # | 그림 |
|---|------|---|------|
| 사건 1 |  | 사건 2 |  |

| # | 그림 | # | 그림 |
|---|---|---|---|
| 사건 3 | 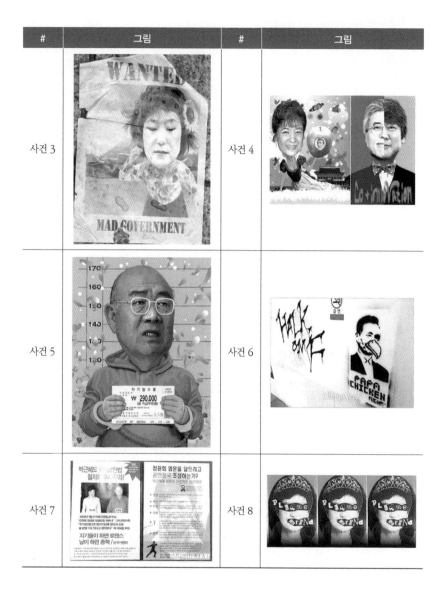 | 사건 4 | |
| 사건 5 | | 사건 6 | |
| 사건 7 | | 사건 8 | |

# 3장

## 국가인권위원회의
## 표현의 자유 보호와 한계

### Ⅰ. 국가인권위원회의 표현의 자유 보호 현황 검토의 필요성

표현의 자유는 UN의 세계인권선언 제19조 의사표현의 자유는 물론, 제18조 사상, 양심, 종교의 자유, 제20조 집회 및 결사의 자유를 통해 보장되는 인간의 기본 권리, 즉 인권이다. 국가인권위원회법 제2조 제1항에 따르면 인권은 "헌법 및 법률에서 보장하거나 대한민국이 가입, 비준한 국제인권조약 및 국제관습법에서 인정하는 인간으로서의 존엄과 가치 및 자유와 권리를 말한다." 우리나라는 UN 가입국으로서 자유의 권리 중 하나인 표현의 자유를 인권으로서 보장해야 할 의무가 있다. 이에 국가인권위원회는 표현의 자유 보호 및 확장을 위한 다양한 노력을 기울이고 있다. 표현의 자유와 관련한 의견 표명, 개선 권고, 표현의 자유를 침해당한 사인에 대한 진정, 표현의 자유와 관련한 법, 제도, 정책에 관한 연구 활동 등이 그것이다.

국내의 법 제도적 문제, 정치·사회적 환경의 문제에 의해 국내의 표현의 자유가 해마다 위축되고 있다는 평가가 있고(이정기, 2016a), 언론학계는 물론 법학계에서도 표현의 자유 확장이 지닌 중요성을 논하는 연구가 상대적으로 활발하지 않다는 측면에서 볼 때, 국가인권위원회의 표현의 자유 확장을 위한 노력은 평가받을 만하다. 특히 이정기(2009)에 의하면 국가인권위원회는 창립 이후 표현의 자유 확장을 위한 의견 표명과 진정*을 꾸준히 해왔다. 즉, 창립 이후 2009년까지 국가인권위원회의 표현의 자유 인식은 보수적인 행정부, 사법부와는 확연히 다른 것이었다. 다만, 일부 연구자들은 2010년 이후 국가인권위원회의 표현의 자유 보호 활동이 위축되고 있음을 지적한다. 일부 연구에 의하면 국가인권위원회는 정치적으로 민감한 사안에 대한 인권 보호에 적극적이지 못한 모습을 보였고(권건보, 2012; 김미영, 2016.08.11.), 표현의 자유 보호 기능도 상대적으로 약화되었다(박주민, 2011.11.18.; 명숙, 2016.10.07.). 나아가 표현의 자유 보호의 실효성 문제 역시 지적되었다(권

---

\* 국가인권위원회 공식 홈페이지에 따르면 진정은 "국가기관, 지방자치단체, 「초·중등교육법」제2조, 「고등교육법」제2조와 그 밖의 다른 법률에 따라 설치된 각급 학교, 「공직자윤리법」제3조의2 제1항에 따른 공직유관단체 또는 구금·보호시설의 업무 수행(국회의 입법 및 법원·헌법재판소의 재판은 제외한다)과 관련하여 「대한민국헌법」제10조부터 제22조까지의 규정에서 보장된 인권을 침해당하거나 차별행위를 당한 경우", "법인, 단체 또는 사인私人에 의하여 평등권 침해의 차별행위, 즉 합리적인 이유 없이 성별, 종교, 장애, 나이, 사회적 신분, 출신 지역, 출신 국가, 출신 민족, 용모 등 신체 조건, 혼인 여부, 임신 또는 출산, 가족 상황, 인종, 피부색, 사상 또는 정치적 의견, 효력이 실효된 전과, 성적性的 지향, 학력, 병력病歷 등을 이유로 차별행위를 당한 경우"에 제기할 수 있는 제도다. 국가인권위원회의 진정은 인권 상담, 진정 접수, 사건 조사, 위원회 의결, 당사자 통보의 5단계 절차를 통해 이루어진다. 인권 상담은 방문이나 전화 상담을 통해 이루어지고, 진정 접수는 홈페이지, 방문, 우편, 이메일 등을 통해서 이루어진다. 접수된 진정은 조사국으로 이관된다. 사건 조사는 진정인, 피해자, 피진정인, 관계인에 대한 진술서, 자료 요청 후 필요시 실지 조사, 출석 조사를 병행한다. 조사 완료시 조사관은 조사 결과 보고서를 작성하고, 해당 소위원회의 심의, 의결 과정을 거치게 된다. 사건이 소위원회에 상정될 경우 소위원장은 필요시 주심 인권위원을 선정하고, 사건 검토 후 보고하게 한다. 위원회 의결은 진정 사건에 대한 조사 내용을 심의한 후 권고, 기각, 각하, 합의 권고, 이송 등의 결정을 내리는 단계다. 결정된 의결 사항은 당사자에게 통보된다.

영전, 2017.01.13.).

이상의 연구 결과는 2009년까지 표현의 자유에 대한 대안적 담론을 생성하고 표현의 자유 확장에 기여했던 국가인권위원회가 2010년 이후에는 제 기능을 하고 있지 못하고 있음을 짐작게 한다. 2010년은 4대 국가인권위원회 위원장인 현병철 위원장이 취임한 시점이다. 실제로 이 시점을 기점으로 국가인권위원회의 독립성에 문제가 발생했다는 평가(박주민, 2011.11.18.)가 존재한다. 과연 일부 연구자들의 평가처럼 국가인권위원회의 표현의 자유 보호 수준은 2010년 이전에 비해 이후에 축소되었을까? 국가인권위원회의 표현의 자유 보호 현황과 한계는 어떠할까? 국가인권위원회가 자유권적 인권 중 하나인 표현의 자유를 지금보다 잘 보호하는 방안은 무엇일까? 이번 장은 이러한 문제에 대한 해답을 얻기 위해 기획되었다.

한편, 민원인의 진정에 대한 권고는 국가인권위원회의 핵심 업무 중 하나다(임지봉, 2006). 따라서 국가인권위원회의 진정 사례는 국가인권위원회의 공식적 입장이라고 판단해도 무방하다(이정기, 2009). 즉 표현의 자유와 관련한 국가인권위원회의 진정 사례를 통해 표현의 자유에 대한 국가인권위원회의 공식적 입장을 확인할 수 있다. 이에 이번 장에서는 국가인권위원회의 표현의 자유 관련 진정 사례를 분석하여 한국 사회에서 인권으로서의 표현의 자유 보호의 범위와 그 미래에 관하여 확인해 보고자 했다.

보다 구체적으로 이번 장은 국가인권위원회의 진정 사례 분석을 통해 인권으로서 표현의 자유 보호의 범위에 대해 논했던 이정기의 연구(2009)와 2010년 이후 국가인권위원회의 표현의 자유 보호 기능과 독립성이 위축되었다는 박주민(2011.11.18.) 연구의 연장선에서 2009년 7월 20일 이전까지의 국가인권위원회의 표현의 자유 진정 사례와 2009년 7월 20일부터 2015년 7월까지 현병철 위원장 시기 국가인권위원회의 표현의 자유 진정 사례, 그리고 2015년 8월 이후 현재까지 이성호 국가인권위원회 위원장 시기 국가인권위원회의 표현의 자유 진정 사례를 비교 분석하여 국가인권위원회의 표현의 자유에 대한 인식을 보다 구체적으로 확인해 보고자 하였다.

이 장의 결과가 국가인권위원회의 표현에 자유에 대한 인식 파악을 통해 인권으로서 표현의 자유 보호에 대한 언론학계의 관심 촉구, 사회적 여론 환기에 도움이 되기를 기대한다. 아울러 국가인권위원회의 활동을 둘러싼 몇 가지 비판, 예컨대 국가인권위원회의 독립성의 문제(박주민, 2011.11.18.), 정치적으로 민감한 사안에 대한 소극적 입장 표명(권건보, 2012; 명숙, 2016.10.07), 국가인권위원회 권고(의견 표명)의 실효성(영향력) 문제(신필규, 2017.02.16.)를 개선하기 위한 전략 구축에 도움이 될 수 있기를 기대한다.

## 2. 국가인권위원회 진정 활동의 의의

국가인권위원회는 정책 활동, 교육 · 홍보 활동, 국내외 협력 등의 기능과 함께 조사 · 구제 기능을 수행한다. 국가인권위원회법 제30조에 따르면 "국가기관, 지방자치단체, 공직유관단체 또는 구금 · 보호시설의 업무 수행(국회의 입법 및 법원 · 헌법 재판소의 재판을 제외한다)과 관련하여 「헌법」 제10조 내지 제22조에 보장된 인권을 침해당하거나 차별행위를 당한 경우"(제1항), "법인, 단체 또는 사인(私人)에 의하여 차별행위를 당한 경우"(제2항) 인권위원회의 조사 대상이 된다. 다만, 국가인권위원회의 조사 · 구제 기능은 사법 기구의 한계를 보완하는 기능을 담당한다.

홍성수(2011)에 따르면 국가인권위원회의 인권 구제는 사법적 권리 구제의 인권 구제와 다섯 가지 측면에서 차이점을 가진다. 첫째, 접근성의 측면에서 볼 때, 국가인권위원회의 인권 구제는 편리하고 신속하게 이루어지지만,

사법적 인권 구제는 불편하고 절차가 복잡하고, 느리다. 둘째, 독립성의 측면에서 볼 때, 국가인권위원회의 인권 구제는 정치적으로 중립적이고, 독립적인 국가인권위원회 차원에서 인권 구제(서비스)를 제공하지만, 사법적 인권 구제는 정권에 따라 정치적 편향성을 띤 수사기관에 의한 권리 구제로 정치적 중립성이 문제시될 수 있다. 셋째, 규제 근거 측면에서 볼 때, 국가인권위원회의 인권 구제는 헌법, 법률, 국제인권법에 근거하고 있고, 사법적 인권 구제는 헌법과 법률에 근거하고 있다. 넷째, 구제의 성격 측면에서 볼 때, 국가인권위원회의 인권 구제는 설득적, 대화적, 협력적, 상호작용적 성격을 가지고 있지만, 사법적 인권 구제는 강제적, 하향적, 단선적, 일방적 성격을 가지고 있다. 마지막으로 구제의 특성의 측면에서 볼 때, 국가인권위원회의 인권 구제는 개별 인권 문제에 대한 구조적 차원의 해법을 제시하려고 노력한다. 따라서 미래 지향적 구제의 성격을 가진다. 반면, 사법적 인권 주제는 개별 사건에 대한 해법을 제시하려고 노력한다. 따라서 과거 지향적 구제의 성격을 가진다.

종합해 보면, 사법적 인권 구제는 불편하고 느리며 비용이 들지만, 단선적이고 하향적 문제 해결과 처벌에 초점을 맞추고 있어 강력한 효율성을 지녔음을 확인할 수 있다. 반면, 국가인권위원회의 인권 구제는 편리하고 신속하며 비용이 들지 않지만, 상호작용성과 사전 예방에 초점을 맞추고 있어 문제 해결에 대한 효율성이 다소 부족하다는 점을 확인할 수 있다. 한편으로 이러한 차이는 국가인권위원회의 인권 구제의 실효성이 부족하다는 점을 보여 주는 결과이기도 하다.

표 3-1. 사법적 권리구제와 국가인권위원회의 인권 구제 비교*

| | 사법적 권리 구제 | 인권위원회의 인권 구제 |
|---|---|---|
| 접근성 | 불편, 느림, 고비용 | 편리, 신속, 저비용 |
| 독립성 | 수사기관의 정치적 중립성이 문제시될 수 있음 | 독립기관으로서 독립적 인권 구제를 제공 |
| 규제 근거 | 헌법, 법률 | 헌법, 법률, 국제인권법 |
| 구제의 성격 | 권력적, 강제적, 하향적, 단선적(top-down), 일방적 | 촉진적, 설득적, 대화적, 협력적, 상호작용적 |
| 구제의 특징 | 개별 사건에 대한 구제 (가해자 처벌, 인권 침해 중지, 원상회복, 손해배상 등을 명령), 과거 지향적, 사후 구제적 | 구조적 문제에 대한 해법도 함께 제시 (법령과 제도, 정책, 관행의 개선, 인권 교육 등을 권고), 미래 지향적, 사전 예방적 |

한편, 국가인권위원회의 활동은 언론학계의 활동과 깊은 관련성을 가진다. 국가인권위원회가 보호하는 자유권(시민적, 정치적 권리)은 의견의 자유, 양심의 자유, 언론·출판의 자유, 집회·결사의 자유와 같은 권리에 대한 보호를 목표로 하고 있기 때문이다(이정기, 2009, 124쪽). 아울러 국가인권위원회의 인권 보호 활동과 언론학계 활동의 관련성은 그들이 1948년 12월 10일 유엔이 제정한 세계인권선언 제18조의 '사상, 양심, 종교의 자유'와 제19조의 '의사표현의 자유', 제20조의 '집회 및 결사의 자유' 보장을 명시하고 있다는 측면에서도 생각해 볼 수 있다. 한편, 국가인권위원회가 집회, 시위, 국가보안법, 인터넷 실명제 등 표현의 자유와 관련한 제 이슈에 대해 의견을 표명하고 진정 활동을 하는 것은 우리나라의 표현의 자유 보장 수준, 특히 사회적 소수자의 표현의 자유가 원활하게 작동하지 않음을 반증하는 결과다. 언론학계에서 국가인권위원회의 표현의 자유 보호 활동에 관심을 기울여야 할 이유다. 그러나 그동안 언론학계에서는 국가인권위원회의 표현의 자유 보호 활동에 거의 관심을 기울이지 않아 왔다(이정기, 2009).

---

* 홍성수(2011). 86쪽.

## 3. 국가인권위원회 표현의 자유 보호 활동과 한계에 관한 논의

국가인권위원회의 표현의 자유 보호 활동을 둘러싼 한계에 대하여 각종 언론보도가 내놓은 다섯 가지 논의를 확인하였다. 첫째, 《세계일보》는 2006년 국가인권위원회 권고에 실효성이 떨어지는 등의 한계가 있고, 국가보안법, 사형제 폐지, 양심적 병역 거부 입법, 대체 복무제 입법 권고 등의 사안에서 사회적 합의를 이끌어 내지 못한다고 국가인권위원회를 비판한 바 있다(유영덕, 2006.11.25.). 둘째, 《한겨레》는 국가인권위원회가 2016년 민감한 인권 현안에 대해 실정법 중심의 사고에 갇혀 제 목소리를 내지 못하고 있으며, 성소수자나 양심적 병역 거부자, 이주민 등 사회적 약자와 소수자의 인권을 제대로 보호하지 못한다며 비판한 바 있다(김미영, 2016.08.11.). 셋째, 《미디어스》는 2016년 국가인권위원회의 최근 3년 평균 진정 사건 처리 중 기각 비율이 33%, 각하 비율이 62%로 높고 구제율은 12.3%로 낮으며, 국가인권위원회가 한국의 집회 시위나 결사권에 대한 제대로 된 권고나 의견을 표명하지 않았다고 비판한 바 있다(명숙, 2016.10.07). 넷째, 종로경찰서장은 청와대 인근의 집회를 일괄적으로 금지하는 현행 제도를 개선하기 위한 구체적 판단 기준을 마련하라는 국가인권위원회의 권고를 거부했다. 구체적으로 그는 청와대 인근 집회 일괄 금지가 "집회 및 시위에 관한 법률상 근거와 절차에 따른 적법한 처분"이라고 말했다(권영전, 2017.01.13.). 다섯째, 《오마이뉴스》는 2017년 국가인권위원회법이 실체법이 아닌 조직법에 해당하고, 구제 수간이나 강제력이 없어 소수자들을 실질적으로 보호할 수 없다고 비판한 바 있다(신필규, 2017.02.16.).

이상의 논의에서 확인할 수 있는 국가인권위원회의 표현의 자유 보호 활동에 대한 평가는 두 가지로 요약된다. 첫째는 정치·사회적으로 민감한 인권 현안에 대해 충분히 의제를 설정하지 못한다는 평가이고(사례 2, 3), 둘째는 국가보안법, 집회 등 표현의 자유 확장을 위한 각종 국가인권위원회의 권고에 강제성이 없어 실효성이 떨어진다는 평가이다(사례 1, 4, 5). 국가인권위원회가 표현의 자유를 보장하기 위한 충분한 의제 설정을 하지 못하고, 그 권고의 실효성에도 문제가 있다는 것이다. 언론보도 속 국가인권위원회의 표현의 자유 보호 활동에 대한 한계는, 국가인권위원회가 정보 인권의 신장에 기여해 왔으나 최근 정치적으로 민감한 사안에 대한 인권 보호에 소극적인 태도를 보이고 있으며, 시정 명령, 재판과 달리 공공기관이나 민간에 대한 구속력이 없어 분쟁의 종국적 해결에 한계가 있다는 논의(권건보, 2012)와 일정 부분 맥락을 같이 하고 있다.

국가인권위원회의 인권 침해 구제 권한이 조정 권한(시정 명령권)과 강제 명령 권한, 결정 권한을 두고 있지 않아 구속력이 떨어지고, 효율적이지 않다는 비판도 있다. 그러나 지나친 권한의 확장은 업무 중복, 타 국가기관과의 마찰이 발생할 수 있다는 측면, 국가기관과 지방자치단체의 경우 인권위의 결정에 대한 이행 책무와 불이행 시 이유 설명의 책무를 두고 있는 등 약간의 강제성을 가진다는 측면에서 현행 법체제로 유지하는 것이 바람직하다는 평가(조재현, 2008)도 존재한다.

다만, 국가인권위원회의 지위 문제에 대한 가치 평가를 떠나 판단해 본다면, 국가인권위원회의 진정이나 의견 표명 활동에 강제성이 다소 부족하다는 점에 대해서는 이견의 여지가 없음을 예측할 수 있다. 아울러 특정 현안에 대한 국가인권위원회 차원의 의견 표명 이후에도 정부기관이나 단체에서 불이행 이유를 소명한다면 결과적으로 의견이 받아들여지지 않을 가능성이 상존한다는 점을 확인할 수 있다.

## 4. 국가인권위원회 활동과 관련한 언론법 관점의 연구 동향과 한계

언론법학의 관점에서 국가인권위원회의 표현의 자유 활동을 분석한 연구는 많지 않은 편이다. 대표적 연구로는 이정기(2009), 박주민(2011.11.18.), 권건보(2012) 등의 연구를 들 수 있다. 구체적으로 이정기는 국가인권위원회의 표현의 자유 관련 진정 사례와 의견 표명문 분석을 통해 국가인권위원회의 활동이 사회적 소수자들의 표현의 자유와 권익 보호를 위한 대안적 담론을 생산하는 방식으로 이루어져 왔음을 보였다. 그의 분석에 따르면, 법원이 국가보안법, 양심적 병역거부, 동성애자의 표현, 집시법과 같은 문제에 있어 보수적(행정적) 패러다임으로 표현의 자유를 인식하는 반면, 국가인권위원회는 한국 사회의 전통적 가치 체계에 의문을 던지고 개선을 요구한다는 측면에서 진보적(비판적) 패러다임으로 표현의 자유를 인식하는 것으로 나타났다. 박주민(2011.11.18.)은 이정기(2009) 연구의 연장선에서 국가인권위원회의 표현의 자유 관련 진정 사례와 의견 표명문을 검토하고, 국가인권위원회의 역할을 탐색했다. 그 결과 2010년 들어 국가인권위원회의 표현의 자유 보호 기능이 약화되었고, 국가인권위원회의 독립성에 문제가 발생했다는 결론을 도출하였다. 권건보(2012)는 연구를 통해 최근 국가인권위원회가 정치적으로 민감한 사안에 대한 인권 보호에 소극적 태도를 보이고 있음을 주장하였다.

이상의 결과는 2009년까지 표현의 자유의 확장과 보호를 위해 기울였던 국가인권위원회의 다양한 노력(의견 표명 등)이 2010년 이후 2012년까지 상당 부분 위축되었음을 보여 준다. 아울러 몇몇 연구자는 이를 국가인권위원회의 독립성이 위기를 맞는 것으로 생각하고 있다.

표 3-2. 국가인권위원회 활동과 관련한 언론법 관점의 연구 결과 요약

| 구분 | 접근 방법 | 주요 내용 |
|---|---|---|
| 조형식 (2004) | 국제인권법(UN 시민적, 정치적 권리에 관한 국제 규약)의 관점에서 인터넷 표현의 자유 현황 분석, 개선 방안 탐색 | - ICCPR 제19조, 제20조는 표현의 자유 보장에 공헌. 단, 제19조 3항, 20조가 정부의 자의적 해석 여지 존재, 남용 위험성 있음<br>- 인터넷 표현의 자유 침해 시 개인의 진정과 국가인권위원회의 권고로 인해 어느 정도 시정할 수 있을 것 |
| 이정기 (2009) | 국가인권위원회의 표현의 자유 관련 진정 사례 및 의견 표명문 분석 | - 사회적 소수자들의 표현 행위에 적극적 관심, 소수자들의 표현의 자유와 권익 보호를 위한 대안적 담론 생산 |
| 박주민 (2011) | 국가인권위원회의 표현의 자유 관련 진정 사례 및 의견 표명분 분석, 역할 탐색 | - 2000년까지 지속적으로 보호를 추구해왔던 집회 및 시위의 자유 확장도 2010년 들어 강하게 주장되지 못함. 표현의 자유보다 국익에 치중하는 모습. 국가인권위원회의 독립성에 대한 문제 제기 |
| 박경신 (2012) | 표현의 자유 보편 원리와 국제인권법상 보편적 인권 기준에 따른 국내 표현의 자유 확대 방안 제시 | - ICCPR 제19조 준수의 의무가 있음. 표현의 자유 규율 원리인 명백하고 임박한 위험의 원리, 위축효과의 법리, 막연하므로 무효의 법리, 견해차에 따른 차별 금지의 원리, 검열 금지의 원리와 같은 국제 인권 기준에 맞추어 볼 때, 형법 제307조 제1항, 제311조, 제314조 등 표현의 자유 제한 법리의 폐지가 필요 |
| 권건보 (2012) | 정보 인권, 자기정보통제권에 대한 논의, 정보 인권과 관련한 국가인권위원회의 권고 사항을 바탕으로 향후 국가인권위원회의 역할 모색 | - 최근 국가인권위원회가 정치적으로 민감한 사안에서 인권 보호에 소극적 태도를 보임으로써 인권 보호 기구로서 사명에 충실하지 못하고 있음. 국민주권주의 실현을 위해 필수 불가결한 정치적 표현의 자유, 소수자, 사회적 약자 인권 증진을 위한 적극적 자세 견지 필요 |

## 5. 연구 문제 및 연구 방법

### 1) 분석 대상

분석 대상이 된 진정 사례는 국가인권위원회가 창립된 2001년 11월 25일

이후 2017년 3월 1일 현재까지의 사례다. 구체적으로 국가인권위원회 홈페이지(www.humanrights.go.kr)의 결정례 자료 키워드 검색(표현의 자유, 1인시위, 시국선언, 21조)을 통해 발견한 결정례 29개(아래 표에서 'C'로 표시), 표현의 자유와 관련한 국가인권위원회의 진정 사례를 분석한 이정기(2009)의 연구에서 활용된 국가인권위원회 결정례 10개(표에서 'A'로 표시), 박주민(2011.11.18.)의 연구에서 활용된 결정례 6개(표에서 'B'로 표시) 등 총 45건의 진정 사례를 분석 대상으로 하여 연구를 진행하였다. 즉 이번 장에서 분석한 진정 사례는 국가인권위원회에서 홈페이지를 통해 공식적으로 공개한 모든 표현의 자유 관련 진정 사례다. 다만, 이번 장에서는 표현의 자유와 관련한 전체 진정 접수 건수와 인용, 기각률 정보를 동시에 제공하지는 않았음을 밝힌다.

## 2) 연구 문제

연구 문제 1은 국가인권위원회의 표현의 자유 관련 진정 사례의 유형을 파악하기 위해 설정되었다. 진정 사례 유형은 이정기(2009)의 분석 틀에 근거하되 가능하다면 유형을 세분화하여 제시하였다. 연구 문제 2는 관련 진정 사례에 나타난 국가인권위원회의 표현의 자유 인식을 표현의 자유 가치 적극 반영 여부로 구분하여 확인해 보기 위해 설정되었다. 연구 문제 3은 국가인권위원회의 표현의 자유 관련 진정 사례가 시기(1~4대 위원장 시기, 5~6대 위원장 시기, 7대 위원장 시기)에 따라 어떠한 특성을 가지는지, 진정 유형에 따라 그 결과는 어떻게 나타나는지 확인하기 위해 설정되었다. 연구 문제 4는 국가인권위원회의 표현의 자유 진정 후 유사 진정 사례가 반복적으로 나타나고 있는지를 확인함으로써, 국가인권위원회의 표현의 자유 진정이 지닌 실효성 여부를 파악하고자 설정되었다.

연구 문제 1. 표현의 자유와 관련된 국가인권위원회 진정 사례의 유형은 어떠한가?

연구 문제 2. 표현의 자유 관련 진정 사례에 나타난 국가인권위원회의 표현의 자유 인식은 어떠한가?

연구 문제 3. 국가인권위원회 위원장 재임 기간에 따른 표현의 자유 관련 진정 사례의 특성은 어떠한가?

연구 문제 4. 국가인권위원회의 표현의 자유 관련 진정 후 유사 진정 사례가 반복되어 나타나고 있는가?


## 3) 분석 방법

연구 문제 1의 규명, 즉 국가인권위원회의 진정 사례 수집 후 사건 유형을 분류하는 것은 이정기(2009)의 연구에 근거하여 이루어졌다. 구체적으로 '집회 시위', '개인정보', '성소수자 보호', '조사 수용', '정치활동', '직권 남용'으로 구분하되, 집회 시위의 경우 그 성격/주체에 따라 집회 시위(일반), 청소년 집회 시위/표현, 집회 시위(기타) 등으로 세분화하였고, 개인정보의 경우 개인정보 침해의 성격에 따라 개인정보(침해 유출)와 개인정보(공익제보 보호), 개인정보(과도 요구), 개인정보(언론 공표) 등으로 세분화하였다. 아울러 분석 유목의 성격을 더 잘 드러내기 위해 몇몇 분석 유목은 표현 주체자의 특성을 반영하는 방식으로 수정한 후 기술했다. 예컨대 조사 수용은 수용자 표현, 유해 매체는 성소수자 표현, 집회 시위(청소년)는 청소년 집회 시위/표현으로, 정치활동은 대학생 정치적 표현, 직권 남용은 종교적 표현(직권 남용)으로 재명명하였다. 다만 정보 차단, 언론보도와 같은 유형은 이전 연구의 분석 틀에 없던 분석 항목으로 새롭게 추가한 후 분석에 활용하였다.

연구 문제 2의 규명, 즉 표현의 자유 관련 진정 사례에 나타난 국가인권위원회의 표현의 자유 인식은 이정기(2009)의 분석 유목에 따라 진정 사례를 '표현의 자유(표현의 자유 상위-표현의 자유 하위)', '정치성(정치적-비정치적)'으로 구분한 후 해당 진정 사례의 도출 근거를 확인함으로써 확인하였다. 구체적으로 해당 진정 사례 중 국가인권위원회가 진정인의 표현의 자유의 가치를 피진정인이 주장하는 기타 기본권의 가치(사회 안정, 질서, 관습, 인격권 등)보다 결정적인 진정 근거로 내세웠다면 '표현의 자유 상위'로 구분하였고, 표현의 자유의 가치보다 다른 기본권의 가치를 더 결정적인 진정 근거로 내세웠다면 '표현의 자유 하위'로 구분하였다. 아울러 해당 진정 사례가 국내외에서 일반적으로 정치적으로 쟁점이 되는 문제는 '정치적'으로, 그렇지 않은 경우에는 '비정치적'으로 구분하였다. 구체적으로 정치성 여부는 이정기(2009)의 분석 유목에 근거하여 집회 시위, 대학생 정치 표현, 정보 차단, 개인정보(과도 요구)와 같은 문제는 정치적 문제로 구분하였다. 아울러 청소년 집회 시위/표현, 수용자 표현, 성소수자 표현, 개인정보(공익제보 보호), 개인정보(침해 유출), 개인정보(언론 공표)는 비정치적 문제로 구분하였다. 집회 시위 보호, 대학생들의 정치적 표현 행위에 대한 보호는 집회 및 시위에 관한 법률의 적용 범위 등을 놓고 여야 간 쟁점이 되는 문제이고, 공권력에 의한 민간인 정보 사찰, 노동조합에 대한 정보 차단 등의 행위 역시 정권마다 사회적 쟁점이 되는 정치적 이슈다. 청소년들의 표현, 수용자의 표현, 성소수자의 표현, 공익제보자의 표현, 개인정보 관리의 문제 역시 일부 사회적 쟁점이 되는 문제이긴 하지만, 국내외에서 그 필요성을 대체로 인정하고 있는 부분이다. 무엇보다 청소년 표현, 수용자 표현, 성소수자 표현은 국가인권위원회에서 핵심적인 인권 문제로 다루어진다. 이러한 측면에서 이번 장에서는 청소년, 수용자, 성소수자 표현을 비정치적 문제로 고려했음을 밝힌다.

연구 문제 3의 규명, 즉 표현의 자유 관련 진정 사례의 특성은 위원장 취임

기간에 따른 진정 사례의 유형을 분석함으로써 확인하고자 하였다. 구체적으로 2010년 이후 국가인권위원회의 표현의 자유 보호 기능이 위축되었다는 평가, 2010년 이후 국가인권위원회의 독립성에 대한 문제 제기가 시작되었다는 평가(박주민, 2011.11.18.; 권건보, 2012)에 근거하여, 국가인권위원회 출범 이후 2009년 7월 20일까지의 시기(1~4대 위원장 재임 시기), 2009년 7월 20일부터 2015년 7월까지의 시기(5~6대 위원장 재임 시기), 2015년 8월부터 현재까지의 시기(7대 위원장 재임 시기)로 세분화한 후 분석하였다.

## 6. 표현의 자유와 관련된 국가인권위원회 진정 사례의 유형

국가인권위원회 창립(2001년 11월 25일) 이후 2017년 3월 1일 기준, 표현의 자유 관련 진정 사례는 45건이다. 45건의 진정 사례를 이정기(2009)의 연구에 근거하여 유형화한 결과는 다음과 같다.

첫째, 집회 시위와 관련한 사례는 총 21개의 사례로 나타났다. 구체적으로 집회 시위와 관련한 일반 사건은 총 14개 사례로 나타났다(사례 1~14). 이 가운데 13개 사례는 모두 진정인의 진정이 받아들여졌고, 1개 사례(사례 11)만 진정인의 진정이 받아들여지지 않았다. 진정인의 진정이 받아들여진 사례에서 국가인권위원회는 평화적 1인 시위를 금지하는 행위가 표현의 자유 침해(사례 2, 3, 13), 불법 시위를 전력으로 한 집회 금지는 표현의 자유 침해(사례 4), 장소 경합을 이유로 한 집회 금지는 표현의 자유 침해(사례 5, 8, 9, 10), 자의적 판단에 의한 집회 금지는 표현의 자유 침해(사례 6, 사례 12)라는 인식을 보였다. 다만, 미신고 촛불집회에 대한 구성원 연행은 인권 침해에 해당하지 않는다는 인식(사례 11)도 나타났다. 이상의 결과는 국가인권위원회가 평화적이고 합법적인 집회 시위와 1인 시위를 폭넓게 보장해야 한다는 인식을 지녔음을 유추케 한다.

아울러 집회 시위와 관련한 기타 사례(블랙리스트 관련 사례)는 총 1개 사례로 나타났다(사례 21). 또한 청소년의 집회 시위/표현과 관련된 사건은 총 6개 사례로 나타났다(사례 15~20). 6건의 사례 모두 진정인의 진정이 받아들여진 사례다. 이들을 통해 국가인권위원회는 청소년들이 학내 문제를 제기하는 표현을 규제하는 것은 표현의 자유 침해(사례 15, 16, 18)라는 인식, 정치적 의견 표명을 이유로 한 불평등한 대우나 차별은 평등권 침해라는 인식(사례 20)을 드러내고 있다.

둘째, 개인정보와 관련된 사례는 총 12개 사례로 나타났다. 구체적으로는 먼저 개인정보의 침해 유출과 관련한 사례는 총 2개 사례(사례 22~23)로, 모두 진정인의 진정이 받아들여졌다. 이는 국가인권위원회가 개인의 정보를 무단으로 열람하는 행위를 개인정보통제권, 프라이버시, 표현의 자유를 침해하는 행위로 인식하고 있음을 보여 준다.

또한 공익제보를 둘러싼 개인정보와 관련한 사례가 7개 있었고(사례 24~30), 아울러 개인정보의 과도한 요구를 둘러싼 1개 사례(사례 31), 피의사실 공표에 의한 인권 침해 2개 사례(사례 32~33)가 있었다. 11개 모두 진정인의 진정이 받아들여진 사례다. 이상의 사례를 통해 조직 내부의 문제에 대해 민원을 제기한 진정인의 진정 내용을 동의 없이 공개하는 행위는 공익제보보호법 위반, 개인정보보호법 위반이라는 인식(사례 24~29), 피의자가 특정될 수 있는 수준에서 진정인의 피의사실을 언론에 공표하는 것은 헌법 제10조 인격권 침해, 사생활의 비밀과 자유를 침해하는 행위라는 인식(사례 32~33)을 국가인권위원회가 지니고 있음을 확인할 수 있다.

셋째, 유해 매체(동성애 표현)와 관련된 사례는 총 3건 나타났다(사례 34~36). 3건 모두 진정인의 진정이 받아들여졌음을 확인할 수 있다. 즉 국가인권위원회는 동성애와 관련한 표현을 금지하는 것은 헌법 제21조가 보장하는 표현의 자유의 침해, 국가인권위원회법 제2조 제3호의 평등권 침해의 차별행위라는 인식을 보이고 있다.

넷째, 수용자의 표현과 관련된 사례는 총 3건 나타났으며(사례 37~39), 모두 진정인의 진정이 받아들여졌다. 이를 통해 수용인들에게 특정 표현을 강요하는 것은 사상, 의견의 자유 침해이며(사례 37), 수용자의 집필 금지는 수용자의 표현의 자유를 침해하는 것(사례 39)이란 인식을 국가인권위원회가 지녔음을 확인할 수 있다.

이밖에 대학생들의 정치적 표현과 관련된 사례가 총 1건 나타났다(사례 40). 이 사례에서 국가인권위원회는 대학생들의 정치활동을 금지하는 학칙 제정이 표현의 자유 침해라는 인식을 보여 준다. 아울러 정보의 차단과 관련된 사례는 총 3건으로(사례 42~44), 여기서 국가인권위원회는 진정인의 동의 없이 노동조합 홈페이지 접속을 차단하는 행위(사례 42), 서신 발송을 제한하는 행위(사례 43), 우편물을 수거하는 행위(사례 44) 등이 각각 통신의 비밀과 자유, 표현의 자유 침해라는 인식을 드러낸다. 한편, 언론보도에 의한 표현 문제를 다룬 사례는 총 1건으로 나타나며(사례 45), 이 사례에서 국가인권위원회는 언론보도에서 특정 성을 강조하는 표현, 특정 성이나 출신에 대한 편견을 강화하는 표현을 자제하는 것이 바람직하다는 인식을 보여 준다.

마지막으로 직권 남용에 의한 표현의 자유 침해와 관련된 사례가 총 1건 나타났다(사례 41). 이 사례에서 국가인권위원회는 인간 복제 금지와 같은 사회적 합의 사항과는 다른 활동(표현)을 할 우려가 있는 인사에 대한 입국 금지 조치가 종교의 자유를 탄압하는 것이 아니며, 인권 침해 소지가 없다는 인식을 보였다. 사회적 합의 사항과 다른 표현 활동이 제한된 사례로 볼 수 있다.

## 표 3-3. 국가인권위원회의 표현의 자유 관련 진정 사례

| # | 사건 번호와 진정 요지 |
|---|---|
| **집회 시위(일반)** | |
| 사례 1 (A) | **집회의 자유 침해 2003.07.07. 02진인983**<br>공관으로부터 100m 이상 떨어진 장소를 특정하여 집회 개최 장소로 신고한 집회를 불허하는 것은 집회의 자유 침해 |
| 사례 2 (A) | **1인 시위에 따른 표현의 자유 등 침해 2003.03.24. 02진인1691**<br>외국 대사관 앞에서의 평화적 1인 시위를 금지한 행위는 표현의 자유를 침해 |
| 사례 3 (A) | **1인 시위 방해 2007.11.14. 07진인1760**<br>1인 시위자의 피켓을 빼앗는 등의 방해 행위는 표현의 자유를 침해, 관련자 징계를 권고 |
| 사례 4 (C) | **집회 금지 통고로 인한 인권 침해 2009.07.30. 08진인3157**<br>불법집회 시위 전력을 근거로 한 집회 금지 통보는 표현의 자유 침해, ○○○ 서장에 대해 경고 조치할 것을 ○○지방경찰청장에 권고 |
| 사례 5 (B) | **집회 불허 및 부당한 채증에 의한 인권 침해 2009.12.07. 09진인3456**<br>집회 장소 경합을 이유로 한 집회 금지는 표현의 자유 침해, 최대한 모두 집회를 개최할 방안을 모색할 것을 권고 |
| 사례 6 (C) | **집회 방해에 의한 인권 침해 2009.12.28. 08진인3585**<br>소규모 집회를 1인 시위로 판단하여 금지한 행위는 집시법 위반, 표현의 자유 침해, 피진정인 및 소속 직원들에게 국민의 기본권 보장에 관한 직무교육을 실시할 것을 파주시장에게 권고 |
| 사례 7 (B) | **용산 철거민 사망 관련 과잉 진압 2010.01.11. 09진인215**<br>용산 철거민 사망과 관련한 과잉 진압은 경찰의 주의의무 위반, 피진정인 정○○에 대하여 주의 조치하고, 관련 소속 검사들에 대하여 직무교육을 실시할 것을 검찰총장에게 권고 |
| 사례 8 (B) | **집회 금지 통고에 의한 인격 침해 09진인1993 출처: 박주민(2011. 11. 18).**<br>과거 전력에 근거하여 집회 금지를 통고하는 것은 집회의 자유 침해 |
| 사례 9 (B) | **집회 불허 및 부당한 체포 등에 의한 인권 침해 09진인1945 출처: 박주민(2011. 11. 18)**<br>과거 집회 전력을 이유로 명백하고 현존하는 위험이 없음에도 금지를 통고하는 것은 집회의 자유 침해 |
| 사례 10 (B) | **집회 불허 및 부당한 체포 등에 의한 인권 침해 2010.04.12. 09진인2119**<br>소속 단체 회원 일부가 가입한 다른 단체의 집회 전력을 이유로 한 금지 통고는 집회 자유 침해, 자의적으로 집회 금지를 통보한 해당 경찰서장에 대하여 주의 조치할 것을 ○○지방경찰청장에게 권고 |
| 사례 11 (C) | **집회 시위 관련 10진정025100**<br>미신고 촛불집회에 대한 구성원 연행은 인권 침해에 해당하지 않는다고 판단, 기각 |

| # | 사건 번호와 진정 요지 |
|---|---|
| 사례 12 (C) | **1인 시위 방해 등에 의한 인권 침해 2010.08.23. 09진인4569**<br>1인 시위가 집단 시위로 변질될 수 있다는 주관적 염려만으로 집회를 금지한 것은 표현의 자유 침해, 피진정인 1과 2에 대해 주의 조치할 것 권고, 1인 시위 대응 경찰력 행사 시 적법 절차를 준수하도록 본 진정 사례 전파하고, 직무교육을 실시할 것을 ○○지방경찰청장에게 권고 |
| 사례 13 (C) | **1인 시위 방해 등에 의한 인권 침해 2011.11.23. 10진정0703200, 11진정0344500(병합)**<br>진정인은 청와대 사랑채 앞에서 1인 시위, 표현의 자유 침해, 더 공정하게 경찰력을 행사할 수 있도록 본 사례를 전파하고 관련 직무교육을 실시할 것을 ○○지방경찰청 ○○○ 경비단장에게 권고 |
| 사례 14 (C) | **집회 금지에 의한 인권 침해 2016.04.14. 진정0464100**<br>피진정인 ○○경찰서장이 청와대 인근에서의 집회 신고에 대해 경찰이 일괄적으로 금지를 통고한 것은 집회의 자유 침해, 재발 방지 대책 마련을 권고 |

## 청소년 집회 시위/표현

| # | 사건 번호와 진정 요지 |
|---|---|
| 사례 15 (A) | **학생에 대한 집회 해산 등에 의한 인권 침해 2007.11.14. 07진인1760**<br>중학생들이 학생 인권, 두발 자유를 외치며 학내 집회를 하자 학교 측에서 강제 해산, 학생의 권리 등과 관련 있는 집회는 보장되어야 함 |
| 사례 16 (A) | **학교 안에서의 학생의 표현의 자유 침해 2008.02.28. 07진인1146**<br>학생 인권 관련 토론회 전단지를 학생들이 배포하자 허가받지 않는 전단을 배포했다는 이유로 징계한 것은 표현의 자유를 침해한 것, 피진정인 ○○고등학교장에게 재발 방지 조치를 취할 것을 권고 |
| 사례 17 (B) | **학생 수업 중 경찰조사 등에 의한 인권 침해 2008.08.15. 08진인1739**<br>학교에서 수업 중인 피해자를 미성년자인 피해자 부모의 동의나 사전에 최소한의 알림도 없이 불러 조사하고 피해자 부친 등의 개인정보를 취득하여 내부 정보 보고서에 사용하는 행위는 개인정보자기결정권 및 사생활의 비밀의 자유를 침해하는 행위 |
| 사례 18 (C) | **학교 앞 유인물 배포 관련 표현의 자유 침해 2016.09.29. 15진정0966600**<br>피의자인 중3 학생이 정규 수업 이후 두발 규제 비판 유인물을 배포하는 것 등의 행위를 처벌하는 것은 헌법 제21조와 아동의 권리에 관한 협약상의 표현의 자유 침해, 교육지원청 교육장에게 소속 교사들에게 아동과 학생 인권에 대한 직무교육을 실시할 것을 권고. |
| 사례 19 (C) | **세월호 관련 학교의 표현의 자유 침해 2015.03.18. 14진정0810000**<br>학생들의 세월호 리본 달기 행위를 금지하는 조치는 학생 등 학교 구성원의 표현의 자유를 침해할 소지, 교육부는 유사 사례가 재발하지 않도록 해야 한다는 의견 표명 |
| 사례 20 (C) | **일제고사 반대 학생에 대한 인권 침해 2010.05.10. 08진인4868**<br>수업 시간 전에 평화적으로 행한 학생들의 시위가 타인의 권리를 침해한다거나 학교 시설물을 훼손하는 등의 사정이 없음에도 시위 문화를 알려준다는 이유만으로 학생들의 동의 없이 피켓을 수거한 행위는 표현의 자유 침해, 동 사례가 재발하지 않도록 소속 교사들에 대하여 교육을 실시할 것을 피진정인 ○○초등학교장, 중학교장 등 5명에게 권고 |

| # | 사건 번호와 진정 요지 |
|---|---|
| **집회 시위(기타)** | |
| 사례 21 (C) | **한국사 교과서 국정화 반대 시국선언 참가자에 대한 포상 등 제외 2007.01.25, 16진정 0683600, 16진정0960500(병합)**<br>포상 등 수여권자로서의 폭넓은 재량권을 넘어 합리적 이유 없이 정치적 의견을 이유로 고용의 영역에서 특정한 사람을 배제하거나 불리하게 대우하는 것은 평등권 침해의 차별행위에 해당, 각 교육청에서 징계 처분을 하지 않기로 한 자에 대하여 향후 포상 등을 배제하는 행위를 하지 말 것을 피진정인에게 권고 |
| **개인정보(침해 유출)** | |
| 사례 22 (A) | **국민연금관리공단의 과도한 개인정보 열람 등에 의한 인권 침해 05진인1862 출처: 박주민(2011. 11. 18)**<br>안티 국민연금 활동을 벌여온 네티즌과 사람들, 그 가족의 개인정보를 직원들이 무단 열람하는 행위는 가입자들의 개인정보통제권과 프라이버시, 표현의 자유를 침해 |
| 사례 23 (C) | **교도관에 의한 개인정보 유출 2016.12.23. 16진정0981900**<br>사동 봉사원이 수감자였던 진정인에게 2차 건강검진 기록지를 전달하면서 건강검진 관계로 금식하라고 말함, ○○교도소장에게 동일 사례가 발생하지 않도록 수용자의 개인정보 보호를 위한 직무교육을 실시할 것을 권고 |
| **개인정보(공익제보 보호)** | |
| 사례 24 (C) | **공무원의 개인정보 유출 2016.10.26. 16진정0225600**<br>○○광역시 구청 교통과에 진정인이 택시 부당요금에 대한 민원 제기, 민원 담당자인 피진정인이 진정인의 성명, 연락처, 민원 내용을 ○○ 개인택시 운송사업조합에 알려줌, ○○광역시 구청장에게 민원 업무 처리 관행 개선, 민원사무 처리 업무를 수행하는 직원에 대한 직무교육을 실시할 것을 권고 |
| 사례 25 (C) | **공무원의 개인정보 유출 2016.07.08. 16진정0016900**<br>○○건설의 발파 작업으로 소음, 진동 등이 심하여 관할 ○○군청에 민원 제기, 다음날 현장 감리가 직접 전화하여 민원을 무마하려 함, ○○광역시 ○○장에게 피진정인의 민원 업무 처리 시 개인정보를 유출하지 않도록 재발 방지를 위한 직무교육을 실시할 것을 권고 |
| 사례 26 (C) | **공익제보자에 대한 민원 내용 공개 2016.09.29. 16진정0488300**<br>한국철도시설공단 이사장에게 피진정인을 경고 조치하고, 민원 업무를 수행하는 직원들에 대해 직무교육을 실시할 것을 권고 |
| 사례 27 (C) | **공공기관의 민원인 정보 유출 2016.04.12. 15진정1007100**<br>차량 사고와 관련한 보험회사의 처리 관행 및 개인정보 취급 문제에 대해 제기한 민원을 처리하면서, 민원 내용과 개인정보를 진정인의 동의 없이 해당 보험회사에 제공, ○○장에게 민원 처리와 관련하여 직원 대상 개인정보 보호를 위한 직무교육을 실시할 것을 권고 |
| 사례 28 (C) | **지자체 공무원의 민원인 개인정보 유출 2016.04.12. 15진정099960**<br>○○군에 제기한 민원을 처리하면서 민원인에게 진정인의 성명과 민원 내용을 유출하였고, 이에 같은 달 27일 피민원인 부부와 진정인의 부모 간에 욕설과 고성이 오가는 상황 유발, ○○면장에게 민원 사무 업무를 수행하는 직원에 대한 재발 방지 직무교육을 실시할 것을 권고 |

| # | 사건 번호와 진정 요지 |
|---|---|
| 사례 29 (C) | **공공기관의 개인정보 보호 미흡 2016.04.12. 15진정0013800**<br>보험설계사인 진정인이 소속 회사의 개인정보 관리상 문제점과 관련하여 2014년 12월 22일 ○○○○○사에 민원을 제기, 선임 조사역인 피진정인이 진정인의 민원 내용과 개인정보(이름, 휴대전화 번호 등)를 그대로 소속 대리점에 제공한 바, 내부고발자인 민원인의 개인정보를 보호하지 못함, 피진정인에게 민원 처리와 관련하여 직원 대상 개인정보 보호 직무교육을 실시할 것을 권고 |
| 사례 30 (C) | **공무원에 의한 민원인 개인정보 유출 2014.06.24. 13진정064460**<br>진정인이 ○○○(주)에서 운영하는 지역정보 가게평가제도를 개선해 달라는 내용으로 미래창조과학부에 제출한 민원에 대하여, 미래창조과학부 ○○○실 소속 피진정인들은 진정인의 동의 없이 그의 성명과 연락처, 민원 내용을 ○○○(주)에 유출하여 진정인의 사생활의 자유를 침해, 미래창조과학부 장관에게 민원 처리 업무 수행 직원들에 대한 직무교육을 실시할 것을 권고 |

## 개인정보(과도 요구)

| # | 사건 번호와 진정 요지 |
|---|---|
| 사례 31 (C) | **경찰의 참고인 조사 시 과도한 개인정보 수집 2016.09.28. 16진정0427400**<br>참고인 조사 과정에서 참고인의 등록 기준지를 일률적으로 요구하는 것은 수사상 그 필요성이 인정되지 아니하므로 개인정보의 최소수집 원칙에 반하고, 과도한 개인정보 수집 및 이용에 해당하여 사생활의 비밀과 자유를 침해 |

## 개인정보(언론 공표)

| # | 사건 번호와 진정 요지 |
|---|---|
| 사례 32 (C) | **대검찰청의 보도자료에 의한 인권 침해 2016.07.20. 15진정0288800**<br>진정인은 인터넷 악성 댓글로 인해 고통을 당하던 중 최후의 수단으로 가해자들 다수를 형사고소, 대검찰청은 인터넷 악성 댓글 고소 사건 처리 방안에 대한 보도자료 배포 시 고소 제도 남용 사례로 진정인을 언급하여 인터넷상에서 더 큰 괴롭힘 당했다고 주장, 피진정인 검찰총장에게 유사 인권 침해 재발 방지 대책을 수립할 것을 권고 |
| 사례 33 (C) | **피의사실 공표에 의한 인권 침해 2016.11.25. 16진정0508600**<br>교통사고를 고의로 낸 혐의로 조사받았다는 수사 내용이 언론에 보도되어(피의자가 특정되어) 인권 침해를 당했다고 진정, ○○경찰청장에게 재발 방지를 위해 경찰청 소속 직원들 대상 직무교육을 실시할 것을 권고 |

## 성소수자 표현

| # | 사건 번호와 진정 요지 |
|---|---|
| 사례 34 (A) | **성적지향에 의한 행복추구권 등 침해 2003.03.31. 02진차80, 130**<br>동성애 표현 매체물을 청소년 유해 매체물로 지정한 청소년 유해 매체물 심의기준(제7조)은 헌법상 평등권 및 신체의 자유를 침해, 규정 중 '동성애'를 삭제하도록 권고 |
| 사례 35 (C) | **지방자치단체의 성소수자 관련 현수막 철거 및 게시 거부 2014.03.26. 13진정0886200**<br>피진정인 ○○구청장은 진정인이 허가를 받아 게시한 현수막("지구가 100명이라면 그 중 11명은 LGBT")이 과대광고이며 상식 밖의 내용이라는 이유로 철거, 이후 진정인이 "동성애는 청소년에게 유해? 불법? NO! 근거가 없음, 청소년보호위원회 유해 매체물 심의기준서 2004년 삭제. 국가인권위원회법 제2조 3항은 성적 지향에 의한 차별 금지"라는 광고물을 게시 신청한 것도 불허하여 진정인의 표현의 자유를 침해, 업무 관련 직원들에게 성소수자 차별 금지 인권 교육을 실시할 것을 권고 |

| # | 사건 번호와 진정 요지 |
|---|---|
| 사례 36<br>(C) | **지방자치단체의 성소수자 관련 광고 현수막 게시 거부** 2013.06.13. 12진정0909300<br>진정인은 서울시 ○○구에서 성소수자의 다양성 등을 알리기 위한 활동을 진행, 현수막 게시를 신청하고 "지금 이곳을 지나는 사람 중 열 명 중 한 명은 성소수자입니다", "LGBT, 우리가 지금 여기 살고 있다" 등 2건의 도안(문구, 그림)을 제출. 피진정인 ○○구청장은 문구와 그림이 주민들이 보기에 불편하고 혐오스러울 수 있다는 이유로 변경을 요구하며 게시 거부, 이는 표현의 자유를 침해한 것이므로 직원들에 대해 성소수자 차별 금지 인권 교육을 실시할 것을 권고 |

**수용자 표현**

| # | 사건 번호와 진정 요지 |
|---|---|
| 사례 37<br>(A) | **부당한 조사 수용에 의한 인권 침해** 2006.11.21. 06진인675<br>○○구치소 재소자들에게 성실, 갱생 등 구호를 외치게 하는 것은 자기 의사를 자유롭게 표현하고 전달할 적극적 권리, 자기 의사를 표현하지 않을 소극적 자유를 보호하는 헌법 제21조 중 사상, 의견을 표명할 자유를 침해 |
| 사례 38<br>(C) | **교도소 서신 반송으로 인한 통신의 자유 침해** 2016.12.23. 16진정0186600<br>수감인인 진정인이 수감자인 지인에게 서신(편지 2장, 행정심판안내문 1장) 발송, 지인의 교도소에서 서신(편지 내용) 외의 내용이 있다는 이유로 반송함. 이를 통신의 자유 침해로 진정 요청, 두 교도소 사이의 편지 내용 외라는 내용의 판단이 다름. 수용자의 통신의 자유가 과도하게 침해되지 않도록 수용자 교육교화 운영지침 제32조를 형의 집행 및 수용자의 처우에 관한 법률 제43조 제5항에 저촉되지 않도록 규정할 것을 법무부 장관에게 권고 |
| 사례 39<br>(C) | **징벌자 집필 불허에 의한 인권 침해** 2008.10.27. 08진인2547<br>○○교도소가 징벌자에 대해 일률적으로 행형법 제145조 제2항을 적용하여 집필 금지를 통보하는 것은 헌법 제10조, 제21조 및 제22조 등에 의해 보장되는 수용자의 표현의 자유를 침해한 것, 부득이 집필을 금지할 경우 그 사유를 명확히 기재하여 통지할 것을 권고 |

**대학생 정치적 표현**

| # | 사건 번호와 진정 요지 |
|---|---|
| 사례 40<br>(A) | **대학생들의 정치활동을 금지하는 학칙으로 인한 인권 침해** 05진차297 출처: 박주민<br>(2011. 11. 18)<br>국공립대학교 총장에게 대학생의 정치적 활동을 제한하는 학칙을 시정할 것을 권고하고, 교육인적자원부 장관에게 국공립 및 사립대학의 학생 정치활동 제한 규정을 시정하도록 지도, 감독할 것을 권고 |

**종교적 표현(직권 남용)**

| # | 사건 번호와 진정 요지 |
|---|---|
| 사례 41<br>(A) | **직권 남용에 의한 인권 침해** 2004.04.17. 03진인6284<br>인간 복제 금지에 대한 사회적 합의가 도출된 상황에서 인간 복제와 관련된 활동을 할 우려로 ○○의 입국 금지 처분을 한 피진정인 보건복지부 장관, 법무부 장관의 조치는 종교의 자유의 탄압이 아니며, 위법하지 않음 |

**정보 차단**

| # | 사건 번호와 진정 요지 |
|---|---|
| 사례 42<br>(C) | **노동조합 홈페이지 차단에 의한 기본권 침해 등** 2009.10.19. 08진차962<br>피진정인 ○○군수는 2007년 9월 ○○군청 내 전산망을 통해서 ○○○○○○○노동조합 |

| # | 사건 번호와 진정 요지 |
|---|---|
|  | ○○지역본부 ○○군지부가 운영하는 노동조합 홈페이지에 대한 진정인(노조위원장, 노조 지부장) 접근을 차단함으로써(노조 대표자의 부적격, 홈페이지 게시글로 인한 명예훼손 가능성이 근거) ○○군지부 조합원의 표현의 자유를 침해, 피진정인에게 홈페이지 접속 차단 조치를 해제할 것을 권고 |
| 사례 43 (C) | **정신의료기관의 우편물 차단으로 인한 통신의 자유 침해** 2015.08.20. 15진정0444000 피진정인이 진정인의 동의 없이 통신의 비밀과 서신 발송을 제한하고, 그에 대한 의료적 필요성이나 제한 범위, 기간 등도 진료 기록부에 기재하지 않은 행위는 헌법 제18조에서 보장하는 진정인의 통신의 비밀과 자유를 침해하는 행위, 환자들의 통신의 자유 보장이 적절히 이루어지고 있는지 조사하고 재발 방지 대책을 마련할 것을 권고 |
| 사례 44 (C) | **지방자치단체 소속 공무원의 표현의 자유 침해** 2016.11.7. 16진정0196700 피진정인이 ○○지역주민연합회에서 (아파트 각 세대 우편함을 통해) 배포한 인쇄물을 위 연합회 및 지역 주민의 동의 없이 임의로 수거한 행위는 헌법 제21조에서 보장하는 표현의 자유를 침해할 소지가 있는 행위라고 판단, 구청장에게 소속 공무원들에 대해 인권 교육을 실시할 것을 권고 |

**언론보도**

| | |
|---|---|
| 사례 45 (C) | **로스쿨 여성 변호사에 대한 성차별적 언론보도** 2016.05.25. 15진정1047700 ○○일보는 "[Why] 女변호사는 왜 립스틱 짙게 바르고 매일 구치소로 출근했나"라는 지면 기사와 카드 뉴스를 보도, 진정인은 이것이 여성과 신문을 이유로 한 차별, 성희롱에 해당한다고 진정 요청, 피진정인 ○○일보 사장에게 언론인을 위한 인권보도준칙을 준수하고, 남녀 모두가 해당하는 사실 중에서 특정 성만을 강조하는 표현, 특정 성이나 출신에 대한 편견을 강화하는 표현을 자제하는 것이 바람직하다는 의견을 표명 |

## 7. 표현의 자유 관련 진정 사례에 나타난
   국가인권위원회의 표현의 자유 인식

국가인권위원회의 표현의 자유 인식을 확인하기 위해 이정기(2009)의 분석 근거에 따라 진정 사례를 구분하였다. 구체적으로 진정 사례는 '표현의 자유 가치 인식(표현의 자유 상위/표현의 자유 하위)'이라는 구분 틀 속에서 분류되었다. 그 결과는 다음과 같다.

먼저 국가인권위원회는 전반적으로 표현의 자유와 관련한 진정인을 지지하는 결과를 도출하고 있었다. 구체적으로 45건의 표현의 자유 관련 진정 사례 중 43건(95.56%)에서 표현의 자유 관련 진정이 받아들여졌다. 기각된 사례는 2건(사례 11, 41)에 불과했다. 기각된 사례 11의 경우 미신고 불법집회에서 집회에 대한 해산 명령 이후의 연행이 인권 침해에 해당하지 않는다는 사례를, 사례 41의 경우 인간 복제 금지라는 사회적 합의에 반하는 활동을 할 우려가 있는 외국인에게 입국 금지 처분을 내리는 것이 종교의 탄압에 해당하지 않는다는 사례를 다루고 있다. 즉 표현의 자유 관련 진정이 받아들여지지 않는 2건의 사례는 실정법을 위반한 상황에서 발생한 표현 관련 사건이거나, 윤리적으로 사회적인 합의가 이루어졌다고 볼 수 없는(사회문화적으로 쟁점이 되기 어려운) 사건에 대한 제한이 표현의 자유 제한에 해당하지 않는다고 본 사례다.

2건의 사례를 제외한 43건의 사례에서 국가인권위원회는 다른 기본권적 가치에 비해 표현의 자유의 가치를 우월한 것으로 인식하고 있었다. 국가인권위원회가 진정 사례에서 표현의 자유를 우월적 가치로 인식한 근거는, 헌법 제21조 표현의 자유 침해 18건(사례 2~6, 12~13, 16, 18~20, 22, 35~37, 39~40, 42, 44), 집회의 자유(집회및시위에관한법률) 침해 9건(사례 1, 510, 14, 15), 공익제보 보호 8건(사례 23~30), 헌법 제17조 사생활의 비밀과 자유 침해 4건(사례 17, 22, 31, 33), 국가인권위원회법 제2조 평등권 침해 3건(사례 21, 35, 36), 국가인권위원회법 제3조 차별행위 2건(사례 35~36), 헌법 제18조 통신의 비밀과 자유 침해 2건(사례 38, 43), 개인정보자기결정권 침해 2건(사례 17, 22), 헌법 제10조 인격권 침해 1건(사례 32), 아동의 권리에 관한 협약상 표현의 자유 침해 1건(사례 18) 등의 순으로 나타났다. 즉 표현의 자유와 관련한 진정 사례를 판단하면서 국가인권위원회는 대부분 일반적 사법적 판단과 유사하게 헌법 등 법률에 근거한 판단을 하고 있다. 다만 국가인권위원회는 법리적 판단 외에 각종 인권법에 근거한 판단을 병행함으로써 표현의 자유를 보다 적극적으로 보호해야 할 인권 가치로 여김을 확인할 수 있다.

특히 장소 경합을 이유로 한 집회 금지는 표현의 자유 침해(사례 4), 불법 집회 전력을 이유로 한 집회 금지는 집회의 자유 침해(사례 8~9), 1인 시위 준비자들의 예비 행위 제지는 표현의 자유 침해(사례 12)라는 진정 결과와 함께 실정법을 위반한 집회 참여자들에 대한 연행을 인권 침해로 보지 않은 사례(사례 11) 등을 비추어 볼 때, 국가인권위원회는 표현의 자유, 집회의 자유를 사전에 제한하는 방식의 규제에 대해 반대하고 있음을 확인할 수 있다.

총 45건의 표현의 자유 관련 진정 사례 가운데 2001년부터 2009년까지, 즉 1~4대 인권위원장 시기의 진정 사례는 9개 유형에 걸쳐 20건[집회 시위(일반) 9건, 청소년 집회 시위/표현 3건, 집회 시위(기타) 1건, 개인정보(침해 유출) 1건, 성소수자 표현 1건, 수용자 표현 1건, 대학생 정치적 표현 1건, 종교적 표현 1건, 정보 차단 1건]으로 나타났다. 또한 2010년부터 2015년까지의 시기, 즉 5~6대 인권위원장 시기의 진정 사례는 4개 유형에 걸쳐 9건[집회 시위(일반) 4건, 청소년 집회 시위/표현 2건, 개인정보(공익제보 보호) 1건, 성소수자 표현 2건]으로 나타났다. 아울러 2015년 이후 7대 인권위원장 시기의 진정 사례는 9개 유형에 걸쳐 16건[집회 시위(일반) 1건, 청소년 집회 시위/표현 1건, 개인정보(침해 유출) 1건, 개인정보(공익제보 보호) 6건, 개인정보(과도 요구) 1건, 개인정보(언론 공표) 2건, 수용자 표현 2건, 정보 차단 2건, 언론보도 1건]으로 나타났다.

이상의 결과는 표현의 자유와 관련한 진정 활동의 빈도가 7대 인권위원장 시기에 가장 많았음을 보여 준다(약 2년간 16건, 연평균 8건). 아울러 5~6대 인권위원장 시기에는 약 5년간 연평균 1.8건으로, 1~4대 인권위원장 시기의 약 9년간 연평균 2.2건에 비해 상대적으로 적게 나타났음을 알 수 있다.

## 8. 국가인권위원장 재임 기간에 따른
   표현의 자유 진정 사례의 특성

국가인권위원회 인권위원장의 재직 기간별 표현의 자유 진정 사례의 특성을 확인하였다. 그 결과는 다음과 같다. 첫째, 1~4대 인권위원장 시기 약 9년간 국가인권위원회 진정 사례에서 진정인의 표현의 자유를 보호해야 한다는 인식을 보인 사례가 총 18건 나타났다. 이 가운데 6건은 청소년들의 집회 시위/표현과 관련된 사건으로 비정치적 이슈를 다루고 있고, 12건은 각각 집회 시위 일반(8건), 집회 시위 기타(1건), 개인정보(침해 유출)(1건), 정보 차단(2건)으로 정치적인 이슈를 다루고 있음을 확인할 수 있다. 즉 1~4대 인권위원장 시기 표현의 자유 보장을 상위 가치로 평가한 18건 중 12건(66.67%)이 정치적 이슈를, 6건(33.33%)이 비정치적 이슈를 다루고 있음을 확인할 수 있다.

둘째, 5~6대 인권위원장 시기 약 5년간 국가인권위원회 진정 사례에서는 표현의 자유를 보호해야 한다는 인식을 보인 사례가 총 9건 나타났다. 이 가운데 5건은 청소년들의 집회 시위(2건), 개인정보(공익제보 보호)(1건), 동성애 표현(2건)과 같은 비정치적 이슈를 다루고 있고, 4건은 집회 시위와 관련된 일반적인 이슈로서 정치적 이슈를 다루고 있다. 즉 5~6대 인권위원장 시기 표현의 자유 보장을 상위 가치로 평가한 9건 중 4건(44.44%)은 정치적 이슈를, 5건(55.56%)은 비정치적 이슈를 다루고 있다.

셋째, 7대 인권위원장 시기 약 2년간 국가인권위원회 진정 사례에서 표현의 자유를 보호해야 한다는 인식을 보인 사례는 총 16건이었다. 이 가운데 14건[개인정보(침해 유출)(1건), 청소년 집회 시위/표현(1건), 개인정보[공익제보 보호)(6건), 개인정보(언론 공표)(2건), 수용자 표현(1건), 정보 차단(2건), 언론보도(1건)]은 비정치적 이슈를 다루었고, 2건[집회 시위(일반)(1

건), 개인정보(과도 요구)(1건)]은 정치적 이슈를 다루었다. 즉 이 시기 표현의 자유 보장을 상위 가치로 평가한 16건 중 2건(12.5%)이 정치적 이슈, 14건(87.5%)이 비정치적 이슈였음을 확인할 수 있다.

이상의 결과를 종합해 보면, 국가인권위원회 인권위원장의 재직 기간별 표현의 자유 진정 사례(건수)는 1~4대, 7대, 5~6대의 순으로 많았음을 확인할 수 있다. 즉 5~6대 인권위원장 시기에 표현의 자유 관련 진정 활동의 빈도가 상대적으로 낮았다는 것이다. 다만 정치적 표현의 자유와 관련된 진정 사례의 비율은 1~4대 인권위원장 시기 66.67%(12건)로 가장 높았다. 5~6대 인권위원장 시기 정치적 표현의 자유에 관한 진정 사례 비율은 44.44%(4건), 7대 인권위원장 시기의 경우 12.5%(2건)였다. 즉 1~4대 인권위원장 시기보다 5~6대와 7대 인권위원장 시기 정치적 성격을 가진 표현의 자유 진정 활동이 적게 나타났음을 확인할 수 있다.

## 9. 국가인권위원회의 표현의 자유 진정 사례의 실효성 판단(유사 진정 사례 반복 여부)

일부 연구자가 제기하는 문제인 국가인권위원회의 표현의 자유 진정 사례의 실효성 여부를 검증하기 위해, 아래서는 표현의 자유 유형별 초기 사건에 대한 진정 내용을 기준으로 유사 사건에 대한 진정이 반복적으로 나타나는지를 확인하였다. 만약 그러한 유사 진정이 반복적으로 나타난다면, 국가인권위원회의 표현의 자유 관련 진정은 실효성이 부족하다고 판단해 볼 수 있기 때문이다.

분석 결과 45건의 사례 중 25건이 유사 진정 사례에 해당한다는 점을 확인하였다. 구체적으로 집회 시위와 관련한 진정 중 12건, 개인정보와 관련한 진정 중 10건이 상호 중복 사례였다. 아울러 성소수자 표현과 관련한 진정 중 3건 역시 상호 중복된 사례임을 확인할 수 있었다.

보다 구체적으로 집회 시위(일반)에서 1인 시위 방해와 관련된 진정 사건 가운데 4건, 장소 경합을 이유로 한 집회 금지/방해 관련 진정 사례 가운데 2건이 유사 진정 사례였다. 또한 과거 집회 전력에 근거한 집회 금지 진정 사례 가운데 3건, 청소년 집회 시위/표현에서 청소년들의 두발 자유를 둘러싼 진정 사례 중 2건이 유사 사례였다. 아울러 청소년들이 배포한 유인물을 규제한 진정 사례 중 2건, 개인정보(침해 유출) 관련 진정 중 공무원의 개인정보 무단 열람을 둘러싼 사례 2건, 개인정보(공익제보 보호) 관련 진정 중 정부(공무원)의 공익제보 사실 유출 사례 가운데 6건이 유사한 것으로 나타났다. 이밖에 개인정보(언론 공표) 관련 진정 중 정부(공무원)의 보도자료로 인한 피해자 특정을 둘러싼 사례 가운데 2건, 성소수자 표현과 관련된 진정 사례 중 3건 역시 유사한 사례들로 나타났다.

이와 같은 분석 결과는 국가인권위원회의 표현의 자유 관련 진정 가운데 집회 시위, 개인정보, 성소수자 표현과 관련된 진정 사례의 상당수가 유사(혹은 동일) 내용에 대한 반복적인 인권 침해에 근거하고 있음을 확인케 한다. 국가인권위원회가 관련 이슈에서 표현의 자유 보호가 중요하다는 결정을 내리고 공인(공적 단체)에게 경고 조치를 하거나 재발 방지 조치(대책) 마련, 직무교육 실시 등을 권고하더라도, 이후 여전히 유사한 인권 침해가 발생하여 비슷한 진정이 이루어지고 동일 수준의 권고가 발생하는 악순환이 반복되고 있는 것이다. 이는 집회 시위, 개인정보, 동성애 표현과 관련한 문제에서 국가인권위원회의 인식과 의견 표명에 강제성이 없어 실효성 문제가 제기될 수 있다는 주장(박주민, 2011.11.18.; 권영전, 2017.01.13.)을 지지하는 결과로 볼 수 있다.

표 3-4. 유형별 유사 진정 사례의 반복 여부

| 구분 | 초기 진정 사례 | 유사 진정 사례 | 내용 |
|---|---|---|---|
| 집회 시위 (일반) | 사례2 (02진인1691) | 사례3 (07진인1760)<br>사례12 (09진인4560)<br>사례13 (11진정0344500) | 1인 시위 방해 |
| | 사례4 (08진인3157) | 사례5 (09진인3456) | 장소 경합을 이유로 한 집회 금지/방해 |
| | 사례8 (09진인1993) | 사례9 (09진인1945)<br>사례10 (09진인2119) | 과거 전력에 의한 집회 금지 |
| 청소년 집회 시위/표현 | 사례15 (07진인1760) | 사례18 (15진정0966600) | 두발 자유 표현 규제 |
| | 사례16 (07진인1146) | 사례18 (15진정0966600) | 유인물 배포 규제 |
| 개인정보 (침해 유출) | 사례22 (05진인1862) | 사례23 (16진정0981900) | 공무원의 개인정보 무단 열람 |
| 개인정보 (공익제보 보호) | 사례30 (13진정064460) | 사례24 (16진정0225600)<br>사례25 (16진정0016900)<br>사례27(15진정1007100)<br>사례28 (15진정0999600)<br>사례29 (15진정0103800) | 정부(공무원)의 공익제보 사실 유출 |
| 개인정보 (언론 공표) | 사례32 (15진정0288800) | 사례33 (16진정0508600) | 정부(공무원) 보도(자료) 자료상의 피해자 특정 |
| 성소수자 표현 | 사례34 (02진차80, 130) | 사례35 (13진정0886200)<br>사례36 (12진정0909300) | 성적 지향성 표현에 대한 표현 제한 |

## 10. 결론: 인권으로서의 표현의 자유 확장을 위하여

국가인권위원회는 표현의 자유 보호를 위해 표현의 자유 이슈와 관련한 의견 표명, 표현의 자유를 침해당한 사인에 대한 진정 활동 등을 수행하고 있다. 다만 정치적으로 민감한 사안에 대한 의견 표명이 다소 소극적이라는 비판의 목소리(권건보, 2012; 명숙, 2016.10.07.), 의견 표명이나 진정 활동의 실효성 문제에 대한 비판의 목소리(신필규, 2017.02.16.)가 들리고 있으며, 국가인권위원회의 정치적 중립성 문제에 대한 비판 역시 존재한다(박주민, 2011.11.18.). 이러한 비판의 목소리는 사실에 근거한 것일까? 이번 장은 이러한 질문에 답을 구하기 위해 기획되었다. 구체적으로 이번 장은 표현의 자유와 관련한 진정 사례를 분석하여 국가인권위원회의 표현의 자유 보호 현황과 표현의 자유 인식을 살펴보고, 그 과정에 문제점은 없는지, 있다면 어떻게 개선해 나가야 할 것인지 탐색해 보고자 했다. 그 결과와 결과에 근거한 함의는 다음과 같다.

첫째, 국가인권위원회 창립 후 2017년 3월까지 국가인권위원회의 표현의 자유 관련 진정 사례는 13개 세부 유형에서 45건이 나타났다. 구체적으로 집회 시위와 관련한 진정 사례 21건(일반 14건, 청소년 6건, 기타 1건), 개인정보와 관련한 진정 사례 12건(침해 유출 2건, 공익제보 7건, 과도 요구 1건, 언론 공표 2건), 동성애 표현 관련 3건, 수용자 표현 관련 3건, 정보 차단 관련 3건, 정치적 표현 관련 1건, 언론보도 관련 1건, 종교적 표현 관련 1건이 나타났다. 산술적으로 1년간 약 2.81건의 표현의 자유 관련 진정 사례가 도출되었다. 이정기의 초기 연구(이정기, 2009)에서 표현의 자유 관련 진정 사례는 7개 세부 유형에서 나타난 11건이었다. 국가인권위원회 창립 후 약 8년간 11건(1년간 약 1.38건)의 진정 사례가 있었고, 그 후 약 8년간 34건(1년간 약 4.25건)의 진정 사례가 추가되었다는 것이다.

이상의 결과는 국가인권위원회의 표현의 자유 보호 활동이 양적으로 일정한 성과를 거두었음을 보여 준다. 각종 홍보 활동과 인지도 제고 활동이 일정 성과를 거두어 국가인권위원회 설립 직후 8년보다 이후의 8년간 더 많은 표현의 자유 관련 진정 사례가 도출된 것으로 판단할 수 있기 때문이다. 더욱이 국가인권위원회의 표현의 자유 관련 진정의 유형 역시 설립 직후 8년보다 이후의 8년 동안 다양하게 나타났는데, 이 역시 국가인권위원회가 비교적 사회적 약자들의 인권 보호를 위한 활동을 폭넓게 진행해 온 결과로서 긍정적으로 평가할 수 있을 것이다.

표 3-5. 국가인권위원회의 표현의 자유 관련 진정 사례, 2009년 vs 2017년 조사

| 유형 | 2009년 조사 | 2009년 건수 | 유형 | 2017년 조사 | 2017년 건수 |
|---|---|---|---|---|---|
| 1 | 집회 시위(일반) | 3 | 1 | 집회 시위(일반) | 14 |
| 2 | 집회 시위(청소년) | 3 | 2 | 청소년 집회 시위/표현 | 6 |
| | | | 3 | 집회 시위(기타) | 1 |
| 3 | 개인정보 | 1 | 4 | 개인정보(침해 유출) | 2 |
| | | | 5 | 개인정보(공익제보) | 7 |
| | | | 6 | 개인정보(과도 요구) | 1 |
| | | | 7 | 개인정보(언론 공표) | 2 |
| 4 | 유해 매체(동성애) | 1 | 8 | 성소수자 표현 | 3 |
| 5 | 조사 수용 | 1 | 9 | 조사 수용 | 3 |
| 6 | 정치활동 | 1 | 10 | 대학생 정치적 표현 | 1 |
| 7 | 직권 남용 | 1 | 11 | 종교적 표현(직권 남용) | 1 |
| - | - | | 12 | 정보 차단 | 3 |
| - | - | | 13 | 언론보도 | 1 |

다만, 이전에 비해 2배 이상 증가한 수치라고는 하지만 연간 4.25회가량의 진정 사례만으로 표현의 자유 침해로 인한 문제가 모두 해결될 수는 없을 것이다. 국가인권위원회는 더욱 많은 시민이 표현의 자유 침해 문제를 인권의 문제로 인식하고 문제를 해결하기 위해 노력할 수 있도록 홍보 활동을 강화해야 한다. 아울러 인권 침해를 당한 시민들이 국가인권위원회에 진정 요청을 함으로써 어렵지 않게 관련 문제를 해결할 수 있을 것이란 인식을 제공하기 위해 노력할 필요가 있다. 한편 국가인권위원회의 표현의 자유 보호 수준이 얼마나 증가했는지를 보다 구체적으로 파악하기 위해서는, 국가인권위원회의 표현의 자유 보호 활동을 표면적으로 보여 주는 진정 사례에 대한 분석과 함께 동 시기 표현의 자유 관련 진정 접수 사례 수와 기각률 등의 자료를

활용한 추가적인 연구가 필요할 것이다.

둘째, 45건의 진정 사례 중 진정인의 요청이 받아들여지지 않은 사례는 2건에 불과했다. 국가인권위원회는 헌법 제21조 표현의 자유, 헌법 제17조 사생활의 비밀과 자유, 헌법 제18조 통신의 비밀과 자유, 헌법 제10조 인격권 침해와 같은 헌법 조항과 국가인권위원회법 제2조 평등권, 제3조 차별행위, 그리고 아동의 권리에 관한 협약과 같은 국제인권조약에 근거하여 진정 사례를 판단하고 있었다. 즉 국가인권위원회는 법리적 판단 이외에 각종 국제인권법에 근거한 판단을 병행함으로써 표현의 자유를 보다 적극적으로 보호해야 할 권리, 즉 인권으로 인식하고 있었다. 또한 국가인권위원회는 표현의 자유를 사전에 제한하는 방식의 규제에 반대하는 입장을 드러내었다.

한편, 표현의 자유와 관련된 진정 사례의 판단 근거에서 비교 형량 기준을 제시하는 경우는 없었다. 이는 표현의 자유와 관련한 판례 대부분이 타 기본권과의 비교 형량 기준, 형법상 위법성 조각 사유의 적용 여부, 공인 여부 등을 고려한다는 점과 차이가 있다(이정기, 2016a). 국가인권위원회의 진정 사례에서 대부분 진정인은 사인이었다. 아울러 피진정인은 공인이거나 공적 단체로 구성되어 있었다. 이는 국가인권위원회의 표현의 자유 관련 진정 사례 대부분이 사회적 약자의 공적 주체에 대한 표현 제한의 적절성 여부를 다루고 있음을 의미한다. 결과적으로 국가인권위원회는 사회적 약자에 대한 표현을 공인 혹은 공적 단체가 제한하는 것이 적절한지를 인권이라는 기준으로 판단하는 데 초점을 맞추고 있다. 그렇기에 실정법을 위반하지 않은 진정 사례에서 진정인의 표현을 우월적인 기본권적 가치로 판단, 보호해야 한다는 인식을 보이는 것으로 생각할 수 있을 것이다. 다만, 이는 국가인권위원회의 진정 사례의 결정 과정에서 표현의 영향력에 대한 고려(예컨대 표현에 의한 인격권 침해의 문제, 표현에 의한 사회적 영향력 문제 등)가 상대적으로 부족함을 뜻하는 것이기도 하다. 이러한 차이로부터 국가인권위원회와 사법부의 표현의 자유에 대한 인식의 차이(이정기, 2009)가 나타난다고 볼 수 있을 것이다. 표현의 자유에 대한 인식 근거가 사법부의 그것과 차별화된다는 것은, 국가인권위원회가 자신의 설립 근거인 인권이라는 기준 속에서 표현의 자유와 관련한 진정 사례를 충실히 처리하고 있음을 뜻한다는 면에서 긍정적으로 평가될 수 있다. 다만 이는 국가인권위원회의 진정 사례가 판례로 비화될 경우 서로 다른 결과가 나타날 개연성이 있음을 보여 주는 것이기도 하다. 사법부와 긴밀한 협조를 통해 인권이라는 근거에 의해 표현의 자유 관련 사건을 판단할 수 있도록 하거나, 사법부의 표현의 자유 관련 판례 도출 기준을 국가인권위원회에 일부 적용하는 등, 국가인권위원회의 진정 결과와 사법부 판단의 일치성을 높이기 위해 노력할 필요가 있다고 생각된다.

셋째, 국가인권위원회 인권위원장 재임 기간별 표현의 자유 진정 사례 빈도를 확인하였다. 연평균 진정 사례만을 놓고 볼 때, 5~6대 인권위원장 시기 표현의 자유 관련 진정 활동이 가장 위축되었고(연평균 1.8건), 7대 인권위원장 시기 표현의 자유 관련 진정 활동이 가장 활발하게 나타남을 확인하였다(연평균 8건). 이는 2010년 이후 현병철 위원장 시기 국가인권위원회의 표현의 자유 보호 기능이 위축되었다고 주장한 박주민(2011.11.18.) 등의 연구가 일정 부분 입증된 결과로 볼 수 있을 것이다.

다만, 1~4대 인권위원장 시기에는 9개 유형에서 표현의 자유 관련 진정 사례가 도출된 반면, 5~6대와 7대 인권위원장 시기에는 각각 4개 유형에서만 표현의 자유 관련 진정 사례가 도출되었다. 즉 국가인권위원회의 표현의 자유 보호 활동이 최근 가시적으로 증가한 것이 사실이지만, 다양성 측면에 있어선 이전 시기에 비해 위축되었다고 볼 수 있다. 특히 정치적 표현의 자유와 관련한 진정 사례의 비율은 1~4대 인권위원장 시기 66.67%(12건)로 가장 높았다. 반면, 5~6대 인권위원장 시기는 44.44%(4건), 7대 인권위원장 시기는 12.5%(2건)로 낮았다. 이상의 결과는 국가인권위원회가 집회, 시위처럼 정치적으로 민감한 현안에 있어 인권 보호에 둔감해졌다는 평가(권건보, 2012; 김미영, 2016.08.11.; 명숙, 2016.10.07.)를 일정 부분 지지하고 있는 결과라고 볼 수 있다.

주목할 만한 점은 1~4대 인권위원장 시기는 대부분 김대중, 노무현이라는 진보적(상대적) 대통령이 재임한 시기이고, 5~6대 인권위원장 시기는 이명박, 박근혜라는 보수적 대통령이 재임한 시기였다는 것이다. 결과적으로 진보적 정부보다 보수적 정부에서 정치적으로 민감한 인권 현안에 대한 보호 활동에 둔감해졌다는 것인데, 이는 국가인권위원회의 인권 보호 활동이 지닌 독립성 문제(박주민, 2011.11.18.)로도 볼 개연성이 있는 부분이다. 국가인권위원회의 인권 보호 활동이 독립성과 중립성을 확보할 수 있도록 하는 법제도적 장치의 구축, 대통령과 국회, 대법원장이 추천하는 현행 인권위원장, 인권위원 인선 시스템을 벗어나 시민사회의 의견을 폭넓게 수렴하는 형태의 투명한 인선 절차의 구축, 감시 체계의 정비가 필요하다고 판단된다.

넷째, 표현의 자유 관련 진정 사례의 실효성을 판단하기 위해 유사 사례가 반복적으로 나타나고 있는지 확인하였다. 그 결과 45건의 사례 가운데 25건이 유사 사례로 확인되었다. 집회 시위(일반), 청소년 집회 시위/표현, 개인정보(침해 유출), 개인정보(공익제보 보호), 개인정보(언론 공표), 성소수자 보호와 관련된 진정 사례는 첫 사례 도출 후 적게는 1건에서 많게는 5건까지 반복적으로 나타났다. 이는 국가인권위원회의 진정 사례를 통해 피진정인 행위의 부당함이 밝혀지고 진정인의 인권 보호를 위한 조치가 마련되더라도, 같은 부당행위가 반복적으로 나타남을 의미한다. 집회 시위, 개인정보 유출, 공익제보, 개인정보의 언론 공표, 동성애 표현과 같은 국가인권위원회의 진정 사례에 실효성이 떨어진다는 것이다(박준민, 2011.11.18.; 권영전, 2017.01.13.).

이는 국가인권위원회의 인권 구제 방식에 강제성이 없기에(홍성수, 2011) 인권 보호 기관으로서 실질적인 역할을 하기 어렵다는 평가(신필규, 2017.02.16.)와 맥락을 함께하는 결과라 하겠다. 이런 문제를 방지하기 위해서는 국가인권위원회의 의견 표명에 대한 영향력을 강화할 수 있는 대책 마련이 필요하다. 이를 위해서는 국제인권기구의 권고와 시민들의 여론 동향을 폭넓게 수렴한 인선 절차를 구축함으로써 국가인권위원장과 인권위원, 전문위원의 전문성을 강화해야 한다. 나아가 국가인권위원회의 진정 활동이 실효성을 거둘 수 있도록, 국가인권위원회의 권고가 지닌 영향력을 사법적 영향력에 준하도록 격상시키기 위한 논의를 구체화해야 할 것이다.

아래의 표는 앞선 결과와 함의를 종합하여 국가인권위원회의 긍정 평가 근거와 부정 평가 근거를 요약하고, 부정 평가를 극복하기 위한 방안을 요약한 것이다.

표 3-6. 요약 및 발전 전략 제언

| # | 긍정 평가의 근거 | 부정 평가의 근거 | 발전 전략 제안 |
|---|---|---|---|
| 1 | 진정 사례의 다양성 (2009년 7종 → 2017년 13종) | 진정 사례의 건수 부족 (연간 2.81건) | 활동 홍보 강화, 진정 시스템 접근 용이성 확보 |
| 2 | 진정인의 진정 수용률 높음 (95.56%), 사인(진정인)의 공인(피진정인)에 대한 표현제한의 적절성 여부에 집중 | 진정 사례의 결정 과정에서 표현의 영향에 대한 고려 부족, 사법부와 국가인권위원회 간 판단 괴리 발생 | 표현의 자유에 관한 국가인권위원회와 사법부 판단의 일치성을 높이기 위한 공조 시스템 확보 |
| 3 | 7대 위원장 시기 표현의 자유 관련 진정 건수의 증가 (3시기 중 최다) | 7대 위원장 시기 정치적 표현의 자유 관련 진정 사례의 비율 최저, 보수적 행정부에서 관련 진정 감소, 독립성의 문제 제기 | 독립성 확보를 위한 법 제도적 시스템 구축, 투명한 인선 절차 체계 구축, 국가인권위원회에 대한 감시(모니터링) 체계 구축 |
| 4 | 공인에 대한 성역 없는 인권 의식 제고 요청 | 동일(유사) 진정 사례 지속 도출, 국가인권위원회가 표현의 자유 관련 문제 해결 능력이 없다는 점, 실효성의 문제 제기 | 국가인권위원회 권고의 영향력을 사법적 영향력에 준하도록 격상시키기 위한 사법적 논의 필요 |

02

# 혐오표현과 관용

# 4장

## '종북從北'이라는 표현과 한계

### 1. 종북이라는 표현을 이해해야 하는 이유

2012년 총선 정국에서의 야권 연대, 대선 정국에서의 노무현 대통령 NLL 관련 발언 녹취록, 2013년 이석기 의원의 내란 음모 사건, 2014년 12월 헌법 재판소의 통합진보당 해산 결정, 2015년 신은미 씨의 종북 콘서트 논란과 강제 출국 사건, 고영주 방송문화진흥회 이사장의 문재인 공산주의자 발언 등에서 '종북'은 사건을 읽는 핵심 키워드 중 하나였다. 보수 정당인 새누리당과 보수 시민 단체와 인사를 중심으로 해당 사건이 종북 인사들과의 결합으로, 해당 사건에 등장하는 인물들이 대표적인 종북 인사라는 주장이 제기된 것이다. 그리고 그들의 주장의 신뢰성과 진정성 여부 검증과는 별개로 '종북 프레임'은 각종 선거 등에 정치 공학적으로 활용되었다. 이항우(2015)의 주장처럼, 보수 세력은 반대파를 공격하는 데 종북 담론을 활용하고 진보 세력은 그러한 행위가 매카시즘적 색깔론이라고 비판하는 것이 우리나라의 구조화된 사회 · 정치 담론 질서가 되어 버린 상황이다.

특히 국정화 교과서 논란, 사드 배치 논란, 테러방지법 논란 등 진보와 보수 정치 세력 간의 이념 대결이 첨예하게 이루어졌던 이슈에서 종북 담론은 속속 등장했다. 2013년 인터넷상에서 '종북 셀프 테스트' 게임이 주목을 받은 것에서 확인할 수 있듯이 종북 프레임은 이미 대중화된 개념이라고 해도 과언이 아니다. 종북 프레임의 대중화에는 언론의 역할이 컸다는 평가가 있다(김정인, 2014). 이른바 종북 몰이에 언론이 핵심적 역할을 했다고 평가받는 것이다(김서중, 2015). 실제 온오프라인에서 기사를 검색해 보면, '종북', '친북', '종북 좌파', '친노 좌파'라는 용어를 어렵지 않게 확인할 수 있다. 그러나 박문각의 《최신시사상식》*에 의하면, 종북은 "조선민주주의인민공화국의 집권 정당인 조선노동당과 그 지도자인 김일성, 김정일 등의 외교 방침을 추종하는 경향"을 의미한다. 북한 김일성, 김정일, 김정은 정권을 따르는 사상과 이념이 종북이라는 정의도 있다(김정인, 2015). 상황에 따라서 종북이라는 표현은 대상자를 적대하는 혐오표현hate speech으로 고려될 가능성도 있어 보인다. 언론에 등장하는 수많은 단체와 인사가 사전적 정의에 부합하는 종북 인사(단체)라면 이는 심각한 민주주의의 위기 상황을 보여 주는 것이며, 보수 정부의 정책에 이의를 제기하는 진보적인 사람들을 대상으로 한 정치 공세(색깔론, 레드 콤플렉스)라면 이는 국론 분열을 획책하는 문제적 상황일 수 있다. 종북의 실체를 파악하기 위한 다양한 측면의 학술적 연구를 축적할 필요성이 제기되는 부분이다.

한편, 종북이라는 개념이 정치, 사회적 논쟁거리로 부각됨에 따라 종북이

---

* 시사상식사전 '종북' https://terms.naver.com/entry.naver?cid=43667&docId=1528726&categoryId=43667

라는 표현에 근거한 판례도 축적되고 있다. 소송은 표면적으로 종북이라는 표현을 할 자유, 즉 표현의 자유와 종북이라는 표현을 당한 단체나 인물의 명예, 인격권의 충돌 상황에서 이루어지고 있다. 다만, 종북이라는 표현 때문에 특정 단체나 인물의 표현이 위축될 수 있다는 문제가 제기되는 상황(조윤호, 2015.11.05., 재인용)에서, 종북이라는 표현에 대한 사법부의 판단은 간단치 않은 영역이라고 할 수 있다. 그렇다면 종북 프레임의 대중화 흐름과 달리 종북 개념이 법률적으로 정의되지 않은 상황(나성원, 2015.03.17.)에서 소송으로 비화된 종북 관련 사건은 어떠한 특성을 지니고 있을까. 우리 법원은 종북을 어떻게 개념화하고 있을까. 소송에 나타난 우리 법원의 종북 표현에 대한 인식은 어떠한가.

이번 장은 이러한 문제에 대한 답을 찾아보고자 하였다. 이번 장은 탐색적인 형태의 판례 분석을 통해 종북이라는 표현이 지닌 성격을 밝히고, 우리 법원의 종북에 대한 인식을 규명해 넘으로써 그를 둘러싼 소모적인 논쟁의 종식에 기여하고자 하였다. 아울러 종북 표현을 둘러싼 표현의 자유 논쟁(표현의 자유와 인격권의 충돌 문제)의 원만한 해결을 위한 제언을 하고자 했다. 종북 관련 판례를 통해 종북의 개념화와 종북의 실체를 파악하고자 한 이 연구가 숙의적 정치적 표현의 자유를 촉진시키는 데 도움이 될 수 있기를 기대한다.

## 2. 표현의 자유와 혐오표현

대의 민주주의 사회에서 표현의 자유는 시민의 알 권리 보장은 물론, 하의의 상달을 통한 여론 형성(수렴)의 기능을 담당한다. 표현의 자유의 위축은 민주주의의 위기로 귀결할 수 있다. 따라서 대부분의 민주 국가는 표현의 자유를 법적으로 명시하고 있다. 우리나라의 경우 헌법 제21조를 통해 표현의 자유 보장을 명시하고 있다. 다시 말해 표현의 자유, 언론의 자유는 헌법적 기본권이다. 다만, 국내의 경우 표현의 자유가 다른 기본권보다 우월한 기본권으로서 보장되지는 않는다. 표현의 자유는 인격권, 명예권 등의 기본권과 비교 형량 되며, 국가안보, 사회질서와 관련한 문제에 있어서도 제한될 가능성이 있다(이재진·이정기, 2011a).

혐오표현 역시 제한될 가능성이 있다. 혐오표현은 사회 통합을 막고, 분열과 갈등을 조성한다고 알려져 있기 때문이다. 혐오표현은 "인종, 성, 연령, 민족, 국적, 종교, 성 정체성, 장애, 언어능력, 도덕관 또는 정치적 견해, 사회적 계급, 직업 및 외모, 지적 능력, 혈액형 등 특정한 그룹에 대한 편견, 폭력을 부추길 목적으로 이루어지는 의도적인 폄하, 위협, 선동" 등으로 정의된다(박해영, 2015, 138쪽).

'종북'도 혐오표현으로 고려될 수 있다. 신동호(2013)에 따라 혐오표현이 인종, 성별, 민족, 국적, 성 정체성 등 인류의 보편적 가치와 충돌하는 표현을 의미한다면, 종북 좌파라는 표현도 혐오표현의 일종으로 볼 수 있다. 한편, 나영(2016)에 따르면 종북 혐오는 여성 혐오, 성소수자 혐오, 이주민 혐오, 무슬림 혐오, 장애인 혐오, 호남 혐오와 함께 대표적인 혐오의 유형이다. 특히 우리나라 사람들은 다른 대상보다 종북으로 일컬어지는 대상을 가장 혐오하고 있다. 예컨대 임재형과 김재신(2014) 역시 한국인이 가장 혐오하는 집단이 종북 세력이라는 연구 결과를 제시한 바 있다. 구체적으로 임재형과 김재신(2014)은 단국대학교 분쟁해결연구센터가 2013년 5~6월 성인 1,007명을 대상으로 ㈜리서치앤리서치에 의뢰하여 진행한 설문 조사를 분석하여, 한국 사회의 혐오 집단과 관용에 관해 연구를 진행했다. 그 결과 한국인들이 가장 싫어하는 혐오 집단은 종북 세력이었다. 그 정도는 동성애자에 대한 혐오보다 높았다.

한편, 한상희(2015)는 종북을 정치적 맥락에서 발생하는 혐오표현으로 규정했다. 종북이라는 것이 특정한 정치적 견해를 가진 사람들의 발언권을 배제하는 방식으로 표출됨으로써(조윤호, 2015.11.05., 재인용), 건전한 공론장의 형성에 악영향을 주기 때문에(심윤지, 2015.08.19., 재인용) 혐오표현으로 볼 수 있다는 것이다. 예컨대 나영(2016)은 종북이라는 표현이 정부와 여당의 정책이나 의견에 동의하지 않는, 실체가 불분명한 사람들을 향한 적대의 논리를 지닌 배타성의 언어라고 주장한 바 있다.

결과적으로 종북을 혐오표현으로 고려해야 한다는 논거는 다음과 같다. 첫째, 종북 세력은 우리나라 사람들이 가장 혐오하는 집단이다. 둘째, 종북이라는 표현은 (정부와 여당의 정책에 반대하는 혹은 동의하지 않는) 특정 사람을 지칭하여 이루어진다. 셋째, 종북이라고 지칭하는 것은 정당하게 정치적 의견을 표명했거나 표명하고자 하는 사람들에 대한 의도적인 폄하나 위협을 의미한다. 넷째, 그 결과 정부와 여당의 정책에 동의하지 않는 의견을 표출할 자유가 위축될 수 있다. 혐오표현의 정의와 한국인의 종북에 대한 인식을 종합적으로 살펴보면, 특정 정치적 견해를 가진 사람들을 대상으로 지칭되는 종북이라는 표현은 분명 혐오표현의 일종으로 간주될 가능성이 있다고 생각된다.

표 4-1. 혐오표현으로서 '종북'과 관련된 논의

| 구분 | 주장(근거) |
|---|---|
| 임재형·김재신 (2014) | - 한국인이 가장 싫어하는 혐오 집단은 종북세력 |
| 신동호(2013) | - 혐오표현의 대상은 인종, 성별, 연령, 민족, 국적, 종교, 성 정체성, 장애, 정치적 견해 등 인류 보편의 가치와 충돌하는 것, 종북 좌파는 혐오표현 |
| 한상희(2015) | - 종북, 빨갱이와 같은 혐오표현은 건전한 공론장의 형성에 기여하기보다 논의 자체를 차단하는 측면이 크다(심윤지, 2015.08.19., 재인용) <br> - 기존의 혐오발언이 소수자를 배제하는 것이었다면, '종북'은 정치적 맥락에서 이루어지는 혐오발언. 종북 규정은 정치적 발언권의 배제를 의미함(조윤호, 2015.11.05., 재인용) |

| 구분 | 주장(근거) |
|---|---|
| 나영(2016) | - 정부와 여당에 반대하는 이들에 대한 종북 낙인<br>- 전라도 지역, 장애인, 이주민, 성소수자 등의 혐오 논리를 관통하는 키워드가 사회 혼란을 조장하는 종북에 대한 혐오로 이어짐<br>- 이주민, 무슬림, 성소수자들에 대한 혐오는 종북 혐오와 함께 강렬한 배타성과 적나라한 혐오의 형태로 나타남 |

혐오표현의 규제와 표현의 자유 관련해서는 두 가지 의견이 존재한다. 첫째, 혐오표현을 규제하는 것 자체가 표현의 자유의 위축을 초래할 것이라는 자유주의적 의견이다. 이 의견에 따르면 혐오표현의 규제는 사람들이 논쟁이나 사상의 대결을 통해 지혜를 추구, 발견할 기회를 부정하는 것일 수 있다(이재진, 2010, 125쪽, 재인용). 또한 표현의 내용을 이유로 규제하는 것은 정부가 자의적으로 콘텐츠를 규제할 수 있게 되는 등의 문제를 야기할 수 있다. 따라서 모든 표현(심지어 혐오표현)을 규제의 대상에서 제외해야 한다는 것이다(박해영, 2015). 둘째, 민주주의의 원칙에 반하는 혐오표현에 대한 규제가 필요하다는 의견이다. 혐오표현은 소수계 사람들에게 은밀하면서 심각한 해를 유발하기에(이재진, 2000), 대상이 된 피해자의 인권을 보호하려면 일정한 규제가 필요하다는 것이다(박해영, 2015). 이 의견에 따르면 혐오표현은 사람들 사이에 직접적인 충돌과 투쟁을 일으키고, 현재의 권력 불균형은 사상의 자유 시장 속에서 소수 의견이 공정하게 경쟁할 수 없게 한다(이재진, 2000, 재인용). 다만 이때 규제 강화 시 표현의 자유를 침해할 가능성이 크므로 규제 범위가 한정적일 수밖에 없다는 딜레마가 존재한다(박해영, 2015).

한편, 새정치민주연합(현 더불어민주당)은 2015년 6월 17일 '혐오발언 제재를 위한 입법토론회'를 개최하는 등 혐오표현의 규제 입법을 위한 움직임을 보이고 있다(김동현, 2015.06.17.). '종북', '좌빨'과 같은 혐오표현이 활발하게 사용되면서 성별, 종교, 특정 지역 출신이라는 이유로 상대방을 모욕하거나 위협하는 혐오표현을 규제해야 한다는 논의가 비교적 진보적 성향을 지닌 야당을 중심으로 설득력을 얻고 있다. 그동안 야당은 국가보안법 개정 혹은 철폐, 테러방지법에 대한 이견 등 표현의 자유 확대를 주장하는 법안에 관심을 가져왔다. 다만, 종북과 같은 혐오언론에 대해서는 규제해야 한다는 입장인 것이다. 즉 혐오표현과 표현의 자유 문제는 복잡한 정치적 맥락 속에서 다루어지는 것으로 볼 수 있다.

## 3. '종북' 개념, 종북 표현에 대한 논란

'종북'이라는 용어는 법률상의 용어가 아니다. 따라서 사용하는 사람들 사이에 통일된 개념을 가지기 어렵다. 박문각의《최신시사상식》에 의하면, 종북이란 "조선민주주의인민공화국의 집권 정당인 조선노동당과 그 지도자인 김일성, 김정일 등의 외교 방침을 추종하는 경향"으로 정의된다. 한편, 검찰은 종북을 첫째, 북한과 연관된 사건에서 대한민국 정부의 공식 입장을 믿지 못하는 사람, 둘째, 대한민국 정부의 대북 정책에 비판적인 입장을 보이는 사람, 셋째, 주체사상을 신봉하고 대한민국의 정체성과 정통성을 부정하는 반사회 세력 등으로 구분한 바 있다(윤주헌, 2014.08.14., 재인용). 첫 번째와 두 번째 정의는 종북에 대한 광의의 정의, 세 번째는 협의의 정의로 볼 수 있다. 즉 종북에 대한 정의가 다의적일 수 있다는 것이다. 이는 간첩과 이적 단체가 극단적 협의의 종북, 현명한 판단을 할 수 없는 질이 낮은 사람이 극단적 광의의 종북이라는 주장(변희재, 2013.03.05)과도 맥이 통한다.

한편, 종북이라는 표현은 한국 사회의 유행어 중 하나이며, 논쟁적인 표현 중 하나다. 2013년 화제가 된 '종북 셀프 테스트 게임'을 통해서도 종북 이라는 용어가 얼마나 사회적으로 확산된 용어인지 확인할 수 있다(김정인, 2014). 종북이라는 표현을 표현의 자유로 보장해야 하느냐 규제해야 하느냐 의 문제의 경우, 이해 주체자들의 정치적 성향과 법률에 대한 이해 수준 등에 따라 대립하고 있다. 구체적으로 종북이라는 표현을 표현의 자유로 인정해야 한다는 측은 대체로 보수적인 언론사나 인사인 것으로 보인다. 예컨대 대표 적 보수 언론인*《조선일보》는 정치인(공인)에 대한 비판을 허용하고 언론의 자유를 보장하기 위한 측면에서, 공인에 대한 '종북'이라는 표현 역시 보장될 필요가 있다고 본다. 더욱이 종북이라는 표현은 널리 사용되는 수사적 표현 이라고도 한다. 즉 종북이나 주사파라는 말은 정치적 대상에 대한 비판적 표 현이지 명예훼손이라는 법적 판단의 대상이 아니라는 것이다.《조선일보》는 한규섭 서울대 교수의 "종북은 누구나 사용할 수 있는 표현"이라는 주장도 인용 보도했다(최연진·최원우, 2014.08.12.). 보수 인터넷 언론《뉴데일리》 역시 종북이라는 표현을 명예훼손죄로 고발하는 것은 국민의 정치적 표현의 자유를 짓밟은 반민주 행위라는 올인코리아 조영환의 칼럼을 게재한 바 있다 (조영환, 2014.08.14.).

반면, 종북이 표현의 자유의 대상이 될 수 없다고 주장하는 측은 대체로 진 보적인 언론사나 인사인 것으로 보인다. 예컨대 대표적인 진보 언론인《한겨

---

\* 언론학계는 통상《동아일보》,《조선일보》를 보수적 보도 프레임(보도 성향)을 갖는 보수 언론으로,《경 향신문》,《한겨레》는 진보적 보도 프레임(보도 성향)을 갖는 진보 언론으로 규정한다(최종화·하진홍, 2016; 황유선, 2012). 최진호와 한동섭(2012)이 13~17대 대선 기간 주요 일간지의 사설을 분석한 결 과에 따르면, 16대 대선 이후 해당 언론들이 보수와 진보 성향으로 대립하는 정도가 심화되었다. 이러 한 언론학계의 일반적인 분류 기준에 따라 대표적인 보수 언론으로《조선일보》를 대표적인 진보 언론 으로《한겨레》를 들어 논의를 전개하였음을 밝힌다.

레》는 종북이란 표현에 의한 사상 검증이 표현의 자유의 보호 대상이 될 수 없다고 주장한다. 《한겨레》는 김서중 성공회대 교수의 "진실과 공익성 차원에서 진실이라고 믿을 만한 상당한 근거… 판단의 과정을 무시하고 언론이라는 이유로 전부 용인된다면… 언론을 위태롭게 만들 수 있다", 이승선 충남대 교수의 "종북이라는 용어는 확장성이 커 이념적 공격용으로 사용될 가능성이 크다", 김성해 대구대 교수의 "종북이라는 표현도 사회구성원들이 받아들이는 보편적 가치가 아니기 때문에 이를 인정하자는 것은 언론의 올바른 태도가 아니다" 등을 보도함으로써 종북이라는 표현이 표현의 자유로 인정될 수 없다는 인식을 분명히 했다(김효실 · 이정국, 2014.08.21.). 《미디어오늘》의 경우 《조선일보》가 주장하는 것은 표현의 자유가 아니라 종북을 종북이라 말할 자유라고 주장한다. 불온한 이념을 주장할 자유는 없지만, 그 불온한 이념을 종북이라고 부를 자유가 있다는 것이다(조윤호, 2014.08.13.). 아울러 《민중의 소리》는 종북이 표현의 자유의 문제가 아니라 상대에 대한 폭력이며 마녀사냥이라고 주장한다. 정상적인 토론을 봉쇄한 채 상대에게 주홍 글씨를 새기는 폭력이라는 것이다(민중의 소리, 2015.01.19.). 이처럼 진보적인 매체들은 대체로 종북이라는 표현이 표현의 자유로 인정될 수 없다고 주장한다. 한편, 종북 프레임의 정치적 의미와 법률적 문제점 토론회(2015.11.04)에 참여한 건국대 한상희 교수에 따르면, 종북이라는 표현은 정치적 배제의 효과를 가진다. 아울러 임수경 의원에 따르면 종북이라는 표현은 자기검열 효과도 가진다. 종북이라는 표현은 정치적 맥락에서 이루어지는 혐오표현의 일종이고, 따라서 특정인을 종북으로 규정하는 것은 사회적 낙인이자 정치적 발언권을 배제하는 결과를 초래할 수 있다는 것이다(조윤호, 2015.11.05, 재인용). 나아가 과도한 종북 프레임이 민주주의의 위기로 귀결할 수 있다는 주장도 제기되고 있다(김정인, 2014).

## 4. 연구 문제 및 연구 방법

### 1) 연구 문제

이번 장에서는 다섯 가지 연구 문제를 설정하였다. 제1영역의 연구 문제는 종북이라고 표현된 사건(판례)의 특성을 파악하기 위한 것이다. 구체적으로 연구 문제 1과 2는 종북이라는 표현의 주체와 종북이라는 표현의 대상이 누구인지 규명하고, 종북이라는 표현이 어떠한 매체를 통해 이루어졌는지 확인함으로써 종북이라는 표현의 실체를 확인하기 위해 설정되었다.

제2영역의 연구 문제는 종북이라고 표현된 판례의 법리적 특성을 파악하기 위한 것이다. 구체적으로 연구 문제 3은 종북 판례에서 우리 법원이 종북의 개념을 어떻게 인식하고 있는지를 유형화하여 제시하기 위해 설정되었다. 종북의 개념이 법률적인 용어가 아니라는 측면에서 우리 법원의 종북 개념의 정립은 종북의 기준 정립에 도움이 될 수 있을 것이다. 연구 문제 4는 원고가 패소한 사례를 통해 우리 법원의 종북 표현에 대한 표현의 자유 보장의 근거 법리가 무엇인지 확인하기 위해 설정되었다. 연구 문제 5는 원고가 승소한 사례를 통해 우리 법원의 종북 표현에 대한 인격권 보호의 근거 법리가 무엇인지 확인하기 위해 설정되었다. 즉 연구 문제 4와 5는 우리 법원이 종북 표현이 쟁점이 된 사례를 판단할 때 그 근거가 무엇인지 확인하기 위해 설정되었다.

#### 종북 표현 사건의 특성

연구 문제 1. '종북' 표현의 대상(원고), 발언 주체(피고)의 특성은 어떠한가?

연구 문제 2. '종북' 표현이 이루어진 매체의 특성은 어떠한가?

종북 표현 판례의 법리적 특성

연구 문제 3. '종북' 판례에 나타난 종북의 개념은 무엇인가?

연구 문제 4. '종북' 판례에 나타난 표현의 자유 보장 법리는 무엇인가?

연구 문제 5. '종북' 판례에 나타난 인격권 침해의 근거 법리는 무엇인가?

## 2) 연구 방법

이 논문의 분석 대상이 된 판례는 2016년 7월 9일부터 10일까지 대법원 (www.scourt.go.kr), 로앤비(www.lawnb.com), 법률신문(www.lawtimes.co.kr) 을 중심으로 수집되었다. 해당 포털과 온라인 신문사 뉴스 사이트를 통해 '종북', '친북'이라는 키워드를 검색했고, 그 결과 12개 사건 18개의 분석 판례를 확보하였다. 일부 원문에 대한 접근이 어려운 판례의 경우 기사 검색을 통해 사건의 내용을 파악하는 방식으로 분석 판례가 수집되었음을 밝힌다.

## 5. 종북 표현의 대상, 발언의 주체

종북이라는 표현이 문제가 된 12개 사건 18개 판례를 분석하였다. 구체적인 내용은 다음과 같다. 사건 1은 원세훈 국가정보원장이 2009~2013년 재직 시절 했던 "아직도 전교조 등 종북 좌파 단체들이 시민 단체, 종교 단체 등의 허울 뒤에 숨어 활발히 움직이므로 국가의 중심에서 일한다는 각오로 더욱 분발해 주시기 바람", "종북 세력 척결과 관련, 북한과 싸우는 것보다 민노총, 전교조 등 국내 내부의 적과 싸우는 것이 더욱 어려우므로…"라는 내용의 발언이 내부 전산망에 게시된 것이 발단이었다. 이에 전교조는 허위 사실을 적시해 명예를 훼손했다며 소송을 제기했다. 1심 재판부(서울중앙지법 2015.04.21. 선고 2013가단80410 판결)는 "원 전 원장이 전교조를 종북 세력 또는 종북 좌파라고 지칭하고 적극적 대응을 계속 반복적으로 지시해 전교조의 명예를 훼손했다"라고 판결했다. 구체적인 확인, 검증 없이 전교조를 종북 세력이라고 지칭한 것은 그 단체의 사회적 평가를 객관적으로 침해하는 것으로 허위 사실의 적시에 해당한다고 본 것이다. 다만 2심 재판부(서울중앙지법 2016.04.21. 선고 2015나26985 판결)는 "원 전 원장의 발언은 국정원 내부 직원들을 대상으로 한 것이어서 공연성公然性(불특정 또는 다수의 사람이 인식할 수 있는 상태)이 없다"라며 원고 패소 판결을 내렸다. 1심에서는 원고가 일부 승소했으나 2심에서 원고가 패소한 사건이다.

사건 2는 2015년 3월 하태경 의원이 SNS에 주한 미국 대사 습격 사건 당시의 변호사를 민변 소속으로 지칭, "민변 소속인데 머릿속은 북변이에요. 민주 변호가 아니고 북한 변호하는 거죠. 민변 안에 북변인 분들 꽤 있죠. 제가 이름을 거명 안 해도 검색해 보면 다 나오죠"라는 게시물을 게재한 일이 발단이 되었다. 이 사건에서 재판부(서울중앙지법 2016.05.11. 선고 2015가단5082798 판결)는 하 의원이 황 변호사를 민변 회원이라고 잘못 표현했으며, 민변 안에 종북 성향의 변호사가 상당수 있다고 했지만 그에 대한 구체적 사실을 적시했거나 그 근거가 되는 사실에 대한 주장을 포함하는 의견이라고 보기는 어렵다고 판시했다. 피고의 발언이 원고의 명예훼손을 목적으로 하고 있다 할 합리적 근거가 없으며, 피고의 발언으로 인해 원고의 신뢰도가 낮아졌다 볼 수 없다며 원고 패소 판결을 한 것이다.

사건 3은 2010년 8월 유쾌한 민란, 100만 민란 프로젝트를 공개 제안한 국민의 명령 상임운영위원장 문성근 씨에 대해, 정 씨 등이 2011년 2월부터 2013년 7월까지 인터넷 게시판, 블로그, 트위터 등을 통해 좌익 혁명을 부추기는 골수 종북 좌익 분자, 골수 종북 좌파 문익환의 아들, 종북의 노예 등이라고 게시한 것이 발단이었다. 이 사건의 1심 재판부(서울남부지법

2015.06.22. 선고 2013가합12076)는 문 씨가 북한을 무비판적으로 추종하는 종북이라거나 종북 반란 활동을 했다는 의혹 제기 및 주관적인 평가에 대해 피고들은 구체적인 정황을 제시했다고 볼 수 없다고 판시하였다. 구체적인 정황이 뒷받침되지 않은 악의적 모함, 모멸적 표현은 허용될 수 없다고 본 것이다. 다만, 공인의 정치적 이념에 대한 표현의 공공성은 어느 정도 인정된다고 보았다. 2심 재판부(서울고법 2016.05.05. 선고 2015나19300 판결)는 남북이 대치하는 현실에서 특정인이 북한을 무비판적으로 추종한다는 종북으로 지목될 경우 반사회 세력으로 몰리고 사회적 명성과 평판이 크게 손상돼 명예가 훼손된다고 보았다. 그러면서 문 씨가 종북 활동을 했다는 의혹 제기나 주관적 평가에 관한 구체적 정황이 충분치 않지만, 게시글은 공적 존재의 정치적 이념에 대한 표현으로 어느 정도 공공성이 인정된다고 판시하였다. 원고가 일부 승소한 판례로 볼 수 있다.

사건 4는 2013년 1월 21일 언론인 변희재 씨가 트위터에 "이재명 같은 자들이 종북인 겁니다"라는 글을 게재한 것이 발단이 되었다. 재판부(수원지법 2016.01.28. 선고 2014가합206590 판결)는 이재명 시장을 종북이라 지칭하고 매국노라 표현한 것 등은 허위 사실 유포에 의한 명예훼손에 해당한다며 400만 원 배상 판결을 내렸다.

사건 5는 언론인 변희재 씨가 2012년 4~7월 팝아티스트 낸시랭을 비난하는 내용이 담긴 기사를 쓰거나 트위터에 글을 게재한 일에서 비롯되었다. 1심 재판부(서울중앙지법, 2014.11.28. 선고 2013가합559951)는 낸시랭을 친노 종북 세력이라고 표현한 것은 단순히 정치적 견해나 성향에 차이가 있음을 표명하는 것을 넘어 낸시랭이 마치 북한을 추종하고 대한민국의 정체성을 부정하려는 사람인 듯한 인상을 준다며 비난에 해당한다고 판시하였다. 2심 재판부(서울고법 2016.01.15. 선고 2015나2000654)는 낸시랭을 친노,

종북 세력, 허언증 환자라고 표현한 부분은 낸시랭의 행동을 압축하거나 비유적으로 표현한 것으로 명예훼손으로 보기 어렵다고 보았다. 다만, 다소 모욕적인 표현이 섞여 있어 책임을 완전히 면하기 어렵다고 판시했다. 이에 1심의 배상금 500만 원은 2심에서 400만 원으로 낮아졌다. 원고 일부 승소 판례로 볼 수 있다.

사건 6은 2013년 3월《미디어워치》가 〈친노좌파 김미화 석사 논문 표절 혐의 드러나〉라는 기사를 쓰고, 언론인 변희재 씨가 같은 내용으로 트위터 등에 글을 게재한 것이 발단이었다. 재판부(서울중앙지법 2014.08.21. 선고 2014가단18698)는 친노 종북 좌파라는 표현이 정치적인 이념 내지는 성향을 표현하기 위한 것으로 원칙적으로는 의견 표명이지만,《미디어워치》의 기사 내용은 단순한 의견 표명에 불과하지 않고 김 씨의 인격권을 침해한 것이라고 보았다. 현재의 사회 흐름 속에서 당해 표현이 가지는 의미와 김 씨에 대해 부정적인 사람임을 강하게 인상 지우는 논문 표절 혐의 등의 사실 적시가 결합된, 김 씨의 명예를 훼손하는 경멸적 표현이라는 것이다. 변희재 씨의 경우 불특정 다수의 대중이 연예인인 김 씨가 친노 좌파이고 종북 좌파라는 편견을 가지도록 끊임없이 기사를 확대 재생산해 김 씨의 사회적 평가가 저하되도록 유도했다고 판시하였다. 이에 변희재 씨에게 800만 원,《미디어워치》에 500만 원 배상 판결을 내려졌다. 원고 승소 판례로 볼 수 있다.

사건 7은 올인코리아 조영환 대표가 채널A에 출연하여 대한민국을 위협하는 종북 세력 5인방으로 옛 통합진보당, 한국진보연대, 전국교직원노동조합, 우리법연구회, 민언련을 지목하고, 국가보안법 폐지를 반대하는 언론을 공격하면서 이들이 주한미군 철수를 선동하며, 안보를 해치는 일련의 행동을 했기 때문에 종북 세력의 선동 세력이 아닌지 의심하지 않을 수 없다고 주장한 일에서 비롯했다. 1심 재판부(서울중앙지법 2015.01.14. 선고 2013가합

522584)는 명예훼손 자체는 발언상 인정되지만 이는 종북 세력의 개념 자체를 종북 성향의 어떤 핵심 인사들이 움직이는 단체, 세력이라는 전제하에서 발언한 것으로, 민언련의 활동을 비춰 볼 때 그렇게 표현할 만한 것은 인정된다고 판결하였다. 종북이라는 표현의 경우 상황에 따라 대한민국의 대북 정책에 비판적인 입장을 보이는 것에서부터 주체사상을 신봉하고 대한민국의 정체성과 정통성을 부정하는 반국가적, 반사회적 성향에 이르기까지 다의적으로 사용될 수 있다는 것이다. 한편 2심 재판부(서울고법 2015.12.18. 선고 2015나2008030)는 채널A에서 방송한 조영환 대표의 주장을 단순한 의견 표명으로 보기 어렵다고 지적하였다. 민언련이 북한의 김씨 왕조를 지지하거나 북한의 대남전략 등을 추종한다는 의미의 종북 세력이라고 보기 어렵다는 것이다. 결과적으로 1심은 원고 패소 판례, 2심은 원고 일부 승소 판례로 볼 수 있다.

　사건 8은 공인인 이정희 부부가 2012년 3월 언론인 변희재 씨가 트위터에 22건의 글을 올려 종북 주사파로 자신을 지목한 후 이를 인용한 기사나 성명서, 칼럼 등이 나타나자, 기자와 언론사 등을 상대로 소송을 제기한 사건을 다루고 있다. 1심 재판부(서울중앙지법, 2013.05.15. 선고 2012가합4257)는 이정희 씨 등은 상당 기간 공개적으로 사회활동을 한 사람으로 사회적 이념이나 사상에 대해 어느 정도 검증받았고, 이 대표가 대한민국의 정체성을 부정하는 신념이나 사상이 있다는 취지의 글이나 기사 또는 성명을 발표하기 위해서는 의혹 수준을 넘어 구체적인 정황 사실을 제시할 필요가 있으며, 피고들이 근거로 삼은 정황으로는 이 대표가 주사파에 해당한다고 볼 수 없다고 판단했다. 주사파라는 발언은 단순히 모욕적인 언사나 특정인의 사상에 대한 평가를 넘어 충분히 사람의 사회적 평가를 저해시킬 구체적인 사실의 적시라는 것이다. 이에 변희재 1500만 원, 이상일 의원 800만 원,《뉴데일리》김 모 기자가 연대해 1,000만 원,《조선일보》,《디지털 조선일보》와 박 모 기자가 연대해 400만 원을 지급하라고 판결했다. 2심 재판부(서울고법 2014.08.08 선고 2013나38444)는 종북 용어는 북한을 무비판적으로 추종하는 것으로서 대한민국의 정체성과 헌법적 기본 질서를 부정하는 행위를 해 형사처벌의 대상도 될 수 있다는 부정적이고 치명적인 의미가 있다고 판결했다. 남북이 대치하고 국가보안법이 시행되고 있는 현실에서 특정인이 종북으로 지목될 경우, 그는 범죄를 저지른 사람으로서 반사회 세력으로 몰리고 사회적 명성과 평판이 크게 손상될 것이므로, 명예훼손이 인정된다고 판시한 것이다. 이에 변희재 1,500만 원,《조선일보》,《디지털 조선일보》1,000만 원,《뉴데일리》1,000만 원을 지급 판결했다. 다만, 이상일 의원의 정당 성명은 구체적인 사실이 아닌 의견과 논평이라며 명예훼손 책임을 인정하지 않았다. 즉 원고가 일부 승소한 판례이다.

사건 9는 2013년 2월 채널A 박종진의 〈쾌도난마〉에 출연한 이봉규 씨가 이정희 부부와 한명숙 전 장관 부부, 김재연 전 의원 부부, 황선 부부, 한상렬 목사 부부 등을 5대 종북 부부로 선정한 것에서 비롯되었다. 재판부(서울중앙지법 2015.11.11. 선고 2014가합586127)는 이정희 부부가 종북 인사로서 대한민국의 국가정체성을 부정하고 적국인 북한을 찬양하는 선향을 가지고 그에 해당하는 활동을 하고 있다고 언급한 부분은 이 대표 부부의 사회적 가치 내지 평가를 저하시킬 수 있는 명예훼손적 표현이라고 판단, 이정희 씨에게 500만 원, 남편에게 1,000만 원을 지급하라고 판결했다. 원고 일부 승소 판례다.

사건 10은 새누리당 박상은 의원이 2013년 7월 "천안함 46용사의 영혼이 잠들어 있는 백령도 청정해역에 종북의 상징인 임 모 국회의원을 대동해 행사를 치르는 송영길 인천시장"이라는 문구가 담긴 성명서 발표가 발단이었다. 재판부(서울남부지법 2014.04.25. 선고 2013가합104616)는 성명서에서 문제가 된 '종북의 상징인 임 모 국회의원'이라는 표현은 박 의원이 의견을 표명한 것에 불과할 뿐 임의원의 사회적 평가를 침해할 만한 구체적인 사실을 적시한 것이 아니어서 명예를 훼손했다고 볼 수 없다고 판시했다. 다만 종북이라는 말이 대한민국의 정통성을 부정하고 북한의 주체사상을 신봉한다는 뜻으로 사용된다는 점, 임 의원의 국회의원 자격과 연관될 수 있는 중대한 사안인 점을 고려하면 인격권을 침해한 사실이 인정된다고 보고 200만 원 배상 판결을 내렸다. 원고 일부 승소(패소)한 판례이다.

사건 11은 전교조 소속 교사들에게 종북 세력들이 전교조를 이끌어 가고 있다는 등의 편지를 보낸 교육과 학교를 위한 학부모 연합을 상대로 전국교직원노동조합(전교조)이 제기한 소송이다. 재판부(서울중앙지법 2013.02.15. 선고 2012나8696)는 피고들이 제출한 증거가 전교조 누리집 등에 게시된 자료이나 그중 일부는 외부 인사가 작성한 것이며 상당한 시간이 지난 만큼 전교조의 입장을 대변하는 내용으로 보기 어렵다고 판시했다. 원고 일부 승소 판례이다.

사건 12는 전교조 소속 교사가 근무하는 학교 앞에서 "주체사상 세뇌하는 종북집단 전교조"라고 적힌 플래카드를 들고 시위한 반국가교육척결국민연합 등의 행동에 대해 손해배상청구 소송을 제기한 사건이다. 재판부(서울고법 2013.02.21. 선고 2012나55640)는 원고들이 주체 사상을 교육하고 있다고 인정할 아무런 증거가 없는 점에 비추어 봐 허위 사실의 적시에 해당한다고 판단하였으며, 위법성 조각 사유에도 해당하지 않는다고 보았다. 아울러 대법원(2015.09.10. 선고 2013다26432)은 전교조가 주체 사상을 세뇌하고 있다는 주장은 증거가 없는 허위 사실로 전교조를 반국가 세력으로 낙인찍고 사회적 평가를 현저하게 저해시키는 행위라고 판시하며 4,500만 원을 지급하라는 원심을 확정했다. 원고가 승소한 판례이다.

결과적으로 종북이라는 표현이 문제가 된 12개 사건 18개 판례에 대한 분석한 결과 '종북'이라는 표현의 대상은 전국교직원노동조합(사건 1, 11~12의 5개 판례), 민주사회를 위한 변호사 모임(사건 2의 1개 판례), 민주언론운동시민연합(사건 7의 2개 판례) 등 단체와 단체 구성원, 정치단체 대표 문성근(사건 3의 2개 판례), 정당 대표 이정희(사건 8~9의 4개 판례), 정치인 이재명(사건 4의 1개 판례), 정치인 임수경(사건 10의 1개 판례), 문화예술인 낸시랭(사건 5의 1개 판례), 문화예술인 김미화(사건 6의 1개 판례) 등으로 나타났다. 대체로 진보적인 관점을 가지고 있는 정당이나 단체, 인물을 대상으로 종북이라는 표현이 이루어졌음을 확인할 수 있다.

발언의 주체는 보수 정권의* 공무원(사건 1의 2개 판례), 보수 정당의 국회의원(사건 2, 10의 2개 판례), 보수 언론(인)(사건 4~9의 9개 판례), 보수단체(사건 11~12의 3개 판례), 보수 인물(사건 3의 2개 판례)로 이루어졌음을 확인할 수 있다. 특히 보수 언론(인)이 발언한 6개 사건 9개 판례의 경우 보수 언론인의 SNS, 인터넷을 통한 표현(사건 4~5, 8의 4개 판례), 보수 인터넷 매체를 통한 표현(사건 6의 1개 판례), 종합편성채널을 통한 표현(사건 7, 9의 3개 판례)으로 구성되어 있음을 확인할 수 있다. 즉 대체로 보수적인 관점을 가지고 있는 정당의 인물이나 언론인, 단체 구성원들에 의해 종북이라

---

* 이번 장은 이명박, 박근혜 대통령 등 새누리당(과거 한나라당)의 정치인을 보수 정치인으로 규정한 이후 논의를 전개했음을 밝힌다. 구체적으로 이명박, 박근혜 정권은 보수 정권, 새누리당은 보수 정당으로 규정했다. 이는 이미 대부분의 언론이 새누리당은 보수 정당, 이명박, 박근혜 정권을 보수 정권으로 규정하고 있고, 새누리당 국회의원들도 스스로 보수적 정체성을 가진 정치인이라고 주장하고 있으며, 2016년 20대 총선의 10대 공약 요인 비교에서 새누리당의 공약이 가장 보수적인 정책에 가깝다는 위평량(2016)의 분석 결과에 따른 것이다.

는 표현이 이루어졌음을 확인할 수 있다.

한편, 종북이라는 발언이 이루어진 시점을 확인한 결과, 이명박 정권 시절(2008~2012)에 이루어진 표현은 11건(사건 1, 3, 5, 8, 11, 12의 11개 판례), 박근혜 정권 시절(2013~2016) 이루어진 표현은 7건(사건 2, 4, 6, 7, 9, 10의 7개 판례)으로 나타났다. 즉 종북이라는 표현과 관련 소송은 이명박, 박근혜 정권이라는 이른바 보수 정권에서 나타나고 있는 현상이라는 점을 확인할 수 있다.

## 6. 종북 표현이 이루어진 매체

종북이라는 표현이 이루어진 매체를 확인해 본 결과는 다음과 같다. 첫째, 블로그, SNS(사건 2~5, 8의 8개 판례)에서 표현이 이루어진 경우가 5개 사건 9개 판례로 가장 많았다. 둘째, 인터넷 언론(사건 5~6, 8의 5개 판례)에서 표현이 이루어진 경우가 그다음으로 많은 3개 사건 5개 판례였다. 셋째, 오프라인 성명서(사건 10, 12의 4개 판례)에서 표현이 이루어진 경우는 2개 사건 4개 판례였고, 넷째, 종합편성채널(사건 7, 9의 3개 판례)에서 표현이 이루어진 경우가 2개 사건 3개 판례였다. 이밖에 내부 인터넷 게시판(사건 1의 2개 판례)에서 이루어진 경우, 신문사(사건 8의 2개 판례)에서 이루어진 경우, 오프라인 서신(사건 11의 1개 판례)에서 이루어진 경우도 있었다.

결과적으로 온라인상에서 종북이라는 표현이 이루어진 경우가 6개 사건 9개 판례(사건 1~6의 9개 판례), 오프라인상에서 종북이라는 표현이 이루어진 경우가 5개 사건 7개 판례(사건 7, 9~12의 7개 판례), 온오프라인상에서 동시에 종북이라는 표현이 이루어진 경우가 1개 사건 2개 판례(사건 8의 2개 판례)로 나타났다.

## 7. 우리 법원의 종북 개념 인식

분석 대상이 된 12개 사건 중 법원의 종북 개념 인식이 명확하게 나타난 부분을 살펴본 결과는 다음과 같다. 첫째, 우리 법원은 북한을 무비판적으로 추종하는 것 혹은 그러한 성향을 가진 것을 종북으로 개념화하고 있었다(사건 3, 8의 1심). 둘째, 북한을 추종하고 대한민국의 정체성, 헌법적 기본 질서를 부정하는 것으로 종북을 개념화하고 있었다(사건 5, 8의 2심). 셋째, 대한민국의 정체성 부정, 북한의 주체사상을 신봉하는 것으로 개념화하고 있었다(사건 10). 넷째, 북한의 김씨 왕조를 지지하거나 북한의 대남 전략 등을 추종하는 것으로 개념화하고 있었다(사건 7의 2심). 이상의 개념은 "주체사상을 신봉하고 대한민국의 정체성과 정통성을 부정하는 반사회 세력"이 종북이라는 협의의 정의(윤주헌, 2014.08.14.)로 볼 수 있다. 우리 법원이 종북을 협의의 정의로 인식하고 있는 상황에서 원고는 모두 승소하였음을 확인할 수 있다.

한편, 대한민국의 대북 정책에 비판적인 입장을 보이는 것에서부터 주체사상을 신봉하고 대한민국의 정체성과 정통성을 부정하는 반국가적, 반사회적 성향까지 다의적으로 종북을 개념화하는 경우도 존재했다(사건 7의 1심). 이는 검찰이 말한 광의의 정의와 유사하다고 할 수 있다. 우리 법원이 종북을 광의의 정의로 인식하고 있는 상황에서는 원고가 패소하였음을 확인할 수 있다. 다만 사건 7의 항소심에서 원고가 패소했다는 점에 비추어 본다면, 전반적으로 우리 법원은 종북이라는 개념을 검사들이 말하는 협의의 개념으로 인식하고 있음을 확인할 수 있다.

## 8. 종북 표현의 자유 보장 법리

원고를 상대로 종북이라고 표현한 피고에 대해 승소 판결을 했을 때는 표현의 자유 적극 판결로, 패소 판결을 했을 때는 기타 인격권 적극 판결로 구분하였다. 12개 사건 18개 판례 중 종북 표현의 대상이 된 원고가 패소한 경우, 즉 표현의 자유 적극 판결은 4건 4개 판례(사건 1의 2심, 사건 2, 7, 10)로 나타났다.

사건 1의 경우 원세훈 전 국가정보원장이 내부 게시판에 전교조 등을 종북 좌파 세력이라고 지칭한 사건이다. 이 사건의 1심 재판부는 전교조를 종북 세력 또는 종북 좌파라고 지칭하고 적극적인 대응을 지시한 것은 전교조의 명예를 훼손한 것이라고 보았지만, 2심 재판부는 해당 발언이 내부 직원을 대상으로 게시판에서 이루어진 것이기 때문에 공연성이 인정되지 않는다고 판단했다. 종북이라는 표현이 원고의 명예를 훼손한 것이지만, 불특정 또는 다수의 사람이 인식하지 못하는 상황에서 이루어진 것이라면 면책될 수 있다고 본 것이다.

사건 2의 경우 하태경 의원이 민주사회를 위한 변호사(민변) 속에 종북 성향의 변호사가 상당수 있다고 표현한 사건을 다루고 있다. 재판부는 하태경 의원이 민변 안에 종북 성향의 변호사가 상당수 있다고 표현했지만, 이는 민변에 대한 구체적 사실을 적시했거나 그 근거가 되는 사실에 대한 주장이 포함된 의견으로 볼 수 없다고 판시하였다. 피고의 발언이 원고의 명예훼손을 목적으로 하고 있다 할 합리적 근거가 없으며, 피고의 발언으로 인해 원고의 신뢰도가 낮아졌다 볼 수 없다고 재판부는 본 것이다.

사건 7의 경우 종합편성채널인 채널A에 출연한 올인코리아 대표 조영환 씨가 민언련을 종북세력 5인방으로 꼽은 사건을 지칭한다. 이 사건에서 재판부는 발언의 명예훼손 자체는 인정되지만, 민언련의 활동을 비추어 볼 때 그렇게 표현할 만하다고 인정된다고 보았다. 종북의 개념을 다의적, 광의의 개념으로 해석함으로써 피고의 책임을 면책해 준 것이다. 사건 10은 새누리당 박상은 의원이 임수경 의원을 종북의 상징인 임 모 국회의원이라고 표현하는 성명서를 쓴 사건이다. 재판부는 박 의원이 의견을 표명한 것에 불과하고, 임 의원의 사회적 평가를 저해할 만한 사실을 적시하지 않았기 때문에 명예를 훼손하지 않았다고 보았다.

한편, 원고가 일부 승소했지만, 사건 5의 2심 재판부는 낸시랭을 친노, 종북 세력 등이라고 표현한 부분은 낸시랭의 행동을 비유적으로 표현한 것으로서 명예훼손으로 보기 어렵다고 판시했다. 아울러 원고가 일부 승소한 사건 6의 재판부 역시 친노 종북 좌파라는 표현이 정치적인 이념 내지는 성향을 표현하기 위한 것으로 원칙적으로 의견 표명이라고 판시했다. 즉, 사건 5의 2심, 6의 재판부도 종북이라는 개념을 광의적으로 해석한 것으로 보인다.

결과적으로 종북이라는 표현을 했다고 해도 구체적 사실의 적시 없이 단순한 의견을 표명한 것이라고 판단되거나, 표현이 된 매체의 특성을 고려하여 공연성이 인정되지 않거나, 혹은 종북을 광의의 개념으로 해석할 경우, 우리 재판부는 종북이라는 표현을 정당한 표현으로 인정하고 있는 것으로 나타났다.

## 9. 종북 표현의 인격권 침해 법리

12개 사건 18개 판례 중 종북 표현의 대상이 된 원고가 승소한 경우, 즉 기타 인격권 적극 판결이 나타난 경우는 10개 사건 14개 판례(사건 1의 1심, 사건 3~6, 사건 7의 2심, 사건 8, 9, 11, 12)였다.

이들에서 종북 표현자가 처벌받은 근거, 즉 종북 표현을 유죄로 인정하기 위한 요소는 대체로 세 가지로 구분될 수 있을 것으로 보인다. 첫째, 종북이라고 지칭하기 위해서는 확인과 검증의 절차가 필요한데, 그 과정이 부족할 때이다. 예컨대 사건 1의 1심에서 재판부는 구체적인 확인과 검증 절차 없이 종북이라고 지칭한 것은 사회적 평가를 저해하는 명예훼손 행위라고 판시했다. 사건 3에서 재판부 역시 주관적인 평가일지라도 구체적인 정황이 뒷받침되지 않은 상황에서 종북이라고 칭하는 것은 악의적 모함, 모멸적 표현일 수 있다고 판시했다. 사건 8의 재판부는 종북(주사파)이라고 주장하기 위해서는 의혹 수준을 넘어 구체적인 정황 사실을 제시할 필요가 있다고 보았고, 사건 11의 재판부도 시의적이고 명확한 정보 제시 없이 종북이라고 지칭하는 것은 명예훼손에 해당한다고 보았다. 사건 12에서 재판부 또한 원고들을 종북이라고 지칭할 아무런 증거가 없다는 점에 비추어 봐 허위 사실의 적시에 해당한다고 판단하였다.

둘째, 종북이라고 단순히 표현하는 것에 그치지 않고, 종북이라고 불릴만한 악의적(부정적)인 이유 등을 부연 설명하거나 해석을 곁들일 때이다. 예컨대 사건 6에서 재판부는 친노 종북 좌파라는 표현은 원칙적으로는 정치적 이념, 성향을 표명하기 위한 것이지만 관련 기사는 그 맥락을 볼 때 단순한 의견 표명에 불과하지 않고, 해당 표현은 원고에 대한 부정적 이미지를 줄 수 있는 경멸적 표현이라고 보았다. 사건 7의 2심에서 재판부는 민언련이 협의의 개념의 좌파로 보기 어렵다고 보았다. 아울러 민언련을 종북 세력 5인방으로 지칭한 주장은 단순한 의견 표명으로 보기 어렵다고 보았다. 사건 9에서 재판부는 이정희 부부 등을 5대 종북 부부라고 지칭하고 이유를 설명한 부분은 이정희 부부의 사회적 평가를 저하시킬 수 있는 명예훼손이라고 보았다.

셋째, 종북이라는 표현이 가져올 부정적인 효과를 고려해야 한다는 것이다. 예컨대, 사건 5의 1심에서 재판부는 종북이라는 표현이 단순히 정치적 견해나 성향에 차이가 있음을 표명하는 것을 넘어 대한민국의 정체성을 부정하는 듯한 인상을 줄 수 있다고 보았다. 사건 8에서 재판부는 주사파라는 발언이 모욕적인 언사나 특정인의 사상에 대한 평가를 넘어 사회적 평가를 저해시킬 구체적 사실의 적시라고 보았다.

종북 표현의 유죄 인정 요소는 상호 간 완전히 독립적으로 구분할 수 있는 것은 아니다. 물론 타당한 이유의 제시 없이 종북이라는 표현에 근거하여 처벌이 이루어질 수도 있지만, 종북이라는 표현을 함에 있어 확인과 검증 과정이 부족한 경우 악의적인 이유나 표현을 포함하는 것으로 보아 처벌되는 경우가 존재하기 때문이다. 즉 첫 번째와 두 번째 유죄 인정 요소가 상호 작용하여 판결에 영향을 미칠 가능성이 있다. 또한 재판부에서 종북이라는 표현의 부정적인 효과를 굳이 언급하지 않는다고 해도 첫 번째와 두 번째 유죄 인정 사유에 피해자에 대한 부정적 효과가 전제된 것일 수 있다. 따라서 종북 표현의 유죄 인정 사유 세 가지는 각기 개별적으로 영향을 주는 것이 아니라, 통합적으로 작용하여 재판의 결과에 작용한다고 볼 수 있다.

표 4-2. 종북 관련 판례

| # | 원고 | 피고 | 사건 번호, 출처 | 결과 |
|---|------|------|------------------|------|
| 사건1 | 전국교직원노동조합 | 원세훈(전 국가정보원장), 정부 | 서울중앙지법, 2015.04.21. 선고 2013가단80410 판결 | 원고 일부 승소 |
| | | | 서울중앙지법, 2016.04.21. 선고 2015나26985 판결 | 원고 패소 |
| 사건2 | 민주사회를 위한 변호사 모임 | 하태경 | 서울중앙지법, 2016.05.11. 선고 2015가단5082798 (방현덕, 2016.05.11.) | 원고 패소 |

| # | 원고 | 피고 | 사건 번호, 출처 | 결과 |
|---|------|------|----------------|------|
| 사건3 | 문성근 | 탈북영화 감독 정 모 씨 등 7명 | 서울남부지법, 2015.06.22. 선고 2013가합12076 (강진아, 2016.05.05.) | 원고 일부 승소 |
| | | | 서울고법, 2016.05.05. 선고 2015나19300 (강진아, 2016.05.05.) | 원고 일부 승소 |
| 사건4 | 이재명 | 변희재 | 수원지법 성남지원, 2016.01.28. 선고 2014가합206590 (손병관, 2016.01.28.) | 원고 일부 승소 |
| 사건5 | 낸시랭 | 변희재 | 서울중앙지법, 2014.11.28. 선고 2013가합559951 판결 | 원고 일부 승소 |
| | | | 서울고법, 2016.01.15. 선고 2015나2000654 판결 | 원고 일부 승소 |
| 사건6 | 김미화 | 변희재, 미디어워치 | 서울중앙지법, 2014.08.21. 선고 2014가단18696 판결 | 원고 승소 |
| 사건7 | 민언련 | 채널A, 올인코리아 | 서울중앙지법, 2015.01.14. 선고 2013가합522584 판결 (박주연, 2015.01.16) | 원고 패소 |
| | | | 서울고법, 2015.12.18. 선고 2015나2008030 판결 (권순택, 2015.12.18.; 김세옥, 2015.12.18.) | 원고 일부 승소 |
| 사건8 | 이정희 부부 | 변희재 등 14인 | 서울중앙지법, 2013.05.15. 선고 2012가합34257 판결 | 원고 일부 승소 |
| | | | 서울고법, 2014.08.08. 선고 2013나38444 판결 (김용국, 2015.02.09.) | 원고 일부 승소 |
| 사건9 | 이정희 | 이봉규, 채널A | 서울중앙지법, 2015.11.11. 선고 2014가합586127 판결 (오민애, 2015.11.13.) | 원고 일부 승소 |
| 사건10 | 임수경 | 박상은 새누리당 의원 | 서울남부지법, 2014.03.25. 선고 2013가합104616 판결 (김혜영, 박정엽, 2014.03.25.) | 원고 일부 승소 원고 일부 패소 |
| 사건11 | 전교조 | 교육과 학교를 위한 학부모 연합 | 서울중앙지법, 2013.02.15. 선고 2012나8696 판결 (허재현, 2013.02.24.) | 원고 일부 승소 |
| 사건12 | 전교조 교사 | 반국가 교육척결 국민연합 외 | 서울고법, 2013.02.21. 선고 2012나55640 판결 | 원고 승소 |
| | 전교조 교사 30명 | 뉴라이트학 부모연합 등 보수단체 3곳 | 대법원, 2015.09.10. 선고 2013다26432 판결 | 원고 승소 |

## 10. 결론: 종북이라는 표현이 유발해내는 표현 제한을 극복해 내기 위하여

이번 장은 종북과 관련한 탐색적인 형태의 판례 분석을 통해 종북이라는 표현에 근거한 사건의 특징을 파악하고, 종북 관련 소송에 나타난 우리 법원의 인식을 확인하고자 하였다. 이 연구의 주요 연구 결과와 함의는 다음과 같다.

첫째, 종북이라는 표현이 문제가 되어 나타난 소송은 모두 보수 정권인 이명박, 박근혜 정권에서 발생한 것으로 나타났다. 아울러 종북이라는 표현의 주체는 보수적 관점을 가지고 있는 인물이나 단체, 언론사였고, 종북이라는 표현의 대상은 진보적 관점을 가지고 있는 인물이나 단체였다. 이는 종북이 보수 정권에서 이른바 헤게모니hegemonie를 가지고 있는 보수 인사(단체)에 의해 진보 인사(단체)를 대상으로 이루어지는 표현이라는 점을 짐작게 한다.

아울러 이상의 결과는 종북이라는 표현이 이념 공격용으로 활용될 가능성이 있다는 충남대 이승선 교수의 주장(김효실·이정국, 2014.08.21., 재인용), 종북이라는 표현이 보수 세력에 의한 진보 세력의 정치적 배제의 효과를 이끌어 낼 수 있다는 건국대 한상희 교수의 주장(조윤호, 2015.11.05.)을 일면 뒷받침하는 주장일 수 있다고 판단된다. 모든 판례가 보수 정권에서 나타났고, 보수적 성향을 지닌 인물(단체)에 의해 표현되었으며, 진보적인 성향을 지닌 정치인, 단체는 물론 연예인을 대상으로도 이루어졌기 때문이다. 이는 종북이라는 표현이 현 정권과 이념을 같이하는 사람들에 의해 이념을 달리하는, 혹은 이념에 동의하지 않는 사람들을 부정적으로 프레임화하는 방식으로 활용됨을 의미한다. 즉 종북은 진보는 종북 세력, 보수는 종북이 아닌 세력, 즉 애국 세력으로 프레임하는 표현으로 볼 개연성이 있다고 판단된다.

결과적으로 종북이라는 표현은 사회 통합을 막고, 분열과 갈등을 조성하는 혐오표현으로 볼 개연성이 있다(박해영, 2015). 특히 보수적 정부와 여당과는 다른 정치적 견해를 표현한 사람이라고 해서 그를 한국인이 가장 혐오하는 집단인 종북 세력(임재형·김재신, 2014, 재인용)으로 지칭하는 것은 특정 인물에 대한 의도적인 폄하, 편견을 부추겨 정치적 표현의 위축효과chilling effect를 불러올 가능성이 있다. 따라서 북한을 전혀 추종하지 않는 사람의 정치적 표현을 혐오 세력으로 인식되는 종북이라고 지칭하는 것은 혐오표현의 일종으로 간주될 개연성이 있다. 종북이라는 표현이 표현의 자유를 위축하는 혐오표현일 수 있다는 것이다.

둘째, 종북이라는 표현이 문제가 되어 나타난 소송은 오프라인 공간보다 온라인 공간에서 더 많았다. 보수 인사나 보수 언론인이 트위터를 통해 특정 인물이나 기관을 종북으로 지칭하는 방식이 가장 일반적인 것으로 나타났다(총 8개 판례). 이밖에 보수 성향의 인터넷 언론(5개 판례), 인터넷 게시판(2개 판례) 등에서 판례가 나타났다. 한편, 오프라인 매체 중에서는 보수 성향의 종합편성채널(채널A)에서 종북이라는 표현이 비교적 활발히 나타나고 있었다(총 3개 판례).

이는 종북이라는 표현이 법률적 용어가 아닌 만큼 사회의 공기로 최소한의 중립성이 요구되는 지상파 방송사나 메이저 신문사들의 경우 사용에 신중함을 기하고 있음을 보여 준다. 반면 조금 더 자유로운 표현이 허용되는 SNS나 인터넷 언론을 중심으로 종북이라는 표현이 생산, 확산되고 있음을 확인할 수 있다. 아울러 상업 방송인 보수 성향의 종합편성채널 역시 종북이라는 표현을 확대, 재생산하는 채널로 기능하고 있음을 확인할 수 있다. 즉 종북이라는 표현은 표현의 자유의 보장 수준이 상대적으로 높은 매체를 중심으로 이루어지고 있었다. 지상파 방송사 등 메이저 언론사에서는 종북이라는 표현

자체를 신중하게 인식하고 있으며, 이러한 인식이 그로부터 종북 관련 판례가 발생하지 않은 원인이라고 예측할 수 있다. 달리 보면 SNS, 인터넷 언론 등 특정 언론에 대한 낮은 규제의 수준(비대칭 규제)이 종북이라는 표현에 의한 소송을 양산해 냈다고 볼 여지도 있다고 판단된다.

결과적으로 종북이라는 프레임은 주로 전통 언론이 아닌 온라인 미디어와 종합편성채널을 통해 확산됨을 확인할 수 있다. 이는 탈규제 상황에서 확대된 표현의 자유를 현재의 보수 인사들이 누리고 있다는 것을 의미한다. 전통적으로 온라인은 진보적인 사람들이 담론을 주도했던 공간이었다(이정기·정대철, 2009). 종북 프레임이 온라인 등 비전통 매체에서 확산되고 있다는 점은, 더 이상 진보적인 사람들이 온라인 공간을 주도하지 않음을 보여 주는 사례라고도 할 수 있을 것이다. 이때 종북이라는 표현의 경우 보수 정부와 보수적 이념을 같이하는 사람(단체)에 의해 자신들과 다른 진보적 이념을 가진 사람들을 대상으로 활발하게 이루어지고 있었다. 이러한 측면에서 표현의 자유 확장으로 가능해진 종북이라는 표현이 이념적인 공격, 정치적 배제의 효과를 이끌어 내는 혐오표현(조윤호, 2015.11.05)으로 일정 부분 기능하고 있음을 확인할 수 있다.

셋째, 우리 법원은 대체로 종북이라는 표현을 협의의 개념으로 인식하고 있었다. 즉 "주체사상을 신봉하고 대한민국의 정체성과 정통성을 부정하는 반사회 세력"(윤주헌, 2014.08.14.)이 종북이라고 개념화하고 있었다. 물론 대한민국의 대북 정책에 비판적인 입장을 보이는 것 등 광의의 개념으로 종북을 인식하는 재판부도 있었지만, 이는 소수의견이었다. 중요한 점은 재판부가 종북을 협의로 개념화한 모든 판례에서 원고가 승소했고, 광의로 개념화한 판례에서 원고가 패소했다는 것이다.

이는 소송 결과의 예측 가능성 확보를 위해 종북의 법적 개념화가 필요하다는 점을 보여 준다. 물론 위에 언급한 것처럼 우리 법원은 대체로 종북을 협의의 개념으로 인식한다. 그러나 여전히 종북이라는 표현에 대해 재판관 사이에 이견이 존재하고 있음이 사실이다. 이는 종북이라는 용어에 명확성이 떨어짐을 보여 준다. 종북이라는 용어의 법적 개념화가 이루어지지 않는 이 상, 종북이라는 표현을 둘러싼 소모적인 소송은 지속될 가능성이 있다고 판 단된다. 광의의 개념으로 종북을 해석하는 재판관에 의해 종북이라는 표현이 정당한 표현으로 인정될 수 있다고 기대하는 표현자들, 그리고 협의의 개념 으로 종북을 이해하여 종북이라는 표현의 위법성(명예권 침해)을 주장하는 사람들 간의 의견 충돌이 지속될 수 있기 때문이다.

종북의 개념적 정의는 법조계, 언론계, 법학계, 언론학계 등의 전문가 토론 과 협의의 과정을 통해서 개념화될 필요가 있을 것이다. 종북의 정의를 "조선 민주주의인민공화국의 집권 정당인 조선노동당과 그 지도자인 김일성, 김정 일 등의 외교 방침을 추종하는 경향", "대한민국의 정체성과 정통성을 부정 하는 반사회 세력" 등 협의의 개념으로 명문화한다면, 대한민국 정부의 대북 정책에 대해 비판적 입장을 견지한 사람이나 진보적인 사회 관점을 가진 사 람들을 종북으로 지칭하는 혐오적 표현을 예방할 수 있을 것이다. 진보, 보수 정권을 막론하고 완벽한 대북 정책을 기대할 수는 없다. 완벽하지 않은 정책 은 비판, 견제되어야 된다. 대의 민주주의 사회에서 권력을 견제하는 역할을 담당하는 '언론'을 제4부라고 지칭하는 이유이다. 그런데 만약 종북을 광의 의 개념으로 개념화한다면, 대한민국 정부의 대북 정책에 대해 건전하게 비 판하는 사람들마저 북한을 추종하는 사람으로 인식될 여지가 있다. 종북 세 력은 대한민국 국민이 가장 혐오하는 세력이다(임재형 · 김재신, 2014). 국가 발전을 위해 반드시 필요한 대북 정책의 비판이 부정적으로 프레임화되어 있 는 북한에 대한 추종, 즉 종북으로 인식된다면, 정부의 대북 정책에 대한 비판의 목소리는 위축될 수밖에 없을 것이다. 즉 정치적 표현의 자유 확충을 위해서는 정권이나 권력에 대한 위축효과를 예방해야 하고, 위축효과를 불러오는 원인에 대한 최소한의 제한은 반드시 필요하다고 판단된다.

넷째, 원고가 패소한 경우, 즉 종북이라는 표현을 한 피고가 처벌받지 않은 경우를 표현의 자유 적극 판결이라고 정의하고, 해당 사례의 특성을 살펴보았다. 그 결과 종북이라는 표현을 했다고 해도 구체적 사실의 적시 없이 단순히 의견을 표명한 것이라고 판단될 경우, 사건 1과 같이 내부 전산망에 게시되었다는 이유로 공연성이 인정되지 않을 경우, 그리고 종북의 개념을 광의로 해석할 경우, 종북이라는 표현도 표현의 자유로 인정된다는 사실을 확인하였다.

이상의 결과는 우리 재판부가 특정인(단체)을 지칭하여 구체적인 사실의 기술 없이 "종북이다"라고만 표현한 것은 단순한 의견 표명으로 인정하고 있으며, 구체적인 사실의 적시가 있다고 해도 불특정 다수를 대상으로 이루어진 것이 아니라고 한다면 종북이란 표현이 허용될 수 있다는 인식을 보이고 있음을 나타낸다. 즉 우리 재판부는 종북이라는 표현이 다소 인격 침해적 성격을 가진 표현이라고 해도 그러한 표현이 표현 대상자에게 전달되지 않거나 심각한 부정적 영향을 주지 않는 의견이라고 판단되면 정당한 표현으로 인정해야 한다는 인식을 가진 것으로 나타났다. 결과적으로 22개 판례 중 4개 판례에서 재판부는 종북이라는 표현을 표현의 자유로 인정해야 한다는 보수적 인식을 나타냈다.

한편, 우리 재판부는 종북이라는 표현이 특정한 그룹에 대한 편견이나 폭력을 부추길 수 있는 표현(박해영, 2015), 이른바 혐오표현과는 다르다는 인식을 갖고 있었다. 즉 재판 과정에서 종북이라는 표현이 혐오표현이라는 전제 자체가 없었다. 이는 종북이 이분법적 사고에 의해 특정 대상을 구분하고 그 대상에게 편견을 지우는 형태의 대표적 혐오표현이라는 나영(2016), 한상희(2015), 신동호(2013) 등의 연구자와 진보 언론사들의 인식과는 다소 차이가 있다. 우리 재판부는 종북을 혐오표현으로 인식하고 있지 않기에 표현의 공연성, 표현의 내용, 맥락 등을 고려한 일반적 명예훼손, 인격권의 법리에 근거하여 판결을 이끌어 내고 있었던 것이다.

다섯째, 원고가 승소한 경우, 즉 종북이라는 표현을 한 피고가 처벌받은 경우를 인격권 적극 판결이라고 정의하고, 해당 사례의 특성을 살펴보았다. 그 결과 종북이라고 지칭한 피고가 처벌받는 경우는 종북이라고 지칭하기 위한 최소한의 확인과 검증의 절차가 부족할 경우, 종북이라는 단순 의견의 표명을 넘어 종북이라고 불릴만한 악의적(부정적) 이유 등을 부연 설명하거나 해석을 곁들인 경우, 종북이라는 표현이 원고에 대한 부정적인 낙인효과(사회적 평가)를 초래하게 될 경우인 것으로 나타났다.

종북이라는 표현으로 인한 원고의 인격권 침해가 인정된 18개 판례에서 재판부는 종북이라는 표현의 내용, 효과 등의 맥락을 고려하여 재판 결과를 이끌어 낸 것으로 보인다. 이는 종북이라는 표현 자체는 혐오표현이 아니지만, 표현의 근거 설명이 부족하거나 사회적 낙인효과 등 부정적인 효과가 초래될 경우 이를 제한해야 한다는 인식을 우리 재판부가 보이고 있음을 의미한다. 즉 우리 재판부는 종북의 실체를 인정하고, 종북이 혐오표현이라는 것에 대한 판단을 유보한 채, 종북을 표현의 자유의 대상으로 인정하고 있었다. 종북이라는 표현을 기타 인격권과 비교 형량한 판결을 이끌어 내고 있는 것이다. 다만 그 과정에서 우리 재판부는 대체로 종북이 인격권을 침해할 가능성이 높은 표현이라는 인식을 공유하고 있었다. 결과적으로 우리 재판부는 종북이라는 표현이 가진 낙인효과 등을 일부 인정하면서도 이를 혐오표현으로 인식하지는 않고 있었다.

결론적으로 이 연구에 의하면, 종북이라는 표현은 우리 사회에서 헤게모니를 가지고 있는 보수 정권의 보수 인사들이 진보적 인사들을 대상으로 행해지는 표현이다. 정치적 힘의 균형추가 보수적 이념에 쏠려 있는 상황에서 종북이라는 표현은 이념적인 공격용, 정치적 배제의 효과를 목적으로 행해진다는 주장(김효실·이정국, 2014.08.21.)이 설득력을 얻을 개연성이 있다. 종북이라는 표현을 거부하는 야당 등 진보 세력은 그것이 혐오표현으로서 자기검열의 효과, 위축효과를 이끌어 낸다고 주장한다(조윤호, 2015.11.05). 반면, 종북이라는 표현을 표현의 자유로 인정해야 한다는 보수 세력은 그것이 혐오표현이 아니라 수사적 표현의 하나이며, 표현의 자유로서 널리 인정되어야 한다고 주장한다(최연진·최원우, 2014.08.12.).

주목할 만한 점은 진보, 보수를 막론하고 표현의 자유의 중요성을 인정하고 있다는 것이다. 표현의 자유의 위축이 민주주의의 위기로 이어질 수 있다는 점(이재진·이정기, 2011a)에 진보와 보수 정치 세력 모두 동의하고 있기 때문일 것이다. 원칙적으로 모든 표현의 자유는 민주주의 발전을 위해 보장될 필요가 있다. 따라서 '종북'이라는 표현 역시 원칙적으로 표현의 자유로 보장해야 한다. 그런데 그것이 혐오표현으로서 특정 개인 또는 집단에 의해 불특정 다수의 표현 행위를 억압하는 결과를 초래한다면 어떻게 해야 할까. 표현의 자유를 억압하는 표현도 표현의 자유로 보장해야 할까.

임수경 전 의원 등 종북이라는 표현을 접한 사람들은 그것을 혐오표현이라고 주장한다. 자기검열의 효과, 위축효과를 이끌어 내어 정치적 토론을 막고 있다고 주장하는 것이다(조윤호, 2015.11.05). 실제 판례에서도 확인할 수 있듯이, 일부 보수 단체가 정치적 반대자들을 향해 쓰는 종북이라는 표현은 우리 사회 구성원의 상당수를 차지하는 정치적 반대자들의 표현의 자유를 억압할 가능성이 있다고 보인다. 그렇다고 한다면, 그 표현을 온전히 보호하기는 무리가 있을 것으로 생각된다. 특정 개인이나 단체가 종북이라는 표현을 할 자유를 보장하기 위해 불특정 다수의 표현을 제한할 가능성을 가지고 있기 때문이다. 표현의 자유를 보호하기 위해 표현의 자유를 제한하는 표현이 제한되어야 하는 이유이다.

우리나라 국민이 종북 세력을 가장 혐오한다는 실증 연구 결과(임재형 · 김재신, 2014, 재인용)가 존재하고, 종북에 대한 혐오표현 논란도 끊이지 않고 있다. 종북 관련 판례가 축적되면서 재판부가 종북을 협의의 개념으로 인식하는 상황이기도 하다. 즉 대부분의 재판부가 종북이라는 표현의 혐오성을 인정하고 있다. 문제는 그럼에도 여전히 종북에 대한 판결에는 일관성이 없다. 명문화된 법적 개념을 가지고 있지 않기 때문일 것이다. 필자는 이러한 상황이 종북을 혐오표현으로 볼 것인지에 대한 논의를 진전시키지 못하는 원인이라고 생각한다. 종북과 관련된 개념 정의가 시급한 이유이다.

한편, 일반 국민의 인식과 같이 종북을 협의의 개념으로 법적 정의할 경우 종북이라는 표현을 혐오표현으로 규정할 근거는 더욱 강해질 것이다. 이후 그와 같이 표현의 자유를 제한하는 혐오표현을 제한하기 위해 노력해야 할 것이다. 다만 종북과 같은 정치적 혐오표현의 제한은 민간 영역에서 자율적으로 이루어질 필요가 있다. 국가 주도로 혐오표현이 제한된다면, 건전한 정치적 표현이 혐오표현이라는 명목으로 국가에 의해 제한될 가능성을 배제할 수 없기 때문이다. 따라서 정부와 국가인권위원회, 언론, 언론중재위원회, 시민 · 사회단체의 협력 아래 혐오표현에 의한 피해자의 명예권을 회복하는 시스템을 구축하고, 시스템에 근거하여 피해자 보상이 충분히 이루어질 수 있도록 하는 노력이 필요하다고 생각된다. 예컨대 각 기관의 협조 아래 가칭 '혐오표현 중재 및 피해 구제위원회' 등을 신설할 필요가 있다. 이후 혐오표현을 당한 당사자의 신고가 이루어질 경우 (혹은 사회적 이슈가 된 표현일 경우) 위원회에서 전문가들에 의해 혐오표현에 관한 판단을 수행케 하고, 그 결과를 각종 언론에 공표함으로써 피해자의 명예를 단기간에 회복시키는 방식, 사건의 소송 비화 시 위원회의 판단을 사법부에서 적극 반영하는 방식, 악의적 혐오표현일 경우 가중 처벌하는 방식 등을 고려할 필요가 있다.

# 5장

# 힙합 음악 속 혐오표현과 한계

## 1. 힙합 음악의 혐오표현 이해의 필요성

1990년대 초중반, 현진영, 이현도, 서태지에 의해 시작되었다고 평가받고 있는 한국 힙합 음악은 특유의 직설적, 저항적 표현을 통해 성장을 거듭해왔다. 이주연(2019)에 따르면, 힙합 음악은 "인권 탄압에 대한 젊은이들의 자기 표출 양식"으로 성장해 왔고, "사회 경제적 불평등으로 인해 사회적 약자가 자신의 감정을 표출"하는 양식으로 성장해 왔다. 그리고 "젊은 세대들의 기성세대에 대한 저항정신"을 포함하고 있고, "정치, 사회, 문화, 교육에 대한 비판 정신"에서 성행하게 됐다(이주연, 2019, 843쪽).

2020년 전후 힙합 음악은 한국 음악계에서 주류 대중음악으로 자리 잡았다(송도영, 2019.12.06.). 엠넷Mnet의 〈쇼미더머니〉, 〈고등랩퍼〉, 〈언프리티 랩스타〉, MBC의 〈KILL BILL〉 등 수많은 힙합 경연 프로그램이 방송됐고, 〈너희가 힙합을 아느냐〉 등의 힙합 프로그램 역시 방송되었다. 힙합 음악이

멜론, 지니 등 음원 사이트의 상위권에 랭크되어 있는 것은 비단 어제오늘만의 일은 아니다. 만 19~20세 젊은이 100명을 대상으로 진행된 설문 조사에 따르면 응답자들은 사회에 대한 비판적 내용과 자유로운 사상의 표출, 그리고 자신들의 감정을 직설적으로 표현한다는 측면에서 힙합 음악을 선호한다고 응답했다(이주연, 2019).

그러나 힙합의 이미지가 긍정적인 것만은 아니다. 한국 힙합은 "남성성의 문화로 인식"되고 있다. 그리고 힙합에는 "진정성이라는 코드, 즉 자신의 삶에 대해 이야기해야 한다는" 코드가 장르적 문법으로 존재하는데, 소수자 혐오 정서 등도 자기 삶과 관련이 있다는 이유로 장르적 정당성을 부여받을 수 있는 구조를 가진다는 부정적 평가도 존재한다(김수아 · 홍종윤, 2016, 93쪽). 실제로 대중적으로 인기를 얻고 있는 많은 힙합 음악에서 소수자에 대한 혐오 정서가 발견되고 있다. 예컨대 민주언론시민연합(2019.11.18.)이 〈쇼미더머니〉 시즌2부터 7까지 힙합 음원 111곡을 대상으로 진행한 분석한 결과에 따르면, 111곡 중 40곡(44.14%)에 비속어와 욕설(미친놈, 새끼, 좆만아 등)이 나타났다. 아울러 19건(17.11%)에서 여성 비하 표현이 나타났고, 13건(11.71%)에서 장애인 비하(병신, 정신병자, 합죽이 등)가 발견됐다.

저항적 표현, 비판적 표현으로 젊은 층이 선호하는 힙합 음악에 혐오표현이 등장하는 현실은 혐오표현의 피해자에 대한 고통으로 작용할 수 있다. 예컨대 2015년 송민호, 이현준, 2016년 블랙넛, 2018년 산이, 2019년 김효은, 블랙넛 등 힙합 가수 상당수의 표현이 혐오표현으로 간주되어 여성 단체 등 각종 기관의 항의에 직면했다. 이 가운데 2016년 블랙넛의 표현 속 인물인 키디비는 블랙넛을 성폭력범죄의처벌등에관한특례법(통신매체이용음란) 위반죄와 모욕죄로 고소하기도 했다. 이는 힙합의 혐오표현이 사회적 문제로 부각될 수 있음을 보여 준다.

그러나 헌법 제22조 예술의 자유의 영역에 속하는 힙합 음악의 표현이 제한될 수 있는지, 제한되어야 한다면 그 근거는 무엇인지, 아울러 보호되어야 한다면 그 근거는 무엇인지를 학술적으로 분석한 연구 결과는 존재하지 않는다. 다행히 2019년 12월 12일 힙합 가수 블랙넛의 혐오표현을 둘러싼 대법원 판례(2019도12168)가 나왔다. 이에 이번 장을 통해서 대법원의 판단을 근거로 하여 힙합의 혐오표현 문제가 어느 정도인지, 어느 정도의 혐오표현이 용인될 수 있는지, 혐오표현의 문제를 어떻게 개선해야 할지에 대한 학술적 논의를 진행해 보고자 한다. 아울러 이번 장은 전통적인 형태의 판례 분석에서 벗어나 힙합 음악 수용자들의 판결 결과에 대한 인식과 힙합 음악의 혐오표현에 대한 인식을 조사해 보고자 했다. 이러한 과정을 통해 힙합 음악 속 혐오표현의 문제점과 판결의 문제점을 비판적으로 검토하고, 힙합 음악의 혐오표현 문제를 개선하기 위한 논의를 수행하고자 했다. 이 연구가 저항적, 비판적 표현에 최적화된 힙합 음악을 둘러싼 소모적 논쟁을 종식시키고, 궁극적으로 한국 힙합 음악의 성장에 기여할 수 있기를 기대한다.

## 2. 힙합의 혐오표현에 관한 논의

2015년 7월 10일, 엠넷 〈쇼미더머니〉 시즌4 3회에 출연한 가수 송민호는 "MINO 딸래미 저격 산부인과처럼 다 벌려"라는 가사의 랩을 했고, 여성 비하, 산부인과 모욕 논란이 일었다. 같은 회에 이현준은 "넌 속사정하지만 또 콘돔없이, 때를 기다리고 있는 여자 난자같이"라는 가사도 문제가 됐다. 이에 2015년 9월 17일, 방송통신심의위원회는 방송심의에 관한 규정 제27조(품위 유지) 2호, 5호, 제30조(양성평등) 2항, 제51조(방송언론) 3항, 제44조(수용수준) 등을 위반한 것으로 판단, 〈쇼미더머니〉에 3,000만 원의 과징금을 부과했다. 아울러 출연자들의 욕설이 노출된 〈쇼미더머니 코멘터리 4탄〉(6월 23일 방송)의 경우 방송심의에 관한 규정 제27조(품위 유지) 5호, 제44조(수용수준) 2항, 제51조(방송언어) 3항 위반으로 2,000만 원이 부과됐다. 방송법 제100조(제재조치등) 제1항에 따르면 과징금 부가 최대 금액은 5,000만 원이다. 즉 〈쇼미더머니〉 시즌4는 방송법상 법정 최고 수준의 제재를 받았다.

문제는 2015년 〈쇼미더머니〉의 중징계 이후에도 〈쇼미더머니〉 속 욕설, 혐오표현이 줄어들지 않았다는 것이다. 민주언론시민연합(2019.11.18.)의 민언련 신문모니터위원회와 민언련 방송모니터위원회의 조사에 따르면, 〈쇼미더머니〉 시즌2부터 7까지 출시된 111곡의 음원 중 56곡(50.45%)에 문제적 표현이 나타났다. 특히 49곡(44.14%)에는 비속어와 욕설이, 19건(17.11%)에는 여성 비하적 표현이, 13건(11.71%)에는 장애인 비하적 표현이 나타났다. 문제는 2015년 방송통신심의위원회의 중징계가 있었던 〈쇼미더머니〉 시즌4의 종영 이후 2016년 새롭게 방송된 〈쇼미더머니〉 시즌5에서 욕설의 비율이 오히려 높아졌다는 점이다.[*]

표 5-1. 〈쇼미더머니〉 프로그램 등장 음원 중 욕설 포함 내역

| 시즌/연도 | 2/2013년 | 3/2014년 | 4/2015년 | 5/2016년 | 6/2017년 | 7/2018년 |
|---|---|---|---|---|---|---|
| 노래 수 | 4 | 15 | 18 | 27 | 25 | 21 |
| 욕설 포함 노래 | 2 | 7 | 10 | 18 | 9 | 11 |
| 비율 | 50% | 46.67% | 55.56% | 66.67% | 36% | 52.38% |

힙합의 혐오적 표현에 대한 우려의 목소리는 송민호와 이현준 사례 외에도 존재한다. 예컨대 2019년 3월 30일, 힙합 가수 김효은이 발매한 음원 '머니

---

[*] 민주언론시민연합(2019.11.18.) 자료 수정

로드money road'에 "메갈년들 다 강간, 난 부처님과 갱뱅, 300만 구찌 가방, 니 여친집 내 안방, 난 절대 안 가 깜빵, 내 변호사 안전빵, 내 이름 언급하다간 니 가족들 다 칼빵" 등의 가사가 여성 혐오라는 비판에 직면한 바 있다(김민제, 2019.04.01.). 2019년 8월에는 사이먼 도미닉의 'make her dance'의 뮤직비디오가 여성을 성적 대상화한다는 비판에 직면하기도 했다. 비판에 대해 프로듀서는 자신의 소셜미디어에 "조선시대에서 음악하기 힘드네", "보기 싫으면 보지말고 듣기 싫으면 듣지말강"이라는 글을 썼다. 해당 영상에는 남성 래퍼가 자신의 돈과 여성 편력을 과시하는 형태의 이미지가 노출됐다(조현정, 2019.12.12.).

한국 힙합에서 이와 같은 혐오표현이 반복되고 있는 것은 한국 힙합에 "돈(힘)을 향한 숭배, 약한 것을 향한 능멸, 허슬(노오력) 이데올로기, 자수성가 신화와 그 거울상 같은 무임승차 혐오, 진지한 것을 향한 적개심('썸선비')"이 존재한기 때문이라는 평가(윤광은, 2019.10.19.)가 존재한다. 이러한 측면에서 몇몇 학자는 한국 힙합에 반성을 촉구한 바 있다. 예컨대 경희대 이택광 교수는 "표현의 자유 범위 확장에 목적이 있다면 약자에 대한 방어와 공격을 하는 방식이어서는 안 된다"라며, "현재 한국 힙합은 욕설 및 혐오발언을 통해 힙합의 파격성을 표현하고 있다"라고 비판했다(정수연·김연주, 2017.10.18.). 그러나 이와 같은 힙합의 혐오표현 문제가 어느 정도인지, 어느 정도의 혐오표현이 용인될 수 있는지, 혐오표현의 문제를 어떻게 개선해야 할지에 대한 학술적 논의는 진행되지 않았다.

## 3. 예술의 표현과 제한 법리에 대한 논의

헌법 제22조 제1항은 "모든 국민은 학문과 예술의 자유를 가진다"라고 명시하고 있다. 예술의 자유는 국민의 기본권 중 하나다. 예술의 자유는 전문가로서의 예술가뿐만 아니라 내국인, 외국인을 포함한 모든 인간을 주체로 하는 권리다(이석민, 2018). 헌법 제22조 제1항과 관련 예술의 자유는 "일반적 표현의 자유보다 더 두텁게 보장되어야 하는 기본권임을 표명하는 것이라는 견해가 유력"하다(이석민, 2018, 1쪽).

우리나라는 방송 등 미디어에 등장하는 대중예술 영역에서 사전 규제가 아닌 사후 규제를 적용하고 있다. 예컨대 방송통신심의위원회는 방송에 노출된 공연 장면 등에서만 그 장면이 방송심의에 관한 규정을 위반하는지 심의할 수 있다. 방송을 통해 노출되는 대중예술 영역의 표현의 자유를 보호하기 위해 이른바 사후 규제가 적용되는 것이다.

그러나 헌법 제21조의 표현의 자유가 그러하듯 예술의 자유 역시 무제한적인 기본권으로 볼 수 없다. 예술의 자유는 헌법 제37조 제2항, 즉 국가안전보장, 질서유지, 공공복리를 위해 비례의 원칙에 반하지 않는 범위에서 제한할 수 있다. 물론 이 경우에도 목적의 정당성, 방법의 적절성, 피해의 최소성, 법익의 균형성(과잉금지의 원칙) 내에서(헌재 1993.05.13. 91헌바17) 제한 가능하다(이석민, 2018, 52~53쪽).

또한 예술의 자유는 개인이나 공적, 사적 집단의 인격권, 명예권과 충돌할 수 있다. 이정기(2019)의 연구에 따르면, 사회적 예술가들의 자발적, 정치적 공인(대통령 등)을 패러디한 사회적 예술 작품의 상당수가 처벌받았다. 그러나 공인에 대한 사회적 예술(표현)물인, 패러디를 제한할 경우 공인에 대한 위축효과가 유발될 우려가 있다(김경호, 2005). 따라서 이정기(2019)는 자발적, 정치적 공인에 대한 비판 활성화를 위해 정치적 풍자물(사회적 예술)이 단순한 의견 표명일 경우 명예훼손(인격권) 관련 소송에서 면책될 수 있게 하는 등 표현의 자유를 확장하기 위한 판결이 필요하다고 주장한 바 있다

(이정기, 2019).

이상의 논의는 헌법 제22조 제1항이 보장하는 예술 표현의 자유가 무한정 보장될 수 없다는 점을 보여 준다. 대중예술의 한 가지 형태인 힙합 음악의 가사 표현을 둘러싼 혐오표현 논란은 최근 지속적으로 발생했으며(정수연 · 김연주, 2017.10.18.; 조현정, 2019.12.12.), 2019년 12월 12일에는 힙합 가수 키디비를 향한 블랙넛의 가사 표현에 관하여 내려진 대법원 판례가 사회적 이슈가 되기도 했다. 그러나 힙합 음악에서의 혐오표현의 수준, 보호, 제한과 관련된 학술적 논의는 전혀 이루어지지 않고 있다.

물론, 혐오표현과 관련한 일부 학술 연구 결과는 몇몇 연구자를 통해 이루어졌다. 예컨대 '종북'이라는 표현과 관련된 판례를 분석한 이정기(2016c)는 혐오표현은 표현 대상자의 표현의 자유를 제한하는 표현으로, 혐오표현은 표현의 자유를 보호하기 위해 제한되어야 한다고 주장했다. 아울러 혐오표현은 "사회적 소수자들의 입지를 위축시키고 낙인효과를 가하며 그들이 사회의 구성원으로서 평등하게 발언에 참여하는 표현의 자유를 도리어 저해"한다(윤광은, 2019.12.16.)는 논의도 존재한다.

## 4. 연구 문제 및 연구 방법

### 1) 연구 문제

이번 장은 힙합 음악의 일부 혐오표현을 둘러싼 표현의 자유 보호 및 제한에 대한 쟁점을 파악하고, 힙합의 혐오표현에 대한 최근 대법원 판례 도출 과정과 결과에 대한 분석을 통해 우리 법원의 예술의 표현(대중음악, 힙합 음악)에 대한 보호, 규제 근거를 파악해 보고자 했다. 아울러 힙합 음악을 즐겨 듣는 수용자를 대상으로 힙합의 혐오표현에 대한 허용, 규제 인식 등을 파악함으로써 힙합 음악의 혐오표현 문제를 개선하기 위한 실천적 제언을 해보고 자 했다.

연구 문제 1. 힙합 음악의 혐오표현에 대한 보호와 제한 필요성에 관한 쟁 점은 무엇인가?

연구 문제 2. 예술의 자유와 인격권이 충돌한 사건(블랙넛 vs 키디비)에 나 타난 혐오표현에서 가해자의 혐오표현과 피해자의 위축효과 는 어떠한 방식으로 표출되는가?

연구 문제 3. 예술의 자유와 인격권이 충돌한 사건(블랙넛 vs 키디비)에서 우리 법원은 예술의 혐오표현을 어떻게 인식하고 있는가?

연구 문제 4. 대중예술 수용자들의 힙합의 혐오표현에 대한 허용, 규제 인 식은 어떠한가?

## 2) 연구 방법

### (1) 분석 대상 사례 및 판례

연구 문제 1, 즉 힙합 음악의 표현의 자유 보호와 제한 필요성에 대한 논거 를 확인하기 위해 한국언론진흥재단의 빅카인즈(www.bigkinds.or.kr)와 구 글 키워드 검색을 수행했다. 검색어는 '힙합 혐오표현', '힙합 표현의 자유', '블랙넛 혐오표현', '블랙넛 표현의 자유'로 한정했다. 다양한 검색 내용 중 힙합의 표현의 자유 보호 근거와 힙합의 표현의 자유의 문제점과 관련된 주 장을 확인했고, 대립하는 내용을 종합적으로 정리했다.

연구 문제 2와 3, 즉 예술의 자유와 인격권이 충돌하는 사건에 나타난 혐오 표현의 방식과 법원 인식을 검증하기 위해 블랙넛 vs 키디비의 소송 과정이

집결되어 있는 세 건의 판례(대법원 판례, 서울중앙지법 1, 2심 판례)를 분석했다. 분석 대상 판례는 대법원(2012.12.12.)의 "대법원 선고2019도12168 모욕 사건에 관한 보도자료", 법률저널《로이슈》(2019.12.12.)의 법원·헌법 재판소 판결 검색을 통해 수집했다. 판결 수집 후 이재진·이정기(2011)의 판례 분석 틀을 적용하여 사건의 개요를 분석하고, 1~3심 판결 결과의 변화 과정을 검토했다(원고와 피고의 공·사인 여부, 승·패소 여부). 그리고 재판부 판결의 법적 근거(표현의 자유 보장 법리 또는 제한 법리)를 분석했다.

### (2) 수용자 연구 대상

연구 문제 4, 즉 대중예술 수용자들의 힙합의 혐오표현에 대한 허용, 규제 인식을 파악하기 위해 힙합 음악을 즐겨 듣는 20~30대를 대상으로 온라인 설문 조사를 진행했다.* 설문 조사는 2020년 2월 27일부터 28일까지 진행됐고, 총 224명이 설문에 참여했다. 이 중 힙합 음악을 평소에 전혀 듣지 않는다고 응답한 15명을 제외한 209명을 대상으로 분석을 진행했다. 응답자 중

---

* 연구 문제 4의 검증은 세 가지 영역으로 구분되어 진행됐다. 먼저 블랙넛과 키디비 판례 분석에 대한 연장선에서 재판 결과에 대한 수용자들의 인식을 확인하고자 했다. 이를 위해 블랙넛의 표현에 대한 정당성, 키디비의 피해에 대한 공감도, 재판 결과의 적절성을 5점 척도(1: 전혀 그렇지 않다, 5: 매우 그렇다)로 측정한 후 평균값과 빈도를 확인했다. 아울러 이아람(2017), 민주언론시민연합 (2019.11.18.) 등의 연구와 각종 기사 검색 결과에 근거하여 힙합의 다양한 표현 방식을 12개 유형(공인에 대한 비판적 표현, 기득권에 대한 저항적 표현, 사회문화에 대한 비판적 표현, 경제력에 대한 과시, 부에 대한 욕망, 동료 래퍼에 대한 디스, 사랑에 대한 표현, 욕설이 들어간 표현, 비속어가 들어간 표현, 여성 비하 표현, 장애인 비하 표현, 성소수자 비하 표현)으로 구분했다. 이후 이러한 표현에 대한 찬성 여부를 4점 척도(1: 전혀 찬성하지 않음, 2: 찬성하지 않는 편. 3: 찬성하는 편, 4: 매우 찬성)로 측정한 후 평균값과 빈도를 확인했다. 마지막으로 힙합 표현의 규제(허용)가 필요한 이유는 연구 문제 1에서 확인된 분석 결과에 근거하여 다섯 가지 항목(피해자의 표현의 자유가 위축, 피해자의 인격권이 침해, 청소년에 부정적 영향, 표현자의 표현의 자유 위축, 예술 표현의 자유 위축)을 5점 척도(1: 전혀 그렇지 않다, 5: 매우 그렇다)로 측정한 후 평균값과 빈도를 확인했다.

남성은 89명(42.6%), 여성은 120명(57.4%)으로 나타났다. 응답자들의 평균 연령은 24.82세였다. 응답자들의 평소 힙합 음악 청취도는 5점 척도(1: 전혀 듣지 않는다, 3: 가끔 듣는다, 5: 매우 자주 듣는다)를 기준으로 평균 3.33점 (SD=.91)으로 나타났고, 힙합 음악 선호도는 5점 척도(1: 전혀 선호하지 않는다, 5: 매우 선호한다)를 기준으로 3.48점(SD=.98)으로 나타났다.

## 5. 힙합의 표현의 자유 보호와 제한 필요성에 관한 쟁점

힙합 음악의 표현의 자유를 보호해야 한다는 논의는 힙합 음악이 기본적으로 대중문화, 예술이라는 측면의 특성을 고려해야 한다는 전제에서 출발하고 있다. 대중음악의 자유, 창작자의 표현의 자유는 보호되어야 하며, 힙합 음악의 일부에 혐오적 표현이 있다고 해서 이를 규제하는 것은 대중문화의 (표현) 위축을 유발한다는 것이다.

예컨대, 힙합 레이블 '하이라이트레코즈'를 이끄는 래퍼 팔로알토는 "솔직한 마음은 표현에 한계점을 두지 않아야 한다고 생각하는데요. 저도 어렸을 때부터 수많은 마약에 대한, 섹스에 대한 폭력적인 음악을 들어왔어요. 지금도 듣고 있죠. 그런데 저는 그런 사람이 아니잖아요. 결국 선택의 문제라고 생각해요. 물론 매력적인 창작자가 이런 얘기를 했을 때 그게 젊은이들에게 영향을 끼칠 수 있죠. 하지만 그것도 개인의 선택 문제라고 생각하는데요. 다만 저는 가사로 어떤 얘기를 했을 때 영향받는 사람들이 있을 수 있다는 점을 조금 더 고려하는 편이에요"라고 말한 바 있다(신연선, 2017.12.12.). 다소 폭력적, 선정적 표현이라고 해도 그런 표현을 하는 것은 기본적으로 창작자나 대중의 자율 의지에 의한 선택의 영역이어야 한다는 것이다. 아울러 래퍼 스윙스는 '불도저Bulldozer'(2013.12.27. 발매)라는 음원에서 "예술에 윤리라는 잣대 들이댈 거면 넌 진보하지 말고 내 음악도 듣지 말고 닥치고 가서 집 정리나 해"라고 힙합 음악의 규제에 대한 불편한 심경을 표현한 바 있다.

한편, 인터넷 자유, 개방, 공유를 위한 정책 도입을 위해 활동 중인 비영리 사단법인 오픈넷Open Net은 디스가 문화화된 힙합계에서 (혐오표현을 했다고 해도) 모욕죄가 래퍼들의 발목을 잡거나 래퍼들이 자기검열을 내면화하도록 할 가능성을 무시할 수 없다고 주장했다. 힙합 음악과 같은 예술 작품을 모욕죄로 처벌하는 것은 예술인들의 입에 재갈을 물리는 수단으로 활용될 가능성을 여는 행위라는 것이다. 오픈넷은 예술 작품에 대한 모욕죄 형사처벌이 여성에 대한 혐오표현의 근본적 해결책이 될 수 없다고 주장했다(오픈넷, 2019.09.16.). 디스, 거친 표현 등을 특징으로 하는 힙합 음악 일부에 혐오표현이 존재한다고 이를 모욕죄 등으로 규제하는 것은, 예술의 자유를 위축시키는 위험성이 있음을 경계하는 것이다.

이처럼 혐오표현이라고 해도 이를 보호해야 한다는 논의는 "힙합에 대한 규제가 예술 창작자의 자유로운 표현을 위축시킬 우려가 있다는 것", "창작자와 대중의 자율 의지의 중요성", "혐오표현은 힙합의 문화 중 일부"라는 것으로 정리될 수 있다.

그러나 힙합의 혐오표현에 대한 부정적 인식도 존재한다. 예컨대 음악 웹진 《리드머》의 편집장 강일권 씨는 "60~80년대 미국 게토에서 온갖 차별과 멸시, 범죄와 폭력이 만연한 환경에서 형성된 힙합엔 자연스레 마초적인 스트리트 언어와 질서가 녹아들었다. 그런데 한국의 힙합은 이에 대한 이해나 고민 없이 그저 마초적 특성이란 힙합의 외형만 관성적으로 받아들였다. 미국에서도 종종 약자 혐오 가사가 문제되지만, 힙합씬 내에서 건설적 토론과 논쟁을 통해 합의가 이루어지고 발전하는 중이다. 한국의 많은 아티스트와 팬들은 '힙합은 원래 그런 음악'이라는 무책임한 말로 모든 비판을 피해 가려

한다"라고 한국 힙합의 혐오표현에 대해 비판했다(노진호, 2018.03.21.). 아울러 민주언론시민연합(2019.11.18.)은 "힙합은 답답한 현실을 한탄하고 기득권에 대한 저항 등을 표현하는 문화… 선을 넘는 비속어와 약자 비하를 담은 랩들이 무차별적으로 재생산된다면 힙합이 차별을 조장한다는 오명을 피하기 어려울 것"이라고 주장했다.

이처럼 힙합의 혐오표현의 문제를 제기하는 주장은 "힙합의 혐오표현은 힙합의 문화 정신을 왜곡하고 있다는 것", "한국 힙합에 성찰이 부족하다는 것", "한국 힙합이 차별을 조장하고 있다는 것" 등으로 정리될 수 있다.

표 5-2. 힙합의 표현의 자유 보호와 제한 필요성 쟁점

| 힙합 혐오표현 보호 | 힙합 혐오표현 문제 제기 |
| --- | --- |
| 예술 창작자의 자유로운 표현 위축 | 혐오표현은 힙합의 문화(정신)를 왜곡 |
| 창작자, 대중의 자율 의지가 중요 | 힙합이 사회 차별을 조장하고 있음 |
| 혐오표현은 힙합의 문화 중 일부 | 한국 힙합 성찰 부족 |

## 6. 블랙넛 VS 키디비 판례에 대한 분석

### 1) 블랙넛 VS 키디비 사건의 개요

블랙넛(본명 김대웅, 남성)은 2015년 6월에서 8월까지 방송된 엠넷 〈쇼미더머니〉 시즌 4의 준결승 진출자다. 그리고 키디비(본명 김보미, 여성)는 2015년 9월에서 11월까지 방송된 엠넷 〈언프리티 랩스타〉 시즌 2의 준우승자다. 블랙넛은 2016년 2월 13일, '인디고 차일드'라는 음원에서 "솔직히 난 키디비 사진 보고 딸 쳐봤지, 물론 보기 전이지 언프리티"라는 가사를 썼고, 공연장에서 해당 랩을 하는 동안 자위행위를 하는 듯한 동작을 했다.

이에 키디비는 네이버TV에서 해당 가사로 상처받을 수 있으니 그런 가사를 쓰지 않았으면 좋겠다고 의견을 밝혔다. 그러나 블랙넛은 2016년 9월 9일 유사 행동을 반복했다. 아울러 2017년 4월 30일에는 "이번엔 키디비 아냐, 쥐도 안 처먹어, 니 bitch는 개네 면상" 등의 가사를 담은 '투 리얼Too Real'이라는 곡을 발매했다.

이에 2017년 5월 6일, 키디비는 자신의 인스타그램에 "수치심 때문에 며칠은 제 정신이 아니었다", 블랙넛은 "스트레스와 상처를 떠올리는, 트라우마 같은 존재"라고 심정을 밝혔다. 그리고 블랙넛을 고소하겠다는 의지를 밝혔다. 그러나 2017년 5월 7일, 블랙넛은 "I respect for my unnnie"라는 문장을 반복하여 쓴 다음, 그 위에 '김치녀'를 의미하는 김칫국물을 떨어뜨린 후 이를 촬영하여 피고인의 인스타그램에 게재, 피해자의 인스타그램 주소를 해시태그했다.

결국 2017년 5월 6일 키디비는 통신매체이용 음란죄와 모욕죄를 근거로 블랙넛을 고소했다. 그러나 2017년 7월 1일 블랙넛은 '100'이라는 노래를 부르던 중 키디비가 나오는 가사에서 멈춘 후 "여기서 제가 문제 하나 내볼게요. 과연 블랙넛은 어떤 여자랑 처음 잤을까요?"라는 말을 한 후 "누가 나의 처음 상대일지 너무 궁금해, 어떤 여자일까 내 좆대가리는 매일 꿈을 꾸네"라는 등의 멘트를 했고, 2017년 9월 28일 대학 공연장에서 같은 노래를 부르던 중 키디비가 나오는 가사에서 멈춘 후 가운뎃손가락을 드는 행동을 했다. 이에 키디비는 2017년 10월 18일 블랙넛을 2차 고소했다.

정리해 보면, 블랙넛은 불특정 다수를 통해 유통되는 음원을 통해 피해자를 특정하여 "키디비 사진을 보고 자위를 해봤다"라는 가사를 썼고, 공연장에서 '자위 퍼포먼스'를 했다. 아울러 불쾌감을 호소하는 키디비의 자제 요청을 듣고도 해당 행위를 반복했다. 오히려 새로운 음원을 통해 "쥐도 안 처먹어"라는 성적 비속어를 쏟아냈다. 이에 키디비는 자신의 소셜미디어를 통해

스트레스와 상처, 트라우마를 호소했으며, 고소하겠다고 경고했다. 그럼에도 블랙넛은 여성에 대한 혐오표현으로 알려진 '김치녀'를 상징케 하는 김칫국물을 떨어뜨린 게시글을 자신의 인스타그램에 게재한 후 키디비의 인스타그램 주소를 해시태그했다. 의도적으로 키디비가 자신의 행동을 보게 한 것이다. 결국 키디비는 블랙넛을 고소했지만, 블랙넛은 공연장에서 키디비를 성적으로 조롱하거나 욕하는 행동을 반복했다. 즉 블랙넛은 자신의 표현에 의해 키디비가 고통을 호소하는 상황을 정확히 인지하고 있으면서도 불특정 다수에게 피해자를 특정하여 모욕하는 행위를 멈추지 않았다.[*]

표 5-3. 사건 경과에 따른 공소사실

| 일시 | 노래 제목 | 가사 내용 | 관련 행위 |
|---|---|---|---|
| 2016.02.13. | 인디고 차일드 | 솔직히 난 키디비 사진 보고 딸 쳐 봤지, 물론 보기 전이지 언프리티 | 공연장(악스홀 공연)에서 노래를 부르며, 손으로 자위행위를 하는 듯한 동작을 함. |
| 2016.03.22. | 피해자는 네이버 TV에서 '인디고 차일드' 가사 내용으로 인해 상처받을 수 있으니 그런 가사를 쓰지 않았으면 좋겠다고 발언함. | | |
| 2016.09.09. | 인디고 차일드 | 솔직히 난 키디비 사진 보고 딸 쳐 봤지, 물론 보기 전이지 언프리티 | 공연장(Yes24 Live Hall 공연)에서 노래를 부르며, 손으로 자위행위를 하는 듯한 동작을 함. |
| 2017.04.30. | 투 리얼 Too Real | 걍 가볍게 딸감, 물론 이번엔 키디비 아냐, 줘도 안 처먹어, 니 bitch는 걔네 면상, 딱 액면가가 울 엄마의 쉰 김치 | 해당 노래를 작사하여 발매함. |
| 2017.05.06. | 피해자가 인스타그램에 피고인을 고소하겠다고 글을 올림, "수치심 때문에 며칠은 제정신이 아니었다", "저와 제 가족, 그리고 몇 없지만 저를 아껴주는 팬들에게 블랙넛은 금지어처럼 여겨지는 존재예요. 그만큼 스트레스와 상처를 떠올리는, 트라우마 같은 존재라고요" | | |

[*] 대법원(2019.12.12.)의 내용 일부 보완 정리

| 일시 | 노래<br>제목 | 가사 내용 | 관련 행위 |
|---|---|---|---|
| 2017.05.07. | | 피의자는 'I respect for my unnnie'라는 문장을 반복하여 쓴 다음 그 위에 '김치녀'를 의미하는 김칫국물을 떨어뜨린 후 이를 촬영하여 피고인의 인스타그램에 게재, 피해자의 인스타그램 주소를 해시태그. | |
| 2017.05.07 | | 피해자 1차 고소 | |
| 2017.07.01. | 100 | (힙합 가수 100명의 이름을 나열한 노래,<br>피해자의 예명 '키디비'가 포함됨) | 공연장(블루스퀘어 공연)에서 노래를 부르던 중 '키디비' 등장 가사 앞에서 노래를 멈춘 후 "저는 더 이상 래퍼 새끼들한테 관심이 없어요. 저는 관심 있는 것이 따로 지금 생겼거든요, 여기서 제가 문제 하나 내볼게요. 과연 블랙넛은 어떤 여자랑 처음 잤을까요?"라는 말을 한 후 "누가 나의 처음 상대일지 너무 궁금해, 어떤 여자일까 내 좆대가리는 매일 꿈을 꾸네"라고 언급함. |
| 2017.09.28. | 100 | (힙합 가수 100명의 이름을 나열한 노래, 피해자의 예명 '키디비'가 포함됨) | 공연장(대학교 공연)에서 노래하던 중 '키디비'가 등장하는 가사 앞에서 갑자기 노래를 멈춘 후 가운뎃손가락을 치켜들어 욕을 하는 행동을 함. |
| 2017.10.18. | | 피해자 2차 고소 | |

## 2) 블랙넛 VS 키디비 판례 분석

2019년 1월 10일, 서울중앙지법(2017고단8689)의 1심 결과가 나왔다. 재판부는 "피고인의 예술 내지 표현의 자유가 중요한 만큼 피해자의 인격권과 명예감정도 소중하고 보호받아야 한다. 그럼에도 피고인은 자신의 상업적 목적을 위해 피해자를 성적 대상으로 희화한 다음 이를 이용하는 행위를 계속하고 있고, 이로 인한 피해자의 피해는 커져가고 있다. 특히 피고인은 피해자가 피해를 호소하며 피고인을 고소한 이후에도 집요하게 피해자를 조롱하며 추가 피해를 가하고 있다"라며, 징역 6월, 집행유예 2년, 사회봉사명령 160시간을 선고했다.

한편, 1심 선고 후 블랙넛은 "힙합 음악 하는 분들이 좀 더 자유롭게 표현할 수 있었으면 좋겠다"라고 심경을 밝혔다. 키디비를 향한 자신의 표현이 표현의 자유, 예술의 자유의 영역에 속한다는 인식을 밝힌 것이다. 블랙넛은 1심 결과에 불복하여 항소했다.

2019년 8월 12일, 서울중앙지법의 2심 결과가 나왔다. 재판부는 "피고인은 피해자를 일방적인 성적 욕구 해소의 대상으로 삼아서 비하하거나 직설적 욕설 대상으로 삼은 것으로 보인다"라며, "피고인도 이런 행위를 하는 과정에서 자신의 행위가 모욕에 해당한다는 점을 충분히 인식하고 있었던 것으로 보인다"라고 판시했다. 아울러 "피고인은 힙합 음악 중 디스Disrespect 행위로서 정당하다고 주장하지만, 다른 문화예술 행위와 달리 힙합이라는 장르에서만 특별히 그와 같은 표현이 정당행위에 해당한다고 볼만한 합리적인 이유가 있다고 보이지 않는다"라며 피고인의 항소를 기각했다. 블랙넛의 모욕적 표현은 힙합 음악의 형식을 빌렸을 뿐 아무런 정당한 원인도 맥락도 없는 성적 희롱이나 비하에 불과하다고 본 것이다.

1, 2심 재판 결과에서 피해자가 애초에 주 범죄로 고소한 통신매체이용 음란죄 부분은 인정되지 않았다. 모욕죄만 인정된 것이다. 1심과 2심 재판부는 예술의 자유, 표현의 자유가 절대적인 자유가 아니며, 피해자의 인격권과 명예감정과 비교 형량 되어야 한다는 점을 분명히 했다. 또한 재판부는 블랙넛의 표현이 지닌 공익성 또는 예술성을 인정하지 않았다. 그의 표현을 상업적인 표현으로 본 것이다. 그러나 재판부는 예술의 자유 내지 표현의 자유와 공익성, 인격권의 관련성에 대한 구체적인 비교 형량 기준에 대해 제시하진 않았다. 아울러 재판부는 피해자가 고통을 호소하며 고소한 이후에도 (피해자

가 특정되고, 자신의 행위의 문제점을 인지한 상황에서) 집요하게 피해자에 대한 추가 피해를 가한 것이 문제가 된다고 판단했다. 아울러 일방적으로 피해자를 성적 욕구 해소의 대상으로 삼아 비하하거나 욕하는 등의 행동은 성적 희롱이나 비하이지, 힙합의 디스 문화로 볼 합리적 이유가 없다고 판단했다. 다만, 최근 사회적으로 문제 되는 혐오표현과 관련된 재판부의 인식은 해당 판결에서 드러나지 않았다.

한편, 재판 결과에 앞선 5월 20일 항소심 1차 공판에서 블랙넛은 "가사와 퍼포먼스가 자극적이고 직설적이라고 받아들일 수 있다고 생각하지만, 상대를 모욕하려는 의도는 없었다"라며, "충분히 힙합 음악을 좋아하는 사람들 사이에서는 용인될 수 있는 가사와 퍼포먼스라고 생각한다"라고 주장했다 (강경윤, 2019.05.21.). 키디비를 향한 자신의 표현이 힙합적 표현으로 적절한 수준이며, 피해자를 모욕할 의도가 없는 단지 직설적 표현이라는 인식을 밝힌 것이다. 블랙넛은 2심 결과에 불복, 항소했다. "힙합에서 특정인을 직접 언급하는 가사는 물론, '디스diss'라 하여 타인을 무시하거나 비판하는 등의 공격적인 표현 역시 자주 사용되어 왔고, 이러한 예술적 특성이 고려되어야 한다"라며 상고한 것이다(대법원, 2019.12.12.).

표 5-4. 블랙넛 vs 키디비 판례

| 판례 구분 | 판단 내용 | 결과 |
|---|---|---|
| 서울중앙지법 2019.01.10. 선고 2017고단8689 판결 | 피고인의 예술 내지 표현의 자유가 중요한 만큼 피해자의 인격권과 명예감정도 소중하고 보호받아야 한다. 그럼에도 피고인은 자신의 상업적 목적을 위해 피해자를 성적 대상으로 희화한 다음 이를 이용하는 행위를 계속하고 있고, 이로 인한 피해자의 피해는 커져 가고 있다. 특히 피고인은 피해자가 피해를 호소하며 피고인을 고소한 이후에도 집요하게 피해자를 조롱하며 추가 피해를 가하고 있다. | 징역 6월, 집행유예 2년, 사회봉사명령 160시간 |

| 판례 구분 | 판단 내용 | 결과 |
|---|---|---|
| 서울중앙지법<br>2019.08.12. 선고 | 피고인은 피해자를 일방적인 성적 욕구 해소의 대상으로 삼아서 비하하거나 직설적 욕설 대상으로 삼은 것으로 보인다. ··· 피고인도 이런 행위를 하는 과정에서 자신의 행위가 모욕에 해당한다는 점을 충분히 인식하고 있었던 것으로 보인다. ··· 피고인은 힙합 음악 중 디스Disrespect 행위로서 정당하다고 주장하지만, 다른 문화예술 행위와 달리 힙합이라는 장르에서만 특별히 그와 같은 표현이 정당행위에 해당한다고 볼만한 합리적인 이유가 있다고 보이지 않는다. | 항소 기각 |
| 대법원<br>2019.12.12. 선고<br>2019도12168 판결 | 가사 내용, 공연 상황, 고소 경과 등을 종합하면 표현의 대상을 '키디비'로 특정한 것으로 보아야 하고, 가사 자체가 저속하고 피해자를 성적 욕구 해소의 대상으로 삼아 성적으로 비하하는 표현으로 피해자를 모욕하였다고 본 원심의 판단은 정당하다. | 상고 기각,<br>원심 판결<br>확정 |

2019년 12월 12일, 대법원(2019도12168) 판결이 나왔다. 재판부는 가사 내용, 공연 상황, 고소 경과 등을 종합하면 표현의 대상을 '키디비'로 특정한 것으로 보아야 하며, 가사 자체가 저속하고 피해자를 성적 욕구 해소의 대상으로 삼아 성적으로 비하하는 표현으로 피해자를 모욕하였다고 본 원심의 판단은 정당하다고 판단했다. 아울러 재판부는 피해자에 대한 모욕적 표현들이 음악적 맥락에서 언급한 것이 아니라 힙합의 형식을 빌렸을 뿐 성적 희롱에 불과하다면서, 힙합이라는 이유만으로 다른 예술 분야와 달리 위와 같은 행위가 특별히 용인된다고 볼 합리적 이유가 없다고 판단했다. 즉 대법원은 피해자가 특정되는 상황에서 불특정 다수에게 모욕적 표현이 전달되는 상황을 모욕죄의 핵심 근거로 들었다. 아울러 힙합이라는 음악의 장르적 특성을 고려하더라도 성적 희롱 등의 표현이 특별히 용인될 수 없는 수준이라고 판단했다.

표 5-5. 블랙넛 vs 키디비 판례 분석 결과

| 구분 | 내용 | | |
|---|---|---|---|
| 원고의 성격 | 연예인/래퍼(자발적·비정치적 공인) | | |
| 피고의 성격 | 연예인/래퍼(자발적·비정치적 공인) | | |
| 원고의 승·패소 여부 및 근거 | 1심 | 원고 인격권 침해, 상업적 목적의 표현, 고소 이후 2차(추가) 가해 | 원고 승소 |
| | 2심 | 원고 인격권 침해, 피해 인지 여부, 힙합의 특수성 고려 안 됨 | 원고 승소 |
| | 대법원 | 피해자 특정, 힙합의 음악적 맥락과 성적 희롱의 연관성 없음 | 원고 승소 |
| 미고려 사항 | 예술의 자유, 혐오표현의 특수성, 힙합 음악 가사의 모욕죄 판단 기준 | | |

## 7. 힙합 음악의 혐오표현에 관한 설문 조사

블랙넛과 키디비의 대법원(2019도12168) 판결에 대한 수용자 인식을 조사했다. 그 결과 응답자 209명 중 블랙넛의 표현이 정당하다고 응답한 사람은 단 12명(5.7%)에 불과했다. 159명(76.1%)의 응답자가 해당 표현이 정당하지 않다고 판단했다. 반면, 피해자인 키디비의 피해(성적 수치심 등)에 대해 공감한다는 사람은 144명(55.9%)으로 공감하지 않는다는 사람 25명(12%)에

표 5-6. 블랙넛 VS 키디비 판결에 대한 수용자 인식

| 구분 | M(SD) | 부정 | 중립 | 긍정 |
|---|---|---|---|---|
| 블랙넛의 표현에 대한 정당성 | 1.80(SD=.93) | 159(76.1%) | 38(18.2%) | 12(5.7%) |
| 키디비의 피해에 대한 공감성 | 3.84(SD=1.11) | 25(12%) | 40(19.1%) | 144(55.9%) |
| 구분 | M(SD) | 처벌 과도 | 적절 | 처벌 부족 |
| 블랙넛 판례 적절성 대한 의견 | 2.25(SD=.60) | 18(8.6%) | 120(57.4%) | 71(34%) |

※ 5점 척도(1: 전혀 그렇지 않다, 5: 매우 그렇다)

비해 많았다. 블랙넛과 키디비의 대법원 판결에서 블랙넛에 대한 처벌이 적당하다는 의견은 120명(57.4%)에게서 나타났다. 반면, 처벌이 부족하다는 의견은 34%로 처벌이 과도했다는 의견 8.6%에 비해 높았다.

힙합 음악을 듣고 있는 20~30대는 힙합 가수들이 공인(88%)이나 기득권(92%), 사회문화(97%)에 대해 비판적이고, 저항적인 표현을 하는 것에 대해 대체로 찬성했다. 그리고 사랑과 관련된 표현을 하는 것에도 찬성했다(96%). 힙합에 일부 욕설이 들어가는 것(58%), 비속어가 들어가는 것(55%), 동료 래퍼에 대한 디스(58%)에 반대하는 비율은 찬성 비율에 비해 다소 높았지만, 그 차이가 크지 않았다. 경제력에 대한 과시(돈 자랑)에 대한 찬성 인식은 55%, 부에 대한 욕망 표현에 대한 찬성 인식은 65%로 반대 인식 비율보다 높았다. 이는 힙합에서 디스, 욕설, 비속어를 사용하는 것, 경제력을 과시하는 것을

**표 5-7. 힙합의 표현 수준에 대한 수용자 인식**

| 힙합 표현 가능성 | M(SD) | 반대(N, %) | 찬성(N, %) |
|---|---|---|---|
| 공인에 대한 비판적 표현 | 3.26(SD=.94) | 25(12%) | 184(88%) |
| 기득권에 대한 저항적 표현 | 3.41(SD=.99) | 17(8.1%) | 192(91.9%) |
| 사회문화에 대한 비판적 표현 | 3.55(SD=.98) | 6(2.9%) | 203(97.1%) |
| 경제력에 대한 과시(돈 자랑) | 2.59(SD=1.02) | 94(45%) | 115(55%) |
| 부에 대한 욕망 | 2.80(SD=1.09) | 74(35.4%) | 135(64.6%) |
| 동료 래퍼에 대한 디스 | 2.39(SD=1.22) | 121(57.9%) | 88(42.1%) |
| 사랑에 대한 표현 | 3.71(SD=1.06) | 9(4.3%) | 200(95.7%) |
| 욕설이 들어간 가사 표현 | 2.40(SD=1.11) | 122(58.4%) | 87(41.6%) |
| 비속어가 들어간 가사 표현 | 2.47(SD=1.08) | 115(55%) | 94(45%) |
| 여성 비하 표현 | 1.24(SD=.52) | 200(95.7%) | 9(4.3%) |
| 장애인 비하 표현 | 1.14(SD=.42) | 203(97.1%) | 6(2.9%) |
| 성소수자 비하 표현 | 1.17(SD=.44) | 203(97.1%) | 6(2.9%) |

※ 4점 척도(1: 전혀 찬성하지 않음, 2: 찬성하지 않는 편. 3: 찬성하는 편, 4: 매우 찬성)

문화로 생각하는 사람들이 많음을 보여 준다. 그러나 그럼에도 응답자 대부분은 힙합 음악의 여성 비하(96%), 장애인 비하(97%), 성소수자 비하(97.1%)와 같은 소수자들에 대한 혐오적 표현에 반대하고 있었다.

힙합 음악의 혐오표현을 모욕죄 등으로 규제해야 피해자의 표현의 자유를 보호할 수 있을 것이라는 의견에는 54.1%의 응답자들이 동의했다. 동의하지 않는 사람은 9.1%에 불과했다. 아울러 피해자의 인격권을 보호하기 위해 힙합 음악의 혐오표현을 규제해야 한다는 의견에는 67%의 응답자들이 동의했다. 동의하지 않는 사람은 9.6%에 불과했다. 반면, 힙합의 혐오표현 규제가 표현자의 표현의 자유를 위축시킬 것이라는 의견에 대한 동의율은 23.9%에 불과했다. 동의하지 않는다는 응답의 비율은 38.8%로 높았다. 아울러 힙합의 혐오표현 규제가 예술가들의 표현의 자유를 위축시킬 것이라는 의견에 대한 동의율은 27.2%에 불과했다. 동의하지 않는다는 응답의 비율은 35.9%로 높았다.

표 5-8. 힙합 표현의 규제 필요 근거, 규제 불가 근거

| 힙합 표현 규제 필요 이유 | M(SD) | 부정(N, %) | 긍정(N, %) |
|---|---|---|---|
| 피해자의 표현의 자유 위축 | 3.53(SD=.82) | 19(9.1%) | 113(54.1%) |
| 피해자의 인격권 침해 | 3.76(SD=.91) | 20(9.6%) | 140(67%) |
| 청소년 악영향 | 3.70(SD=.99) | 30(14.4%) | 136(65.1%) |
| 힙합 표현 규제 불가 이유 | M(SD) | 부정(N, %) | 긍정(N, %) |
| 표현자의 표현의 자유 위축 | 2.82(SD=.94) | 81(38.8%) | 50(23.9%) |
| 예술 표현의 자유 위축 | 2.90(SD=.95) | 75(35.9%) | 57(27.2%) |

※ 5점 척도(1: 전혀 그렇지 않다, 5: 매우 그렇다)

## 8. 결론: 힙합 음악의 혐오표현이 유발하는
## 표현 제한을 극복해 내기 위하여

힙합 음악은 한국 대중음악의 주류 음악으로 성장했다. 이번 장은 힙합의 혐오표현에 대한 자유와 제한에 대한 논의를 확인하고, 관련 판례 분석과 수용자 조사를 통해 힙합 음악 혐오표현 규제의 타당성을 제시해 보고자 했다. 이번 장의 결과와 함의는 다음과 같다.

첫째, 힙합 음악의 혐오표현 규제에 대한 찬반 논거를 확인하기 위해 빅카인즈와 구글 키워드 검색을 통해 관련 논의를 확인했다. 그 결과 힙합의 혐오표현을 보호해야 한다는 논의는 ① 예술 창작자의 자유로운 표현이 위축될 수 있다는 것, ② 창작자, 대중의 자율 의지가 중요하다는 것, ③ 혐오표현은 힙합의 문화 중 하나라는 것으로 요약됐다. 힙합의 혐오표현에 대한 문제 제기는 ① 혐오표현이 힙합의 문화를 왜곡하고 있다는 것, ② 힙합이 사회 차별을 조장한다는 것, ③ 한국 힙합에 성찰이 부족하다는 논의로 요약된다. 이러한 분석은 2015년 〈쇼미더머니〉 시즌4에 출연한 송민호의 혐오표현 논란이 있을 당시 힙합 사이트인 힙합엘이(hiphople.com)와 힙합플레이야 (hiphopplaya.com) 게시판의 반응을 네 가지로 분석한 김수아(2015)의 연구 결과와 맥을 같이한다. 김수아(2015)는 '힙합에 대한 대중의 이해 부족', '일반 여성에 대한 비하(혐오)가 아니라 비난받아야 마땅한 소수 여성에 대한 비하(혐오)라는 것', '예술과 표현의 자유로 보호되어야 한다는 것', '약자에 대한 혐오는 지양되어야 하고, 이 경우 표현의 자유가 제한될 수 있다는 것' 으로 당시 상황을 분석했다.

힙합의 문화 중 하나인 자유로운 표현(혐오표현)을 보호해야 한다는 논거는 힙합이라는 장르가 원래 그런 것이기 때문에 '힙합을 알지도 못하는(힙알

못)' 사람들이 힙합의 혐오표현을 비판하는 것 자체가 문제라는 논리를 가지고 있다. 힙합 음악의 표현을 보호해야 한다는 주장은 힙합 음악과 같은 예술 작품을 모욕죄로 처벌하는 것이 예술인들의 입에 재갈을 물리는 수단이 될 가능성을 여는 행위라는 오픈넷(2019.09.16.)의 주장을 통해 극명하게 드러난다. 물론 1980년대 미국 힙합은 뉴욕 빈민가의 흑인들이 인종차별이나 경찰의 폭력 등 일상에서의 불평등을 노래했던 것이 시초가 됐다. 미국에서도 40여 년간 여성 혐오, 사회 약자에 대한 비하 가사가 문제가 되었고, 최근 사회적 약자에 대한 폭력과 조롱을 담은 가사를 지양하는 공감대가 형성되고 있다(조근호, 2019.06.15.). 예컨대 미국에서 가장 영향력 있는 힙합 가수인 제이지Jay-z는 〈4:44〉라는 노래는 통해 "내 아이가 태어난 후에야 나는 비로소 여성의 눈으로 세상을 보게 됐어"라는 가사를 통해 여성을 성적 대상화하는 표현을 했던 자신의 과거를 반성하기도 했다. 이러한 측면에서 힙합의 혐오표현을 표현의 자유로 인정해야 한다는 주장은 '힙합의 변화를 알지도 못하는(힙알못)' 사람들의 주장일 수 있다. 전 세계적인 인권 의식의 증진 속에서 힙합의 본토인 미국 힙합은 성찰하고 있는데, 한국 힙합은 그러한 성찰을 하지 않으며 여성 등 소수자들에 대한 혐오표현을 표출하고 있다는 것이다.

둘째, 키디비에 대한 혐오표현이 문제가 된 사건에서 블랙넛은 여성인 키디비의 성적 수치심을 일으킬 만한 가사("키디비 사진 보고 딸 쳐봤지, 물론 보기 전이지 언프리티")의 음원을 발표했다. 키디비는 자제를 요청했지만 블랙넛은 이후에도 같은 행위를 반복했다. 심지어 새로운 음원에서도 키디비를 거론했다("쥐도 안 처먹어"). 이에 키디비는 스트레스와 상처, 트라우마를 호소하며 고소하겠다는 의견을 밝혔다. 그러나 블랙넛은 자신의 SNS를 통해 키디비를 다시 조롱했다.

키디비는 2017년 5월 6일, 자신의 소셜미디어를 통해 자신을 성적으로 모욕한 블랙넛에게 성적 수치심을 느꼈다며, 블랙넛은 자신과 가족, 팬들 사이에 '블랙넛'은 금기어로 여겨졌다고 밝혔다. 고소 이후 악플러에 의한 2차 피해도 발생했고, 대인 기피증이 생겼으며, 정신과 치료를 받았다고 말했다(강영조, 2018.04.19.). 키디비는 소송 기간 활발하게 활동하지도 못했다. 결국 블랙넛의 표현의 자유는 피해자의 정신적 고통을 유발했고, 표현과 활동의 위축을 유발했음을 확인할 수 있다. 그리고 피해자의 고통을 인지한 상태에서도 블랙넛의 표현이 지속되었음을 확인할 수 있다. 즉 블랙넛의 표현의 자유는 키디비의 표현의 자유를 제한하는 방식으로 이루어졌음을 확인할 수 있다.

셋째, 키디비가 블랙넛을 대상으로 제기한 소송은 대법원 판례까지 3건의 판례를 이끌어 냈다. 피고인 블랙넛과 원고인 키디비는 모두 연예인(힙합 가수)으로 자발적 · 비정치적 공인에 속한다(이재진 · 이정기, 2011). 2심 재판부(2019노258)는 "피해자가 나름의 인지도를 가진 연예인이라고 할지라도 피해자는 힙합 음악을 하는 가수일 뿐 공공연히 피고인의 성적 욕구 해소의 대상이 되는 것이 양해 또는 용인되지 않는다"라고 보았다. 이는 명예훼손, 모욕적 표현과 관련 소송에서 피해자(표현의 대상이 된 사람)의 공인성 여부를 고려하는 것으로 알려진 사법부가 피해자를 자발적 · 비정치적 공인으로 보고 있으며, 공인성이 약한 자발적 · 비정치적 공인(연예인)에 대한 모욕적 표현이 명예훼손적 표현에 대한 수인 범위가 높은 자발적 · 정치적 공인(대법원 2006다53214)에 대한 표현으로 간주되지 않았음을 예측하게 한다. 이는 우리 재판부가 모욕적 표현과 관련한 소송에서 공인성을 반영하여 판결하고 있음을 짐작할 수 있게 하는 부분이다.

즉 3건의 판례는 자발적 · 정치적 공인보다 공인성이 낮은 자발적 · 비정치적 공인 간의 소송이었다. 따라서 3건의 판례에서 예술적 표현의 '공익성'은 전혀 고려되지 않았다. 오히려 재판부는 피고인의 표현을 '상업적 표현'으로 판단했는데, 이 때문인지 "일반적 표현의 자유보다 더 두텁게 보장되어야 하는 기본권인" 예술의 자유는 거의 고려되지 않았다(이석민, 2018, 1쪽).

한편, 3건의 판결에서 힙합 음악 속에서 나타난 어느 정도 수준의 혐오표현이 모욕죄로 규제될 수 있는지에 대한 명확한 판단의 근거를 확인할 수는 없었다. 다만, 재판부는 힙합이라는 장르에서만 '자신의 행위가 모욕적 표현인지를 인지'한 상태에서 '피해자가 특정'되는 '상업적 목적'의 '성적 표현'이 정당화될 수 없다는 점을 분명히 했다. 힙합 음악(방송에 나오는 음악과 음원 사이트에서 유료로 유통되는 음악) 대부분이 상업적 음악이라는 점을 고려한다면, 피해자가 특정되는 소수자를 대상으로 한 혐오표현은 모욕죄로 처벌될 가능성이 높다는 점을 예측할 수 있다. 물론 해당 판례를 통해 소수자의 유형(여성 이외에 장애인, 성소수자 등), 표현의 주제(성적 희롱 이외에 욕설, 조롱 등), 표현 대상(표현 대상자가 정치적·자발적 공인일 경우), 공익성* 등을 혐오표현의 규제 기준으로 고려한다는 점은 확인할 수 없었다.

넷째, 블랙넛과 키디비의 판례에 대한 힙합 수용자들의 인식을 확인했다. 그 결과 블랙넛의 표현에 대한 정당성에 있어 76.1%가 정당하지 않다고 평가했고(정당하다는 의견 5.7%), 키디비의 피해에 대한 공감성에 있어 55.9%가 공감한다고(공감하지 않는다는 의견 12%) 평가했다. 아울러 블랙넛의 처벌이 과도했다는 의견은 8.6%에 불과했다. 처벌 수준이 적절하다는 의견은 57.4%,

---

* 예컨대 래퍼 산이는 2016년 11월 24일 〈나쁜X(Bad Year)〉라는 곡을 통해 박근혜-최순실 게이트를 비판했다. 그러나 발표 직후 여성에 대한 혐오표현("단연 제일 나쁜 건 그녈 만난 거 나쁜 년 BAD YEAR")으로 비판받았다. 아울러 그룹 DJ DOC는 2016년 11월 25일 〈수취인분명(미스박)〉이라는 음원을 무료로 배포하여 박근혜 대통령과 최순실의 국정 농단을 비판했다. 그러나 일부 여성단체들로부터 여성혐오적 요소("공주", "하도 찔러대서 얼굴 빵빵", "미스박 You 노답", "잘 가요 미쓰 박 세뇨리땅")가 있다고 비판받았다. 이 두 사례는 자발적·정치적 공인에 대한 표현이 여성 혐오적 표현이라고 평가받은 경우로 볼 수 있다.

부족했다는 의견은 34%나 나타났다. 즉 20~30대 힙합 수용자들은 대체로 블랙넛의 표현이 부당하며, 처벌이 필요하다는 의견을 가지고 있었다.

힙합 음악 수용자들이 대체로 동의하지 않는 표현(혐오표현)을 한 블랙넛을 규제함으로써 피해자의 인격권을 보호하고자 한 3건의 판결은, 일반 힙합 음악 수용자들의 의견과 일치하는 방향으로 내려진 것으로 평가될 수 있다. 특히 재판 과정에서 피고인 블랙넛의 주장, 즉 "충분히 힙합 음악을 좋아하는 사람들 사이에서는 용인될 수 있는 가사와 퍼포먼스라고 생각한다"라는 사람들의 주장(강경윤, 2019.05.21.)은 근거가 부족한 주장이라는 점을 확인할 수 있었다.

한편, 20~30대 힙합 음악 수용자들의 절대다수는 힙합의 공인 비판(88%), 기득권 비판(91.9%), 사회문화 비판(97.1%)에 대해 찬성하고 있었다. 즉 힙합 음악을 좋아하는 사람들은 힙합의 저항적 표현, 솔직한 표현을 선호하고 있었다. 또 욕설(41.6%)이 들어간 표현, 비속어(45%)가 들어간 표현, 경제력에 대한 과시적 표현(55%), 부에 대한 욕망을 담은 표현(64.6%)이 용인되어야 한다는 의견도 상당수 수용자에게서 나타났다. 즉 상당수의 힙합 음악 수용자들이 이를 힙합의 문화적 특성이라고 인식하고 있었다. 그럼에도 여성 비하 표현(95.7%), 장애인 비하 표현(97.1%), 성소수자 비하 표현(97.1%) 등 소수자에 대한 혐오표현은 용인할 수 없다고 이들은 인식하고 있었다. 이는 힙합의 문화적 특성을 고려할 때 힙합의 혐오표현이 자연스러운 것이라는 주장이 '힙합의 변화를 알지도 못하는(힙알못)' 사람들의 주장이라는 점을 보여 준다.

힙합의 혐오표현을 규제할 경우 표현자의 표현의 자유가 위축될 것이라는 인식은 23.9%에 불과했다. 반면, 혐오표현을 규제하지 않을 경우 피해자의 인격권이 침해될 것이라는 의견은 67%였고, 피해자의 표현이 위축될 것이라는 의견은 54.1%로 나타났다. 이상의 결과는 힙합 음악의 수용자들에게 있어 힙합의 자유로운 표현과 혐오표현은 결이 전혀 다른 표현이라는 점을 나타낸다. 아울러 이들은 힙합의 혐오표현을 제한하는 것이 창작자의 자유를 제한하는 방식으로 나타나지 않을 것이며, 피해자의 표현의 자유와 인격권을 보호하는 형태로 나타날 것이라고 인식하고 있음을 보여 준다.

결과적으로, 직접 혐오표현이라는 단어를 언급하지는 않았지만, 힙합 음악의 혐오표현의 자유보다 피해자의 인격권이 중요하다고 본 재판부의 결정은 변화된 힙합 음악의 트렌드, 힙합 음악 수용자들의 보편적 인식을 반영한 결정이었다고 판단된다. 다만, 해당 판결이 예술인들의 입에 재갈을 물리는 수단으로 악용될 수 있을 것이라는 비판(오픈넷, 2019.09.16.)을 극복하기 위해서는 추후 예술적 표현에 의한 모욕, 명예훼손 등의 소송에서 해당 표현의 공익성 여부, 표현 대상자의 공·사인 여부 등을 고려하여 판결할 필요가 있다. 예컨대 공익성이 있는 표현, 비판적 표현의 수인 범위가 넓은 자발적·정치적 공인 대상의 표현이 모욕죄나 명예훼손 소송으로 비화되었을 경우(대법원 2006다53214), 해당 표현의 자유를 폭넓게 보호하는 방식의 판결(이정기, 2019)이 필요할 것이다. 재판부가 힙합 음악의 표현 수준을 공적인 표현과 사적인(상업적) 표현으로 구분하고 표현 대상자의 공인성을 충분히 고려한 판결을 내린다면, 힙합 가수가 공인성이 높은 사람이나 기관을 대상으로 공적인 표현을 했다고 위축되는 일이 발생하지 않게 할 수 있을 것으로 생각한다.

한편, 혐오표현은 사회적 소수자인 피해자의 표현을 위축시키고 피해자의 인격권을 침해할 수 있다. 표현의 자유가 위축될 수 있다는 우려로 혐오표현을 규제하지 않아야 한다는 주장은 설득력이 부족하다. 그러한 주장은 사회적 소수자의 표현 위축과 피해를 전제한 상태에서 표현의 자유를 주장하는 논리이기 때문이다. 그러나 한국 사회의 표현의 자유 수준이 충분치 않기 때문에 혐오표현에 대한 해악을 고려할 때 위축효과를 고려해야 한다는 주장(박해영, 2015)은 중요한 주장이라고 생각된다. 이러한 문제를 해결하기 위해서는 앞서 언급했듯 명예훼손, 명예권 관련 소송에서 공익성, 공인 이론을 적용한 판례를 도출하는 사법부 차원의 노력이 필요하다. 이와 함께 혐오표현의 현황, 혐오표현의 문제를 사회적으로 공론화함으로써 그것이 자율적으로 규제될 수 있는 환경을 조성할 필요가 있다. 예컨대 유치원 이상 모든 정규 교육 기관에서의 학생 대상 교육을 통해 혐오표현을 예방하기 위해 노력해야 한다. 아울러 일반인 대상 PR 캠페인 등을 통해 혐오표현의 문제를 지속적으로 시민사회에 알리기 위해 노력해야 한다. 또한 성별, 출신 국가, 성적 지향, 사상, 종교 등을 이유로 이루어지는 차별을 금지하기 위한 포괄적 차별금지법 제정 등을 통해, 소수자를 대상으로 한 차별을 처벌하는 법률적 근거를 마련하고자 하는 노력도 필요하다고 판단된다.

# 6장

# 성소수자 광고의 허용 필요성

## 1. 성소수자 광고가 허용되지 않는 국내 환경 이해의 필요성

2017년 5월 30일부터 6월 1일까지 진행된 한국갤럽의 조사에 의하면, 동성애를 사랑의 한 형태로 인정한다는 인식은 56%, 동성애자의 취업 기회가 일반인과 동일해야 한다는 인식은 90%에 이르렀다. 또한 2017년 한국인의 34%가 동성결혼에 찬성하는 것으로 나타났다. 2001년, 2013년 조사 당시 동성결혼 합법화에 대한 찬성률은 각각 17%, 25%였다(김중기, 2017.06.08.). 한국갤럽의 조사는 성소수자에 대한 한국 사람들의 인식이 '배타적'에서 '포용적'으로 조금씩 변하고 있음을 보여 준다.

성소수자에 대한 포용성이 높아지는 것은 세계 주요국들의 성소수자에 대한 인권 의식 성장과 무관하지 않아 보인다. 실제로 네덜란드(2001년), 스웨덴(2007년), 프랑스(2012년), 영국(2014년), 미국(2015년), 독일(2017

년), 대만(2017년) 등의 선진국은 동성결혼 합법화 법안을 통과시켰다.* 각종 영화, 드라마, 퀴어 축제 등 동성애 코드의 문화콘텐츠가 활발히 제작된 것도 성소수자에 대한 포용성 증진에 도움을 주었을 것으로 예측된다. 예컨대 2008년에 개봉한 영화 〈쌍화점〉, 2006년 개봉한 영화 〈후회하지 않아〉, 2009년 개봉한 영화 〈친구사이?〉, 2016년에 개봉한 영화 〈아가씨〉 등 꽤 많은 영화에 성소수자가 등장했다. 아울러 2010년에 방송된 SBS의 드라마 〈인생은 아름다워〉, 2015년에 방송된 웹드라마 〈대세는 백합〉은 동성애를 소재로 활용하였다. 영화 개봉, 드라마 방영 때마다 동성애는 크고 작은 사회적 논란(찬반 논란)을 유발하였다.

비록 지속적인 논란을 유발하긴 했지만, 한국 사회는 영화, 드라마, 퀴어 문화 축제(보도)에 이르기까지 다양한 형태의 미디어에서 성소수자를 다루어 왔다. 그러나 다른 유형의 콘텐츠와 달리 한국 광고 영역에서만큼은 성소수자를 거의 다루지 않고 있다. 실제로 다양한 글로벌 기업은 성소수자 광고를** 비교적 활발하게 집행하고 있다. 왜 이런 일이 발생하고 있을까. 왜 유독 한국 사회에서만 성소수자가 공개적으로 언급되기 어려운 구조일까. 이번 장은 이러한 의문에서 출발했다.

---

* 그러나 여전히 한국 사회의 성소수자 인권 의식은 해외 선진국에 비해 낮은 편이다. SOCI법정책연구회의 〈한국 LGBT 인권 현황 2018〉에 따르면, 한국의 무지개 지수(한국의 성적 지향, 성별정체성 관련 제도의 유무를 분석한 후 계량화한 지수)는 100% 만점에 11.7%에 불과했다. 이는 유럽 49개국 중 44위 수준으로 알려져 있다. 특히 몰타, 벨기에, 노르웨이, 영국, 핀란드, 프랑스, 영국, 핀란드, 프랑스, 포르투갈, 덴마크, 스페인, 스웨덴, 네덜란드, 독일, 오스트리아, 그리스, 아일랜드, 아이슬란드, 크로아티아 등의 국가는 50%를 넘은 국가였다.

** 이 연구에서 성소수자 광고란 단순히 성소수자를 소재로 한 광고가 아니라, 성소수자가 사회의 일원으로 자연스럽게 살아가는 모습을 보여 주는 광고, 성소수자의 인권을 지지하는 입장, 성소수자에 대한 차별을 반대하는 입장을 보여 주는 광고로 정의하였다.

해외에서 성소수자 광고가 본격화된 시점은 2000년대로 평가된다(이진설, 2015.06.29.). 이는 동성애 표현 광고물이 패션 잡지에서 조금씩 노출되기 시작한 시점이 1997년 이후라는 주장(김은수 · 정성지 · 김동건, 2008)에서도 확인된다. 해외에서 성소수자 광고가 진행되고 있는 이유는 성소수자의 구매력 때문이라는 평가가 있다(이진설, 2015.06.29.). 성소수자들이 구매력 있는 소비자로 인식되며, 동성애 옹호가 인권 존중, 다양성 존중과 같은 기업 이미지 제고에 도움이 된다고 평가받는다는 것이다(한혜인, 2018.02.27.). 미국 등 동성결혼을 합법화한 국가에서는 앞으로 성소수자, 동성애 코드의 광고가 더욱 활성화될 것으로 예측된다(이진설, 2015.06.29.).

이와 달리 한국에서 성소수자 광고는 의견 광고를 제외한다면 찾아보기 어렵다. 한국은 동성결혼을 합법화하지 않았으며, 차별금지법 등도 제정하지 않았다. 퀴어 퍼레이드, 축제 허용에 대한 찬반 논쟁이 존재하고(심동준, 2018.07.14.), 기독교계 등 보수 단체의 반대로 일부 퍼레이드가 중단되기도 하는 등(이용우, 2018.06.25.), 성소수자를 바라보는 시선이 성숙하지 않은 상황이기도 하다. 성소수자 광고가 많지 않기 때문에 성소수자 광고 연구도 많지 않은 편이다. 일부 이루어진 연구는 동성애 광고에 대한 광고 수용자들의 인식을 실증적으로 확인하는 방식이었다(김은수 · 정성지 · 김동건, 2008; 김종환, 2000; 리대용, 1999). 예컨대 김은수와 정성지, 김동건(2008)은 1997년부터 2004년까지 패션 잡지에 실린 패션 광고의 동성애 표현에 대한 수용자 조사를 수행했다. 분석 결과 여성성이 강한 남성일수록 동성애 표현 광고 태도가 긍정적이고, 구매 의도가 높으며, 유행 추구 성향이 높을수록 동성애 광고 태도와 구매 의도가 높다는 결과를 도출했다. 다만 이들의 연구는 한국에서 성소수자 광고가 본격적으로 노출되지 않은 시점에 이루어졌다는 한계가 존재한다.

더욱 큰 문제는 2010년 이후 진행된 본격적인 성소수자 광고 관련 연구가 존재하지 않는다는 것이다. 해외에서 성소수자 광고는 하나의 표현 양식으로 고려되어 관련 연구가 활발히 진행 중이란 점을 고려할 때, 한국에서 유사한 형태의 성소수자 광고가 표현되지 못하고 있는 현실은 두 가지 측면에서 문제를 야기할 수 있다. 첫째, 성소수자 대상 상품이나 서비스에 대한 마케팅 효과를 이끌어 낼 수 있는 기회를 상실할 수 있다. 전 세계 동성애자 수는 약 3억 5,000만 명이며, 2015년 기준 이들의 구매력은 7,900억 달러로 평가받는다(이진설, 2015.06.29.). 둘째, 광고 역시 표현의 자유의 한 수단이라는 점을 고려할 때, 성소수자 광고가 자유롭게 표현되지 못하는 현실은 성소수자의 기본권(표현의 자유)을 침해할 소지가 있다. 더욱이 동성애를 혐오하는 의견을 제시하는 이른바 동성애 혐오 광고가 의견 광고라는 이름으로 주요 일간지 등에 꾸준히 게재되고 있는 상황이다(장슬기, 2015.03.09.; 강수경, 2018.08.15.).

이러한 문제의식에서 이번 장에서는 한국 성소수자 광고의 현황과 특성, 과제 등을 탐색적인 형태로나마 학술적으로 접근해 보고자 했다. 구체적으로 한국 성소수자 광고의 유형을 탐색적으로 확인하고, 해외 성소수자 광고 유형과 비교 분석하고자 한다. 아울러 한국 성소수자 광고 규제의 찬반 근거를 검토하고, 관련 규제 사례와 법적 근거를 비판적으로 검토해 보고자 한다. 즉 성소수자 광고가 한국에서 억제되고 있는지, 그렇다면 그 이유가 무엇인지 검토해 봄으로써 표현 수단의 하나로서 성소수자 광고의 규제 담론이 타당한 것인지에 대한 함의를 제시하고자 한다.

넓게 보면, 이번 장은 왜곡된 인식으로 인해 성소수자에 대한 자유로운 표현이 이루어지지 못하는 현실을 광고라는 틀 속에서 논의해 본 것이라 할 수 있다. 성소수자가 우리 사회의 일원으로 자연스럽게 살아가는 모습을, 성소수자에 대한 차별에 반대하는 메시지를 담은 광고가 자유롭게 유통될 수 있는 환경의 구축은 한국 사회의 표현의 자유 확장과 성소수자에 대한 인권 증진에 도움을 줄 것으로 판단했다. 이 연구가 활성화되지 못하고 있는 성소수자 광고와 성소수자 광고 연구에 기여할 수 있기를 기대한다. 아울러 성소수자들이 한국 사회의 일원으로 자연스럽게 어우러질 수 있는 환경을 만드는 데 도움을 줄 수 있기를 바란다.

## 2. 성소수자 차별 금지에 대한 법리적 이해

유엔인권이사회United Nations Human Rights Council(UNHRC)는 2011년 6월 17일 "모든 인간은 존엄성과 권리에 있어서 자유롭고 평등하게 태어났으며 누구든지 개인의 성적 취향과 무관하게 아무런 차별없이 권리와 자유를 보장받아야 한다"라는 내용의 결의안을 채택한 바 있다. 아울러 유엔인권이사회는 2016년 6월 30일 성소수자에 대한 인권 침해와 차별, 폭력을 모니터링하는 인권 전문가 신설안[성 정체성에 근거한 폭력 및 차별 방지 발의안(A/HRC/32/L.2/Rev.1)]을 찬성 23, 반대 18, 기권 6으로 통과시켰다.* 이 과정에서 한국은 찬성표를 행사했다.

한편, 선진국들은 성별, 장애, 종교, 병력, 연령, 성적 지향 등 생활의 모든

---

* 찬성(23개국): 한국, 알바니아, 벨기에, 볼리비아, 쿠바, 에콰도르, 엘살바도르, 프랑스, 조지아, 독일, 라트비아, 멕시코, 몽골리아, 네덜란드, 파나마, 파라과이, 포르투갈, 슬로베니아, 스위스, 유고슬라비아, 마케도니아공화국, 영국, 베네수엘라, 베트남 / 반대(18개국): 알제리아, 방글라데쉬, 부룬디, 중국, 콩고, 코트디와브르, 에티오피아, 인도네시아, 케냐, 키르기스탄, 몰디브, 모로코, 나이지리아, 카타르, 러시아, 사우디아라비아, 토고, 아랍에미리트연합국 / 기권(6개국): 보츠와나, 가나, 인도, 나미비아, 필리핀, 남아프리카(김정언, 2016.11.03.).

영역에서 합리적 이유에 근거하지 않은 차별을 금지하는 차별금지법을 가지고 있다. 예컨대 네덜란드는 종교, 신념, 정치적 의견, 인종, 성별, 국적, 신분과 함께 성적 지향에 따른 차별을 금지하는 평등대우기본법Equal Treatment Act(1994)을 가지고 있다. 스웨덴 역시 2009년부터 동성애, 이성애, 양성애 등 성적지향과 성 정체성(트렌스젠더)에 대한 차별을 금지하는 통합 차별금지법을 시행하고 있다(이지현, 2014, 112~114쪽). 한편, 유럽연합(EU)은 2000년 11월 고용평등 기본지침을 통해 회원국이 연령, 장애, 성적 지향, 종교, 신념을 이유로 한 차별을 금지하도록 규정했다. 이에 따라 각 회원국은 차별 금지 법률을 2006년까지 제정해야 했다(심재진, 2017, 49쪽). 결과적으로 독일은 2006년 일반균등대우법Allgemeines Gleichbehandlungsgesetz, 영국은 2010년 평등법the Equality Act을 통해 성전환, 동성결혼, 성적 지향 등에 따른 차별을 금지하고 있다. 이밖에 미국, 캐나다, 남아프리카공화국 등도 차별금지법을 적용하고 있다.

한편, 우리나라는 2007년 12월 정부(법무부), 2008년 1월 노회찬 의원(차별금지법안), 2011년 박은수 의원(차별금지기본법안), 2011년 권영길 의원(차별금지법안), 2012년 11월 김재연 의원(차별금지법안), 2013년 2월 김한길 의원(차별금지법안), 2013년 2월 최원식 의원(차별금비법안) 등이 차별금지법 입법을 시도했으나 모두 무위에 그쳤다(홍관표, 2013). 즉 우리나라는 성소수자의 차별을 적극적으로 예방할 수 있는 법률을 가지고 있지 않다. 다만, 우리 헌법 제21조 제1항은 "모든 국민은 언론·출판의 자유와 집회·결사의 자유를 가진다"라고 명시하고 있다. 이는 우리 헌법상 자유로운 표현 행위를 영위함에 있어 성소수자도 예외가 될 수 없음을 예측하게 한다. 특히 국가인권위원회법 제2조(정의) 제3호의 경우 정치적 의견, 성적 지향 등을 이유로 고용, 재화, 용역, 상업시설, 토지, 주거시설의 공급이나 이용과 관련하여 특정한 사람을 우대, 배제, 구별하거나 불리하게 대우하는 행위를 평등권 침해의 차별행위로 규정하고 있다. 아울러 국가인권위원회법 제44조 제1항 제2호에 의하면, 진정을 조사한 결과 이러한 차별행위 등이 있을 때 법령, 제도, 정책, 관행의 시정 또는 개선을 권고할 수 있다. 즉 한국은 인권법을 통해 성소수자가 차별될 수 없음을 명문화하고 있다.

## 3. 해외 주요 국가의 성소수자 광고의 현황

해외 주요 국가의 성소수자 광고의 유형과 현황을 검토하는 일은 한국 성소수자 광고의 유형과 문제점 파악을 위해 필요하다. 하지만 이를 일목요연하게 정리한 자료는 없었다. 다만 유튜브와 구글, 네이버 등 포털을 통해 해외의 성소수자 광고를 어렵지 않게 확인할 수 있었다. 총 8개국 13건의 성소수자 광고를 확인했고, 각 광고의 특징을 유형화한 후 정리했다. 그 결과는 다음과 같다.

첫째, 성소수자 광고는 미국, 영국, 독일, 스웨덴, 이탈리아, 네덜란드, 프랑스, 대만 등의 국가에서 나타나고 있었다. 이들 국가는 현재 동성결혼이 합법화된 국가라는 공통점이 있다. 물론, 프랑스, 영국 등 일부 국가에서는 동성결혼 합법화 이전에 이미 성소수자 광고가 노출된 사례가 있었다. 다만, 이들 국가의 성소수자 광고는 의견 광고 혹은 동성애에 대한 인식 전환을 주제로 한 광고였다.

둘째, 대부분의 성소수자 광고의 내용이 성소수자에 대한 특별한 관점(차별 금지)을 가지고 있지 않았다. 물론, 13건의 광고 중 3건, 즉 2014년 유엔의 광고, 2012년 영국의 옥외 광고, 2018년 독일의 하리보 광고는 동성애 차별 금지라는 주장을 담고 있었다. 다만 대부분의 성소수자 광고는 성소수자의 생활이 이성애자의 생활처럼 자연스러운 것임을 이야기하는 방식이었다.

셋째, 해외의 성소수자 광고는 인쇄 광고, 옥외 광고, SNS 포스팅, 영상 광고의 형태로 다양하게 나타나고 있었다. 다만, 영상 광고의 비율이 상대적으로 높았다. 구체적으로 조사된 8개국 13건의 광고 중 9건이 영상 광고였다. 인쇄 광고는 1건, 옥외 광고(버스 광고)는 1건, SNS 광고는 1건에 불과했다.

넷째, 광고주는 유엔, 볼보(자동차 회사), 피아트(자동차 회사), 맥도날드, 캠벨, 티파니, 애플, 아디다스, 구글, BBC(영국 공영 방송사), 스톤월(동성애 단체), 하리보(과자 제조 회사) 등으로 나타났다. 아울러 미국 중심의 광고가 많고, 본격적인 의미의 광고로 보기 어려워 모두 표로 정리하지는 않았으나 나이키, 오레오, 리바이스, 스타벅스, 코카콜라, 펩시, AT&T, KFC, 레이방 등의 미국 회사, 앱솔루드 등의 스웨덴 회사, 버진 아틀란틱 항공사 등 영국 회사, 캐나다 온타리오주 관광청 광고, 미국 라스베이거스 관광객 유치 광고, 미국 철도여객공사 암트랙의 광고 역시 성소수자를 마케팅으로 활용하고 있음을 확인할 수 있다(조지현, 2016.10.25.; 이진설, 2015.06.29.). 이는 성소수자를 주제로 한 광고의 상당수 광고주가 대기업이라는 점을 확인케 한다. 기관이나 단체인 경우는 유엔, 스톤월에 불과했다.

다섯째, 의견 광고보다는 상업 광고가 대부분이었다. 이는 광고주의 대부분이 대기업이라는 측면에서 충분히 예측할 수 있는 부분이다. 의견 광고는 유엔 등의 기관, 동성결혼이 합법화되지 않은 시점의 국가(영국) 등에서 발견되었다.

표 6-1. 주요 국가의 성소수자 광고의 현황

| # | 국가 | 발표 연도 | 광고 유형 | 광고 내용 | 기타 |
|---|------|----------|----------|----------|------|
| 1 | UN | 2014 | 영상 | 유엔 인권위원회에서 드리는 새로운 반 호모포비아 메시지 공익광고, 성소수자들의 권리는 인권이라는 메시지 | |
| 2 | 이탈리아 | 2014 | 영상 | 피아트 500 소형 자동차의 핑크 버전, 네덜란드 게이 퍼레이드 속을 달리는 모습 | 2016년 2월 시민 결합의 형태로 동성결합 인정, 2001년 네덜란드 세계 최초 동성결혼 합법화 종교(이탈리아): 기독교 80% 종교(네덜란드): 가톨릭 32%, 개신교 25% |
| 3 | 대만 | 2016 | 영상 | 맥도날드의 'Warm up the Conversation' 광고, 아버지에게 자신이 동성애자임을 고백(커밍아웃)하는 아들과 이를 받아들인다는 아버지의 응답 | 2017년 5월 동성결혼 합법화 (아시아 최초), 종교: 불교 35%, 도교 33%, 기독교 2.6%, 천주교 1.3% |
| 4 | 미국 | 2015 | 영상 | 캠벨스프의 'I am your father' 광고, 실제 동성부부 출연, 두 명의 아버지가 스타워즈의 대사로 아이에게 밥을 먹이는 장면과 "Made for real life"라는 카피 노출 | 2015년 6월 동성결혼 합법화, 종교: 기독교/가톨릭 76.6%, 유대교 1.9% |
| 5 | | 2015 | 인쇄 | 티파니의 인쇄 광고, 남성 연인의 커플링 사진과 함께 "Will You?"라는 카피 노출 | |
| 6 | | 2016 | 영상 | 애플 아이폰 7, 뉴욕 지하철에서 스마트폰을 가지고 즐겁게 시간을 보내는 동성 연인을 자연스럽게 묘사 | |
| 7 | | 2016 | 인스타그램 | 아디다스 운동화를 신은 두 여성이 키스하는 장면을 떠올리게 하는 다리 사진 포스팅 | |
| 8 | | 2017 | 영상 | 구글의 구글 홈, 자녀에게 아침을 주고 학교에 보내는 두 명의 아버지를 자연스럽게 노출 | |

| # | 국가 | 발표<br>연도 | 광고<br>유형 | 광고 내용 | 기타 |
|---|---|---|---|---|---|
| 9 | 영국 | 2016 | 영상 | 영국 'BBC One's Christmas' 크리스마스 연휴 광고, 행복한 생활을 하는 수많은 사람 가운데 두 남성의 키스 장면과 "for the moments we share"라는 카피 노출 | 2014년 4월 동성결혼 합법화,<br>종교: 기독교 59.3%, 이슬람교 4.8% |
| 10 | | 2012 | 옥외<br>(버스) | 동성애 단체 스톤월의 의견 광고, "Some people are gay. Get over it!' 라는 카피 제시 | |
| 11 | 스웨덴 | 2017 | 영상 | 볼보 XC60의 광고, 다양한 사람의 모습들 가운데, 남성 커플의 모습을 자연스럽게 노출 | 2007년 12월 동성결혼 합법화,<br>종교: 스웨덴국교(복음루터파 개신교) 88% |
| 12 | 독일 | 2018 | 인쇄 | 독일 제과회사 하리보 젤리의 광고, 남녀, 남남, 여여로 형성화된 젤리가 손을 잡고 있는 장면과 "Every love is sweet"이라는 카피 노출 | 2017년 7월 동성결혼 합법화,<br>종교: 가톨릭 28.6%, 개신교 26.6% |
| 13 | 프랑스 | 2010 | 영상 | 맥도날드 광고, 아버지를 기다리는 중 동성의 애인과 통화를 하는 학생의 모습과 "Come as you are"라는 카피 노출 | 2012년 11월 동성결혼 합법화<br>종교: 가톨릭 53%, 이슬람 7%, 개신교 3% |

## 4. 표현의 자유 수단으로서 광고에 관한 논의

광고는 창의성이 중시되는 정신적 활동인 표현 가운데 하나다. 다만 광고는 상업적 표현 활동이다. 따라서 과거 광고는 규제가 필요한 상행위로 보는 인식이 강했다(Jackson & Jeffries, Jr., 1979). 기존 법학자들 역시 광고가 언론 자유의 영역에 포함되지 않는다는 견해를 가지고 있었다(이승선, 2004, 228쪽). 다만 2000년 이후 헌법재판소의 판결 등을 살펴보면, 광고를 "표현으로 보려는 경향"이 나타나고 있음을 확인할 수 있다(이재진, 2006, 334쪽).

예컨대 헌법재판소는 2000년 3월 30일 선고한 97헌마108과 99헌마143, 2002년 12월 18일 선고한 헌마764를 통해 상업 광고의 표현도 헌법 제21조의 표현의 자유로 보호받는 대상이 된다고 판시한 바 있다.

이에 대해 이승선(2004)은 헌법재판소가 "상업적 광고 표현까지 표현 자유의 보호 영역"으로 설정하고 있고, 그 논거는 "광고가 공익적인 내용"을 포함하고 있기 때문이라고 정리한 바 있다. 광고가 공익을 포함하고 있을 경우 헌법상 보호되고, 공익을 포함하지 않을 경우 헌법상 보호되지 못한다는 것이다(이승선, 2004, 214~215쪽). 이승선(2004)의 이러한 주장은 헌법재판소의 2005년 10월 27일 2003헌가3 판례에서도 나타난다. 상업 광고의 규제에 관한 위헌 심사의 기준을 다룬 이 사건에서, 헌법재판소는 "소비자에게 의료인의 의료기술이나 진료 방법을 과장함이 없이 알려주는 의료광고라면 이는 의료행위에 관한 중요한 정보에 관한 것으로서 소비자의 합리적 선택에 도움을 주고… 공익을 증진시킬 수 있다"라고 말한다. "의료인에게 자신의 기능과 진료 방법에 관한 광고와 선전을 할 기회를 박탈"하는 것은 표현의 자유를 제한하는 것이라고 판시한 것이다.

한편, 윤성옥(2016) 역시 판례 분석을 통해 헌법재판소가 상업 광고를 표현의 자유 보호 대상으로 보고 있다고 주장했다. 다만 그는 국가안전보장, 질서유지, 공공복리를 위해 제한될 수 있다는 연구 결과를 도출했다. 옥외 광고물 등 관리법, 식품위생법, 의료법으로 제한될 수 있다는 것이다. 아울러 상업 광고 규제에서 표현의 자유, 직업 수행의 자유가 침해될 수 있고, 과잉금지의 원칙, 명확성의 원칙, 포괄위임 입법 금지의 원칙 등 위헌 판단 기준이 적용된다는 결과를 도출하기도 했다.

하지만 앞선 연구 결과에서 성소수자 광고, 동성애 광고가 분석의 대상이 된 사례는 존재하지 않았다. 성소수자 광고 판례가 존재하지 않았기 때문이다. 광고는 아니지만, 영화 〈친구사이?〉(감독 김조광수, 2009.12.17. 개봉, 15세 관람가)의 사례를 통해 성소수자 콘텐츠가 어떤 법적 맥락에서 표현의 자유로 인정될 수 있는지 유추해 볼 수 있다. 구체적으로 2013년 11월 14일 선고된 대법원 2011두11266 판례는 20대 초반 남성들의 동성애를 다룬 영화 〈친구사이?〉의 성인 등급 분류가 적절한지에 관련한 사건을 다루고 있다.

이 사건의 원심 판결(서울행정법원 2009.12.14.)은 동성애 내용을 다룬 영화라는 이유만으로 청소년들이 수용하기 어렵다고 단정할 수 없고, 내용이 청소년의 성적 욕구를 지속적으로 자극할 정도로 선정적이거나 모방 위험 요소가 지나치게 구체적이지 않다고 보았다. 또한 동성애를 정상적 성적 지향의 하나로 보아야 한다는 주장이 있고, 이를 유해한 것으로 취급하여 그에 관한 정보의 생산과 유포를 규제하는 경우 성소수자인 동성애자들의 인격권과 행복추구권에 속하는 성적 자기결정권 및 알 권리, 표현의 자유, 평등권 등 헌법상 기본권을 지나치게 제한할 우려가 있다고 지적했다. 따라서 이를 종합해 볼 때, 이 영화가 청소년 관람 불가 등급 기준에 해당한다고 보기 어렵다고 판단했다.

대법원 역시 원심 선고에 문제가 없다고 보았으며, 동성애를 유해한 것으로 취급하여 관련 정보의 생산과 유포를 규제하는 것은 성소수자의 인격권 등 성적 자기 결정권을 침해함은 물론 표현의 자유와 같은 기본권을 제한하게 될 가능성이 있다고 인식하였다. 아울러 동성애 관련 콘텐츠라는 이유만으로 성소수자들이 수용하기 어렵다고 단정하는 것을 경계해야 한다고 보았다. 결과적으로 〈친구사이?〉는 15세 관람가로 상영될 수 있었다.

이밖에 국가인권위원회는 2003년 10월 12일, 청소년보호법시행령에 '동성애'가 청소년유해매체물 심의기준으로 규정된 것이 성적 지향에 의한 인권 침해라는 주장에 대해, 동성애를 차별적으로 명시한 것은 헌법 제10조(행복

추구권), 11조(평등권), 21조(표현의 자유)를 침해한 행위라고 판단했다. 아울러 청소년보호법시행령 제7조 개별 심의기준 중 동성애를 삭제하라고 권고했다. 이후 실제로 2004년 4월 개정된 청소년보호법 시행령의 청소년유해매체물 심의기준에서 동성애가 제외됐다.

## 5. 연구 문제 및 연구 방법

### 1) 연구 문제

2000년 이후 한국 성소수자 광고와 관련된 연구는 이루어지지 않고 있다. 방송 등 주요 미디어를 통해 성소수자를 소재로 한 광고도 보기 어려운 실정이다. 이는 성소수자 광고가 활발하게 제작 및 노출되고 있는 미국, 영국 등의 해외 상황과는 차이가 있다. 이러한 차이는 왜 나타나는 것일까. 이번 장에는 이러한 문제에 대한 해답을 구해 보고자 했다. 구체적으로 실제 한국 성소수자 광고의 유형은 어떠한지 확인해 보고자 했다. 아울러 한국 성소수자 광고가 해외 성소수자 광고와 어떠한 차이가 있는지, 한국 성소수자 광고 규제론자들의 주장 근거가 무엇인지, 한국 성소수자 광고 규제의 사례와 법적 근거가 무엇인지 확인해 보고자 했다. 총 다섯 개의 연구 문제를 구성했으며, 이를 규명함으로써 한국 성소수자 광고의 특성을 파악하고 허용 필요성에 대한 함의를 제시해 보고자 했다.

연구 문제 1. 한국 성소수자 광고의 유형은 어떠한가?
연구 문제 2. 한국 성소수자 광고의 유형은 해외 성소수자 광고의 유형과 어떠한 차이가 있는가?
연구 문제 3. 한국 성소수자 광고 규제를 둘러싼 찬반 근거는 무엇인가?

연구 문제 4. 한국 성소수자 광고의 규제 사례와 법적 근거는 무엇인가?

연구 문제 5. 한국 성소수자 광고의 허용 사례와 법적 근거는 무엇인가?


## 2) 분석 사례 수집, 분석 방법

연구 문제 해결을 위해 첫째, 한국의 성소수자 광고 사례를 수집했다. 여기에서 성소수자 광고란 단순히 성소수자가 등장하는 광고가 아니라, 성소수자가 사회의 일원으로 자연스럽게 살아가는 모습을 보여 주는 광고, 성소수자의 인권을 지지하는 입장을 전달하는 광고로 정의하였다. 구체적으로 연구 문제 1을 규명하기 위한 자료, 즉 한국 성소수자 광고 사례는 빅카인즈 검색, 한국방송광고진흥공사의 광고 자료 검색, 네이버, 다음, 구글 등의 포털 검색을 통해 수집하였다. 검색창에 '성소수자 광고', '동성애 광고'를 키워드로 검색했고, 이 중 한국 사례만 선별하였다. 이러한 과정을 거쳐 2010년부터 2018년까지의 성소수자 광고 10건을 확인했다. 10건의 성소수자 광고 사례는 7개 유형[옥외 광고(전자 게시판), 옥외 광고(시내버스 모니터), 옥외 광고(마을버스 광고판), 옥외 광고(광고판), 옥외 광고(현수막), 신문, 영상]으로 재분류되었다.

연구 문제 2를 규명하기 위해서는 해외 성소수자 광고 현황이 필요했다. 역시 빅카인즈 검색과 네이버, 다음, 구글 등 포털 검색을 통해 수집하였고, 8개국 13건의 광고를 검색했다. 다만 해외 성소수자 광고의 유형을 파악하는 것은 이 연구의 목적이 아니므로, 모든 해외 성소수자 광고 자료를 찾아내는 것에 방점을 두지 않고, 다양한 유형의 자료를 찾는 것에 방점을 두었음을 밝힌다.

연구 문제 3을 규명하기 위한 자료 역시 빅카인즈 검색과 네이버, 다음 등의 포털 검색을 통해 수집하였다. 검색창에 '성소수자 광고', '동성애 광고'를 키워드로 검색했고, 이 중 광고 규제의 찬반 근거 메시지를 담고 있는 내용만 선별적으로 정리했다.

연구 문제 4와 5를 규명하기 위한 자료는 국가인권위원회 결정례 검색, 대법원과 로앤비 키워드 검색 결과(성소수자 광고, 동성애 광고)를 중심으로 수집하였다. 다만, 국가인권위원회를 제외한 대법원, 로앤비 홈페이지를 통해서는 유의미한 판례를 찾지 못했다. 성소수자 광고 관련 판례가 없었던 것이다. 이에 연구 문제 4와 5의 규명은 국가인권위원회의 진정 사례 4건을 중심으로 진행되었다. 그 밖에 성소수자 광고 허용 사례와 규제 사례는 빅카인즈 검색과 네이버, 다음 등의 포털 검색을 통해 수집하였다.

한편, 수집된 광고는 광고 유형, 즉 광고 메시지의 성격(의견 광고인지 상업 광고인지)과 광고 매체의 유형(영상, 옥외, 신문 광고 등), 광고주 유형(대기업, 개인 등) 등을 중심으로 분류한 후 비교 분석하였다. 아울러 성소수자 광고 허용 사례와 불허 사례의 경우 이재진(2006) 등의 판례 분석 절차에 따라 사례 내용을 정리하고, 어떠한 법적 근거로 허용 혹은 규제되었는지를 정리하였다.

## 6. 한국 성소수자 광고의 유형 분석

2004년 SK텔레콤의 현대 생활백서 25 '동성커플' 편 등이 동성커플 전략을 취했지만, 이를 본격적인 의미의 성소수자 광고로 보기에는 무리가 있다. 남남 커플 할인 제도를 소개하는 광고에 등장하는 남자 커플이 친구를 의미하는지 동성애자 커플을 의미하는지 논란을 일으킬 정도로 모호하게 표현되었기 때문이다. 각종 논문 검색 엔진과 한국방송광고진흥공사, 빅카인즈 등을 검색한 결과 본격적인 의미의 성소수자 광고가 등장한 것은 2010년인 것으로 보인다.

2010년 9월 13일《한겨레》4면 하단에 실린 이 광고는 213명의 개인과 32개의 단체에 의해 광고비가 충당되었으며, "동성애혐오 없는 세상에 살고 싶습니다. 다양성을 존중하고 모든 사랑을 축복하는 세상, 모두가 행복한 세상입니다"라는 내용을 담고 있었다. 신문 광고는 2015년 6월 12일, 서울퀴어문화축제를 지지하는 일본 시민의 모임이 신문 광고로 게재한 의견 광고 '함께 해요 무지개로' 등의 형태로 나타나기도 했다.

한편, 2011년 6월 15일에는 서울시 마포구에 사는 성소수자 단체인 마포레인보우주민연대를 통해 마을버스 광고가 3개월간 집행되었다. 이 광고는 마포 일대의 마을버스 9번과 16번 버스 안 광고판에 "안녕하세요. 우리 어제도 망원시장에서 만났잖아요! 다음에 만나면 꼭 인사 나눠요 :)"라는 내용을 담았다. 자체적으로 시안을 공모하여 선택하고, 광고 비용을 모금하여 광고를 집행한 사례다(마포레인보우주민연대 레이, 2011.08.04). 이와 같은 버스 광고 사례는 2012년 5월 8일부터 서울 시내버스 1,000대에서 노출된 전자 게시판 광고를 통해서도 나타난다. 이 광고에는 "서울시민 중 누군가는 성소수자입니다. 누구든지 성적지향을 이유로 차별받지 않을 권리가 있습니다. 차이가 차별이 되지 않는 세상"이라는 내용이 실렸고, 한 달간 집행되었다. 광고주는 성소수자인 이계덕 기자였다.

버스 광고를 제외하면 현수막(오프라인, 전자) 광고 형태가 성소수자 광고 중 가장 빈번하게 나타나는 유형이다. 현수막 광고는 2012년 성소수자인 이계덕 기자에 의해 시작된 것으로 보인다. 2012년 이계덕 기자는 "서울시민 중 누군가는 성소수자입니다. 모든 국민은 성적지향으로 인해 차별 받지 않을 권리를 갖습니다", "지구가 100명이라면 그중 11명은 LGBT입니다. 차이가 차별이 되지 않는 세상! 달라서 더 행복한 세상을 꿈꿉니다"와 같은 내용을 적은 현수막 광고를 지속적으로 게재한다. 아울러 현수막 광고 게재 과정에서 이를 불허한 지방자치단체에 꾸준히 이의를 제기하는 등, 광고 게재를 일종의 사회적 운동의 하나로 활용하였다.

주목할 만한 점은 2018년 8월 현대자동차의 싼타페 광고다. 이 광고는 결혼을 준비하는 레즈비언 커플을 자연스럽게 노출시켰다. 분석 대상이 된 광고 가운데 유일하게 의견 광고의 형태를 벗어난 상업 광고(영상 광고)면서, 전문 광고인의 기획 아래 제작된 광고라는 차별성이 있다.*

### 표 6-2. 한국 성소수자 광고의 유형

| # | 발표 연도 | 구분 | 광고 내용 | 비고 |
|---|---|---|---|---|
| 1 | 2010 | 신문 (의견) | 2010년 9월 13일, 개인 213명과 단체 32개를 광고주로 《한겨레》 4면 하단에 실린 의견 광고. "동성애혐오 없는 세상에 살고 싶습니다" | |
| 2 | 2011 | 옥외 (마을버스 광고판) | 2011년 6월 15일부터 서울시 마포구 마을버스를 통해 노출된 마포레인보우주민연대의 의견 광고. "안녕하세요 우리 어제도 망원시장에서 만났잖아요! 다음에 만나면 꼭 인사 나눠요 :)" | |
| 3 | 2012 | 옥외 (전자 게시판) | 2012년 5월, 서울시 서초동 교대역 인근에 노출된 성소수자인 이계덕 기자의 의견 광고. "서울시민 중 누군가는 성소수자입니다. 모든 국민은 성적지향으로 인해 차별 받지 않을 권리를 갖습니다" | - |

---

* 이 광고는 한국 수용자에게 노출하기 위해 제작된 광고가 아니라 해외 수용자에게 노출하기 위해 제작된 광고다. 앞서 소개한 의견 광고들과 동일한 맥락에서 분석하는 것에 다소 무리가 있을 수 있다는 비판이 제기될 수 있다. 그럼에도 필자는 해당 광고가 한국 기업의 제품 광고라는 점, 광고주가 한국의 기업이라는 점, 광고에 한국인에게 익숙한 제품이 등장한다는 점, 한국 광고주에 의한 최초의 성소수자 광고라는 측면에서 분석 대상 광고에 포함했음을 밝힌다.

| # | 발표 연도 | 구분 | 광고 내용 | 비고 |
|---|---|---|---|---|
| 4 | 2012 | 옥외 (현수막) | 2012년 1월, 서울시 영등포 일대에 노출된 성소수자인 이계덕 기자의 의견 광고. "지구가 100명이라면 그중 11명은 LGBT입니다. 차이가 차별이 되지 않는 세상! 달라서 더 행복한 세상을 꿈꿉니다" | |
| 5 | 2012 | 옥외 (버스 안 전자 게시판) | 2012년 5월 8일, 서울 시내 전역 1,000대 버스에 노출된 의견 광고. "서울시민 중 누군가는 성소수자입니다. 누구든지 성적지향을 이유로 차별받지 않을 권리가 있습니다. 차이가 차별이 되지 않는 세상" | |
| 6 | 2015 | 신문 | 2015년 6월 12일, 서울퀴어문화축제를 지지하는 일본 시민의 모임의 의견 광고. "함께해요 무지개로" | |
| 7 | 2018 | 영상 | 2018년 8월 현대자동차 싼타페의 북미 노출용 광고로 결혼을 준비하는 레즈비언커플 노출. "모든 유형의 가족들을 위하여" 카피 노출. | |

결과적으로 한국에서 성소수자 광고는 2010년 이후 간간히 노출되고 있다. 다만, 해외의 성소수자 광고와 비교할 때(〈표 6-1 참조〉), 양(광고 노출 빈도)과 질(광고 유형의 다양성)에서 부족한 수준이다.

한국 성소수자 광고의 특징은 세 가지 정도로 요약된다. 첫째, 한국에서 노출되는 광고는 의견 광고의 형태로 이루어지고 있다. 즉 대부분의 광고는 성소수자인 개인이나 시민·사회단체에 의해 만들어진 의견 광고다. 이는 의견 광고보다 상업 광고가 대부분인 미국, 영국 등 주요 국가와 차이가 있다. 둘째, 활용 매체는 신문과 옥외 매체(버스, 현수막, 전자 게시판)로 한정된다. 개인과 시민 · 사회단체에 의해 만들어진 의견 광고이기에 광고비를 자비나 모금으로 충당하며, 따라서 영상 매체를 활용하는 데 어려움이 있어 보인다. 역시 광고주의 대부분이 대기업이며, 고품질 영상 광고의 비율이 상대적으로 높은 해외 주요 국가와 다소 차이가 있다. 셋째, 기업 광고주와 전문 광고인에 의한 광고가 아니다. 즉 모든 광고는 비상업적 형태의 광고다. 이는 대기업 광고주와 전문 광고인이 제작하는 경우가 대부분인 해외 주요 국가의 성소수자 광고 유형과는 차이가 있다.

표 6-3. 한국 성소수자 광고와 해외 성소수자 광고 유형 비교

| 특징 | 해외 성소수자 광고 | 국내 성소수자 광고 |
| --- | --- | --- |
| 상업 광고 유무 | 대부분 상업 광고 중심 | 7번(해외용)을 제외하면 없음 |
| 주요 광고주 | 기업 중심(상업 광고) | 개인, 단체 중심(의견 광고) |
| 광고 매체 유형 | 영상 광고 중심, 다양한 유형 | 옥외 광고, 신문 광고 중심 |

## 7. 한국 성소수자 광고 규제의 찬반 근거

동성애 광고에 대한 찬반 논쟁은 보수와 진보의 대립 양상을 이끌어 내고 있다. 예컨대 2012년 5월 19일 동성애 현수막 광고가 공공기관에서 처음 허용되자, 진보 성향의 시민 단체는 이를 인권의 신장으로 긍정적으로 평가하고, 기독교계와 보수 성향의 시민 단체는 이를 부정적 평가하며 사회악으로 여겼다는 논의가 존재한다(중앙일보, 2012.05.19.).

그렇다면 한국 성소수자 광고 규제를 둘러싼 찬반 논거는 무엇인가. 먼저 성소수자 광고 규제를 찬성하는 논거는 두 가지로 요약된다. 첫째, 아동과 청

소년 보호의 필요성이다. 예컨대 밝은인터넷세상만들기 운동본부는 성소수자 광고가 "동성애를 정상으로 인식하도록 유도"하여 "청소년들이 쉽게 동성애에 유혹을 느끼도록 큰 역할을 해낼 것"이라고 주장하였으며(이대웅, 2012.05.14.), 바른성문화를위한국민연합은 그것이 "아이들의 정서에 부정적인 영향"을 끼칠 것이라고 주장하였다(유대영, 2012.05.13.). 아울러 기업의 성소수자 광고와 동성애 지지가 일반 대중이 동성애를 당연하게 받아들이게 하는 효과를 가진다는 주장(한혜인, 2018.02.27.)도 존재한다.

둘째, 이성애자 이익 보호의 필요성이다. 예컨대 한국기독교총연합회는 광고 공간은 동성애자들만이 아닌, 서울시민 전체의 것이라며, 동성애 옹호 광고 허용은 "자칫 모든 국민을 위해 일하는 공공기관이 소수의 이익을 실현하기 위한 창구"로 전락시킬 가능성이 있다고 주장한 바 있다(한국기독교총연합회, 2012.05.13). 홍재철 한국기독교총연합회 회장은 동성애 광고가 사회 법질서를 어지럽히고, 많은 사람에게 혐오감을 준다고 주장하기도 했다(중앙일보, 2012.05.19.).

한편, 성소수자 광고 허용 논거는 소수자 차별은 인권 침해라는 논리로 귀결된다. 예컨대 이관수 강남구의원은 인권 캠페인 광고를 불허하는 것은 명백한 차별이라고 주장했다(이계덕, 2012.04.12.). 소수자 인권 보호의 측면에서 성소수자 광고가 보호되어야 한다는 것이다. 아울러 한국 사회에서 동성애 관련 이슈가 주요 의제로 다루어지고 있지 못한 현실을 감안할 때, 성소수자 광고는 동성애 문제를 공론의 장으로 올리는 효과를 가질 수 있으므로 보호할 필요가 있다는 주장도 존재한다(중앙일보, 2012.05.19.).

표 6-4. 한국 성소수자 광고 규제 찬반 논리

| # | 반대 근거 | 찬성 근거 |
|---|---|---|
| 1 | 민주통합당 이관수 강남구의원: 민원 소지가 있다는 추상적 이유로 차별을 금지하는 내용에 인권 캠페인 광고를 불허한 것은 명백한 차별. (이계덕, 2012.04.12.) | 밝은인터넷세상만들기 운동본부: 현수막 광고는 이를 보고 지나다니는 사람들과 청소년들에게 동성애에 대한 경계심을 늦추는 효과를 갖고, 동성애를 정상으로 인식하도록 유도할 것이며, 호기심 많은 청소년들이 쉽게 동성애에 대한 유혹을 느끼도록 큰 역할을 해 낼 것. (이대웅, 2012. 5. 14) |
| 2 | '동성애 문제가 공론의 장에 올랐다는 점'에 주목, 우리나라 동성애자의 현실을 생각할 때 매우 상징적이고 의미 있는 일, 동성애자도 우리랑 똑같은 시민이고 국민이니까 그들의 인격을 존중하는 게 마땅하다. (중앙일보, 2012.05.19.) | 한국기독교총연합회(성명서): 시내버스와 구내 공용 게시판은 성소수자라고 이야기하는 동성애자들만이 아닌, 서울시민 전체가 이용하는 공간이다. 이러한 곳에 동성애를 옹호하는 광고를 허용한 것은 자칫 모든 국민을 위해 일하는 공공기관이 소수의 이익을 실현하기 위한 창구로 전락해 버릴 수 있어 우려가 된다. (한국기독교총연합회, 2012. 5. 13) |
| 3 | | 바른성문화를위한국민연합(성명서); 서울시민의 여론을 수렴해 보다 건강한 사회를 이뤄나가야 할 의무와 책임이 있는 서울시장이 왜곡된 성 개념을 가진 일부 소수의 견해를 받아들여 밝은 사회를 지향하는 많은 시민과 아이들의 정서에 부정적인 영향을 끼치고 행복하게 살아갈 권리를 침해하는 것은 월권이요 직권 남용. (유대영, 2012.05.15.) |
| 4 | | 2018 제1회 기독교 동성애 대책 아카데미(한정화 교수): 기업들이 광고나 브랜드를 통해 동성애를 지지하자, 일반 대중이 동성애를 당연한 것으로 받아들이게 됐다. (한혜인, 2018.02.27.) |

## 8. 한국 성소수자 광고의 규제 및 허용 사례와 근거

성소수자 광고를 규제한 사례와 허용한 사례를 살펴보고, 그 근거를 확인해 보았다. 먼저 성소수자 광고 규제 사례를 살펴보았다. 그 결과 사례 A1과 A2는 각각 2012년 5월 3일, 서울시 마포구청과 서울 서초구청이 전자 게시판을 활용한 의견 광고를 불허한 사례를 다루고 있다. 각 광고는 모두 성소수자가 차별받아서는 안 된다는 내용을 포함하고 있었다. 이 광고는 옥외 광고물 등 관리법 제5조 제2항의 미풍양속을 해칠 우려가 있는 광고, 제3항의 청소년 보호, 선도를 방해할 수 있는 광고로 판단되었다.

사례 A3은 2012년 4월 9일, 서울도시철도공사 지하철광고자율심의위원회가 서울지하철 종로3가역 4번 출구 광고판에 "동성애자에 대한 차별행위를 금지하는 차별금지법과 군형법 92조(계간) 조항의 삭제를 지지합니다"라는 내용의 광고를 게재하고자 한 이계덕 씨의 요구를 불허한 사례다. 불허의 핵심 이유는 민원 소지가 크다는 것이었다.

사례 A4는 2012년 11월 서울시 구청에 "지금 이곳을 지나는 사람 중 열 명 중 한 명은 성소수자입니다"라는 내용의 현수막 광고를 게재하고자 한 요구가 불허된 사례다. 당시 구청은 "열 명 중 한 명"이란 문구는 과장되었으며 이는 청소년에게 왜곡된 정보를 전달할 수 있다고 평가, 문구 보완을 전제로 조건부 가결을 통보했다. 이 광고 역시 옥외 광고물 관리법 제5조 제2항의 미풍양속을 해칠 우려가 있는 광고, 제3항의 청소년 보호, 선도를 방해할 수 있는 광고로 판단되었다.

사례 A5는 2013년 11월 16일 영등포구청이 "지구가 100명이라면 그중 11명은 LGBT입니다. 차이가 차별이 되지 않는 세상! 달라서 더 행복한 세상을 꿈꿉니다"라는 광고를 허가한 후, 종교 단체의 전화 등으로 철거를 지시한 사례를 다루고 있다. 이 역시 옥외 광고물 등 관리법 제5조 제2항의 미풍양속을 해칠 우려가 있는 광고, 제3항의 청소년 보호, 선도를 방해할 수 있는 광고로 판단되었다. 진정인의 "동성애는 청소년에게 유해? 불법? No. 청소년보호위원회 유해매체물 심의기준서 2004년 삭제. 국가인권위원회법 제2조 3항은 성적지향에 의한 차별금지"라는 수정 시안 역시 광고물관리및디자인심의위원회의 심의 결과 청소년 보호, 선도를 방해할 가능성이 있다고 판단되었다.

결과적으로 한국 성소수자 광고의 규제는 옥외 광고(온오프라인)를 중심으로 나타나며, 관련 광고 대부분이 의견 광고라는 점을 확인할 수 있다. 특히 한국 성소수자 광고의 규제 근거는 대부분 옥외 광고물 등 관리법 제5조 제2호와 제3호로 나타났으며(A1~2, A4~5), 민원 혹은 민원 소지가 있다는 이유에 의한 규제(A3, A5)도 일부 나타나고 있음을 확인할 수 있다.

표 6-5. 성소수자 광고 불허 사례

| # | 광고 유형 | 사례 내용과 근거 |
|---|---|---|
| A1 | 옥외 광고 (전자 현수막) | **마포구청의 전자 게시대 광고 불허 사례**<br>2012년 5월 3일 마포구청장이 운영하는 LED 전자 게시대에 "차이가 차별이 되지 않는 세상, 서울시민 중 누군가는 성소수자입니다. 모든 국민은 성적지향으로 인해 차별 받지 않을 권리를 갖습니다"라는 내용의 의견 광고 게재 신청, 피진정인인 마포구청장이 불허함.<br>**[근거]** 옥외 광고물 등 관리법 제5조(금지광고물 등) 제2항 제2호 '미풍양속을 해칠 우려가 있는 것', 제3호 '청소년의 보호·선도를 방해할 우려가 있는 것에 해당하며, 동성애차별금지법 등이 입법화되지 못하고 있는 등 동성애에 대한 사회적 공감대가 형성되지 않은 현실을 감안함. |
| A2 | 옥외 광고 (전자 현수막) | **서초구청장의 전자게시대 광고 불허 사례** (최유빈, 2013.01.22.)<br>2012년 5월 3일 서울 서초동 교대역 전자현수막 게시대에 "서울시민 중 누군가는 성소수자입니다. 모든 국민은 성적지향으로 인해 차별 받지 않을 권리를 갖습니다"라는 내용의 의견 광고 게재 신청, 불허됨.<br>**[근거]** 옥외 광고물 등 관리법 제5조(금지광고물 등) 제2항 제2호 '미풍양속을 해칠 우려가 있는 것', 제3호 '청소년의 보호·선도를 방해할 우려가 있는 것에 해당함. |
| A3 | 옥외 광고 (광고판) | **서울도시철도공사 서울시 지하철광고자율심의위원회의 광고 불허 사례** (추광규, 2012.04.17.)<br>2012년 4월 9일 이계덕 씨가 서울지하철 종로3가역 4번 출구 광고판에 "동성애자에 대한 차별행위를 금지하는 차별금지법과 군형법 92조(계간) 조항의 삭제를 지지합니다"라는 내용의 의견 광고를 게재하기로 하고 광고대행사와 협의 후 신청, 지하철광고자율심의위원회가 불허함.<br>**[근거]** 민원 소지가 큼 |

| # | 광고 유형 | 사례 내용과 근거 |
|---|---|---|
| A4 | 옥외 광고 (현수막) | **○○구청 광고 현수막 조건부 가결 통보 사례** (국가인권위원회 진정 사례 12 진정0909300)<br>2012년 11월 ○○구청에 "지금 이곳을 지나는 사람 중 열 명 중 한 명은 성소수자입니다"라는 내용의 광고 게재 신청, "열 명 중 한 명"이라는 문구가 과장되었고, 청소년에게 왜곡된 정보를 전달할 수 있다고 평가, 문구 보완을 전제로 조건부 가결 통보함.<br>**[근거]** 옥외 광고물 관리법 제5조(미풍양속, 청소년 보호·선도 방해)의 근거 법령에 따라 문구와 그림이 주민들이 보기 불편하고 혐오스러울 수 있다고 판단, 문구 변경 요구, 게시 거부 |
| A5 | 옥외 광고 (현수막) | **영등포구청의 광고 현수막 철거 사례**<br>(이계덕, 2014.06.02; 국가인권위원회 진정 사례 13진정0886200)<br>2013년 11월 16일, 영등포구청은 삼진애드컴이 "지구가 100명이라면 그중 11명은 LGBT입니다. 차이가 차별이 되지 않는 세상! 달라서 더 행복한 세상을 꿈꿉니다"라는 내용의 현수막을 게시하도록 허가. 그러나 동월 18~19일 이 내용에 대한 종교 단체 회원 등의 항의를 받음. 동월 20일 현수막 철거를 지시. "동성애는 청소년에게 유해? 불법? No. 청소년보호위원회 유해매체물 심의기준서 2004년 삭제. 국가인권위원회법 제2조 3항은 성적지향에 의한 차별금지"라는 수정 시안도 부결함.<br>**[근거]** 옥외 광고물 등 관리법 제5조에 따라 미풍양속 저해, 청소년 보호·선도 저해가 우려됨. 애초 LGBT를 LG텔레콤으로 착각하여 허락했으며, 관련 항의로 인해 업무에 지장이 있음. 광고 문구를 봤을 때 과장 광고이며 청소년에 유해할 것으로 판단함. 진정인의 수정 시안에 대해서도 광고물관리및 디자인심의위원회의 심의 결과 청소년 보호·선도를 방해할 우려가 있어 만장일치로 부결. |

다음으로 성소수자 광고를 허용한 사례와 근거를 확인하였다. 사례 B1은 2012년 12월 26일 국가인권위원회의 지방자치단체의 동성애 차별 반대 광고 게재 거부 사건(12진정0485900)을 다루고 있다. 앞서 소개한 사례 A1에서 광고가 불허되자 국가인권위원회에 진정을 의뢰한 사건이다. 이 사건에서 국가인권위원회는 국가인권위원회법 제44조 제1항 제2호의 규정, 국가인권위원회법 제2조 제3호에 근거하여 해당 광고 문구가 당위적 원칙 표현으로 청소년 보호, 선도를 방해할 우려가 있거나, 공익에 반하거나, 미풍양속을 해

할 우려가 있다고 보기 어렵다고 판단했다. 민원이 제기된다고 해도 국가는 사회적 소수자가 차별과 억압의 대상이 되지 않도록 보호해야 할 의무가 있다는 것이다.

국가인권위원회의 이러한 인식은 B3, 즉 2013년 1월 11일 국가인권위원회 사례와 B4, 즉 2013년 6월 13일 국가인권위원회 12진정0909300 사례에서도 대동소이하게 나타난다. 구체적으로 국가인귀원회는 앞서 소개한 A2의 사례가 국가인권위원회법 제2조 제3호의 평등권 침해의 차별행위라고 보고 있었다. 주목할 만한 점은 B3, B4 사례에서 국가인권위원회는 해당 광고의 규제를 헌법 제21조 표현의 자유 침해로도 보았다는 것이다. 즉 국가인권위원회는 차별에 대한 반대를 주장하는 의견 광고를 규제하는 것이 헌법 제21조가 보장하는 표현의 자유를 침해하는 것이란 인식을 갖고 있었다.

한편, B2는 서울 시내의 모니터 광고 운영업체가 서울 시내버스 1,000대에 "서울시민 중 누군가는 성소수자입니다. 누구든지 성적지향을 이유로 차별받지 않을 권리가 있습니다. 차이가 차별이 되지 않는 세상"이라는 의견 광고를 게재 허용한 사례를 다루고 있다. 당시 광고 담당자는 "국가법령에 나온 내용이기 때문에 광고 내용에 문제가 없다"라고 판단했다고 밝혔다. B5 사례는 2014년 3월 26일 국가인권위원회 13진정0886200 사례를 다루고 있다. A5 사건에서 광고가 불허되자 국가인권위원회에 제기한 진정 사건이다. 국가인권위원회는 광고 게재 거부가 국가인권위원회법 제2조 제3호의 평등권 침해의 차별행위이며, 헌법 제21조의 표현의 자유 침해라고 보았다. 국가인권위원회는 청소년보호법시행령상 청소년 유해매체물 심의기준에서 '동성애'가 삭제된 것에 비추어 볼 때, 동성애에 관한 내용이 단순히 노출된다고 해도 이를 청소년에게 유해하다고 볼 수 없다는 인식을 보였다. 아울러 동성애를 직접적으로 권하는 표현이 아니라 차별을 반대한다는 의견 표시로서 객관적 사실에 기초한 의견 표명이므로, 청소년 보호 선도를 방해할 우려가 있다고 보기 어렵다고 판단하고 있었다.

결과적으로 한국 성소수자 광고의 허용은 옥외 광고(온오프라인)를 중심으로 나타나고 있으며, 관련 광고 대부분이 의견 광고라는 점을 확인할 수 있다. 특히 한국 성소수자 광고의 허용 근거는 광고 규제에 직면한 진정인의 요청에 의해 국가인권위원회법으로부터 나타나고 있음을 확인할 수 있다. 구체적으로 성소수자 광고 허용의 근거는 국가인권위원회법 제2조 제3호의 평등권 침해(B1, B3, B4, B5), 헌법 제21조 표현의 자유(B3, B4, B5)로 나타났다. 즉 한국 성소수자 광고의 허용 근거는 소수자의 표현의 자유 문제로 다루어지고 있었다.

주목할 만한 점은 국가인권위원회의 진정 사례에서 국가인권위원회가 성소수자 광고 규제의 근거를 반박하고 있다는 것이다. 즉 국가인권위원회는 단순히 성소수자 차별에 반대하는 당위적 광고(B1), 객관적 사실에 근거한 동성애 코드의 광고(B5)가 청소년에게 유해하다고 주장할 수 없다고 판단했다.

표 6–6. 성소수자 광고 허용 사례

| # | 광고 유형 | 사례 내용과 근거 |
|---|---|---|
| B1 | 옥외 광고 (전자 현수막) | **지방자치단체의 동성애 차별 반대 광고 게재 거부**<br>(국가인권위원회 차별시정위원회 결정 사례, 12진정0485900)<br>2012년 12월 26일, A1 관련 사건. 동성애를 권장하는 것이 아니라 성적 지향에 따른 차별을 반대한다는 당위적인 원칙 표현은 청소년 보호·선도를 방해할 우려가 있거나 공익에 반하거나 미풍양속을 해할 우려가 있다고 보기 어려움. 동성애에 대한 혐오와 편견을 가진 일부 사회구성원으로부터 민원이 제기된다 해도 국가가 사회적 소수자가 불합리한 차별과 억압의 대상이 되지 않도록 보호해야 할 의무가 있음.<br>**[근거]** 국가인권위원회법 제44조 제1항 제2호의 규정 |

| # | 광고 유형 | 사례 내용과 근거 |
|---|---|---|
| B2 | 옥외 광고 (시내버스 모니터 광고) | **서울시내 모니터광고 운영업체 ㈜버스큐 광고 게재** (이계덕, 2012.05.07.)<br>2012년 5월 7일 이계덕 씨가 신청한 문자 광고 허용. 서울 시내버스 1,000대에 "서울시민 중 누군가는 성소수자입니다. 누구든지 성적지향을 이유로 차별받지 않을 권리가 있습니다. 차이가 차별이 되지 않는 세상"이라는 내용의 광고 게재. 국가법령에 나온 내용이기 때문에 광고 내용에 문제가 없다고 판단함. |
| B3 | 옥외 광고 (전자 현수막) | **국가인권위원회 차별시정위원회 결정 사례** (최유빈, 2013.01.22.)<br>2013년 1월 11일, A2 관련 사건. 해당 광고 게재 거부는 차별행위.<br>**[근거]** 국가인권위원회법 제44조 제1항 제2호의 규정, 국가인권위원회법 제2조 제3호의 평등권 침해의 차별행위, 헌법 제21조 표현의 자유 침해 |
| B4 | 옥외 광고 (현수막) | **지방자치단체의 성소수자 관련 광고 현수막 게시 거부** (국가인원위원회 12진정0909300)<br>2013년 6월 13일, A4 관련 사건. 해당 광고 게재 거부는 차별행위.<br>**[근거]** 국가인권위원회법 제44조 제1항 제2호의 규정, 국가인권위원회법 제2조 제3호의 평등권 침해의 차별행위, 헌법 제21조 표현의 자유 침해 |
| B5 | 옥외 광고 (현수막) | **지방자치단체의 성소수자 관련 현수막 철거 및 게시 거부**<br>(국가인권위원회 차별시정위원회 권고 13진정0886200)<br>2014년 3월 26일, A5 관련 사건. 해당 광고 게재 거부는 차별행위.<br>**[근거]** 헌법 제21조의 표현의 자유 침해, 국가인권위원회법 제2조 제3호 평등권 침해의 차별행위, 국가인권위원회법 제44조 제1항 제2호의 규정. 영등포구청은 해당 광고 내용이 청소년의 보호와 선도를 방해할 우려가 있는 것으로 판단했으나, 청소년보호법시행령의 청소년 유해매체물 심의기준에서 '동성애'가 삭제된 사례에 비추어 볼 때 단순히 동성애에 관한 내용이 있다고 하여 청소년에게 유해하다 하다고 할 수 없음. 더구나 진정인이 게시 요청한 현수막은 동성애를 직접적으로 표현하거나 권장하는 것이 아니라 성소수자에 대한 차별을 반대한다는 일반적인 의견을 표시하고, 청소년 유해매체물에서 동성애 삭제 및 국가인권위원회법 관련 조항 등 객관적 사실에 기초한 의견을 표시한 것에 불과함. |

## 9. 결론: 성소수자 광고 표현 허용의 당위성

미국을 중심으로 성소수자를 등장시키는 광고가 활성화되고 있다. 이는 광고도 표현의 자유의 영역에서 보호될 수 있다는 점(이승선, 2004; 이재진, 2006), UN을 비롯한 세계 선진국들이 소수자에 대한 차별금지법과 동성결혼 합법화에 대한 의견을 제시하는 등 성소수자 인권이 증진되고 있는 상황, 성소수자 광고가 광고주인 기업이 개방적이고 다양성을 중시하며, 인권을 중시한다는 이미지를 주는 효과를 가진다는 측면(한혜인, 2018.02.27.; 홍석윤, 2018.07.07.)에서 일면 자연스러운 현상일 수 있다.

그러나 한국의 경우 성소수자 광고를 거의 찾아보기 어렵다. 이번 장에서 필자는 한국 성소수자 광고를 찾아 유형을 정리해 보고, 이러한 광고 유형이 해외의 그것과 어떤 차이점이 있는지 확인해 보고자 했다. 아울러 성소수자 광고가 어떤 맥락에서 허용되거나 규제되고 있는지를 분석하여 표현 수단으로서 성소수자 광고의 규제가 과연 타당한 것인지에 대한 함의를 제시해 보고자 했다. 구체적으로 7개 유형의 한국 성소수자 광고 10건과 성소수자 광고 불허 사례 5건, 허용 사례 5건을 분석한 결과와 함의는 다음과 같다.

첫째, 한국 성소수자 광고는 광고의 절대적인 양이 적었다. 아울러 대부분의 광고는 성소수자, 동성애자 차별 금지를 내용으로 하는 이른바 의견 광고였다. 광고주는 개인이나 시민·사회단체였다. 광고 활용 매체는 대부분 신문과 옥외 매체(현수막, 온오프라인 게시판, 버스 등)였고, 대부분 광고비가 개인 혹은 시민·사회단체의 주도로 모금되어 충당되었다. 다만, 의견 광고를 하나의 작품으로 평가한다고 가정할 때, 결코 광고의 수준이 높다고 평가할 수는 없다고 판단된다.

광고 활용 매체가 신문과 옥외 매체에 한정되는 것은 광고 제작비와 매체 집행비가 부족하다는 것을 의미하는 것이기도 하다. 개인 혹은 시민·사회단체 광고주가 한정된 예산에서 광고를 제작하려면 카피와 광고 내용 이외에 디자인, 영상 제작에 따른 비용이 따르지 않는 신문, 옥외광고가 적합했을 것이다. 자체적으로 광고 문구를 작성하고 간단한 디자인을 해낸 후 지면, 광고 게시판 등 광고 매체만을 구매하면 되므로, 전문 광고인을 고용하여 영상 매체에 광고를 집행하는 것에 비해 가격이 매우 저렴했을 것이다.

　다만 광고의 질적인 문제를 제외하고 볼 때 개인과 시민·사회단체가 한국 사회에 없었던 소재(성소수자, 동성애자)를 광고에 전면적으로 등장시켰다는 점은 긍정적으로 평가될 만한 일이다. 이는 2010년 이후 시민·사회단체의 성장과 개인 인권 의식의 성장을 보여 주는 지표가 될 수 있기 때문이다. 분석 사례에서 대기업 광고주는 단 1건 존재했다. 게다가 현대자동차의 이 광고는 국내 노출용 광고가 아니라 북미 노출용 광고로 제작된 것이다. 즉 대기업 광고주가 성소수자를 광고에 등장시키는 일이 국내에서는 나타나지 않았다. 이와 같은 결과는 한국 광고 시장에서 성소수자를 등장시키는 일이 얼마나 어려운 것인가를 잘 보여 준다.

　한편, 미국, 영국 등 해외 주요 국가의 성소수자 광고는 개인이나 시민·사회단체가 주도한 의견 광고보다 대기업이 주도한 상업 광고가 많고, 전문 광고인에 의해 제작된 영상 광고가 많다. 한국의 성소수자 광고와의 확연한 차이점이다. 특히 주목할 점은 2012년 영국 동성애 단체 스톤월드의 광고, 2014년 유엔의 광고를 제외하면 해외 주요 국가의 광고에서 성소수자에 대한 차별 금지와 같은 메시지를 담은 의견 광고를 찾기 어려웠다는 점이다. 대부분 광고가 동성애자의 생활이 이성애자의 생활처럼 자연스러운 것이라는 메시지를 은유적으로 전달하고 있었다. 성소수자가 노출되고 있지만, 성소수자를 강조하는 전략이 아니라 성소수자를 생활 일부로 포함하는 전략이었다.

　결과적으로 이상의 결과는 2010년 이후 간간히 등장하고 있는 국내 성소수자 광고가 카피와 광고 문구로만 구성된 의견 광고 이상으로 발전하지 않았음을 보여 주는 동시에, 성소수자를 전면에 등장시키되 다양한 방식의 표현으로 이를 발전시키고 있는 해외 주요 국가의 광고와의 격차가 커지고 있음을 보여 준다. 문제는 영상 매체를 통해 노출된 해외 주요 국가의 광고 상품이 대부분 한국에도 진출해 있는 대기업의 상품이라는 것이다. 성소수자가 등장하는 광고 표현이 해외에서만 제작되어 한국의 온라인 공간에서 유통되는 현상이 발생하고 있는 것이다.

둘째, 한국 성소수자 광고 규제 찬성 논리는 주로 보수 단체나 기독교계에서 나타나고 있었다. 이들이 성소수자 광고 규제를 찬성하는 논리는 아동, 청소년 보호의 필요성을 핵심으로 했다. 청소년들이 성소수자 광고에 영향받을 것이 우려되므로 해당 광고를 제한해야 한다고 주장하는 것이다. 이는 미디어 노출이 현실을 미디어 속 세상으로 인식하게 하는 효과를 가진다는 문화계발 이론cultivation theory이 성소수자 광고 규제의 논거가 되고 있음을 보여 준다.

특히 한국기독교총연합회 등 기독교 단체에서 동성애 광고에 대해 적극적인 반대 의견을 표명한다는 점에 주목할 만하다. 실제 한국 기독교는 동성애에 대해 부정적인 인식을 표명해 왔다. "기독교는 동성애 성향이 정상적인 것이라거나 이성애와 같은 수준에서 하나의 선택 가능한 것으로 수용할 수 없다"라고 밝힌 논문(이문균, 2004), 기독교 신앙 요소가 높을 때 청소년의 성의식이 보수적이며, 동성애에 비호의적인 태도를 보인다는 결과를 도출한 논문(윤성현 · 류혜옥, 2016)도 존재한다. 이는 한국 기독교가 성경의 관점에 근거하여 동성애를 부정적으로 인식하고 있음을 보여 준다.

2015년 통계청의 인구주택 총조사에 따르면 한국 기독교인(개신교인, 천주교인)의 비율은 23.4%에 불과하다(김한수, 2016.12.20.). 그러나 동성애 광고를 허용하는 국가의 기독교인 비율은 이보다 더 높다. 예컨대 미국의 경우 76.6%, 영국의 경우 59.3%, 네덜란드의 경우 57%, 독일의 경우 55.2%, 프랑스의 경우 56%가 기독교인이다. 결과적으로 한국 기독교계가 동성애와 성소수자 광고를 부정적으로 인식하는 것은 성경적 관점이 아니라 한국적 특수성에 근거하는 것으로 생각해 볼 수 있다. 물론 그러한 한국적 특수성이 무엇인지는 이 연구의 범위에서 벗어나는 것이기에 단정할 수 없다. 추후 연구를 통해 어떠한 한국적 특수성이 성소수자 광고를 규제하는 데 찬성하는 논거를 만들어 내는지 분석이 필요할 것이라고 판단된다.

아울러 한국기독교총연합회 등의 핵심 논리인 문화계발이론에 근거한 아동, 청소년 보호의 필요성에 대해, 대법원(2011두11266)은 동성애를 소재로 했다는 이유만으로 청소년들이 수용하기 어렵다고 단정할 수 없다는 인식을 분명히 한 바 있다. 동성애 표현 자체만으로 청소년이 이를 모방할 것이라는 판단이 잘못되었다는 것이다. 같은 맥락에서 2004년 4월에는 국가인권위원회의 권고에 의해 청소년보호법시행령의 유해매체 심의규준에서 '동성애'가 삭제되기도 했다. 즉 아동과 청소년을 보호한다는 맥락에서 성소수자 광고를 규제해야 한다는 인식은 대법원과 국가인권위원회의 인식과 상이한 것이라고 할 수 있다. 심지어 성소수자 관련 콘텐츠의 모방효과가 과연 실체가 있는 것인지도 검증된 바 없다. 결과적으로 아동과 청소년 보호, 문화계발이론에 근거하여 동성애 소재의 콘텐츠를 규제해야 한다는 논리는, 성소수자의 인권 보호라는 유엔과 국가인권위원회 등의 권고, 대법원의 판단을 충분히 고려하여 수정될 필요가 있다고 판단된다.

셋째, 한국 성소수자 광고 규제는 서울시의 각 구청에 의해 나타났으며, 옥외 광고, 의견 광고를 대상으로 이루어졌다. 아울러 성소수자 광고 규제의 근거는 대부분(5건 중 4건) 옥외 광고물 등 관리법 제5조 제2호(미풍양속을 해칠 우려가 있는 것)와 제3호(청소년 보호·선도를 방해할 우려가 있는 것)였다. 민원 혹은 민원 소지가 있다는 이유에 의한 규제도 5건 중 2건 나타났다. 이는 성소수자 광고, 특히 동성애자 차별을 금지하자는 내용의 의견 광고라고 해도, '차별금지법 등이 입법화되지 못하고 있는 상황', '동성애에 대한 사회적 공감대 형성이 이루어지지 않은 현실'에서 그것은 이성애 중심인 한국 사회의 미풍양속을 해치고, 청소년에게 부정적 영향을 미치며, 따라서 규제할 수 있다는 공무원들의 인식이 전제된 것이다. 아울러 이성애자인 주민들이 보기에 불편하고(A4), 민원 소지가 커서(A3) 성소수자 광고를 규제한다는 논리도 존재했다.

다만, 동성결혼을 합법화한 국가인 미국, 프랑스, 독일은 물론 대만에 이르기까지, 성소수자에 대한 반대 논의는 여전히 이루어지고 있다. 예컨대 우리나라와 정치·사회적 배경과 경제적 수준이 비슷한 대만의 사례(이정기·황우념, 2016)를 살펴보자. 대만 헌법재판소는 2017년 5월, 혼인 주체를 남녀로 규정한 민법상 혼인 조항이 위헌이라고 밝혔다.[*] 아시아 최초로 동성결혼 합법화의 기틀이 마련된 것이다. 당시 대만의 동성애자 수는 전체 인구의 4.5%인 105만 명에 불과했고, 동성결혼 합법화에 대한 찬성 인식은 56.3%(반대 31.7%)에 불과했다(국제신문, 2016.10.26.). 주목할 만한 점은 대만의 경우 동성결혼 합법화가 이루어지기 전인(합법화 이후 보다 성소수자에 대한 부정적 정서가 더욱 강했던) 2016년에 이미 성소수자를 주제로 한 광고(맥도날드 'Warm up the Conversation')가 제작되어 방송을 통해 대만인들에게 노출되었다는 것이다. 대만은 동성결혼 합법화 이후에도 여전히 동성애 반대 시위가 속속 나타나고 있다. 그러나 대만 사회에 동성애에 대한 논란이 첨예하게 대립하고 있고, 동성애에 반대하는 이성애자들이 다수 존재함에도 불구하고 대만이 성소수자 광고를 불허하지 않았던 것은 성소수자 콘텐

---

[*] 2018년 11월에는 국민투표를 통해 민법상 혼인 주체를 남녀로 제한해야 한다는 항목이 통과됐다. 따라서 특별법 제정을 통해 동성 결혼 법제화가 가능하게 됐다. 대만 입법원(국회)는 2019년 5월 17일, 동성 결혼 법제화 법안을 통과시켰다. 이에 동성 사이의 혼인 등기가 가능해졌다. 그리고 동성 부부는 이성 부부와 같은 양육권, 보험 등의 권리를 가질 수 있게 됐다. 2019년 5월 24일, 첫 번째 동성 부부가 탄생했다(김철문·차대운, 2019.05.24.).

츠의 생산과 유통을 규제하는 것이 성소수자들에 대한 인권 침해가 될 수 있다는 사회적 판단이 작용한 것이라고 볼 수 있다.

우리 법원 역시 대만과 같은 인식을 가지고 있다. 예컨대 우리 대법원(2011두11266)은 성소수자 정보의 생산과 유통 규제가 성소수자의 성적 자기 결정권을 침해함은 물론 표현의 자유 등 기본권을 제한할 가능성이 있다고 판단한 바 있다. 그러나 우리나라는 여전히 성소수자 광고가 생산, 유통되고 있지 않고 있다. 이는 한국 사회가 여전히 다수자의 중심으로 작동하고 있고, 다수와의 다름을 틀림으로 인식하는 경향성이 강하다는 방증으로 볼 수 있다. 결과적으로 한국 사회가 다양성을 존중하는 사회로 발전하기 위해서는 다수자가 보기에 불편한 내용의 콘텐츠가 유통된다고 해도 그것이 소수자들의 인권과 관련된 내용이라면 용인하는 이른바 똘레랑스tolerance의 정신이 필요할 것이라고 생각된다. 더불어 다수와 다른 것이 틀린 것이 아니라는 인권의식의 증진이 필요할 것이라고 생각된다.

넷째, 한국 성소수자 광고 허용 사례 역시 옥외 광고, 의견 광고에서 나타났다. 이때 성소수자 광고를 허용하는 근거의 대부분(5건 중 4건)은 국가인권위원회법 제2조 제3호의 평등권 침해였다. 헌법 제21조 표현의 자유 침해 소지가 있다는 이유에 의한 근거도 5건 중 2건 나타났다. 중요한 점은 국가인권위원회가 성소수자 광고 규제의 근거를 반박하고 있다는 것이다. 국가인권위원회는 성소수자 차별에 반대하는 당위적 광고, 객관적 사실에 근거한 동성애 코드의 광고가 노출된다고 해서 청소년에게 유해하다고 볼 수 없다고 판단했다.

결과적으로 성소수자 광고 허용의 당위성은 국가인권위원회법, 헌법 제21조를 통해 폭넓게 확인할 수 있다. 아울러 앞서 소개한 대법원 판례(2011두11266) 등을 통해서도 성소수자 광고 허용의 당위성을 확인할 수 있다. 즉 동성애를 정상적인 성적 지향의 하나로 봐야 한다는 인권의 관점에서 볼 때, 성소수자가 등장하는 광고는 전혀 이질적인 것이 아니다. 나아가 유엔인권이사회, 국가인권위원회 등이 보여 주는 인권의 관점에서 성소수자가 출연하는 광고는 한국 사회의 광고가 그러하듯 동성애자 차별을 금지하라는 '외침'의 형태로 나타나는 것이 아니라, 미국, 영국, 이탈리아, 스웨덴 등 해외 주요 국가의 광고가 그러하듯 '물'처럼 자연스러운 상황이어야 한다(〈표 6-1〉 참조).

따라서 성소수자 광고를 규제하는 것은 국제 사회가 존중하는 유엔과 국가인권위원회에 대한 일종의 저항이라고 볼 여지가 있다. 저항의 근거는 타당해야 한다. 그러나 전술했듯 청소년에게 유해할 수 있다는 저항의 근거는 과학적이지 않다. 데이터에 근거한 것이 아니기 때문이다. 더구나 성소수자 광고도 하나의 표현이다. 특히 국내 성소수자 광고는 의견 광고가 대부분이다. 한국의 대법원(2003헌가3)은 일반 상업 광고의 표현을 제한하는 것마저 표현의 자유를 제한하는 것이라는 인식을 보인다. 아울러 대법원(2011두112266)은 동성애 관련 정보의 생산 유포를 규제하는 것이 표현의 자유를 지나치게 제한할 우려가 있다고 판단한다. 한국 대법원의 관점에 근거해도 성소수자 광고의 규제 논리는 타당하지 않다.

결과적으로 국제 인권, 국가인권위원회법, 헌법 제21조, 대법원 판례, 해외 주요 국가의 사례 등을 종합적으로 검토해 보았을 때, 성소수자 광고의 규제 논리는 타당하지 않다. 오히려 성소수자 광고가 성소수자를 대상으로 마케팅 효과를 가진다면, 자본주의 사회에서 이를 규제할 명분도 존재하지 않는다. 미풍양속이라는 미명 아래 한국이 성소수자를 등장시키는 광고 제작을 지양하는 와중에도, 해외 주요 국가에서는 수많은 성소수자 광고가 생산, 유통되고 있다. 아울러 이들 광고는 소셜미디어, 유튜브를 통해 한국 소비자들에게 노출되고 있다. 이러한 상황에서 단순히 성소수자 광고를 규제하는 것이 어떤 의미가 있을지 광고주와 광고 제작자, 시민, 정책 결정론자들은 심각하게 고민해 볼 필요가 있을 것이다. 광고주와 광고인들의 상업적 필요성에 따라 성소수자 광고를 자연스럽게 생산하고 유통하는 환경을 구축하는 것은 성소수자의 인권 보호, 한국 사회의 다양성 증진이라는 공익적 목표 달성에도 도움이 될 수 있을 것이다.

03

# 공익제보

# 7장

# 공익제보와 공적 표현의 자유

## 1. 공익제보를 통한 공적 표현의 자유 보호 현황 규명의 필요성

2015년 하반기 개봉한 〈내부자들〉은* 우리 사회를 움직이는 정치 – 재벌 – 언론 – 검찰 유착, 내부자들의 의리와 배신의 문제를 다룬 범죄 드라마다. 내부자들의 모티브는 조직의 내부자가 조직의 불법 행위나 비리를 내부 책임자 또는 외부에 고발하는 행위를 지칭하는 내부고발whistle blowing, deep throat로 볼 수 있다. 내부고발은 공익**제보, 양심선언 등의 단어와 같은 의미로 활용되고 있다.

---

* 〈내부자들Inside Men〉(우민호 감독, 이병헌 · 조승우 주연, 2015년 11월 19일 개봉)은 900만 이상의 관객을 끌어모으며 흥행에 성공했다.

** '공익public interest'은 개인의 이익을 의미하는 사익의 반대 개념으로, 공적 이익의 준말이다. 공익은 규범적, 윤리적 기준으로서의 공공선(규범설), 집단과정의 결과적 산물(과정설), 민심으로서 국민 대다수의 의사(합리설), 공공재(공공재설), 사회 전체로서의 권익과 인격 추구와 실현(공동체 이익설) 등으로 정의된다(임병연, 2008). 공익신고자 보호법 제2조(정의)에 따르면, 공익 침해 행위란 "국민의 건강과 안전, 환경, 소비자의 이익 및 공정한 경쟁을 침해하는 행위"를 의미한다. 결과적으로 공익

영화 〈내부자들〉은 내부자들의 공익제보가 결정적인 증거가 되어 사회를 보다 투명하게 만들 수 있음을 보여 준다. 공익제보는 정부에 대한 신뢰와 투명성을 높이고, 정부 운영의 효율성을 고양시키는 긍정적 기능을 한다(장용진·강영웅 외, 2011, 재인용). 2015년 10월 29일 한국형사정책연구원에 따르면 국민권익위원회와 과거 부패방지위원회가 2002년부터 2014년까지 국가 조사 기관으로 이첩한 1,271건의 사건 가운데 내부고발에 의해 시작된 사건은 637건으로, 전체의 50.1%에 이른다(양대근, 2015.10.29.).

그러나 인정人情을 중시하는 한국 사회에서 내부고발은 고발자를 배은망덕한 사람, 조직의 배신자로 낙인을 찍는 문제를 야기하기도 한다. 공익제보자의 신변 보호가 제대로 이루어지지 않거나(김현빈, 2015.07.13.), 조직적 보복 행위가 발생하는 경우도 적지 않다(장용진·박성은·민지혜, 2011). 한국 사회에서 내부자들의 공익제보는 결코 쉬운 일이 아니다. 이러한 문제를 예방하고 공익제보를 활성화함으로써 궁극적으로 사회 투명성을 제공하기 위해 정부는 2011년 9월 30일 공익신고자 보호법을 제정, 시행했다. 이러한 제도적 노력은 2011년 292건이던 공익제보 건수가 2012년 1,153건, 2013년 2,887건, 2014년 9,130건으로 급증하는 원인이 되었다(김영택, 2016.01.13.). 그러나 공익제보 건수의 증가와 별개로 공익제보자들에 대한 보호와 지원 대책은 여전히 부족한 것으로 평가된다(이승재, 2015.09.15.). 또한 공익제보자에 대한 보호가 건강, 안전, 환경, 소비자 이익, 공정 경쟁 등 5개 분야에 한정되어 있어 법 적용에 한계가 있다는 비판의 목소리도 존재한다(Kim, 2014).

---

제보에서 지칭하는 공익이란 국민의 건강과 안전, 환경, 소비자 이익, 공정 경쟁과 같이 국민 대다수가 중요하다고 생각하는 권익을 의미한다고 정의할 수 있다.

그렇다면, 사회의 투명성 제고에 긍정적으로 기여했다고 평가받는 공익제보자들의 표현은 실제 법적으로 보호되고 있을까? 그러한 보호는 과연 실효성 있는 보호일까? 공익제보 이후 그들이 온전한 사회생활을 영위하기에 충분한 정도일까? 이번 장은 이러한 의문에 답을 구해 보고자 했다. 특히 이번 장에서는 공익제보의 문제를 커뮤니케이션의 문제로 살펴보고자 했다. 내부 고발은 내부 구성원이 조직을 대상으로 문제를 제기하며 표현되므로, 하의下意의 상달上達이란 커뮤니케이션 문제로 볼 수 있기 때문이다. 실제로 공익제보의 문제가 양심과 표현의 자유(언론의 자유)의 문제라는 지적도 존재한다 (Vickers, 2002). 그러나 현재까지 공익제보자의 표현과 관련한 언론학계의 관심은 매우 부족했다. 특히 공익제보의 문제를 표현의 문제로 가져와 법리적 측면에서 공익제보자들의 보호 문제를 해석하고, 문제점을 도출한 연구물은 전무한 실정이다.

이에 이번 장에서는 대표적이고 상징적인 공익제보 사례로 평가될 수 있는 참여연대 의인상 수상자들의 공익제보 사례와 그들 중 판례로 비화된 사례에 대한 분석을 수행함으로써 공익제보의 특성을 언론학적 관점에서 해석해 보고자 했다. 구체적으로 2010년부터 2014년까지 참여연대 의인상 수상 공익제보 사례 25개에 대한 메신저(제보자) 유형 구분, 메시지(콘텐츠) 유형 구분, 채널 유형 구분, 발언 후의 효과(공익제보 후 사회적, 개인적 변화) 구분을 시도했다. 또한 25개 사건 중 소송으로 비화된 7개 사건 13개 판례 분석을 통해 공익제보자 관련 판례에 위법성 조각 사유를 포함한 공익제보자 보호의 근거 법리를 파악하고, 사건의 경과, 공익제보자 보호 및 처벌 여부를 파악해 내고자 했다. 이를 통해 공익제보자의 공익제보가 정당한 공익적 표현으로서 보호되고 있는지, 표현 과정에 따른 불이익은 없는지, 지속 가능한 공익제보라는 공적 표현이 과연 가능할 것인지, 이를 위해서 어떠한 제도적 노력이 전제되어야 하는지에 대한 함의를 이끌어 내고자 했다. 이 연구가 위축효과 chilling effect 없는 공익제보, 개인적 측면에서 불이익 없는 공익제보를 활성화 하는 데 작은 도움이 될 수 있기를 기대한다.

## 2. 공익제보의 개념과 공익제보의 공적, 사적 보호

공익제보는 "일정한 조직에 소속된 노동자 또는 소속원이 일정한 불법 행위를 인지하고, 그 불법 행위가 공공의 이익에 반하는 위해를 방지하기 위해 그 사실을 외부에 알리는 행위"를 의미한다(최정학, 2003). 공익제보는 내부고발이라는 용어로도 사용된다. 내부고발이 "조직의 명령 통제 안으로부터 혹은 밖으로부터 위법이나 부당한 관리나 권위의 남용, 예산 낭비, 국민의 건강이나 안전에 관한 위험 등에 대한 폭로"를 의미(Denhardt, 1991)한다는 정의도 있다(박주희, 2013). 결과적으로 공익제보의 문제는 기본적으로 표현의 자유(언론의 자유) 문제이다(Vickers, 2002). 즉 그것은 노동자 또는 집단 소속원이 공익을 위해 상위 집단을 대상으로 하는 표현의 일종이며, 사회적 이익과 기업의 이익, 노동자 개인의 기본적 권리(양심과 표현의 자유) 등 삼자 이익이 충돌하는 관계로 볼 수 있다(장화익, 2007).

한편, 정부와 시민 단체 등 사회에서 공익제보의 중요성을 높게 평가하면서, 자연스럽게 공익제보에 대한 국민의 인식도 제고되고 있다. 이는 공익제보 건수의 급증으로 나타난다. 2014년 10월 5일 국민권익위원회에 따르면, 2011년 292건이던 공익제보는 2012년 1,153건, 2013년 2,887건, 2014년 9,130건으로 계속 증가했다(김영택, 2016.01.13.). 국민권익위원회의 설문조사에 의하면, 1,279명의 설문자 중 92%가량이 공익 위해 행위를 목격할 경우 신고하겠다고 응답하기도 했다(홍인기, 2014.10.06.). 이처럼 공익제보

건수가 급증하고, 공익제보에 대한 인식이 긍정적으로 변한 것은 공익제보자 보호를 위한 법의 제정과 시민·사회단체의 노력이 있었기 때문일 것이다.

공익제보자의 보호나 지원을 위한 법률은 크게 세 가지 영역으로 구분된다. 첫째, 2001년 6월 28일 통과된 부패방지법이다. 이 법은 공공 영역의 공익제보자를 보호하기 위한 법이다. 공익제보자가 제보로 인하여 소속 기관, 단체, 기업 등으로부터 신분상의 불이익을 받지 않도록 내부고발자 보호 조항을 둔 것이 특징이다. 또한 신고자가 신변에 불안을 느끼는 경우 신변 보호를 받을 수 있다. 신고 내용과 관련하여 자신의 범죄가 발견될 시 형을 경감받거나 면제받을 수 있고, 공공기관의 부패 행위일 경우 감사원에 감사를 청구하는 국민감사 청구 제도가 인정된다. 부패방지법은 2008년 국민고충처리위원회의 설치와 운영에 관한 법률과 함께 부패방지 및 국민권익위원회의 설치와 운영에 관한 법, 이른바 '권익위법'으로 통폐합됐다.

둘째, 자본시장과 금융투자업에 관한 법, 이른바 '자본시장법'이다. 2009년 이 법은 위법행위의 신고 및 신고자 보호 조항을 포함한다. 자본시장법 제435조는 "누구든지 불공정 행위, 위법행위, 또는 이를 강요 또는 제의받은 경우에는 금융위원회에 신고 또는 제보할 수 있고, 금융위원회는 신고자 등에 대하여 포상금을 지급할 수 있다"라고 명시한다. 다만, 실제로 자본시장법이 작동하는지에 대해서는 비판적인 의견도 존재한다(Kim, 2014).

셋째, 2011년 3월 29일 제정되어 2011년 9월 30일에 발효된 공익신고자 보호법, 이른바 '공신법'이다. 이 법은 민간 부문의 공익제보자를 보호하기 위한 법이다. 공신법은 공익신고로 인해 신고자가 파면, 해임, 해고, 징계, 감봉 등 불이익을 받거나 받을 것이 예상되는 경우 국민권익위원회에 보호 신청을 함으로써 보호 조치를 받게 하고 있다. 구체적으로 이 법의 제1조는 "공익을 침해하는 행위를 신고한 사람 등을 보호하기 위한 법"이라고 명시함으로써 '자연인'이면 누구든 공익신고를 할 수 있도록 규정하고 있다. 제2조는 공익제보의 대상이 '국민의 건강', '안전', '환경', '소비자의 이익', '공정한 경쟁을 침해하는 행위' 등 다섯 분야임을 명시하며, 제12조(공익신고자 등의 비밀보장 의무) 제1항은 "누구든지 공익신고자 등이라는 사정을 알면서 그의 인적사항이나 그가 공익신고자 등임을 미루어 알 수 있는 사실을 다른 사람에게 알려주거나 공개 또는 보도하여서는 안 된다"라고 규정한다. 아울러 제15조(불이익 조치 등의 금지) 제1항은 "누구든지 공익신고자 등에게 공익신고 등을 이유로 불이익 조치하여서는 아니 된다"라고 규정하고 있다. 다만 공신법 제2조의 공익 침해 행위 대상 법률의 경우 2015년 기준 180개에 불과하여 한계가 있다는 비판이 존재한다. 최근 280개로 확대하려는 움직임이 있지만, 그마저도 1,338개의 법률 중 20%에 불과한 상황이라(Kim, 2014), 법 적용에 한계가 있다는 비판의 목소리가 있다는 것이다.

한편, 시민 단체인 참여연대의 공익제보지원센터는 사적 영역에서 공익제보 보호를 위해 노력하고 있는 대표적 기관이다. 1994년 9월 창립 활동 기구로 내부비리고발자지원센터를 출범한 이래 지속적으로 공익제보자 보호를 위해 일하고 있다. 공익제보지원센터의 활동 방향은 첫째, 법률 상담, 소송, 행정 신고 등 공익제보자 보호 및 지원 활동, 둘째, 공익제보를 통해 드러난 국가기관 등의 부정·비리 사건 대응, 셋째, 공익제보 지원 제도 개혁 운동, 넷째, 공익제보 활성화 및 사회적 공론화를 위한 교육·홍보 활동, 다섯째, 공익제보자들 간의 교류와 상호 지원을 위한 활동, 여섯째, 공익제보자 격려와 지원을 위한 참여연대 의인상 시상 및 의인기금 운영 등이 있다.

참여연대 공익제보지원센터 공식 홈페이지에 의하면 의인상은 "국가기관이나 기업 등 조직의 부정부패, 예산 낭비, 비윤리적 행위 등을 공개한 공익제보자, 권력 남용을 공개하거나 맞서 민주주의 후퇴를 막는 데 노력한 시민"

을 국민 누구나 추천자가 되어 추천하면, 사회적 기여 수준, 제보 내용의 가치와 중요성을 기준으로 수상자가 선정된다. 수상자에게는 상패와 100만 원의 부상이 수여된다. 2010년 이후 꾸준히 선발이 이루어지고 있다. 참여연대는 관련 법 제정 이전부터 공익제보와 관련하여 지속적인 관심을 가져온 시민 단체였고, 공익제보자와 관련한 최초의 상을 제정하여 운영한 단체다. 따라서 참여연대 공익제보지원센터의 의인상 수상자들에 대한 사례 분석은 대표성 있는 공익제보 사례의 분석이라는 측면에서 의의가 있을 것이다.

## 3. 공익제보 관련 연구 동향

공익제보 관련 연구는 대체로 다음 몇 가지 유형으로 구분될 수 있다. 첫째, 공익제보자 사례를 분석한 연구다. 구체적으로 이지문(2003)은 이문옥 감사관의 감사원 감사 비리 고발 등 14개 사례를 분석했다. 이를 통해 공익제보가 부패 통제, 예산의 효율적 사용, 국민의 알 권리 보장, 제도 개선 등에 공헌했음을 주장했다. 장용진 · 강영웅 외(2011)는 국내 6명의 공익제보 사례(개인적 특성, 조직의 특성, 보복 행위에 대한 공통점)를 분석했다. 그들은 6개 사례의 개요와 제보 내용과 과정, 공익제보의 결과(제보 후 조직의 변화, 제보 후 공익제보자의 상황)를 추적했다. 그 결과 조직 내 의사소통이 상향적으로 이루어질 수 있는 구조, 보복 행위 금지, 공익보호자 범위 확대 등을 통해 공익제보의 문제를 해결할 필요성이 있음을 제언했다.

둘째, 공익제보의 활성화 방안을 모색한 연구다. 신민철(2014)은 공공 부문 종사자 인식 조사를 통해 자체 감사기구의 독립성과 전문성 확보, 감사원 등 외부 통제 감독기구의 점검 및 모니터링, 자체 감사기구를 중심으로 사회에 대한 편익 제공자로서 내부고발 유용성에 대한 홍보와 교육 활동 확대 등이 필요하다는 연구 결과를 도출했다. Kim(2014)은 각종 공익제보 관련 법리 검토를 통해 ① 제보자 자격과 관련하여 비자연인(단체, 협회, 조직, 사단법인, 공익법인 등)도 비리를 제보할 수 있고, 자연인의 제보가 익명으로 이뤄질 수 있어야 한다, ② 신고 대상과 관련하여 공신법은 모든 법령을 신고의 대상으로 하여야 한다, ③ 포상과 관련하여 정부는 내부 제보를 사회적인 가치 있는 행위로 장려해야 한다, ④ 제보자 보호와 관련하여 비리 제보자 보호는 행정, 민법 및 형법의 수단을 포함하여야 한다 등의 활성화 방안을 제안했다. 그밖에 곽관훈(2014)은 내부고발자 보호를 통해 기업이 관련 사안을 내부적으로 해결할 수 있게 하고, 나아가 위법행위를 사전에 예방할 수 있는 경영 시스템 구축이 필요하다고 주장한다. 공익제보의 활성화 방안을 모색한 최근 연구들은 공신법 시행 이후 해당 법안의 보완책을 도출하고 있다는 측면에서 가치가 있다. 한편 이들은 공신법 제정 이후에도 여전히 공익제보자의 공적 표현에 대한 보호가 부족한 상황임을 보여 주는 것이기도 하다.

셋째, 공익제보에 대한 인식, 공익제보 행동을 확인한 연구다. 박흥식(2005)은 계획 행동 이론을 통해 경찰관을 대상으로 실증적으로 내부고발 의도를 예측했다. 그는 외부형 내부고발과 내부형 외부고발을 구분한 후, 내부고발의 경우 사회문화적 인식에 의존하며 외부형 고발의 경우 관리적 차원의 조절이 어렵다는 점 등의 시사점을 도출했다. 박주희(2013)는 카지노 종사원의 윤리 경영의 법과 규범 요인이 강할수록 종사자의 내부고발 의도가 높아진다는 점을 규명한 바 있다. 장용진 · 윤수재 · 조태준(2012)은 지방자치단체 공무원들의 인식을 파악했다. 그 결과 대부분 공무원은 자신이 내부고발자임이 알려질 경우 보복 행위를 받을 수 있다고 여겼으며, 따라서 실제로 내부고발을 쉽게 결정할 수 없다고 인식하고 있었다. 이상의 연구 결과 역시 공신법 제정 이후에도 여전히 공익제보가 어려울 수밖에 없는 상황임을 보여 준다. 또한 법, 제도적 극복을 통해 공익제보의 보복 행위에 관한 수용자 인식 전환이 필요함을 나타낸다.

넷째, 공익제보 후 제보자의 건강 상태를 분석한 연구다. 먼저 신광식·박흥식(2009)에 의하면 내부고발자의 건강 문제는 자신의 주장에 대한 정당성 확인 욕구, 보복에 따른 분노, 기대한 사회적 지지가 없는 상황에서 발생하는 것으로 나타났다. 신광식·조병희(2008)는 한국 사회 공익제보자들의 스트레스와 건강 문제를 분석했다. 연구 결과에 따르면 공익제보자들의 주된 스트레스 원인은 행동에 대한 조직의 보복 조치로 나타났다. 아울러 일차적 스트레스는 해고로 인한 생활 리듬의 상실, 생애 단계의 기회 상실, 역할감 상실 등 이차적 스트레스로 증폭되었다. 강성태(2010)는 내부고발자에 대한 직장 내 괴롭힘과 관련한 판례 분석을 통해, 공익제보 후 인격권 문제와 정신적 고통이 상당할 수 있음을 보여 주었다.

이처럼 공익제보와 관련한 선행 연구들은 법학, 행정학, 보건학 등 비교적 다양한 측면에서 이루어졌다. 그러나 공익제보의 문제는 기본적으로 표현의 자유와 직결되는 문제다. 그럼에도 이 문제에 관한 언론학 분야의 관심은 매우 부족한 상황이다. 예컨대 공익제보의 문제를 언론학 영역에서 다룬 연구물은 김남일(2008) 정도에 머물러 있는 상황이다. 이 연구는 김용철 변호사의 삼성 비리 의혹 고발에 대한 KBS와 SBS 뉴스의 프레임을 분석한 연구다. 그 결과 사회적 투명성 제고를 위해 지상파 방송이 내부고발을 사회 구조적인 모순으로 인식해야 하고, 이를 개선하기 위한 심층 보도가 필요하다고 주장했다(장화익, 2007). 게다가 김남일(2008)의 연구는 공익제보자의 문제를 언론법(표현의 자유)의 영역에서 다룬 연구물은 아니다. 즉 표현의 자유의 문제인 공익제보와 관련한 언론학 영역의 관심은 매우 부족한 상황이다. 이런 측면에서 이번 장에는 공익제보의 문제를 표현의 자유의 문제로 논의해 봄으로써 언론법의 지평을 넓히는 데 기여하고자 했다.

## 4. 공익제보라는 공익적 표현의 자유에 대한 언론학적 접근

표현의 자유를 통한 의견의 다양성은 민주사회를 이끌어 가는 핵심 요소다. 이에 우리나라 헌법 제21조는 표현의 자유를 명문화하고 있다. 아울러 헌법재판소(2010.12.18, 2008헌바157, 2009헌바88)는 "현대 민주사회에서 표현의 자유가 국민주권주의 이념의 실현에 불가결한 것인 점에 비추어 볼 때, 불명확한 규범에 의한 표현의 자유의 규제는 헌법상 보호받는 표현에 대한 위축효과를 수반한다"라는 인식을 가지고 있다.

표현의 자유가 지칭하는 표현은 공익적 표현과 사적 표현으로 구분될 수 있다. 공익적 표현은 사회 공공의 이익을 위한 표현이고, 사적 표현은 이를 제외한 모든 표현, 이를테면 '공익을 해할 목적의 표현', '악의적 표현', '단순한 개인적 욕구 발산적 표현' 등으로 구분할 수 있을 것이다. 물론 공익적 표현에서 지칭하는 '공익'의 범위에 대한 명확성의 문제는 언론법학자들의 지속적인 문제 제기의 대상이다(이재진·이정기, 2012). 예컨대 김경호(2013)에 따르면, 공익公益, public interest은 사전적 의미로 '사회 전체의 이익', '공동의 이익'으로 정의되며, 사적 이익과 구별되는 것으로서 개인이나 소수 집단의 이익 차원을 넘어 다수의 관심과 이익을 포함하는 것으로 볼 수 있다. 공동체의 유지, 자원의 효율적 배분, 사회적 약자 보호 등의 가치를 내재한 것이 공익의 핵심 요소라는 논의도 존재한다(조재영, 2001).

한편, 국민권익위원회(2012)는 국민의 건강, 안전, 환경 보호, 소비자 이익, 공정 경쟁 침해 행위 등 180개 신고 대상 법률 위반 행위를 공익을 침해하는 행위로 규정하고 있다. 아울러 이러한 공익 침해 행위가 발생했거나 발생할 우려가 있을 경우, 그에 대한 문제를 공익제보를 통해 제기할 수 있으며, 이때 그러한 표현은 특정범죄신고자 등 보호법, 공익신고자 보호법 등으로 보호된다고 규정하고 있다. 즉, 공익적 표현의 자유란 공공의 이익을 해치고 있거나 해칠 우려가 있는 공공의 문제에 대해 자유롭게 표현할 자유로, 사회 정의의 실현과 투명성 제고를 도우려는 목적을 지닌다. 한편, 문재완(2011) 은 민주주의의 필수 구성 요소인 표현의 자유의 헌법적 가치가 모든 국민이 공동체 생활에 관련된 쟁점을 이해하도록 하는 데 있다고 주장한 바 있다. 이 는 표현의 자유를 헌법으로 보장하는 이유가 공익적 이슈에 대한 국민의 알 권리 보장에 있음을 보여 준다. 사회의 공기公器라 일컬어지는 언론이 국민의 알 권리 보장을 위해 표현의 자유를 향유하는 이유이기도 하다.

다만, 우리나라는 집단주의적 문화, 유교적 문화의 전통이 강하다. '체면', '눈치', '의리', '정', '우리성'과 같은 수직적, 조직적 문화가 존재한다(최상 진 · 김기범, 2011). 나보다는 우리를, 가족보다 국가를 우선시하는 경향이 존재하는 것이다(이후경, 2016.04.04.). 이와 같은 유교적, 조직적 사고는 언 론의 접근이 어려운 내부 집단에서 은밀히 발생한 공익에 반하는 행동이 외 부로 공개되기 어려운 구조를 더 견고하게 만든다. 결과적으로 일반 시민들 은 언론이 보도하기 어려운 내밀한 영역에서의 비공익적 문제에 대해 관련 정보를 얻기 어렵다. 만약 시민들이 공론장을 통해 사회의 공적 문제에 대해 충분한 정보를 얻지 못한다면(즉 알 권리를 보장받지 못한다면), 특정 문제 에 관한 자유롭고 합리적인 토론과 이성적인 담론의 보장을 통해 이루어지는 숙의 민주주의deliberative democracy의 구현이 어려워질 수 있다(박주현, 2014). 이는 숙의 민주주의를 구현하기 위해선 내밀한 영역에서 발생하는 공익적 문 제에 대한 표현, 즉 공익제보가 활성화되어야 함을 보여 준다. 즉, 공익제보 는 언론을 통해 드러나기 힘든 공적 사안에 대한 정보를 시민들에게 제공하는 역할을 수행함으로써 시민들의 알 권리를 보장하고, 숙의 민주주의에 기여한다는 사회적 가치를 지닌다.

다만, 공익적 표현의 자유가 반드시 표현 당사자에게 긍정적인 결과를 불러오진 않는다. 공익신고자 보호 제도의 문제 때문이다. 따라서 국내의 경우 공익적 표현의 자유가 온전히 구현되기 어려운 구조다. 예컨대 국민권익위원회는 관련 사항에 대한 조사권이 없다. 따라서 (특히 공익 침해가 발생할 우려에 대한 신고의 경우) 신고자가 완벽하게 증거를 제시하지 못하면, 내부 비리가 접수되었다고 해도 실제 문제가 개선되긴 어려운 경우가 대부분이다. 국민권익위원회에 따르면 2015년 기준 67건의 공익제보 보호 접수 가운데 20건만 보호 조치되었고, 신분 공개에 따른 징계 요청의 경우 13건 중 4건만 처리되었다. 내부고발 후 신분이 노출되어 불이익을 받는 상황에서 이에 대한 지원 구조금을 받는 비율 역시 줄어들고 있다. 관련 예산은 2012년 1억 원 수준에서 2015년 1천만 원 수준으로 급감했다(김영택, 2016.01.13.). 경제적, 사회적 어려움을 일정 부분 감수한 채 공익제보가 이루어질 수밖에 없는 구조라는 것이다. 아울러 공익신고자 보호법 제2조의 공익 침해 행위 대상 법률의 경우 2015년 기준 180개에 불과하여 모든 공익적 표현을 관장하기에 현실적인 어려움이 있다고 평가받는다(Kim, 2014). 이는 현행 공익신고자 보호 제도가 공익적 표현의 자유를 보장하기에 어려움이 있다는 것을 의미한다.

한편, 공익제보는 공익적 표현의 자유(언론의 자유)와 관련한 문제를 다룬다(Vickers, 2002). 특히 공익제보는 상대적 약자인 개인이 직간접적으로 소속된 단체나 집단(상대적 강자)을 대상으로, 일반인이 알기 어려운 내부 문제를 제기하여 사회 투명성 제고에 기여하는 방식으로 이루어진다. 결과적으로 공익제보의 표현은 개인이 사회적 영향력을 가진 공적 주체나 공적 인물에 대해 표현 행위를 하는 방식으로 이루어지는 경우가 대부분이다. 언론이나 개인의 공적인 표현을 보호하기 위한 대표적인 법리 중 하나가 형법 제310조의 '위법성 조각 사유'다. 이는 개인이나 언론의 표현으로 명예훼손 소송이 발생했다고 해도, 명예훼손적 표현이 진실하고(진실성) 공익적인 것이라면(공익성) 면책될 수 있음을 명시하고 있다. 즉 형법 제310조는 공익제보와 같은 공익적 표현을 보호하기 위한 대표적 법 조항이라고 할 수 있다. 하지만 형법 제310조의 진실성, 공익성과 관련하여 공익제보를 논의한 경우는 그동안 없었다.

아울러 국내에 완전히 도입되진 않았지만, 공인 이론 역시 공적 표현을 보호하기 위한 내용을 담고 있다. 구체적으로 공인 이론은 현실적 악의 원칙 actual malice rule이라고도 불린다. 이는 공인의 경우 자신과 관련한 보도 내용이 사실이 아니더라도, 그로 인해 발생한 손해를 배상받으려면 해당 보도가 현실적 악의를 가진 것임을 입증해야 한다는 것이다. 공적 주체인 공인에 대한 언론보도, 즉 공적 주체에 대한 공적 표현의 자유를 확장하는 이론이 공인 이론인 것이다(이재진·이정기, 2012). 우리 법원은 1999년 97헌마265 결정을 시작으로 공인과 사인에 대한 차등 적용 원칙을 인정하기 시작했고, 점차 공인 이론을 수용하면서 공인의 범위를 넓혀가고 있다(이재진·이창훈, 2010).

다만, 공인의 범위가 어디까지인지에 대한 명확한 규정은 이루어지지 않은 상태다. 예컨대 이승선(2007)에 따르면, 공인은 자발적·정치적 공인[공직자, 선출직 공무원(정치인), 법조계 인사·언론 종사자·검사·변호사 등 법조계 종사자, 고위직 군경 간부 등], 비자발적·정치적 공인(대기업 경영진, 대학교수·교사 등 교육계 종사자, 종교계 종사자, 문화계 고위 인사, 병원장급 인사), 자발적·비정치적 공인(탤런트, 가수, 모델, 배우, 스포츠 스타 등), 비자발적·우연한 공인(사회적으로 널리 알려진 주요 범죄 피해자, 가해자,

일시적 사회적 관심이 된 인물), 경계 영역적 인물(소기업 운영자, 하위직 공무원, 규모가 크지 않은 문화단체나 기관 운영자 등) 등으로 구성된다. 이재진과 이창훈(2010)은 정치인(대통령 후보, 국회의원, 전 국회의원, 국회의원 후보자, 시장, 도의회의원, 시의원), 공직자(청와대 비서관, 감사원 국장, 부장검사, 검사, 세무공무원, 국립대 교수), 경제 · 사회 지도자(신문사, 언론사 편집인, 앵커, 대기업 총수, 특파원, 종교 단체, 종교인, 노동조합, 변호사, 대통령 주치의, 대통령 친인척, 물리학자, 언론을 통해 유명해진 인물), 연예인, 스포츠 선수 등을 법원 판결에 나타난 대표적 공인으로 소개하고 있다. 즉, 공인 이론은 언론(또는 표현 주체)이 공인에 대한 (사실이 아닌) 명예훼손적 표현을 했더라도, 그러한 표현이 공인을 향한 것이라면 공적 표현으로 보호해야 한다고 전제한다. 다만 공인 이론과 관련하여 공적 단체나 공적 인물을 대상으로 한 공익제보를 논의한 경우는 그동안 없었다.

## 5. 연구 문제 및 연구 방법

### 1) 연구 문제

정부가 공익신고자 보호법을 통해 공익제보자를 보호하는 이유는 그들이 언론이 공론화하기 어려운 내밀한 영역에서 발생한 비공익적 문제에 대하여 국민의 알 권리 보장에 기여할 수 있다는 측면에 있다. 공익제보자들은 일종의 언론 기능을 수행하며, 따라서 그들의 공적 표현의 자유를 보호해야 한다는 것이다. 이때 그러한 공익제보가 어떠한 방식으로 이루어지는지, 공익제보에 의한 표현의 자유, 국민의 알 권리 보호가 제대로 이루어지고 있는지를 확인하기 위해서는 먼저 공익제보자들이 누구인지, 누구를 대상으로 공적인 표현을 하고 있는지, 어떠한 방식을 통해 공적인 표현을 수행하는지, 법원은 그들에 대해 어떠한 인식을 지녔는지, 공적인 표현 이후 그들의 삶은 어떠한 지를 파악할 필요가 있다.

이에 이번 장에는 두 가지 유형의 연구 문제를 설정하였다. 첫 번째 유형은 의인상 수상 공익제보 사례의 특성(제보자 유형, 사건 유형, 공익제보 매체 유형, 공익제보 후 사회적ㆍ개인적 변화 양상)을 파악하기 위한 것으로 연구 문제 1~4에 해당한다. 공익제보 사례의 내용 분석 기준, 즉 제보자 유형, 사건 유형, 공익제보 방법/대상 및 매체 유형, 공익제보 후 사회적ㆍ개인적 변화는 이지문(2003), 장용진ㆍ강영웅 외(2011)의 선행 연구에 근거하여 구성되었다. 구체적으로 이지문(2003)은 공익제보 사례를 제보자 유형(재직 여부 등), 공익제보 방법/대상 및 매체 유형(대내적/대외적), 공익제보 후 사회적 변화 양상(사회적으로 어떠한 변화를 이끌어 냈는지), 개인적 변화 양상(구속 등 불이익 여부, 명예훼손 회복 여부) 등으로 구분하여 분석했다. 또한 장용진ㆍ강영웅 외(2011) 역시 공익제보의 내용과 과정, 결과(제보 후 조직의 변화, 제보 후 공익제보자의 상황)를 추적 분석했다.

사례 분석을 통해 공익제보자의 특성을 파악하고자 한 이 연구도 선행 연구의 연장선에서 공익제보자의 유형(연구 문제 1), 공익제보 사건 유형(연구 문제 2), 공익제보 후 사회적ㆍ개인적 변화 양상(연구 문제 4)을 파악하고자 했다. 다만 이번 장은 선행 연구와 달리 공익제보자의 유형 구분을 직업과 직업군의 공ㆍ사인 여부(공인 이론 적용)로, 공익제보자의 사건 유형 구분을 정부, 학교, 기업, 기타 등 제보 대상의 공ㆍ사인 여부(공인 이론 적용)로 구체화함으로써 공익적 표현을 핵심으로 하는 공익제보의 공인 이론 적용 가능성을 확인했다. 아울러 공익제보자들의 공적인 표현 행위가 사회 투명성 제고라는 긍정적 효과를 가져올 수 있지만, 개인적 차원에서 피해를 야기할 수 있다는 논의(강성태, 2010; 김영택, 2016.01.13.; 신광식ㆍ조병희, 2008)에 근거해, 공익제보 후의 사회적 · 개인적 변화 양상을 구분하여 좀 더 구체적으로 파악해 보고자 했다.

## 의인상 수상 공익제보 사례의 특성

연구 문제 1. 의인상 수상 공익제보자의 유형은 어떠한가? 즉, 공익제보자의 직업 구조, 공 · 사인 여부는 어떠한가?

연구 문제 2. 의인상 수상 공익제보의 사건 유형은 어떠한가? 즉, 공익제보라는 공적인 표현이 어떠한 인물이나 기관을 대상(제보 내용의 특성, 제보 대상의 공 · 사인 여부)으로 이루어졌는가?

연구 문제 3. 의인상 수상 공익제보자의 공익제보 방법/대상 및 매체 유형은 어떠한가? 즉, 공익제보라는 공적인 표현이 어떠한 매체를 활용하여 표출되었는가?

연구 문제 4. 의인상 수상 공익제보자의 공익제보 후 사회적 · 개인적 변화는 어떠한가?

두 번째 유형은 의인상 수상 공익제보 사례 중 소송으로 비화된 판례의 특성[재판 청구의 원인, 공적 표현의 보호 법리, 공익제보 사건의 경과 및 공익제보자 보호 여부(처벌, 복직)]을 파악하기 위한 것으로, 연구 문제 5와 6에 해당한다. 판례의 분석 기준은 이정기(2015) 등의 선행 연구에 근거했다. 구체적으로 이정기(2015)는 언론인 해고 관련 판결의 특성을 규명하면서 소송의 원인(근거 법리), 특정 소송 도출 이후 공익제보자 보호 여부 등의 분석 유목에 따라 법원의 인식을 파악한 바 있다. 이에 분석 대상 상당수가 징계를 받은 사건인 이 연구 역시 판례에서 공익제보자 보호의 근거 법리가 적용되는지를 확인하고, 공익제보자 발언의 보호 여부를 복직 여부, 직업 구조 변화 등으로 세분화하여 파악하고자 했다.

## 공익제보 판례의 특성

연구 문제 5. 의인상 수상 공익제보 사건 중 소송으로 비화된 사건에 나타
난 재판 청구의 원인, 공적 표현 보호 법리는 무엇인가?

연구 문제 6. 의인상 수상 공익제보 사건 중 소송으로 비화된 사건에 나타
난 공익제보 사건의 경과 및 공익제보자 보호 여부(처벌, 복
직)는 어떠한가?

결과적으로 연구 문제 1과 2는 공익제보자의 유형과 공익제보 사건의 유
형을 파악하기 위해 설정됐다. 공익제보라는 공적인 표현의 송신자와 수신자
가 지닌 특성을 파악하고자 한 것이다. 공인 이론에 따르면 공인(공적 인물,
공적 기관)을 대상으로 한 표현은 사인을 대상으로 한 표현에 비해 보호의 범
위가 넓다. 공적인 사건에 대한 국민의 알 권리가 중요하고, 공인은 사인보다
명예훼손적 표현의 수인 범위가 넓기 때문이다(이재진·이정기, 2012). 결과
적으로 공적 표현의 주체와 대상자의 공·사인 여부를 파악하는 일은 공인을
대상으로 한 공익적 표현의 중요성을 가늠하는 척도가 되리라 판단했다. 연
구 문제 3은 공익제보라는 공적인 표현이 어떠한 매체를 활용하여 보도되는
지 추적하여, 공적인 표현이 표출되는 과정을 파악하고자 설정되었고, 연구
문제 4는 공익적 표현의 결과가 어떠한지에 대해 추적하기 위해 설정되었다.
아울러 연구 문제 5와 6은 앞선 공익제보 사례 중 판례로 비화된 사건의 법리
적 특성을 파악하고, 소송의 결과 공익제보자의 공적 표현이 얼마나 잘 보호
되고 있는지에 대한 함의를 도출하고자 설정되었다.

## 2) 연구 방법

이번 장은 두 가지 유형의 여섯 가지 연구 문제를 해결하기 위해 25개의 사례와 7개 사건 13개 판례에 대한 분석을 수행했다. 좀 더 구체적으로, 모든 사례는 참여연대의 공익제보지원센터에서 2010년 이후 공익제보자들을 대상으로 수여하는 의인상 수상 사례라는 공통점이 있다.

참여연대 공익제보지원센터는 공익제보의 가치를 되새기고 공익제보자들의 용기와 헌신을 기리고자 2010년 의인상을 제정하였고, 매년 12월 상을 수여하고 있다. 의인상은 국가기관이나 기업 등 조직의 부정부패, 예산 낭비, 비윤리적 행위 등을 공개한 공익제보자 권력 남용을 공개하거나 맞서 민주주의 후퇴를 막는 데 노력한 시민을 대상으로 수여되며, 사회적 기여 수준과 제보 내용의 가치와 중요성을 기준으로 추천된다.* 의인상은 2010년 7인, 2011년 1인, 2012년 5인(공로상 포함), 2013년 7인(특별상 포함), 2014년 5인으로 2015년 11월 기준 25명(공동 수상은 1인으로 규정)이 수상했다. 이번 장에서는 이상의 25개 사례를 통해 공익제보 사례의 특성과 한계, 성과 등을 포괄적으로 규명해 내고자 했다. 아울러 이상의 25개 사건 중 소송으로 비화된 7개 사건 13개 판례에 대한 추가적인 분석을 통해 공익제보자 보호 법리, 공익제보 판례의 특성 등을 규명하고자 했다. 판례의 수집은 대법원, 로앤비 인터넷 사이트를 활용했다.

---

\* 참여연대는 비영리 민간단체다. 권력에 대한 감시와 견제, 경제적 권리 확대, 사회적 약자와 소수자 보호, 제도 개선, 시민 교육, 평화, 복지 국가 건설 등을 목표로 하는 국내의 대표적 시민 단체이기도 하다. 따라서 참여연대의 결정 사항에 일정 부분 정치적 편향성이 있을 수 있다는 비판이 제기될 수 있다. 다만, 공익제보라는 것은 상대적 약자가 내부의 강자(공인이 대부분인)를 대상으로 내부의 부조리를 표출함으로써, 즉 공익적 표현을 함으로써 사회의 투명성 제고에 기여하는 것을 의미한다. 그렇다면, 사회적 약자와 소수자에 대한 편향성을 지향 방향으로 삼고 있는 시민 단체, 그것도 공익제보 관련한 전문성을 관련 법 제정 이전부터 가지고 있는 비영리단체가 대표적 사례로 평가한 공익제보 사례를 분석하는 것은 나름대로 의미가 있을 것이다.

## 6. 의인상 수상 공익제보 사례의 내용

의인상 수상자의 내용은 다음과 같다. 먼저 2010년에는 7명의 수상자가 선정됐다. 첫 번째 인물은 나주세무서 계장인 김동일 씨다. 그는 2009년 5월 29일 국세청 내부 인터넷 게시판에 노무현 전 대통령에 대한 정치적 목적 세무조사를 비판한 글을 작성하였고, 조직과 구성원에 대한 명예훼손을 이유로 파면됐다. 이후 대법원 판결을 거쳐 복직됐다.

두 번째 인물은 해군 소령 김영수 씨다. 그는 2006년 근무 당시 해군의 군납 비리에 대한 내부 문제 제기 후 문제가 해결되지 않자, 2009년 5월 참여연대, 2009년 10월 MBC 〈PD수첩〉에 출연하여 문제를 제시했다. 그는 2009년 9월 타 부대에 전출되었고, 2010년 1월 허가받지 않은 방송 출연을 이유로 징계 조치를 받았으며, 2011년 6월에 제대했다.

세 번째 인물은 정부 출연 연구소인 한국건설기술연구원의 연구원 김이태 씨다. 그는 2008년 5월 23일 국토해양부가 대운하 찬성 논리를 개발할 것을 강요한다고 인터넷 포털 다음 아고라에 폭로했다. 결국 그는 2008년 12월 연구원 위상 훼손 혐의로 중징계(3개월 정직) 되었으며, 해명서를 작성해 인터넷에 올릴 것을 요구받았다.

네 번째 인물은 NS한마음 대표 김종익 씨다. 그는 2010년 6월 29일 공직윤리위지원관실의 민간인 불법 사찰(국가 권력의 직권 남용)의 피해 사실을 MBC 〈PD수첩〉에 고발했다. 이후 국정감사에 출석하였고, 모 국회의원으로부터 사상불온자로 비판받았다.

다섯 번째 인물은 전 양천고등학교 교사이자 전 서울시 교육의원인 김형태 씨다. 그는 2008년 4월 사립학교의 재단 비리를 서울시 교육청과 국민권익위원회에 제보했고, 학교 명예 실추 혐의로 2009년 3월 직위 해제, 2009년 8

월 파면됐다.

여섯 번째 인물은 장로회신학대학교 학생인 이두희 씨다. 그는 2010년 11월 4일 대학 홈페이지 게시판에 군종사관후보생 선발 중의 부정행위를 고발했다.

일곱 번째 인물은 연세대학교 교수 이용석 씨다. 그는 SK텔레콤이 2010년 7월 20일 우정사업본부 기반망 사업 선정 위원인 자신에게 로비를 했음을 국민권익위원회, 참여연대, 언론에 제보했다. 검찰은 이 사건을 회사가 아닌 개인 차원의 범행으로 결론지었다.

2011년에는 1명의 수상자가 선정됐다. 군산 메트로타워 신축 공사 감리단장인 유영호 씨다. 그는 2009년 고층 아파트 시공 중의 문제(예정에 없던 설계 변경 및 부실 시공)에 의의를 제기했다. 시공사는 그의 자질과 역량을 문제 삼아 군산시에 해고를 요청했고, 결국 해임되었다. 그는 2010년 7월 국민권익위원회에 관련 내용을 제보했다. 2010년 10월 국민권익위원회는 유영호 씨의 주장이 올바른 것이었음을 확인했다. 그의 명예가 회복된 것이다.

2012년에는 5명의 수상자가 선정됐다. 첫 번째 수상자는 청미원 영농법인 양돈 농장장인 박재운 씨다. 그는 2011년 1월 살처분 돼지 두수 조작 보상금 청구 건을 국민권익위원회에 제보했고, 결국 반강제적으로 권고사직을 종용받았다.

두 번째 수상자는 고등학생 홍서정 씨다. 그녀는 명지고등학교 1학년 재학 당시인 2012년 7월 18일 종교 수업 및 종교 활동을 강요하는 학교를 서울시교육청과 언론에 제보했다. 학교는 대체 교과목 설치를 약속하고 재발 방지를 약속했다. 그러나 제보자의 신원이 밝혀졌고, 대체 강좌가 유명무실화되면서 고등학교를 자퇴하게 된다.

세 번째 수상자는 초등학교 교사인 심태식, 민경대 씨다. 그들은 2004년 2월 재직 중인 학교와 교장의 부정행위를 교육청에 제보했다. 그리고 이후에도 지속적으로 초등학교 부정행위를 감시하고 제보하는 활동을 하게 된다.

네 번째 수상자는 KT새노동조합의 위원장인 이해관 씨다. 그는 2012년 2~3월 사이 KT의 불법 행위를 언론에 제보했다. 이후 무연고 전보, 해고 조치됐다.

다섯 번째 수상자는 국방부 구매담당관 박대기 씨다. 그는 1998년 외국 무기 부품 구매 과정에서 예산 낭비가 있었다는 내용을 내부에 공개했고, 이후 개선이 없자 언론에 공개했다. 그는 보복성 인사 조치로 인해 병환을 얻고 말았다.

2013년에는 7명의 수상자가 선정됐다. 첫 번째 수상자는 평창공립어린이집 보육교사 김담이 씨다. 그녀는 2013년 2월 어린이집 원장의 비리를 보건복지부, 강원도청 등에 신고했고, 동료들의 고용 보장을 위해 자발적으로 퇴사하게 된다.

두 번째 수상자는 남양유업 대리점주 김웅배 씨다. 그는 2013년 5월 3일 업체의 부당 관리 실태 녹취본을 인터넷에 공개했다. 이후 남양유업 사장의 공개 사과가 이루어지고, 불공정 거래 원천 차단, 상생위원회 설치 등이 약속됐다.

세 번째 수상자는 강원외국어고등학교 교사인 박은선 씨다. 그는 2011년 5월 강원외국어고등학교의 입시 비리, 교육 과정 편법 운영, 교사 채용 비리를 강원도 교육청에 제보했으나 이후 파면된다.

네 번째 수상자는 한국보건복지개발원의 직원인 윤상경 씨다. 그는 2012년 2월 25일 국회 보건복지위원회 소속 국회의원 보좌진에 대한 불법 접대 등 업무 추진비 비리를 신고했다. 그는 회사의 명예 실추, 직무상 비밀 누설 등을 이유로 보복성 인사 발령을 받았고, 이후 해고되었다. 행정 소송에서는 승소했으나 복직은 이뤄지지 않았다.

다섯 번째 수상자는 포스코 계열사인 포스메트의 사원 정진극 씨다. 그는 중소 협력사와의 동반 성장 실적 조작 내용을 국회의원실과 국민권익위원회에 공개했다. 이후 회사 이미지 훼손, 업무 방해, 허위 사실 유포에 의한 명예 훼손 등의 이유로 해고 조치됐다.

여섯 번째 수상자는 수서 경찰서 수사과장 권은희 씨다. 그녀는 2012년 4월 19일 경찰청 수뇌부의 국정원 사건 은폐 내용을 언론에 공개했다.

일곱 번째 수상자는 미국인 Edward Joseph Snowden이다. 그는 2013년 미국 NSA가 자국민과 해외 38개 워싱턴 주재 대사관을 도청했음을 언론에 공개했고, 이후 러시아에 망명했다.

2014년에는 5명의 수상자가 선정됐다. 첫 번째 수상자는 외교부 사회복무요원 김경준 씨다. 그는 2014년 5월 외교부 문화예술협력과의 업무 추진비 횡령 사건을 국민권익위원회에 제보했다.

두 번째 수상자는 전 국정원 직원인 김상욱 씨다. 그는 2012년 말 국정원 인터넷 댓글 등 대선 개입 사건을 정당과 언론사에 제보했다.

세 번째 수상자는 육군 상병 김재량 씨다. 그는 2014년 4월 6일 윤 일병 폭행 사건에서 이 사건이 단순 사고가 아니라 폭행 사건임을 포대장에게 알렸다.

네 번째 수상자는 교수 류영준 씨다. 그는 2005년 황우석 교수의 논문 조작, 연구 윤리 위반을 제보했다.

다섯 번째 수상자는 쓰레기 소각업체 직원 2명으로, 그들은 2012년 말 지난 2년간의 쓰레기 소각업체 측정기 조작 문제를 제보했다. 하지만 이후 도청으로부터 형사고발을 당했다.*

---

* 이번 장에서는 앞선 이승선(2007), 이재진과 이창훈(2010)의 공인 분류 틀을 활용하여 정부, 고위직 공무원, 준공무원(정부출연 연구기관 연구원, 직원), 전 공무원, 하위직 공무원(계장), 시의원, 군경 간부(소령, 경찰서(장)) 등은 자발적 · 정치적 공인으로 분류했다. 아울러 교사(중고등학교, 공립 어린이집), 교장, 학교, 학교 재단 이사장 등 교육계 종사자, 대기업(대기업 경영진, 대기업 노조)은 비자발적 · 정치적 공인으로 분류했다. 소기업 운영진은 경계 영역적 인물이나 공인으로 분류했다. 다만, 학생(대학생, 고등학생), 일반 기업 노동자, 소규모 자영업자, 징집 사병(사회복무요원)은 사인으로 분류했다. 한편, 미국의 스노든Edward Joseph Snowden의 경우 미국 국가안보국 협력사 직원으로 언론보도 후 일시적으로 사회적 관심의 대상이 된 비자발적 · 우연한 공인으로 분류했음을 밝힌다.

## 표 7-1. 의인상 수상자 명단과 내용(2010~2014)

| # | 제보자 유형 → 제보 대상 유형 | 제보 내용과 매체 | |
|---|---|---|---|
| | | 폭로 후 상황(사회) | 폭로 후 상황(개인) |
| **2010년** | | | |
| 1 | **공인, 공무원** (김동일, 나주세무서 계장) ↓ **공인, 국가 고위 공무원** (광주지방국세청장) | 국세청장의 권력 남용 비판: 2009년 5월 28일 국세청 내부 게시판에 정치적 목적의 노무현 전 대통령 특별 세무조사 비판 글(한상률 전 국세청장의 태광실업 특별 세무조사 비판)을 작성 | |
| | | - | 2009년 6월 15일 조직과 구성원 명예훼손을 이유로 파면, 고소. 2011년 11월 24일 대법원 판결 후 복직 |
| 2 | **공인, 군인** (김영수, 해군 소령) ↓ **공인, 군인** (해군본부 간부) | 해군 납품 비리 고발: 가구와 전자제품 구매 시 위조 견적을 이용해 정상가보다 40% 높은 수의계약을 맺어 수억 원의 손실을 초래한 사실을 해군 헌병대에 신고하였으나 제대로 처리되지 않아, 2009년 외부에 폭로(참여연대와 함께 대전지검에 고발, MBC에 직접 출연) | |
| | | 관련자 처벌 없이 수사 종결 | 2009년 9월 타 부대 전출, 근무평정 최하등급, 2010년 1월 허가받지 않은 방송 출연을 이유로 징계 조치, 2011년 6월 전역. 국민권익위원회 조사관 채용 |
| 3 | **공인, 국책 연구원** (김이태, 한국건설기술연구원) ↓ **공인, 정부기관** (국토해양부) | 대운하 사업 추진 양심선언 인터넷 게시: 2008년 5월 23일 국토해양부가 운하 찬성 논리를 개발할 것을 강요한다고 외부(다음 포털의 토론방 아고라)에 폭로 | |
| | | 국정 과제에 대한 비판 논란 | 2008년 12월 연구원 위상 훼손 혐의로 중징계(3개월 정직), 사직 강요. 해명서를 인터넷에 올릴 것 요구 |
| 4 | **공인, 기업 대표** (김종익, 전 NS 한마음 대표) ↓ **공인, 정부기관** (국무총리실 공직윤리위지원관실) | 공직윤리위지원관실의 민간인 불법 사찰 고발: 2010년 6월 29일 공직윤리위지원관실의 민간인 불법 사찰(국가 권력의 직권 남용)의 피해 사실을 외부(MBC)에 고발 | |
| | | 이명박 정부의 청와대와 국무총리실에 근무하던 대통령 측근 인사들이 김 씨는 물론 여야 의원과 그 주변을 포함, 광범위한 대상을 사찰했다는 사실이 드러남 | 국정감사에서 모 국회의원이 사상 불온자로 낙인 |

| # | 제보자 유형 → 제보 대상 유형 | 제보 내용과 매체 | |
|---|---|---|---|
| | | 폭로 후 상황(사회) | 폭로 후 상황(개인) |
| 5 | 공인, 교사 (김형태, 전 양천고등학교, 전 서울시 교육의원) ↓ 공인, 학교 (사립학교재단이사장) | 사립학교 재단 비리 고발: 2008년 4월 양천고 재단 이사장의 학교 공사비 부풀리기, 가짜 동창회비 징수, 학교운영위원회 회의록 조작, 체육복 불법 판매, 도서실비 부당 징수, 기간제 교사 허위 등록을 통한 교육청 보조금 챙기기 등 횡령 사실을 외부(서울시 교육청, 국민권익위원회)에 제보 | |
| | | 제보자의 서울시교육의원 당선 후 이사장 기소 | 학교 명예 실추 혐의로 2009년 3월 직위 해제, 2009년 8월 파면, 2011년 11월 서울행정법원 파면 해임 처분 취소 판결, 서울고등법원 항소 기각 |
| 6 | 사인, 대학생 (이두희, 장신대) ↓ 공인, 학교 (군 장교) | 군종사관후보생 선발 부정행위 고발: 2010년 11월 4일 내부(장로회신학대학교 홈페이지 게시판)에 장로회신학교 신학과 재학 중 군목 시험(군종사관후보생선발시험) 응시 과정에서 특정 교파 출신 학생들을 합격시키기 위한 부정행위가 있었음을 폭로 | |
| | | 한 모 중령의 부적절한 언행에 대한 징계 | - |
| 7 | 공인, 교수 (이용석, 연세대) ↓ 공인, 기업 (SK텔레콤) | SK텔레콤 우정사업본부 기반망 사업 선정 로비 제보: 2010년 7월 20일 우정사업본부 기반망 사업에 대한 제안서 평가위원으로 선정, 당일 저녁 SK텔레콤 측으로부터 당선 시 컨설팅 등을 통해 보답하겠다는 로비가 있었음을 외부(국민권익위원회, 참여연대, 언론)에 제보 | |
| | | 검찰은 사측의 조직적 행동이 아닌 박 씨의 단독 범행으로 결론, 불구속 기소 | - |
| 2011년 | | | |
| 8 | 사인, 기업인 (유영호, 군산메트로 타워 감리단장) ↓ 공인 (대기업, 군산현대메트로타워) | 부당 설계 변경 위험성 고발: 군산의 고층 아파트 신축 공사 총괄 감리로 직무를 수행하던 중 흙막이 구조물 설계도 및 보고서 등에서 문제를 발견하고 시행사에 시정 조치를 요구했으나 해고. 문제를 알리고자 외부(국민권익위)에 제보 | |
| | | 건물에 대한 신속한 보수 보강, 정기 점검 통한 안전성 확보 요청 | 해고 후 군산시위원회의 조사특별위원회를 거쳐 명예 회복 |
| 2012년 | | | |

| # | 제보자 유형 → 제보 대상 유형 | 제보 내용과 매체 | |
|---|---|---|---|
| | | 폭로 후 상황(사회) | 폭로 후 상황(개인) |
| 9 | 사인, 기업인 (박재운, 전 청미원 영농법인 양돈 농장장) ↓ | 구제역 허위 신고 공익신고자: 2011년 1월 양돈 농장에서 재직하던 중, 해당 영농법인이 구제역 발생에 따라 살처분한 돼지 두수를 사실과 다르게 부풀려 보상금을 청구한 사실을 외부(국민권익위원회)에 제보 | |
| | 사인, 기업 (청미원 영농법인 양돈) | 농장 대표, 공무원 등 기소 | 퇴사(반강제적 권고사직) |
| 10 | 사인, 학생 (홍서정, 고등학교 학생) ↓ | 학교 내 종교 수업 강제에 대한 언론 제보: 2012년 7월 18일 명지고 1학년 재학 당시의 종교 수업이 대체 과목 없이 운영되는 것과 성경 읽기, 부흥회 참여, 학급비로 헌금 납부 등을 강요한 사실을 외부(서울시교육청, 언론)에 폭로 | |
| | 공인, 학교 (고등학교, 공적 기관) | 대체 교과목 설치, 재발 방지 약속 | 제보자 신원 밝힘, 대체 강좌 유명무실, 고등학교 자퇴 |
| 11 | 공인, 교사 (심태식, 민경대, 초등학교) ↓ | 초등학교 부정 물품 구입 등 지속적 감시 제보 활동: 2004년 2월 재직 중인 학교와 교장의 부정행위를 외부(교육청)에 제보 | |
| | 공인, 학교 (교장) | 해당 교장 정직, 전보 조치 | 지속적으로 초등학교 부정행위 감시 및 제보 활동 |
| 12 | 공인, 노조위원장 (이해관, KT새노조) ↓ | 세계 7대 경관 전화요금 의혹 제보: 2012년 2~3월 KT의 불법 행위(전화 투표 신호를 국내 망에서 처리하고 소비자에게 국제전화요금을 청구)를 외부(언론)에 제보 | |
| | 공인, 기업 (KT) | - | 2012년 5월 7일 무연고 전보 조치 후 해고. 국민권익위원회가 공익제보 보호 조치(전보 조치 취소 결정, 해임 처분 취소 결정) 요청, KT가 반발하여 행정 소송 제기. 2015년 5월 14일 서울행정법원은 해고 부당 판결 |
| 13 | 공인, 공직자 (박대기, 국방부 구매담당관) ↓ | 1998년 외국 무기 부품 구매 과정 예산 낭비 내부 공개: 이후 개선이 없자 외부(언론)에 공개 | |
| | 공인, 군대 (국방부, 청와대 민정수석) | 무기 부품 구매 과정에 언론의 감시 견제 시작됨 | 보복성 인사 조치(잦은 보직 변경), 스트레스로 인한 병환 |

| # | 제보자 유형<br>→ 제보 대상 유형 | 제보 내용과 매체 | |
| --- | --- | --- | --- |
| | | 폭로 후 상황(사회) | 폭로 후 상황(개인) |
| **2013년** | | | |
| 14 | **공인, 보육교사**<br>(김담이,<br>평창 공립어린이집)<br>↓<br>**공인, 학교**<br>(어린이집 원장) | 어린이집 원장 운영 비리 공익신고: 2013년 2월 어린이집 원장 공익 비리를 외부(국민신문고를 통해 보건복지부, 강원도청, 평창군청)에 신고 | |
| | | - | 보육교사 3명 중 2명은 보호 조치 결정. 김담이 씨는 2명의 채용을 위해 자발적 퇴사 |
| 15 | **사인, 기업인**<br>(김웅배,<br>남양유업 대리점주)<br>↓<br>**공인, 기업**<br>(남양유업 영업사원) | 업체 부당 관리 실태 녹취 폭로: 2013년 5월 3일 욕설, 물량 밀어내기 관행 등 업체 부당 관리 실태 녹취를 외부(인터넷)에 공개 | |
| | | 남양유업 사장 공개 사과, 불공정 거래 원천 차단, 상생위원회 설치 등 약속 | 대리점 그만둠. 주차장 근무, 피해 대리점협의회 활동 지속 중 |
| 16 | **공인, 교사**<br>(박은선, 강원외고)<br>↓<br>**공인, 학교**<br>(강원외고) | 입시 비리 공익제보: 2011년 5월 강원외고의 2010년 10~11월 입시 비리, 교육 과정 편법 운영, 교사 채용 비리를 외부(강원도 교육청)에 제보 | |
| | | - | 2013년 7월 파면 조치, 교원소청 심사위원회는 절차상 하자로 파면 처분 취소 결정. 재단은 2013년 9월 2차 파면 |
| 17 | **공인, 국가 연구원**<br>(윤상경,<br>한국보건복지개발원)<br>↓<br>**공인, 정부기관**<br>(한국보건복지개발원<br>원장, 임직원) | 한국보건복지정보개발원장 업무 추진비 비리 신고: 2012년 2월 25일 국회 보건복지위원회 소속 국회의원 보좌진들에게 불법 접대(식사, 유흥, 골프 접대) 등 업무 추진비 비리 외부(복지부) 신고 | |
| | | - | 회사의 명예 실추, 직무상 비밀 누설 이유로 2012년 7월 보복성 인사 발령, 8월 29일 허위 사실 유포 등으로 해고. 2013년 4월 중앙노동위, 국민권익위 등이 원직 복직 결정. 개발원 행정 소송 제기, 2013년 11월 서울행정법원에서 보건복지개발원 패소. 미복직. |

| # | 제보자 유형 → 제보 대상 유형 | 제보 내용과 매체 | |
|---|---|---|---|
| | | 폭로 후 상황(사회) | 폭로 후 상황(개인) |
| 18 | 사인, 기업인 (정진극, 포스코 계열사 포스메이트) ↓ 공인, 기업 (포스코 회장) | 포스코 그룹 동반 성장 실적 조작 공익신고: 중소 협력사와의 동반 성장 실적 조작에 대한 외부(국회의원실, 국민권익위) 공개 | |
| | | 정무위 국정감사에서 포스코 사장의 조작 사실 인정 | 회사 이미지 훼손 및 업무 방해, 허위 사실에 기한, 회사·임직원에 대한 명예훼손, 무고, 직원 본분 위배 등 징계 회부 후 해고 조치. 행정재판에서 해고 부당 판결, 수년간 무직 후 권은희 의원 보좌관으로 활동 |
| 19 | 공인, 공직자 (권은희, 수서 경찰서 수사과장) ↓ 공인, 정부기관 (경찰청) | 국정원 사건 경찰청 수뇌부 축소 은폐 언론 공개 및 증언: 서울경찰청 수뇌부가 2012년 대선 개입 혐의로 수사 중이던 국정원 여직원의 인터넷 댓글 사건을 축소·은폐 하려고 한 사실을 외부(언론)에 공개 | |
| | | 김용판 경찰청장 등 선거법 위반으로 기소, 국가기관의 선거 개입 문제에 관한 관심 유발 | 경찰 사퇴, 국회의원 선거 당선 |
| 20 | 사인, 기업인 (Edward Joseph Snowden, 미 국가안보국 협력사 사원) ↓ 공인, 정부기관 (미국 국가안보국) | 2013년 미국 NSA가 자국민과 해외 38개 워싱턴 주재 대사관을 도청했음을 외부(언론)에 공개 | |
| | | - | 에콰도르 망명 신청 후 좌절, 러시아 1년 임시 망명 |
| 2014년 | | | |
| 21 | 사인, 사회복무요원 (김경준, 외교부 사회복무요원) ↓ 공인, 정부기관 (외교부) | 외교부 문화예술협력과의 업무 추진비 횡령 사건 제보: 2014년 5월 외교부 문화예술협력과 직원들이 수년간 업무 추진비를 회식비로 사용한 점을 외부(국민권익위원회)에 제보 | |
| | | 외교부에 대한 국정감사에서 다루어짐, 외교부 재발 방지 개선책 도출 | - |

| # | 제보자 유형<br>→ 제보 대상 유형 | 제보 내용과 매체 | |
|---|---|---|---|
| | | 폭로 후 상황(사회) | 폭로 후 상황(개인) |
| 22 | **공인, 공직자**<br>(김상욱,<br>전 국정원 직원)<br>↓<br>**공인, 정부기관**<br>(국정원) | 국정원 대선 개입 사건을 제보: 2012년 말 국정원 인터넷 댓글 등 대선 개입 사건을 외부(민주당, 언론사)에 제보 | |
| | | 외부 감시가 불가한 국정원의 불법 행위를 드러내 민주주의 발전에 기여 | 국정원직원법, 공직선거법 위반 기소, 1심 유죄, 항소심 무죄 |
| 23 | **사인, 군인**<br>(김재량, 병사, 상병)<br>↓<br>**사인, 군인**<br>(폭력 병사들) | 육군 28사단 윤 일병 폭행 사건 제보: 2014년 4월 6일 윤 일병 폭행 사건이 단순 사고가 아니라 폭행 사건임을 내부(포대장)에 알림 | |
| | | 군내 폭력 문제에 대한 사회적 관심 제고, 군 인권 제고 움직임 | - |
| 24 | **공인, 연구원/교수**<br>(류영준)<br>↓<br>**공인, 학교**<br>(황우석, 유명 교수) | 황우석 교수 논문 조작 및 연구 윤리 위반을 제보: 2005년 황우석 교수의 논문이 조작됐고, 연구 윤리 위반이 있었음을 외부(언론, 시민 단체)에 제보 | |
| | | 연구 윤리의 문제, 과학 사기의 진실 규명 계기 마련, 과학 영웅의 신화를 깨는 데 기여 | 2005년 제보 이후 원자력 병원 퇴사, 2년간 실직 후 2013년 대학 임용 |
| 25 | **사인, 기업인**<br>(소각업체 직원 2인)<br>↓<br>**공인, 기업**<br>(기업) | 쓰레기 소각 시설 대기오염 측정기 조작 제보: 2012년 말, 지난 2년간의 쓰레기 소각업체 측정기 조작 문제를 외부(장하나 국회의원)에 제보, 양심 선언 | |
| | | 대기오염 방지 | 도청으로부터 대기환경보전법 위반으로 형사고발. 다만, 공익신고자보호법에 근거 불기소함 |

# 7. 공익제보자의 유형

의인상 수상 공익제보자의 유형을 확인한 결과는 다음과 같다. 우선 군인, 공무원, 경찰, 국책연구소 연구원 등 공직자인 경우가 10건(40%)으로 나타났다. 또한 교사/교수인 경우가 5건(20%), 연구원인 경우가 1건(4%), 학생인 경우가 2건(8%)으로 나타났다. 아울러 일반 기업인(대표, 종사자)인 경우는 7건(28%)으로 나타났다. 이 가운데 사인私人이라고 규정할 수 있는 공익제보자는 10건[사례 6(대학생), 8(감리단장), 9(농장장), 10(고등학생), 15(대리점주), 18(사원), 20(사원), 21(사회복무요원), 23(군인 상병), 25(직원)]이었고, 공인公人으로 규정할 수 있는 공익제보자는 14건[사례 1(세무서계장), 2(군인 장교), 3(국책 연구원), 4(기업 대표), 5(교사), 7(교수), 11(교사), 12(노조위원장), 13(국방부 공직자), 14(교사), 16(교사), 17(국가기관직원), 19(경찰서 과장), 24(연구원/교수)]이었다. 즉, 공익제보는 공인, 사인을 막론하고 자신이 속한 기관이나 자신보다 상급 인물의 부정과 비리에 대한 폭로의 형식으로 이루어진다는 사실을 확인할 수 있다.

## 8. 공익제보 사건의 유형

의인상 수상 공익제보의 사건 유형, 즉 공익제보라는 공적인 표현이 어떠한 인물이나 기관을 대상으로 이루어졌는지 확인했다. 그 결과 국가의 비리 폭로[사례 1(국세청장 정치적 행동), 3(국토해양부 대운하 찬성 논리 개발 강요), 4(국무총리실 인사 민간인 불법 사찰), 17(국회의원 보좌진 불법 접대), 19(경찰청 수뇌부의 정치적 사건 은폐), 20(미국의 불법 도청), 21(외교부 업무 추진비 횡령), 22(국정원 대선 개입) 이상 8건], 군 비리 폭로[사례 2(군납 비리), 13(무기 구매 비리), 23(군 폭력) 이상 3건] 등 정부기관의 비리를 폭로한 경우가 11건(44%)으로 나타났다. 또한 학교 비리 폭로(사례 5~6, 11, 14, 16 이상 5건), 대학의 연구 윤리 위반 폭로(사례 24), 학생 인권 침해(종교 활동 강요) 폭로(사례 10) 등 학원 비리 폭로가 7건(28%)으로 나타났다. 아울러 기업의 불법 수익(실적 조작) 폭로(사례 9, 12, 18, 25 이상 4건), 기업의 업체 부당 관리 폭로(사례 15), 기업의 불법 로비 폭로(사례 7), 기업의 부실 공사 폭로(사례 8) 등 기업의 비리 폭로는 7건(28%)으로 나타났다.

## 9. 공익제보 방법/대상 및 매체 유형

공익제보자가 어떠한 매체를 통해 공익제보를 했는지 확인한 결과, 전체 25건의 사례 중 공익제보자가 소속된 내부 기관에 제보한 사례는 3건(사례 1, 6, 23)에 불과했다(12%). 2건(사례 2, 13)은 내부 제보 후 성과가 없자 외부에 제보한 사례였다. 반면 외부에 제보한 사례는 22건(88%)으로 공익제보 중 다수를 차지했다. 구체적으로 내부에 제보한 사례는 인터넷 게시판에 제보한 사례가 2건(사례 1, 6), 상급자에게 제보한 사례가 1건(사례 23)으로 나타났다(각 8%, 4%). 외부에 제보한 사례 가운데 정부기관에 제보한 경우가 9건(사례 5, 8~9, 11, 14, 16~18, 21)으로 가장 높은 빈도였다(36%). 이 중 국민권익위원회에 제보한 사례는 4건(사례 8~9, 18, 21), 교육청에 제보한 사례는 3건(사례 5, 11, 16), 보건복지부에 제보한 사례는 2건(사례 14, 17)으로 나타났다.

한편, 외부에 제보한 사례 중 언론에 단독 제보한 사례는 4건(사례 4, 13, 19~20)으로 나타났다(16%). 또한 언론과 정당(인)에 제보한 사례는 2건(사례 22, 25), 언론과 시민 단체에 제보한 사례는 1건(사례 24)이었으며(각 8%, 4%), 언론과 시민 단체, 정부기관에 제보한 사례 1건(사례 7), 언론과 정부기관에 제보한 사례 1건(사례 10), 인터넷에 제보한 사례 2건(사례 3, 15)으로 나타났다(각 4%, 4%, 8%). 즉, 외부에 제보된 사례(11건, 44%) 대부분은 언론을 포함하고 있음을 확인할 수 있었다.

## 10. 공익제보 후 공익제보자의 사회적, 개인적 변화

공익제보 후 의인상 수상 공익제보자의 사회적, 개인적 변화 양상을 확인한 결과는 다음과 같다. 먼저 공익제보 후 사회적 변화를 확인했다. 그 결과 사회적 비난 여론 형성/감시 체계 작동이 9건(사례 3, 4, 12~13, 19, 20, 22~24), (일부) 관련자 징계(처벌)가 8건(사례 5~7, 9, 11, 14, 16, 25), 제보 사항 수정/재발 방지 대책 구비가 6건(사례 8, 10, 15, 21, 23~24), 처벌(개선) 없이 수사 종결한 사례가 3건(사례 2, 17, 18), 사회적 영향력 미미가 1건(사례 1)으로 나타났다.

다음, 공익제보 후 개인의 상황을 확인했다. 그 결과 공익제보 후 해고된 사례가 7건(28%)으로 나타났다. 구체적으로 2015년 기준 해고 후 소송이 진행 중인 사례가 3건(사례 12, 16~17), 해고 후 복직되지 않은 사례가 2건(사례 5, 18)으로 나타났다. 해고 후 명예 회복이 된 경우는 1건(사례 8), 해고 후 복직된 경우는 1건(사례 1)으로 나타났다. 또한 공익제보 후 사직, 실직, 퇴직한 경우가 5건(20%)으로 나타났다. 구체적으로 반강제적 권고 사직한(퇴사한) 경우 2건(사례 9, 14), 사직 후 새로운 직장을 얻은 경우 1건(사례 19), 실직한 경우 1건(사례 24), 징계 조치 후 퇴직한 경우 1건(사례 2)으로 나타났다. 아울러 공익제보 후 보복성 조치를 당한 경우가 6건(24%)으로 나타났다. 구체적으로 징계 조치(인사 조치)된 경우 2건(사례 3, 13), 제보자 신원이 공개되어 반강제적 자퇴한 경우 1건(사례 10), 공개적으로 명예훼손적 표현을 당한 경우 1건(사례 4), 폭로 후 소송을 당하게 된 경우 2건(사례 22, 25)으로 나타났다. 반면, 공익제보 이후에 피해를 받지 않은 사례는 4건(사례 6~7, 21, 23)이었고(16%), 더욱 활발히 공익제보 활동을 하게 된 경우도 2건(사례 11, 15) 나타났다(8%).

## 11. 의인상 수상 공익제보 사례 중 소송으로 비화된 사건의 특성

의인상 수상 공익제보 사례 25건 중 소송으로 비화된 사례는 7건이다. 7개 사건에서 모두 13개 판례가 도출됐다. 이 가운데 공익제보자가 소속한 단체나 비판한 기관을 원고로 한 것은 5개 사건의 10개 판례(76.92%)였다. 또한 원고가 공익제보자인 경우는 2개 사건의 3개 판례(23.08%)였다. 즉, 공익제보가 소송으로 비화될 경우 소송 제기의 주체는 대체로 공익제보자의 소속 단체나 비판의 대상이 된 기관이라는 점을 알 수 있다.

의인상 수상자 관련 소송의 최종심을 보면, 모든 최종심에서 공익제보자가 승소했음을 확인할 수 있다. 7개 사건 13개 판례를 재판 청구 원인에 따라 구분하면 세 가지 유형으로 구분할 수 있다. 공익제보의 대상이 된 주체가 공익제보자의 표현 내용과 행위를 문제 삼은 소송, 공익제보의 대상이 공익제보자 해임 처분 부당 결정의 취소를 요청한 소송, 공익제보자가 공익제보 후 자신에게 내려진 해임을 취소 요청한 소송이다.

첫째, 공익제보의 대상이 된 주체가 공익제보자의 표현 내용과 행위를 문제 삼은 소송이다. 여기에는 공무원 품위 유지 규정 위반/정보통신보호법상의 명예훼손(1개 사건 3개 판례, 공익제보자 패, 승, 승), 국정원 직원법/공직선거법 위반(1개 사건 2개 판례, 공익제보자 패, 승), 허위 사실 유포죄(1개 사건 1개 판례, 원고 승) 소송이 포함된다. 주목할 만한 점은 7개 사례 중 첫 번째 유형의 사건에서만 초심과 항소심의 판결에 변화가 나타났다는 것이다. 구체적으로 사례 1(3개 판례), 즉 2009년 5월 28일 나주세무서 계장 김동일 씨가 국세청 내부 게시판에 노무현 전 대통령의 정치적 목적 특별 세무조사 비판 글(한상률 전 국세청장의 태광실업 특별 세무조사 비판)을 내부에 게시한 사건에서, 1심 재판부(광주지법 2009고단4255, 2009고단4255)는 공익제보자의 게시글이 사실이라고 해도 공공의 이익(공익성)을 위한 것으로 볼 수 없다고 판단했다. 그러나 항소심(광주지법 2010.08.10. 2010노1068)과 대법원(대법원 2011.11.24. 2010도10864) 재판부는 게시글의 비판 대상인 한상률은 공적 인물에 속하며, 김 씨가 올렸던 글은 국세청의 공간인 내부 통신망에 게시된 것이고, 글을 올릴 당시 각종 언론에 보도된 내용을 토대로 글이 작성돼 허위로 볼 수 없으므로 명예훼손죄가 성립되지 않는다고 판단했다. 즉 공익제보자의 인터넷 게시글은 공공의 이익을 위한 표현물이라고 판단한 것이다.

이는 공익제보와 관련된 사건이라고 해도 명예훼손 소송이라면, 우리 법원은 공익제보 사안의 특수성을 고려하기보다 형법 제310조 위법성 조각 사유 적용 여부를 판단 근거로 한다는 점을 보여 주는 결과다. 이때 법원은 공익제보 사건에서 공인에 대한 표현이 공적 표현으로 보호되어야 한다는 인식을 일부 나타냈다. 이는 공인에 대한 공적 표현으로서의 공익제보가 공인 이론을 통해 보호받을 여지가 있음을 의미한다고 하겠다.

사례 22(2개 판례) 역시 초심과 항소심의 결과가 다르다. 전 국정원 직원인 김상욱 씨가 국정원 대선 개입 사건을 민주당과 언론사에 제보한 사건에서 1심(서울중앙지법 2014.02.20.) 재판부는 "국정원장의 허가 아래 국가 안보와 관련된 정보를 공표할 수 있다"라는 국정원 직원법을 위반했다며 김상욱 씨에게 벌금형을 선고했다. 하지만 항소심(서울고법 2014.07.10. 2014노814) 재판부는 사건 당시 국정원에서 퇴직한 김 씨가 "국가 안보와 관련한 중요 정보가 아닌 사실을 국정원장 허가 없이 공표했다고 해서 위법한 것으로 볼 수 없다"라고 판시했다. 합리적 이유 없이 사실을 표현하는 퇴직 직원의 행위에까지 국정원장의 허가를 요구하는 것은 표현의 자유를 침해할 가능성이 있다는 것이다.

중요한 점은 공익제보자의 표현물이 국가 안보와 관련한 정보인지에 대한 재판부의 관점이 결과로 이어졌다는 것이다. 보다 일관성 있는 판결 결과를 위해, 판결 과정에 국가 안보와 공익성(혹은 국민의 알 권리)에 대한 명확한 개념 정립이 필요하다는 점을 보여 주는 대목이다. 이와 함께 사례 22는 비록 동일한 수준의 표현이라고 해도 공익제보자가 현직에 있을 경우 사규의 적용을 받기에 공익적 표현에 더 큰 어려움을 겪을 수 있다는 점을 시사한다.

한편, 사례 16(대전지방법원 2015.04.29.)에서 재판부는 위법한 입학 전형 내역은 비밀로서 가치가 없다며, (학교 측의) 위법한 입학 전형 내역이 기재된 대외비 자료를 언론사에 제보한 행위는 비밀 엄수 의무를 위반한 징계 사유에 해당하지 않는다고 판시했다.

둘째, 공익제보의 대상이 주체가 되어 공익제보자 해임 처분 부당 결정의 취소를 요청한 소송이다. 중앙노동위원회/국민권익위원회의 해고 부당 결정 취소 요청(3개 사건 5개 판례, 공익제보자 모두 승소) 등이 해당 판례다. 국민권익위원회, 중앙노동위가 내린 공익제보자의 파면(해직) 처분 취소 요구 결정에 대해 공익제보자 소속 기관이 취소를 요청하는 소송을 제기한 것이다. 사례 12, 17, 18에서는 공익제보자의 제보 후 부당한 피해, 보복 조치(해고, 정직 처분 등)로부터 공익제보자 보호 결정을 한 국민권익위원회나 중앙노동위원회 등의 해고 부당 결정이 잘못되었다면서 공인(기업, 연구소)이 행정 소송을 제기했다. 사례 12에서 재판부(서울행정법원 2015.05.14. 2013구합13723, 대법원 2015.04.23. 2015두288, 2015두240)는 해당 신고가 공익신고에 해당한다고 판단했고, 사례 17에서 재판부(한국행정법원 2013.11.)는 국민권익위원회의 공익신고에 대한 판단을 존중해야 한다고 판결했으며, 사례 18에서 재판부(서울행정법원 2014.04.03. 2013구합54021)는 정진극 씨의 공익신고로 비리 행위자에 대한 징계가 이루어졌고 관리 기준 개선안 등이 새로 제정·시행되는 등 긍정적 효과를 가져온 점, 모회사이자 대주주인 포스코에 계열사인 포스메이트 임직원의 비윤리 행위를 신고한 것이 포스메이트의 이미지 실추를 가져왔다고 보기 어려운 점 등을 들어 해고가 부당하다고 판결했다.

결과적으로 두 번째 유형의 소송, 즉 공익제보자에 대한 해임 처분 부당 결정의 취소 요청 행정 소송에서 원고는 모두 패소했다. 그러나 소송 기간은 적게는 1년에서 많게는 3년가량 소요되었고, 그동안 공익제보자들은 무직이었고, 수입이 없었다. 소송 결과 공익제보자가 모두 승소했지만, 누구도 이전의 회사에 복직하지 못했다. 3개 사건 중 1개 사건(사례 22)은 퇴직 후 공익제보 사례를 다루고 있기에 논외로 하면, 공익제보자가 본래 근무하던 직장에 복직한 사례는 1개 사건(사례 1)에 불과했다(14.29%). 다만, 공익제보자가 본래 근무하던 직장에 복직한 사례마저도 2년 6개월 만의 복직이었고, 근무 직장이 국가기관(광주지방국세청)이었다는 한계가 있다.

셋째, 공익제보자의 공익제보 후 해임 취소 요청 소송이다. 1개 사건 2개 판례이고, 공익제보자가 모두 승소했다. 사례 5(서울행정법원 2010.11.05, 서울고법 2011.07.13.)의 경우 고등학교 교사 재직 당시의 공익제보로 인해 해임 처분을 받은 김형태 씨가 해임 취소를 요구하며 제기한 행정 소송을 다루고 있다. 재판부는 김형태 씨의 폭로를 계기로 실시된 감사에서 의혹이 대부분 사실로 드러났다는 점에서 해임이 보복성이라는 의심이 든다고 판시했다. 공익제보자 보호라는 판단의 근거를 제시한 것이다.

결과적으로 공익신고(제보) 행위의 특성이나 개념을 반영한 판결은 사례 5(2개 판례), 사례 12(3개 판례), 사례 18(1개 판례), 사례 13(1개 판례) 등 4개 사건 7개 판례(53.85%)라는 사실을 확인할 수 있다. 3개 사건에서 재판부는 '보복성 해임', '공익신고', '긍정적 효과', '언론기관 제보를 이유로 정당한 사유 없이 신분상 불이익' 등의 표현을 사용하여 공익제보자의 표현을 긍정하는 인식을 드러냈다. 다만 그 밖의 판례(46.15%)에서는 공익제보자의 공익적 표현을 일반적 표현의 자유 보장과 제한 법리(예컨대 명예훼손 소송의 경우 위법성 조각 사유, 표현 대상자의 공인 여부 등)에 근거하여 비교 형량했다는 점을 확인할 수 있다.

## 12. 소결론

이 연구의 결과에 대한 논의점은 다음과 같다. 첫째, 의인상 수상 공익제보자 유형을 확인한 결과 공익제보는 공인과 사인을 막론하고 자신이 속한 기관이나 상급 인물의 부정과 비리에 대한 폭로의 형태로 이루어지고 있음을 확인했다. 한편, 공인은 사인보다 불특정 다수에게 알려진 사람들이다. 따라서 공익제보 후 신분 노출의 문제는 이들에게 심각한 후속 피해를 야기할 수 있다. 공익제보 과정에서 공인의 신분 보호를 위한 노력이 필요한 이유다.

사실 공익제보자가 공인인지 사인인지 여부는 중요치 않다. 공익제보의 특성상 공인이든 사인이든 공익제보자들은 자신의 신분 공개를 꺼릴 수 있기 때문이다. 예컨대 한국 사회에는 여전히 공익제보에 대한 부정적 인식이 존재하고, 공익제보 후 보복성 피해를 입을 가능성이 존재한다. 다만, 공인과 달리 사인은 특정 문제를 공론화하는 힘, 특정 피해에 대한 구제를 받을 힘, 매체에 접근하는 힘이 상대적으로 부족한 사람들이다(이재진·이정기, 2012). 따라서 공익제보 후 신분 노출의 문제는 사인에게 더 심각한 후속 피해를 야기할 가능성이 있다. 사인의 공익제보 시 신분 노출 문제에 대한 보다 신중한 접근이 필요할 것이다. 아울러 공익제보 내용의 검증 과정에서 공익제보자의 신분 노출 시 제보자의 공·사인 여부, 경제 수준 등을 고려한 보상 체계의 확보가 필요할 것으로 생각된다. 이러한 보상 체계가 명확할 때 사인의 공익제보가 더욱 증가할 수 있으리라 본다.

둘째, 의인상 수상 공익제보 사건 유형을 확인한 결과 언론이나 사회의 정부, 학교, 기업 등에 대한 감시 체계가 제대로 작동하지 않고 있음을 확인했다. 특히 정부(부처, 부속 기관 및 공무원 등)와 학교(학교 및 학교 이사장, 기관장 등)는 사회가 유지, 성장하는 데 필수적인 공적 기관(인물)이다. 공익 이론에 따르면 공적 기관(인물)은 공인의 영역에 속한다. 따라서 공적 기관은 명예훼손적 표현의 수인 범위가 넓다. 언론의 성역 없는 비판과 견제의 대상이 되야 한다는 것이다. 특히 공익성이 반영된 공적인 표현이라고 한다면, 공적 기관에 대한 자유로운 표현은 더욱 폭넓게 보장될 필요가 있다.

그럼에도 공적인 역할을 담당하는 정부와 학원에 대한 공익제보가 이윤 추구를 목표로 하는 기업에 대한 공익제보보다 많다는 것은 한국 사회가 아직 투명하지 못하다는 점을 방증하며, 공적 주체에 대한 언론의 감시와 비판 기능이 원활히 작동하지 않음을 의미하는 결과일 것이다. 공적 영역에 대한 철저한 감시 기능을 하지 못하는 언론의 반성이 필요한 부분이며, 언론이 포괄하지 못하는 각 생활 영역에서 개별 국민의 공적인 표현이 활성화될 때 우리 사회가 좀 더 투명해질 수 있음을 나타내는 결과라고 할 수 있다.

셋째, 의인상 수상 공익제보 사건이 어떠한 매체를 통해 표현되었는지 확인한 결과, 공익제보자가 소속된 내부(기관이나 상급자)에 제보한 사례는 3건(12%)에 불과한 반면, 외부에 제보한 사례는 22건(88%)으로 나타났다. 내부에 공익제보를 하는 비율이 낮다는 것은 몇몇 분석 사례에서 확인할 수 있듯이 그것이 제보로서의 효과가 없기 때문이라고 생각할 수 있을 것이다. 내부 제보를 하더라도 제기된 문제가 공론화되거나 개선되기 어려울 것이라는 인식, 내부 제보 시 인사나 승진 등에 불이익을 당할 수 있을 것이라는 두려움이 존재하며, 이러한 인식이 공익제보자들로 하여금 내부 제보보다는 외부 제보를 택하게 하는 원인일 수 있다는 것이다. 물론 이는 연구 결과에 기초한 추론에 불과한 내용으로 해석에 주의가 필요하며, 심층적인 후속 분석을 통한 원인 규명이 필요하다.

한편, 국민권익위원회, 교육청, 보건복지부 등 정부기관에 단독 제보한 공익제보는 9건(36%)이었다. 이는 공익제보를 받는 정부 창구가 다원화되어 있음을 보여 준다. 실제로 국민권익위원회(2014.12.26.)에 따르면, 총 657건의 공익신고 건수 중 국민권익위원회는 27건(4.1%)의 공익신고만을 접수·처리했고, 대부분 사례(523건, 79.6%)는 지방자치단체 차원에서 접수·처리한 것으로 나타났다.

다만 공익제보 접수 창구가 다원화된 채 유지될 경우 원활한 공익제보 접수가 어려울 수 있고, 신속한 공익제보자 보호, 공익제보 문제 해결이 어려울 수 있다. 다시 말해 전문성에 문제가 나타날 수 있다. 공익제보의 활성화와 공익제보 문제 해결의 전문성 신장을 이루기 위해선, 국민권익위원회를 중심으로 일원화된 공익제보 시스템을 구성하고 기관의 전문성 강화를 위해 노력해야만 할 것이다.

한편, 11건의 사례에서 언론이 공익제보의 수단이 됐다. 그러나 언론사에 단독 제보한 경우는 4건에 불과했다. 아울러 인터넷에 공익제보한 사례는 2건으로 나타났다. 언론에 공익제보 사례를 폭로했다는 것은 그 사건이 언론에 의해 공론화되길 바라는 공익제보자들의 의지가 반영된 것으로 보인다. 분석 결과 대체로 정치·사회적 성격을 가진 문제에 관하여 공익제보를 할 때 언론이 핵심 공표 매체로 활용된다는 사실을 확인할 수 있었다. 이는 정치·사회적 문제에 대한 공익제보의 핵심 수단이 언론일 가능성이 높다는 것을 의미하며, 숙의 민주주의 구현에 필수적인 정치·사회적 이슈에 관한 알 권리 보장이 언론을 통해 온전히 충족되지 못할 수 있다는 점, 그리고 그것이 공익제보에 의해 보완될 수 있다는 점을 보여 준다.

다만 정치·사회적 이슈에 관하여 언론에만 공익제보를 하면, 취재원으로서의 공익제보자 신변 보호 외에는 관련 실무적 후속 조치에 대한 안내를 받기 어려울 수 있다. 국민권익위원회 등의 국가기관이나 참여연대와 같은 시민 단체에 함께 제보한다면 후속 조치(공익제보 보상금, 제보로 인한 처벌 면책 등)에 대한 상세한 안내와 관리를 받을 수 있다. 다시 말해 공적인 표현을 언론을 통해 단독 제보하거나 매체 접근력이 부족한 사인이 인터넷을 통해 직접 누리꾼들에게 제보하는 방식을 취하게 되면 제보자의 신분 노출 위험성이 크고, 공익제보 후의 상황에 대한 안내를 받을 수 없다는 한계가 있다. 실제로 언론에 단독 제보하는 방식의 공익제보나 인터넷에 직접 게시글을 작성하는 방식의 공익제보 사례 중 일부는 공익제보 채널이나 방식을 명확하게 인지하지 못한 사인에 의해 나타났다. 이러한 문제를 미리 방지하고 공익제보자들을 보호하기 위해서는 공익제보 채널과 방식에 대한 홍보를 강화할 필요가 있다. 이 과정에서 일원화된 공익제보 기관의 구성이 필요할 것으로 본다.

넷째, 의인상 수상 공익제보자의 공익제보 후 사회적 변화를 확인한 결과, 공익제보가 사회의 투명성 제고라는 측면에서 긍정적 역할을 담당하고 있음을 알 수 있었다. 국민 개개인의 공적인 표현의 활성화가 우리 사회를 더 건강하게 만들 수 있다는 점이 공익제보가 필요한 이유이다. 다만, 공익제보 후 공익제보자의 개인적 변화를 살펴본 결과는 앞선 결과와는 상이하다. 공익제보 후 공익제보자가 피해를 받지 않은 사례는 단 6건(24%)에 불과했다. 76%의 공익제보자들은 공익제보 후 유무형의 피해를 본 것이다.

이상의 결과는 공익제보자에 의한 공익제보의 사회적 효과와 개인적 효과 사이의 괴리를 보여 준다. 공인(공적 단체, 공적 인물)을 대상으로 이루어지는 공적인 표현, 즉 공익제보는 사회적으로는 순기능을 갖지만, 개인적으로는 역기능을 초래하고 있었다. 이는 공익제보가 개인적인 희생을 전제로 하여 이루어질 수밖에 없는 현실을 드러낸다. 특히 분석의 대상이 된 사례가 대부분 공익신고자 보호법 제정 이후의 사례라는 점을 고려한다면, 공익신고자 보호법이 제보자를 실질적으로 보호하는 법으로서 기능하지 못하고 있음을 보여 준다. 즉 경제적 관점에서 볼 때, 현재의 법 구조와 공익제보자 보호 환경은 공익제보를 활성화하기 어렵다. 더 실효성 있는 법의 집행과 공익제보로 인한 개인적 손실을 뛰어넘는 보상 체계의 구비, 공인을 대상으로 한 공적인 표현을 장려하는 사회 분위기를 조성하지 않는다면, 공익제보가 활성화되기 어려울 것으로 예측할 수 있다.

다섯째, 의인상 수상 25건의 사례 중 소송으로 비화된 7건의 사례를 분석했다. 재판 청구의 원인에 따라 판례는 세 가지 유형으로 구분될 수 있다. 첫 번째 유형은 공익제보의 대상이 된 주체가 공익제보자의 표현내용과 행위를 문제 삼은 소송, 두 번째 유형은 공익제보의 대상이 된 주체가 해임 처분 부당 결정 취소 요청을 한 소송, 세 번째 유형은 공익제보자의 공익제보 후 해임 취소 요청 소송이다.

소송의 근거는 중앙노동위원회/국민권익위원회의 해고 부당 결정 취소 요청(유형 2)이 3건 5개 판례로 많았다. 주목할 점은 유형 2의 판례들은 중앙노동위원회나 국민권익위원회의 해고 부당 결정이 잘못됐다며 제기한 행정 소송을 다루고 있다는 것이다. 이는 중앙노동위원회나 국민권익위원회의 공익제보자 보호 결정이 있다고 해도, 이에 불복한 정부기관이나 사측의 행정 소송이 발생할 수 있고, 이에 따라 공익제보자가 추가 피해를 받을 수 있음을 의미한다. 구체적으로 유형 2의 판례에서 행정소송을 제기한 원고는 모두 패소했다. 이는 재판부가 국민권익위원회나 중앙노동위원회의 결정을 존중한다는 점을 보여 주는 한편, 공적 표현의 가치를 높게 평가했음을 유추케 한다.

다만 행정 소송 기간을 살펴보면 적게는 1년, 많게는 3년 이상 걸렸다는 점을 확인할 수 있다. 소송 기간 공익제보자는 실직 상태로 소득이 없다. 아울러 소송에서 승소한 공익제보자가 복직한 사례도 거의 존재하지 않는다. 복직 사례가 1건 있었으나 2년 6개월 만의 복직이었고, 국가기관으로의 복직이었다. 일반 사기업 혹은 공기업 대상 복직 사례는 존재하지 않았다.

국민권익위원회와 사법부는 공익제보자의 공적 표현의 가치를 높게 평가하며, 공익제보가 장려될 때 국민의 알 권리가 보호되며, 숙의 민주주의를 구현할 수 있다는 인식을 지닌 것으로 보인다. 문제는 공익제보자의 공적 표현의 자유 보호를 위해 구성된 국민권익위원회의 결정과 사법부의 판단이 공익제보자를 실질적으로 보호하는 기능을 수행하지 못한다는 점이다. 앞선 판례들은 '지사志士적 행동(표현)을 한 공익제보자는 사회적으로 칭찬받아 마땅하고, 그러한 지사적 행동(표현)은 장려되어야 하지만, 지사적 행동(표현)을 한 공익제보자의 생활을 국가가 보장할 수는 없다. 판단은 개인 몫이다'라는 맥락으로 설명될 수밖에 없다. '공적 표현을 긍정하고 장려하지만, 표현에 대한 보호 체계는 없다. 그 공적 표현으로 직업을 잃을 수도 있다. 재판에서 이겨도 복직되지 않을 수 있다'라는 메시지는 공익제보를 통해 언론의 관심이 닿기 어려운 내밀한 영역의 문제를 제기함으로써 공익에 기여하려는 예비 공익제보자들의 표현에 위축효과chilling effect를 유발할 수 있다.

이런 문제를 개선하기 위해서는 공인 대상의 공익적 표현의 보호 범위를 확대, 강화할 필요가 있다. 예컨대 공인을 대상으로 한 공적인 표현으로서 소정의 절차를 거쳐 국민권익위원회가 보호를 결정한 공익제보 사례라고 한다면, 소송으로 비화 시 재판부가 국민권익위원회의 결정을 대폭 수용하여 소송 기간이나 절차를 최대한 단축하는 방향을 고려해 볼 수 있을 것이다. 공익제보자에게 소송 기간은 생존권의 문제를 야기할 수 있기 때문이다. 아울러 공익제보자 승소 시 배상 기준(금액 등)을 현실화, 명문화하고, 복직이 어려운 경우 일자리를 알선하는 등 공익제보자의 공적 표현이 실질적으로 보호될 수 있는 기준을 정립할 필요가 있다고 생각된다.

한편, 공익제보자 관련 소송의 최종심은 (혹은 지금까지 도출된 마지막 판례는) 모두 공익제보자가 승소했음을 확인할 수 있다. 다만 유형 1에 속한 2건의 사례에서만 초심과 항소심의 결과가 상이했다. 판결의 상이성은 공인 대상 정치적 표현의 공익에 대한 관점 차이에 근거하고 있었다. 즉 우리 법원은 공익제보와 관련한 명예훼손 소송일 경우 공익제보 사안의 특수성을 고려하기보다 형법 제310조의 위법성 조각 사유 적용 여부를 판단의 근거로 삼고 있었다. 특히 재판부는 공익성에 대한 인식 차이에 따라 상이한 재판 결과를 도출하는 경우가 있었다. 예컨대 공인에 대한 비판에 공익성이 있는지, 또는 공익성과 국가 안보에 의한 정보 규제의 범위를 어느 정도 선에서 규정할 것인지에 대한 관점의 차이로 인해 상이한 소송 결과를 내놓았다. 이는 공익적 표현의 정의와 범위에 대한 사회적 합의 도출이 공익제보의 내용을 둘러싼 소송 결과의 일관성을 위해 중요하다는 점을 나타낸다.

비록 1건의 판례에 불과하지만, 공인 이론과 위법성 조각 사유에 근거한 공익제보자 판례가 도출되었다는 점은 주목할 만하다. 사례 1에서 재판부는 공인(국세청장 한상률)에 대한 공적인 표현으로서의 공익제보가 보호되어야 한다는 인식을 나타냈다. 공인 이론은 국내에서 완전히 적용되고 있지는 않지만, 1999년 97헌마265 결정에서 공인과 사인에 대한 차등 적용 원칙을 인정하기 시작한 이래 법원은 점차 공인 이론을 수용하면서 공인의 범위를 넓혀가고 있다(이재진 · 이창훈, 2010).

이러한 측면에 착안하여, 공익제보가 공인성이 높은 자발적 - 정치적 공인
(이승선, 2007)을 대상으로 한 것이며, 최소한의 공익성에 기반한 것이라면
(이재진 · 이정기, 2012), 단기적으로 공익제보자의 표현에 대한 면책 기준
을 대폭 완화하고 민사 소송 단계에서 손해배상 금액을 강화하여 청구할 수
있게 하는 등 공익제보를 활성화하는 방안을 고려할 수 있겠다. 아울러 장기
적으로 국민권익위원회 등을 통해 최소한의 공익성이 인정된 자발적-정치적
공인 대상의 공익제보가 소송으로 비화될 경우 현실적 악의 입증 책임을 공
익제보 대상자가 부담케 하는 방식으로 공익제보의 공적 표현과 공인 이론을
융합 적용하려는 노력도 필요할 것으로 보인다. 이를 위해서는 공익제보자 보
호 창구의 일원화, 일원화된 공익제보 보호 창구인 국민권익위원회의 위상 강
화, 공익제보 사례 소송 비화 시 지원 강화, 공익제보 사례 소송 비화 시 재판
과정 간소화, 공익제보 활성화를 위한 현실성 있는 노력 등이 필요할 것이다.

여섯째, 7개 사건 13개 판례 중 공익신고(제보)의 특성이나 개념을 반영한
판결은 4개 사건 7개 판례(53.85%)였다. 이상의 판례에는 보복성 해임, 공
익신고, 긍정적 효과, 정당한 사유 없는 신분상 불이익 등의 용어가 등장했
다. 다만 그 밖의 판례는 공익제보자의 표현을 일반 표현과 표현 제한의 법리
에 근거하여 비교 형량하고 있었다. 이 역시 모든 공익제보자의 표현이 공인
또는 공적 단체를 대상으로 한 일반적 표현 행위 이상으로 보호되는 것은 아
님을 의미한다. 공익제보자에 대한 공적 표현의 적극적인 보호가 이루어지지
않고 있다는 것이다. 공익제보자의 표현을 더 적극적으로 보호하기 위해서는
공익제보 관련 판례의 면책 기준을 더욱 구체적으로 제시하거나, 보복성 해
임이나 처벌이 이루어진 경우 손해배상 책임을 구체화하는 등 법적 구제 방
안을 명시하려는 노력이 필요할 것으로 생각된다.

# 13. 공익제보 활성화를 위한 제언

이번 장은 표현 수단으로서 공익제보의 사례와 판례를 분석한 연구 결과를 제시했다는 점에서 가치를 지닌다. 공익제보자에 대한 언론학계 차원의 관심이 필요함을 지적했다는 점, 공익제보자들이 더 안정적으로 표현 행위를 할 수 있는 방안을 모색해 냈다는 점도 이번 장의 학술적 기여라고 생각한다. 분석 결과를 바탕으로 공익제보의 활성화를 위한 제언을 정리하면 다음과 같다.

첫째, 공익제보자의 제보, 공익제보자에 대한 법률적 보호를 담당할 기구의 단일화가 필요하다. 이를 통해 보다 효율적으로 공익제보자 구제가 이루어지도록 조치할 필요가 있다.

둘째, 공익제보 구제 기관인 국민권익위원회의 위상 및 권한 강화가 필요하다. 소송 비화 시 국민권익위원회의 판단을 존중하는 환경을 조성하여 행정 소송의 남용을 방지해야 한다.

셋째, 국민의 생존권과 직결될 수 있는 공익제보 관련 소송이 발생할 경우 소송 기간을 단축시킬 필요가 있다.

넷째, 공익적 표현의 보호를 위해 공익제보 관련 판례의 면책 기준을 구체화해야 하며, 보복성 해임과 처벌의 경우 손해배상 책임을 구체화 · 현실화할 필요가 있다.

다섯째, 공익제보자의 신분 노출 시 공 · 사인 여부와 경제 수준을 고려한 보상 체계 확보가 필요하다.

여섯째, 명예훼손 소송에 있어 '위법성 조각 사유'의 공익성에 대한 명확한 기준 설정이 필요하다.

일곱째, 공익적 표현의 자유 확대를 위해 단기적으로 자발적-정치적 공인 대상의 공익제보자 표현에 대해서 면책 기준을 대폭 완화할 필요가 있다. 아울러 장기적으로 국민권익위원회 등을 통해 공익성이 인정된 자발적-정치적 공인 대상의 공익제보가 소송으로 비화될 경우 현실적 악의 입증 책임을 공익제보 대상자가 부담케 하는 방식의 변형된 공인 이론을 도입할 필요가 있다. 공익제보의 공적 표현과 공인 이론을 융합하여 적용함으로써 공익적 표현의 자유를 확대하기 위한 노력이 필요하다는 것이다.

여덟째, 모든 국민이 공익적 표현의 자유를 누릴 수 있는 제도적 환경을 구성하고, 공익적 표현이 가진 긍정적 가치를 적극적으로 홍보할 필요가 있다. 각종 미디어 캠페인과 정규, 비정규 교육 과정을 통해 공익제보의 가치를 널리 알릴 필요가 있다는 것이다. 모든 국민이 공익적 표현 자유를 당당하게 누리는 사회는 모든 국민이 기자가 되는 사회일 것이고, 사회 정의가 곳곳에서 구현되는 사회일 것이다. 다만 연구 결과에서 확인할 수 있듯이, 개인적 피해를 입을 확률이 매우 높은 상황에서 국민들로 하여금 공익제보라는 공적인 표현을 수행하라고 말하는 것은 또 다른 의미의 폭력일 수 있다고 생각한다. 공익제보 활성화를 위해서는 제도의 개선이 인식의 전환에 앞서야 한다.

마지막으로 공익제보 활성화를 위해 공익제보자에 대한 언론의 연대 의식, 책임감이 필요하다. 앞선 연구 결과에 의하면 공익제보는 국민의 알 권리를 보호하는, 언론과 같은 역할을 담당한다. 구체적으로 공익제보자는 언론의 관심이 닿기 어려운 내밀한 영역에서 발생하는 문제에 대한 국민의 알 권리를 보호하고 있다. 특히 정치 · 사회적 이슈에 대한 공익제보 매체가 언론사인 경우가 많다는 것은, 적지 않은 경우 공익제보자가 언론사의 취재원이 될 수 있음을 보여 준다. 즉 공익제보자는 국민의 알 권리 보장의 기능을 한다는 측면에서 언론사의 경쟁자일 수도 취재원일 수도 있으며, 따라서 언론 취재 기능의 원천이 될 수도 있다. 언론사가 공익제보에 관심을 가지고 공익제보 보호를 위한 공동의 움직임을 보여야 할 이유다. 언론사들은 공익제보가 발생하는 각 영역에 대한 감시 체계를 더 강하게 작동해야 한다. 아울러 공익제보에 의해 취재를 할 경우 제보자에 대한 철저한 신원 보호가 이루어져야 하고, 취재 기간 또는 그 이후 발생할지 모르는 공익제보자의 불이익에 대해 무한한 책임감을 갖고 그들이 공익제보 보호 기관, 법에 따라 구제를 받는 데 도움을 주는 노력을 기울여야 한다.

# 8장

# 공익제보 의도 결정 요인

## 1. 공익제보를 활성화하기 위한 수용자 조사의 필요성

공익제보Whistle-blowing, Public Interest Reporting는 '공익신고', '내부 공익신고', '내부고발'이라는 말로 불린다. 구체적으로 공익제보는 "공익을 위한 목적으로 한 법규를 위반한 사례나 사회적으로 위험한 정보를 권한 있는 기관에 알리는 것"(권수진·윤성현, 2016), "한 조직의 구성원이 내부에서 저질러지는 부정과 비리를 외부에 알림으로써, 공공의 안전과 권익을 지키고 국민의 알권리를 보호하는 행위"를 의미한다(한경경제용어사전, 2005).

국민권익위원회에 접수된 2020년 공익제보(공익신고) 수는 총 5,855건이다. 이는 2017년 2,238건, 2019년 5,165건에 비해 증가한 수치다(국회입법조사처, 2021). 사회 각 분야의 문제를 공론화함으로써 투명하게 만드는 공익제보의 활성화는 바람직하다고 볼 수 있다. 그러나 공익제보자의 상당수가 공익제보를 이유로 개인적 피해를 입거나 사회적 관계가 파괴되고, 직장

내 괴롭힘을 당하는 등 불이익을 받는다고 인식하는 것으로 나타났다(이정기, 2016b; 이하늬, 2020.10.11.; 하성호·이근영·정태연, 2017). 공익제보후 공익제보자들이 맞이하는 부정적 결과들은 그에 대한 충분한 국가적 보호 장치가 여전히 부족하며, 이로 인해 공익제보 행위가 위축될 가능성이 있음을 예측하게 한다. 예컨대 공익신고자들은 공익제보 활성화를 위해 공익신고 기관 확대, 보상금과 포상금 확대, 신고자 보호 조치 절차 간소화, 고소·고발과 관련한 보호 조치 등이 필요하다고 주장한다(이하늬, 2020.10.11.). 아울러 몇몇 연구는 공익제보 후 닥칠 피해에 대한 위험이나 두려움이 공익제보 행위를 위축시킨다고 보고한 바 있다(김보경, 2019; 지양야오·백윤정, 2013). 이상의 논의들은 한국 사회에 공익제보에 대한 위축효과가 여전히 존재한다는 점, 공익제보를 활성화하기 위한 정책적 연구와 수용자 차원의 연구가 여전히 필요하다는 점을 보여 준다.

공익제보는 기본적으로 양심과 표현의 자유(언론의 자유)의 문제로 볼 수있다(이호용, 2013; Vickers, 2002). 예컨대 공익제보 행위는 언론이 다루지않는 사회 각 영역의 내밀한 문제를 개인이 표현하는 일종의 언론 행위로 간주할 수 있다. 그리고 상당수 공익제보자는 언론을 통해 공익제보 행위를 하기도 한다. 즉 공익제보 행위와 언론에 대한 인식은 매우 밀접한 관련성이 있을 것으로 예측된다. 그러나 언론학계에서 공익제보를 표현의 자유 문제로인식한 후 양자의 관련성 등을 논의한 논문은 찾아보기 어렵다.

이에 이번 장은 공익제보 행위를 언론의 자유에 대한 인식과 언론의 역할부재에 대한 인식에 근거하여 나타난 합리적 행동이라고 가정하고, 언론의자유 및 언론의 역할 인식, 그리고 공익제보의 관련성을 규명해 내고자 했다. 한편, 공익제보 행위는 자신이 피해를 입을지도 모른다는 가정하에 이루어지는 도덕적, 이타적 행위(지양야오·백윤정, 2013; 허성호·이근영·정태연,

2017)로 볼 수 있다. 이는 개인이 지닌 이타주의적 성향과 공익제보 행위 간에 관련성이 있을 것이라는 예측을 가능케 한다. 아울러 공익제보 행위에 의한 피해가 현존하는 상황에서 공익제보를 활성화하기 위해서는, 공익신고자 보호법을 집행하는 정부에 대한 신뢰가 필요할 것이다. 이러한 맥락에서 이번 장은 환경적 변인으로 볼 수 있는 언론 인식(언론의 자유 및 언론의 역할 인식)과 정부 신뢰도, 개인의 심리 변인으로 볼 수 있는 이타주의와 지각된 위험 인식을 비롯하며, 합리적 인간의 사회문화적 행동 의도를 예측하는 데 유용한 이론적 틀인 계획행동이론을 활용하여 수용자들의 공익제보 의도를 살펴보고자 했다.

한편, 두잇서베이가 2019년 2월 전국의 14세 이상 남녀 4,216명을 대상으로 진행한 공익제보 관련 설문 조사 결과에 의하면, 20대는 30대 이상의 연령대와 비교하여 공익제보에 대한 인식(내부고발자 보호 시스템이 잘 갖추어져 있다는 인식, 내부고발이 조직 내 문제를 해결해 줄 수 있을 것이라는 인식)과 공익제보 의도가 낮은 집단이다. 구체적으로 내부고발이 조직 내 문제를 해결해 줄 것으로 생각하는 20대는 25.9%로, 30대 28.1%, 40대 33.2%, 50대 이상 38.6%에 비해 적었다. 그리고 내부고발자 보호 시스템이 잘 갖추어져 있다고 인식하고 있는 20대 역시 5.1%로, 30대 7.7%, 40대 7.3%, 50대 이상 6.1%에 비해 상대적으로 적었다. 또한 근시일 내 내부고발을 할 의향을 가진 20대는 13.8%로, 30대 24.7%, 40대 23.7%, 50대 이상 15.1%에 비해 적었다.

이상의 결과는 20대의 공익제보에 대한 인식을 제고하고 의도를 활성화하는 것이 공익제보의 활성화를 이끌어 내기 위한 시급한 과제임을 보여 준다. 이러한 맥락에서 이번 장을 통해서는 20대, 그중 각종 교육과 캠페인을 활용한 인식 개선이 비교적 용이한 집단인 대학생을 대상으로 공익제보 의도 결정 요인을 확인함으로써, 공익제보 행위를 활성화하기 위한 정책적 전략, 수용자 차원의 전략을 제시해 보고자 했다. 이번 장의 결과가 시민들의 공익제보를 활성화하는 데 도움을 줌으로써 한국 사회가 지금보다 투명해지는 데 기여할 수 있기를 기대한다.

## 2. 공익제보 태도의 영향 변인

### 1) 언론에 대한 인식

공익제보는 세 가지 기능을 가지고 있다. 구체적으로 공익제보는 첫째, 조직의 투명성과 책임성을 제고시키는 기능, 둘째, 헌법상 기본권을 실현하는 기능, 셋째, 공익을 추구하고 사회 정의를 실현하는 기능을 한다(권수진 · 윤성현, 2016). 여기에서 헌법상 기본권을 실현하는 기능은 공익제보가 신고자에게 있어 표현의 자유와 알 권리 보장과 같은 기본권 실현이라는 측면에서 생각해 볼 수 있는 기능이다(이호용, 2013). 즉, 공익제보는 공공의 이익을 위한 저항적 표현 행위로 볼 수 있다. 그리고 개인의 표현을 전제로 하는 공익제보 행위는 기본적으로 양심과 표현의 자유의 문제로 볼 수 있다(Vickers, 2002). 특히 공익제보는 시민들의 알 권리 보호를 위한 표현 행위라는 측면에서 언론과 유사한 역할을 수행한다. 따라서 이번 장에서는 언론의 자유에 대한 인식, 언론의 역할 인식 등의 인식 변인이 개인의 공익제보에 대한 긍정적 인식, 즉 태도에 유의미한 영향을 미칠 것이라고 가정했다. 물론 언론 자유에 대한 인식, 언론의 역할 인식과 공익제보의 관련성을 규명한 연구는 존재하지 않는다. 다만, 언론 인식과 저항적 정치참여 행동과의 관계를 규명한 연구에 따르면, 언론 자유 인식은 저항적 정치 표현(촛불집회 참여, 항원, 탄원 서명 등) 행동과 정적인 상관관계를 보였다(이정기, 2017b). 여기에서 언론의 자유 인식은 언론의 자유 보호 필요성에 대한 개인의 긍정적 인식을 의미한다. 권력 감시, 권력 견제를 위해 언론의 자유가 보장되어야 한다는 인식과 기존 언론이 제대로 작동하지 못했다는 판단 아래 시민들의 의견을 표명하는 저항적 정치 표현이 관련성 있다는 결과는 언론의 자유 인식이 위험을 감수한 저항적 표현 행위인 공익제보 행위에의 긍정적 인식, 즉 태도와 관련성이 있음을 예측하게 한다.

아울러 동 연구에 따르면, 언론의 역할 인식은 저항적 정치 표현에 영향을 미쳤다. 여기에서 언론의 역할 인식은 "언론이 최근 이슈에 대해 충실하게 보도함으로써(즉 언론으로서의 역할을 다함으로써) 언론 수용자들에게 어느 정도의 만족도를 이끌어 냈는지"를 의미한다(이정기, 2017b). 즉 언론의 역할 인식은 언론이 신속하고 충실한 보도로 수용자들의 만족감을 이끌어 내는 역할을 해야 한다는 측면에서 착안한 변인이다. 이정기(2017b)의 연구에 따르면, 박근혜 정권에서 지상파 언론의 역할 인식이 부정적일수록 저항적 표현 행위나 저항적 정치 참여 정도가 높아졌다. 이는 보수 정권에 친화적이라고 평가받던 지상파 언론(의 역할)에 대한 부정적 인식이 저항적 정치 참여를 이끌어 낼 수 있다는 것을 의미한다. 언론이 제 역할을 하지 못한다고 생각할 때, 시민들은 그 역할을 대신하기 위해 노력한다는 것이다.

공익제보는 위험을 감수한 형태의 표현 행위, 즉 일종의 저항적 형태의 표현 행위라고 볼 수 있다. 언론이 사회 각 영역에 대해 신속하고 충실하며 만족할 만한 보도를 한다고 시민들이 평가한다면, 위험을 감수하면서까지 공익제보를 할 이유가 존재하지 않을 것이다. 이러한 맥락에서 이번 장은 언론이 시민 알 권리를 위해 공적인 역할을 충실하게 담당하고 있는지에 대한 평가, 즉 언론의 역할 인식이 공익제보에 대한 태도에 부적인 영향을 미칠 것이라고 가정했다.

연구 가설 1. 언론의 자유 인식은 공익제보에 대한 태도에 정적인 영향을
미칠 것이다.

연구 가설 2. 언론의 역할 인식은 공익제보에 대한 태도에 부적인 영향을
미칠 것이다.

## 2) 정부 신뢰도

선행 연구들에 따르면 정부에 대한 신뢰도는 민주사회의 정치적 참여 행위
에 직접적인 영향을 미치는 변인 중 하나다(이재신·이민영, 2011, 재인용).
예컨대 김기동과 이정희(2017)의 연구에 따르면 박근혜 정부에 대한 평가는
시위 참가와 같은 저항적 정치 참여 행위에 부적인 영향을 미쳤다. 같은 맥락
에서 김한나(2016)의 연구에 따르면, 박근혜 정부에 대한 신뢰도는 저항적
참여(시위)에 부적인 영향을 미쳤다. 또한 이명박 정권에서의 정치 신뢰도는
저항적 정치 참여(집회나 서명운동 참여 등)에 부적인 영향을 미쳤고(이정기,
2011), 박근혜 정권에서 정부 신뢰도는 저항적 정치 참여 행동(촛불집회 참
여, 서명운동 참여 등)에 부적 상관관계를 나타냈다(이정기, 2017b). 정부에
대한 신뢰가 높으면 정치 참여에 대한 필요성을 느끼지 않지만, 정부에 대한
신뢰가 낮다면 제도화되지 않은 정치 참여가 나타날 가능성이 있다는 연구
결과도 존재한다(Kasse, 1999).

이상의 연구들은 보수 정부나 정권에서 정치에 대한 신뢰도가 낮을수록 문
제를 개선하기 위한 집회, 시위, 서명운동 참여 등의 저항적 정치적 표현 행
위 빈도가 높아짐을 보여 준다. 반대로 정부에 대한 신뢰도가 높다면, 정치
참여에 대한 필요성을 느끼지 않고 저항적 정치적 표현 행위의 빈도가 낮아
질 것이다. 공익제보 행위는 "한 조직의 구성원이 내부에서 저질러지는 부정
과 비리를 외부에 알림으로써, 공공의 안전과 권익을 지키고 국민의 알 권리

를 보호하는 행위"를 의미하며(한경경제용어사전, 2005), 따라서 "공익을 추구하고 사회 정의를 실현하는 기능"(권수진·윤성현, 2016)을 지닌 일종의 저항적인 정치적 표현으로 볼 수 있다.

그러나 일반 저항적 정치 표현과 달리 공익제보 행위에는 폭로 대상이 된 기관의 보복이 따를 수 있다(이정기, 2016b). 실제 조사에 따르면 꽤 많은 공익제보자가 공익제보를 이유로 피해를 입는 등 사회적 불이익을 받는다고 인식한다(이하늬, 2020.10.11.; 하성호·이근영·정태연, 2017). 이에 대해 우리나라는 공익신고자 보호법(법률 제18132호)을 통해 공익신고자를 보호하기 위한 안전 장치를 마련하고 있다. 그러나 연구자들과 공익제보자들은 공익제보자 보호법의 실효성에 의문을 가지고 있는 상황이다. 결과적으로 대통령령(제29269호)에 의해 시행되는 공익신고자 보호법의 온전한 실현을 위해서는 공익신고자 보호법의 실행을 위한 정부의 강력한 의지, 언론의 자유와 표현의 자유 보장에 대한 정부의 강력한 의지가 필요할 것으로 판단된다. 이러한 맥락에서 이번 장은 정부 신뢰도가 높을수록 공익제보에 대한 인식, 즉 태도가 긍정적일 것이라고 가정했다.

연구 가설 3. 정부 신뢰도는 공익제보에 대한 태도에 정적인 영향을 미칠 것이다.

## 3) 이타주의

내부고발을 긍정적으로 보는 관점은 내부고발의 도덕적, 자기희생적 측면(이시영·은종환·한익현, 2017), 사명감(Zhang, Chiu, & Wei, 2009) 등을 통해 이해할 수 있다. 예컨대 허성호와 이근영, 정태연(2017)이 공익제보자 14명을 인터뷰한 결과에 따르면, 그들은 투철한 직업정신과 도덕적 가치, 이른바 공적 사명감 때문에 공익제보를 했고, 공익의 증가와 공적 지지를 기대하는 경향이 나타났다. 이는 개인의 도덕성이 내부고발 의도에 정적인 영향을 미친다는 지양야오와 백윤정(2013)의 연구와 맥락을 같이한다.

한편, 한국인의 내부고발에 대한 인식 유형을 분석한 결과에 따르면, 내부고발에 대한 인식 유형은 네 가지로 구분된다. 첫째, 건전한 시민형이다. 시민이 내부고발을 함으로써 사회 정의를 바로 세울 수 있다는 것이다. 둘째는 내부 배신자형, 셋째는 기능주의형이다. 마지막 넷째는 조직 부적응자형이다 (이시영·은종환·한익현, 2017).

이때 건전한 시민형과 기능주의형은 공익제보의 순기능에 주목한 유형으로, 개인이 지닌 이타주의적 속성과 도덕성이 공익제보에 영향을 미칠 수 있음을 예측하게 한다. 반면 내부 배신자형과 조직 부적응자형은 공익제보의 부정적 기능에 주목한 유형으로, 개인이 지닌 이기주의적 속성이 공익제보에 영향을 미칠 것임을 예측하게 한다. 이렇듯 공익제보는 행위자와 평가자의 인식, 관점이 충돌하는 사안이라고 볼 수 있다. 그러나 공익제보 행위가 이타주의나 이기주의 가운데 어느 동기에 의한 것인지는 사회과학자 간의 합의가 이루어지지 않은 측면이 존재한다는 주장도 존재한다(이건호, 2000). 이와 같은 선행 연구의 결과에 근거하여 이번 장에서는 개인의 이타주의가 공익제보에 대한 태도(긍정적 인식)에 영향을 미칠 것이라고 가정했다.

연구 가설 4. 이타주의는 공익제보에 대한 태도에 정적인 영향을 미칠 것이다.

### 4) 지각된 위험

공익제보자 14명을 대상으로 인터뷰한 결과에 따르면, 공익제보자들은 공익 증가와 공적 지지를 기대하며 공익제보를 했지만, 개인적 피해와 사회적 관계 파괴, 조직적 차별 처우 등 부정적 결과가 따르는 경우가 존재했다(허성호·이근영·정태연, 2017). 참여연대 공익제보지원센터의 공익제보자상(의인상) 수상 사례 25개를 분석한 이정기(2016b)의 연구에 따르면 공익제보의 결과 해고된 사례 7건(28%), 사직, 실직, 퇴직한 사례 5건(20%), 보복성 조치가 이루어진 사례 6건(24%) 등으로 나타났다. 국민권익위원회의 공익신고자 보호 조치 인용률이 2016년 41.67%, 2017년 36.84%, 2018년 18.18%, 2019년 17.11%로 해마다 감소하고 있다는 통계도 존재한다(박하연, 2020.10.15.). 이는 공익제보 후 부정적 결과가 따르는 경우가 상당수 존재했음을 의미한다. 이상의 연구 결과들은 공익제보 후 개인에게 부정적인 결과가 나타날 가능성이 존재하며, 이에 대한 인식이 개인의 공익제보 의도를 막는 원인일 수 있음을 예상케 한다.

실제로 김보경(2019)의 연구에 따르면 지각된 위험은 경마 산업 종사자들의 내부고발에 대한 태도와 내부고발 의도에 부적인 영향을 미쳤다. 아울러 보복에 대한 두려움이 낮을수록 내부고발 의도가 높아진다는 연구 결과(지양야오·백윤정, 2013), 보복에 대한 두려움이 행동하지 않는 것Non-Action에 영향을 준다는 연구 결과(Park, Rehg, & Lee, 2005)도 존재한다. 즉 공익제보에 따르는 위험 인식이 낮을수록 공익제보에 대한 태도와 의도가 높아질 수 있다는 것이다. 이상의 선행 연구의 결과에 근거하여 개인이 공익제보를 하는 과정에서 느끼는 위험 인식이 공익제보에 대한 태도에 부적인 영향을 미칠 것이라고 가정하고 이를 검증해 보고자 했다.

연구 가설 5. 지각된 위험은 공익제보에 대한 태도에 부적인 영향을 미칠 것이다.

## 3. 공익제보 행동 의도의 영향 변인

아젠Ajzen(1991)의 계획행동이론Theory of Planned Behavior(TPB)은 합리적인 인간의 각종 사회문화적 행동 의도를 예측하는 데 특화된 이론이다. 이는 특정 행동에 대한 긍정적 인식을 의미하는 태도attitude, 주변 사람들이 자신의 행동을 어떻게 인식하는지에 대한 개인의 판단을 의미하는 주관적 규범subjective norm, 자신의 의지로 특정 행동을 수행할 수 있을 것이란 믿음을 의미하는 인지된 행위 통제perceived behavior control 등 세 개의 변인이 인간의 합리적인 사회문화적 행동 의도를 예측하는 데 유용성을 가지고 있다고 본다(Sang, Lee, Kim & Woo, 2015).

이러한 계획행동이론을 통해 공익제보 행위를 예측한 몇몇 선행 연구가 존재한다. 예컨대 김보경과 김미경(2018)에 따르면 계획행동이론을 구성하는 변인 중 태도와 주관적 규범은 카지노 종사자들의 내부고발 의도에 유의미한 영향을 미쳤다. 다만, 인지된 행위 통제 변인은 내부고발 의도에 유의미한 영향을 미치지 않았다. 그리고 김보경(2019)에 따르면 계획행동이론을 구성하는 변인 중 행동 통제(인지된 행위 통제) 변인은 경마 산업 종사자들의 내부고발 의도에 정적인 영향을 미쳤다. 아울러 내부고발을 내부형과 외부형으로 구분한 후 내부고발 의도를 예측한 박흥식(2005)의 연구에 따르면, 태도는 내부형 내부고발 의도에 정적인 영향을 미쳤고, 주관적 규범과 태도는 외부형 내부고발 의도에 정적인 영향을 미쳤다.

표 8-1. 계획행동이론을 적용해 내부고발 의도를 예측한 연구

| 구분 | 태도 | 주관적 규범 | 인지된 행위 통제 |
|---|---|---|---|
| 박흥식(2005) | ○ (내, 외부형) | ○ (외부형) | |
| 김보경·김미경(2018) | ○ | ○ | |
| 김보경(2019) | | | ○ |

이상의 결과들은 계획행동이론을 구성하는 변인들, 즉 태도, 주관적 규범 그리고 인지된 행위 통제가 공익제보 의도에 각각 차별적 영향을 미칠 수 있음을 예측하게 하며, 필자는 이를 확인해 보고자 했다.

한편, 계획행동이론을 적용한 몇몇 연구는 주관적 규범의 낮은 설명력을 보완하고자 했다. 규범 변인을 집단 규범, 도덕적 규범 등으로 확장하려고 시도한 것이다(Sang, Lee, Kim & Woo, 2015). 예컨대 P2P를 통한 미국 대학생들의 불법 디지털 콘텐츠 다운로드 의도를 다룬 Sang, Lee, Kim & Woo(2015)에 따르면, 도덕적 규범은 주관적 규범에 비해 더욱 높은 설명력을 나타냈다. 아울러 한국 대학생들의 P2P를 통한 불법 디지털 콘텐츠 다운로드 의도 연구에 따르면, 주관적 규범의 설명력은 나타나지 않은 대신 집단 규범의 설명력이 나타났다. 이상의 연구는 주관적 규범의 낮은 설명력을 보완하기 위해 규범 변인의 확장이 필요할 수 있음을 보여 준다.

한편, 공익제보 행위를 도덕적, 자기희생적 행위로 이해할 수 있다는 논의가 존재한다(이시영·은종환·한익현, 2017). 실제로 도덕적 규범이 내부고발 의도와 정적 상관관계가 나타난다는 연구 결과(김보경, 2019)도 존재한다. 이러한 맥락에서 필자는 도덕적 규범이 공익제보 의도에 정적인 영향을 미칠 것이라고 가정했다.

연구 가설 6-1. 태도는 공익제보 의도에 정적인 영향을 미칠 것이다.

연구 가설 6-2. 주관적 규범은 공익제보 의도에 정적인 영향을 미칠 것이다.

연구 가설 6-3. 인지된 행위 통제 변인은 공익제보 의도에 정적인 영향을 미칠 것이다.

연구 가설 6-4. 도덕적 규범은 공익제보 의도에 정적인 영향을 미칠 것이다.

## 4. 연구 방법

### 1) 연구 대상

이 연구의 대상은 20대 대학생이다. 2020년 12월 28일부터 2021년 1월 4일까지 8일 동안 온라인 서베이 방식으로 설문을 진행했다. 연구자는 모 4년제 종합 대학의 협조를 구해 이 대학 학생 약 500명에게 설문 주소가 담긴 링크를 문자로 전송했다. 응답률을 높이기 위해 추첨 후 20명에게 커피 쿠폰을 지급하겠다고 밝혔으며, 총 268명이 설문에 응답했다. 응답자 중 남성은 91명(34%)이었고, 여성은 177명(66%)이었다. 응답자 연령의 평균은 만 21.80세(SD=2.59)였다. 응답자 중 보수적 성향을 지닌 사람은 32명(11.9%), 중도적 성향을 지닌 사람은 174명(64.9%), 진보적 성향을 지닌 사람은 62명(23.2%)이었다.

### 2) 주요 변인의 측정

#### (1) 언론의 자유 인식

언론의 자유 인식은 민주주의 사회의 유지, 권력 감시, 권력 견제를 위해 언론의 자유가 보호되어야 한다는 인식을 의미한다. UN의 세계인권선언 채택 60주년을 기념한 국제인권의식여론조사(2008)에서 사용된 문항을 기반으로, 이정기(2017b)가 수정한 3개 문항을 변형하여 활용했다. 구체적으로 "나는 민주주의 사회에서 언론의 자유가 보장되어야 한다고 생각한다", "나는 대의 민주주의 사회에서 권력의 감시 기능을 위해 언론의 자유가 폭넓게 보장되어야 한다고 생각한다", "나는 정치권력과 자본권력 견제를 위해 언론의 자유가 충분히 보장되어야 한다고 생각한다" 등 3가지 문항을 5점 척도(1: 전혀 그렇지 않다, 5: 매우 그렇다)로 측정했다(M=4.05, SD=.63, Cronbach's α=.89).

(2) 언론 역할 인식

언론의 역할 인식은 최근의 이슈에 대해 언론이 신속하고 충실하게 보도함으로써, 즉 언론의 역할을 다함으로써 언론 수용자들에게 어느 정도의 만족도를 주었는지로 정의했다(이정기, 2017b). 구체적으로 언론 역할 인식은 김춘식(2010), 이정기(2017b)의 연구를 참고해 2020년 12월 28일 당시 사회적으로 가장 큰 이슈가 된 세 가지 의제[코로나 백신 접종, 윤석열 검찰총장 업무 복귀(윤석열 총장, 추미애 장관 갈등), 정경심 교수(조국 교수 아내) 유죄(징역 4년) 판결]에 대한 언론보도 만족도를 5점 척도(1: 전혀 만족하지 않는다, 5: 매우 만족한다)로 측정했다(M=2.98, SD=.77, Cronbach's α=.75).

(3) 정부 신뢰도

정부 신뢰도는 설문 당시 문재인 정권 전반(공공서비스, 사법부, 국회 등)에 대한 신뢰도로 정의했다. 구체적으로 이창원과 조문석(2016), 이정기(2017b)의 연구에서 활용된 문항을 활용했다. 구체적으로 국회, 행정부, 공공서비스, 사법부, 문재인 정권에 대한 신뢰도를 5점 척도(1: 전혀 신뢰하지 않는다, 5: 매우 신뢰한다)로 측정했다(M=2.93, SD=.72, Cronbach's α=.87).

### (4) 이타주의

이타주의는 자기 행동이 타인에게 이득이 될 것이라는 신념을 의미한다. 이타주의 변인은 김봉철, 최명일, 김유미(2012)의 연구에 근거해 "나는 일상적으로 작은 것이라도 남을 돕는 것을 즐긴다", "다른 사람들을 돕는다는 것은 우리 삶에서 가장 중요한 일이다", "내가 만일 어떤 사람을 도와야 한다면 어떤 희생을 감수하고서라도 그것을 감행한다", "나는 다른 사람의 복지를 위해 일하는 것을 즐긴다", "나는 나보다 못한 사람들을 잘 돕는 경향이 있다", "나는 받는 것보다 주는 것이 좋다는 속담에 전적으로 동의한다" 등 6개 항목을 5점 척도(1: 전혀 그렇지 않다, 5: 매우 그렇다)로 측정했다(M=3.57, SD=.64, Cronbach's α=.84).

### (5) 지각된 위험

지각된 위험은 김보경(2019)의 연구에서 활용된 문항을 기본으로 분석의 취지에 맞게 수정하였다. 구체적으로 "내가 속한 조직의 문제에 대해 공익제보를 한다면, 불이익을 당할 것이다", "내가 속한 조직의 문제에 대해 공익제보를 한다면, 고발로 인해 어려움을 겪을지도 모른다", "내가 속한 조직의 문제에 대해 공익제보를 한다면, 조직에서 징계를 받게 될 것이다", "내가 속한 조직의 문제에 대해 공익제보를 한다면, 조직은 내 신고를 방해(무시)할 것이다" 등 4개 문항을 5점 척도(1: 전혀 그렇지 않다, 5: 매우 그렇다)로 측정했다(M=3.44, SD=.81, Cronbach's α=.87).

(6) 공익제보 계획행동이론 변인

공익제보 행위에 대한 긍정적 인식을 의미하는 태도는 상과 동료들(Sang, Lee, Kim & Woo, 2015)의 연구에서 활용된 태도 문항을 수정하여 활용했다. 구체적으로 "나는 내가 속해있는 조직에서 부당한 일이 발생한다면, 공익제보를 하는 것을 좋은 일이라고 생각한다", "나는 내가 속해있는 조직에서 비윤리적인 일이 발생한다면 신고를 해서 더 큰 피해를 예방하는 것이 좋다고 생각한다", "내가 속해있는 조직에서 불법행위가 발생한다면 공익제보를 하는 것이 바람직한 일이다" 등 3개 문항을 5점 척도(1: 전혀 그렇지 않다, 5: 매우 그렇다)로 측정했다(M=3.61, SD=.82, Cronbach's α=.92).

주관적 규범은 자신의 공익제보 행위를 주변 사람들이 어떻게 판단할 것인지에 대한 개인의 인식으로 측정했으며, 김보경(2019)의 문항을 수정하여 사용했다. 구체적으로 "내 주변의 사람들은 공익을 위해 내가 공익제보를 하는 것을 이해할 것이다", "내 주변의 사람들은 공익을 위해 내가 속한 조직의 문제를 신고하는 공익제보 행동에 대해 동의할 것이다", "내 주변의 사람들은 공익을 위해 내가 속한 조직의 문제점들을 고발하는 공익제보 행위를 지지할 것이다" 등 3개 문항을 5점 척도(1: 전혀 그렇지 않다, 5: 매우 그렇다)로 측정했다(M=3.68, SD=.79, Cronbach's α=.90).

도덕적 규범은 김봉철, 최명일, 김유미(2012)의 연구에 근거하여 "나는 공익제보를 하는 것은 인간의 의무라고 생각한다", "나는 공익제보를 하는 것은 도덕적으로 좋은 일이라고 생각한다", "나는 공익제보를 하는 것이 더 좋은 사회를 위해 필요하다고 생각한다" 등 3개 문항을 5점 척도(1: 전혀 그렇지 않다, 5: 매우 그렇다)로 측정했다(M=3.71, SD=.60, Cronbach's α=.68).

인지된 행위 통제는 자신의 의지로 공익제보 행위를 수행할 수 있을 것이라는 믿음으로 측정했고, 김보경(2019)의 문항을 수정하여 사용했다. 구체적으로 "내가 속한 조직의 비윤리적 행위에 대해 신고하는 일은 쉬운 일이다", "내가 속한 조직의 불법행위를 신고할지 말지는 전적으로 내 의사에 달려있다", "나는 내가 속한 조직의 부당한 행위를 신고할 수 있는 자원(지식, 능력 등)이 있다" 등 3개 항목을 5점 척도(1: 전혀 그렇지 않다, 5: 매우 그렇다)로 측정했다(M=3.12, SD=.75, Cronbach's α=.62).

(7) 공익제보 의도

공익제보 의도는 김보경(2019)의 내부고발 행동 의도 항목을 수정하여 활용했다. 구체적으로 "내가 속한 조직의 부당한 행위를 발견한다면 나는 공식적인 보고 채널을 통해 이를 보고할 것이다", "내가 속한 조직의 불법 행위를 발견한다면 나는 비밀이 보장되지 않더라도 실명으로 보고할 의향이 있다", "내가 속한 조직의 불법행위가 발견된다면 나는 조직 외부의 적절한 기관(언론사, 공공기관 등)에 알릴 것이다" 등 3개 항목을 5점 척도(1: 전혀 그렇지 않다, 5: 매우 그렇다)로 측정했다(M=3.21, SD=.84, Cronbach's α=.83).

3) 분석 방법

6개의 연구 가설 검증을 위해* 스마트PLSSmartPLS 3.3.3 프로그램을 활용하

---

\* 이번 장은 공익제보 의도를 이끌어 내는 핵심 변인인 태도에 영향을 미치는 변인과 공익제보 의도에 직접적인 영향을 미친다고 검증된 변인을 구분했다. 구체적으로 언론 자유 인식(가설 1), 언론 역할 인식(가설 2), 정부 신뢰도(가설 3) 등 공익제보와의 관련성을 처음 검증하게 된 변인, 그리고 이타주의(가설 4), 지각된 위험(가설 5)과 같이 변인 구성 단계에서 공익제보라는 단어를 직접 거론하지 않은 변인, 즉 의도와의 직접적 관련성이 계획행동이론의 구성 변인보다 낮을 것으로 판단된 변인은 공익제보에 대한 태도를 거쳐 의도가 나타나게 될 것으로 보았다. 아울러 복수의 선행 연구를 통해 공익제보 의도와의 직접적인 관련성이 검증된 태도, 주관적 규범, 인지된 행위 통제 변인 등 계획행동이론 변인은 공익제보 의도에 직접적인 영향을 미칠 것이라고 가정했음을 밝힌다.

여 경로 분석을 진행했다. 본격적인 경로 분석 이전에 PLS 알고리즘을 통해 연구모형의 신뢰도(Cronbach's alpha, Composite reliability)와 AVE를 활용한 수렴 타당도와 판별 타당도, 모형 적합도(SRMR, NFI)를 확인했다. 이후 본격적인 가설 검증은 부트스트래핑Bootstrapping 테스트를 통해 확인했다.

## 5. 연구모형의 신뢰도 및 타당도 분석 결과

스마트PLS 3.3.3을 사용하여 변인 간의 신뢰도와 타당도를 확인했다. 분석 결과 모든 변인의 신뢰도(Cronbach's α)가 .68에서 .92 사이로 나타나 각 변인의 신뢰도가 확보되었음을 확인했다. 성분 신뢰도Composite reliability에 대한 분석 결과 역시 모든 변인이 .79에서 .93 범위에 있어, 성분 신뢰도 역시 확보되었음을 확인했다.

표 8-2. 측정 변인의 신뢰도, R Square 및 AVE

| 구분 AVE | | 구분 | | | |
|---|---|---|---|---|---|
| | | Composite reliability | R Square | Cronbach Alpha | |
| 구분 | 언론의 자유 인식 | .81 | .93 | | .89 |
| | 언론의 역할 인식 | .67 | .86 | | .75 |
| | 정부 신뢰도 | .63 | .89 | | .86 |
| | 이타주의 | .55 | .88 | | .84 |
| | 지각된 위험 | .70 | .90 | | .88 |
| | 태도 | .86 | .95 | .19 | .92 |
| | 주관적 규범 | .83 | .94 | | .90 |
| | 인지된 행위 통제 | .76 | .79 | | .62 |
| | 도덕적 규범 | .59 | .81 | | .68 |
| | 공익제보 의도 | .75 | .90 | .69 | .83 |

한편, 연구 모형의 수렴 타당도Convergent Validity는 AVEAverage Variance Extracted 값을 통해 확인했다. 박은선과 김지범(2017)에 의하면 AVE 값은 최소 .05 이상이어야 한다. 이 연구의 AVE 값을 확인한 결과 모든 항목이 .55 이상 인 것으로 나타났다. 아울러 판별 타당도를 확인하기 위해 AVE 제곱근이 잠 재 변인, 타 잠재 변인 사이의 상관계수보다 큰지 확인했고(이정기 · 주지혁, 2020), 그 결과 판별 타당도도 확보되었음을 확인했다. 즉 이 연구 모형의 신 뢰도와 타당도가 모두 확보되었음을 확인했다.

표 8-3. 상관관계 분석 결과와 AVE 제곱근 분석 결과

| | 언론의 자유 인식 | 언론의 역할 인식 | 정부 신뢰도 | 이타 주의 | 지각된 위험 | 태도 | 주관적 규범 | 인지된 행위 통제 | 도덕적 규범 | 공익 제보 의도 |
|---|---|---|---|---|---|---|---|---|---|---|
| 언론의 자유 인식 | .900 | | | | | | | | | |
| 언론의 역할 인식 | .092 | .819 | | | | | | | | |
| 정부 신뢰도 | .090 | .410*** | .794 | | | | | | | |
| 이타주의 | .198** | .296*** | .352*** | .742 | | | | | | |
| 지각된 위험 | .184** | .225*** | .094 | .053 | .837 | | | | | |
| 태도 | .149* | .112* | .275*** | .317*** | -.106+ | .927 | | | | |
| 주관적 규범 | .171** | .284** | .377*** | .160** | -.088 | .552*** | .911 | | | |
| 인지된 행위 통제 | .247*** | .326** | .517*** | .328*** | -.008 | .355*** | .523*** | .872 | | |
| 도덕적 규범 | .483** | .294*** | .201** | .316*** | .216*** | .405*** | .362*** | .270*** | .768 | |
| 공익제보 의도 | .125* | .173** | .338*** | .349*** | -.116+ | .781*** | .571*** | .498*** | .356*** | .866 |

+p⟨.1, *p⟨.05, **p⟨.01, ***p⟨.001, 표 속 굵은 글씨는 AVE의 제곱근임

## 6. 공익제보 의도에 영향을 미치는 요인 경로 분석 결과

본격적인 경로 분석에 앞서 연구 모형의 적합도를 확인했다. 스마트PLS 3.3.3은 SRMRStandardized Root Mean Residual, $x^2$, NFINormed Fit Index 등 세 가지 모형 적합도 지수를 제공한다. 적합도 지수 확인 결과 SRMR은 .09로 확인됐다. 이 값은 .10 미만일 때 적합한 것으로 알려져 있다(정지혜 · 박남희, 2019). 아울러 NFI는 .86으로 나타났다. NFI는 .9 이상일 때 좋은 것으로 알려져 있다. 즉 이 연구의 모형 적합도는 대체로 수용할 정도의 수준이었다.

표 8-4. 연구 모형 적합도 결과

| 구분 | SRMR | $x^2$ | NFI |
|------|------|------|------|
| 수치 | .09 | 3423.29 | .86 |

모형 적합도 확인 후 본격적인 경로 분석 결과를 확인했다. 분석 결과 첫째, 언론의 자유 인식(β=.12, p<.05)은 공익제보에 대한 태도에 정적인 영향을 미쳤다. 이는 언론의 자유에 대한 중요성 인식이 높을수록 공익제보에 대한 긍정적 인식이 형성된다는 것을 의미한다.

둘째, 정부 신뢰도(β=.24, p<.001)는 공익제보에 대한 태도에 정적인 영향을 미쳤다. 이는 국회, 행정부, 공공서비스, 사법부, 문재인 정권에 대한 신뢰도가 높을수록 공익제보에 대한 긍정적 인식이 형성된다는 것을 의미한다.

셋째, 이타주의(β=.24, p<.001)도 공익제보에 대한 태도에 정적인 영향을 미쳤다. 이는 자신의 행동이 타인에게 이득이 될 것이란 이타주의적 신념이 높을수록 공익제보에 대한 긍정적 인식이 형성된다는 것을 의미한다.

넷째, 지각된 위험(β=-.16, p<.05)은 공익제보에 대한 태도에 부적인 영향

을 미쳤다. 이는 공익제보 시 개인적 피해를 입을 것이란 인식이 높을수록 공익제보에 대한 부정적 인식이 형성된다는 것을 의미한다.

다섯째, 계획행동이론 변인을 구성하는 태도($\beta$=.64. p<.01)와 주관적 규범($\beta$=.11, p<.01), 인지된 행위 통제($\beta$=.21, p<.001) 변인은 모두 공익제보 의도에 정적인 영향을 미쳤다. 이는 공익제보에 대한 인식이 긍정적일수록, 자신이 공익제보를 수행하는 것을 주변 사람들이 긍정적으로 인식할 것이라는 믿음이 있을수록, 자신의 의지에 의해 공익제보 행위를 할 수 있다는 효능감이 강할수록, 공익제보 의도가 높아진다는 것을 의미한다.

표 8-5. 경로 분석 결과

| 구분 | | Original Sample (O) | Sample Mean (M) | Standard Error (STERR) | T Statistics (\|O/STERR\|) |
|---|---|---|---|---|---|
| 구분 | H1 | 언론의 자유 인식 → 태도 | .12 | .13 | .06 | 1.99* |
| | H2 | 언론의 역할 인식 → 태도 | -.02 | -.00 | .06 | .35 |
| | H3(역) | 정부 신뢰도 → 태도 | .24 | .25 | .06 | 4.29*** |
| | H4 | 이타주의 → 태도 | .24 | .24 | .05 | 4.42*** |
| | H5 | 지각된 위험 → 태도 | -.16 | -.17 | .07 | 2.18* |
| | H6-1 | 태도 → 공익제보 의도 | .64 | .63 | .05 | 13.08** |
| | H6-2 | 주관적 규범 → 공익제보 의도 | .11 | .11 | .04 | 2.57** |
| | H6-3 | 인지된 행위 통제 → 공익제보 의도 | .21 | .22 | .05 | 4.68*** |
| | H6-4 | 도덕적 규범 → 공익제보 의도 | .01 | .02 | .04 | .39 |

*p<.05, ***p<.001

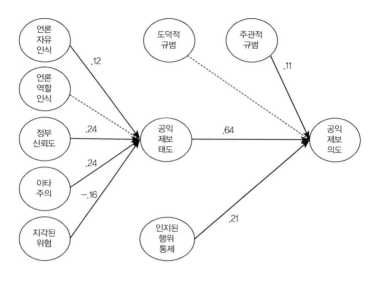

<그림 8-1> 경로 분석 결과

## 7. 결론: 공익제보 활성화를 위하여

대한민국은 공익신고자보호법 등을 통해 사회 공익에 도움이 되는 공익제보를 활성화하고자 노력하고 있다. 그러나 공익제보자들은 여전히 공익제보 후 피해를 호소하고 있다. 이러한 맥락에서 대학생들의 공익제보 의도에 영향을 미치는 원인을 파악함으로써, 공익제보를 활성화하기 위한 정책적, 수용자 차원의 함의를 제시하고자 했다. 이 연구의 핵심적인 결과와 함의는 다음과 같다.

첫째, 언론의 자유 인식은 공익제보에 대한 태도에 정적인 영향을 미쳤다. 이는 민주주의 사회 유지, 권력 감시와 견제를 위한 언론 자유의 중요성을 높게 인식하는 사람일수록, 언론의 충실히 기능하지 못하는 상황에서 나타나는 공익제보 행동을 긍정적으로 인식함을 의미한다. 즉 연구 가설 1은 지지되었다. 그러나 언론의 역할 인식은 공익제보에 대한 태도에 영향을 미치지 않았고, 따라서 연구 가설 2는 기각됐다. 이는 현재 언론이 최근의 이슈에 대해 신속하고 충실하게 보도함으로써 수용자들에게 만족감을 주었는지에 대한 평가 그리고 공익제보에 대한 인식 사이에 인과관계가 나타나지 않는다는 것을 의미한다. 즉 일종의 저항적 표현 행위인 공익제보 행위는 언론의 역할 수행에 대한 개인의 평가 차원에서 나타나는 것이 아니라, 조금 더 거시적인 언론에 대한 인식, 즉 민주주의 사회의 유지 및 권력의 감시와 견제를 위한 언론 자유의 중요성 인식에 근거해 나타난다는 점을 예측하게 한다.

결과적으로 공익제보에 대한 대학생들의 긍정적 인식을 형성하기 위해서는 대의 민주주의 사회의 유지 및 권력에 대한 견제와 비판을 위해 언론의 자유 보호가 중요하다는 인식을 함양시킬 필요가 있다. 대학 교양 과정 혹은 중고등학교 과정에 미디어 리터러시 교육을 도입하여 언론의 권력 감시와 비판을 통해 민주주의가 유지 혹은 발전한 사례, 언론의 자유로운 활동이 통제된 상황에서 민주주의가 훼손된 사례 등을 교육한다면, 개인이 언론이 되어 사회 각 분야를 감시, 견제하는 공익제보 행위에 대한 긍정적인 인식을 형성할 수 있을 것이다.

둘째, 정부 신뢰도는 공익제보에 대한 태도에 정적인 영향을 미쳤다. 이는 정부(공공서비스, 사법부, 국회 등)에 대한 신뢰도가 높을수록 공익제보 행위에 대해 긍정적 인식이 형성된다는 것을 의미한다. 즉 연구 가설 3은 지지되었다. 선행 연구에 의하면 정부에 대한 신뢰가 낮을 때 제도화되지 않은 정치 참여 형태가 나타날 가능성이 높았다(Kasse, 1999). 국내 연구에서도 보수 정부에 대한 신뢰도가 낮을수록 저항적 정치 참여 정도가 높게 나타났다(김한나, 2016; 이정기, 2011). 이에 이번 장은 공익제보 행위를 비전통적, 저항적 참여 행위로 보고, 정부 신뢰도가 낮을수록 공익제보 행위에 대한 인식이 긍정적일 것이라고 가정했다. 그러나 본 분석의 결과에 의하면 진보개혁 정권으로 평가되는 문재인 정부에 대한 신뢰도가 높을수록 공익제보 행위에 대한 긍정적 인식이 높았다. 이는 공익제보가 공익신고자 보호법으로 보호받는 제도적, 공식적인 표현 행위이므로 비전통적, 저항적 참여로 고려하기 어려운 부분이 있음을 알려 준다.

아울러 이 연구의 결과는 진보개혁 정권으로 평가받는 문재인 정부가 출범 이전부터 표현(언론)의 자유의 가치를 중시해 왔다는 점, 그 결과 문재인 정권 출범 후 국경없는기자회의 세계언론자유지수World Press Freedom Index 순위가 대폭 상승했다는 점* 등을 통해서 생각해 볼 수 있다. 즉 문재인 정부는 이전 정부보다 언론(표현)의 자유가 지닌 가치를 높게 평가했고 그 수준 상승에도 가시적 성과를 거두었으며, 따라서 문재인 정부에 대한 신뢰가 일종의 개인적 언론 표현 행위로 볼 수 있는 공익제보에 대한 긍정 인식으로 이어졌을 수 있었다는 것이다. 결과적으로 정부가 언론(표현)의 자유를 중시하고 보호하고자 노력한다는 믿음을 줌으로써 정부에 대한 신뢰를 높이는 것이, 시민들의 공익제보에 대한 긍정적 인식을 높일 수 있다는 사실을 확인했다. 정부가 공익제보를 활성화하기 위해 언론(표현)의 자유 보장을 위해 노력한다는 확신, 공익제보자 보호법과 같은 법과 각종 정책을 통해 노력한다는 확신을 시민들에게 심어줄 필요가 있다.

셋째, 이타주의는 공익제보에 대한 태도에 정적인 영향을 미쳤다. 이는 자신의 행동이 타인에게 도움이 될 것이라는 신념, 이른바 이타주의적 성향이

---

* 한국의 언론자유지수 순위는 2016년 70위까지 떨어졌다가 2017년 63위, 2018년 43위, 2019년 41위, 2020년 42위를 기록했고, 2020년 기준 아시아 1위 수준이다. 국경없는기자회는 박근혜 정권 기간인 2014년부터 2017년까지 한국의 언론의 자유에 가시적 문제가 있다고 평가했다. 그러나 문재인 정권 기간인 2018년부터 2020년까지 한국의 언론의 자유가 만족스러운 상황이라고 평가했다.

강한 사람일수록 공익제보에 대한 긍정적 인식이 높다는 것을 의미한다. 즉 연구 가설 4는 지지되었다. 선행 연구에 따르면, 공익제보자들은 공적 사명 감을 지닌 사람들이다(허성호 · 이근영 · 정태연, 2017). 도덕성이 높은 사람 들의 공익제보 정도가 높다는 결과도 존재한다(지양야오 · 백윤정, 2013). 이 연구의 결과에서도 이타주의적 심리 상태를 가진 사람들의 공익제보 행위에 대한 인식이 긍정적이었다.

따라서 공익제보 행위에 대한 대학생들의 긍정적 인식을 높이기 위해서는 공익제보 행위가 사회 정의를 바로 세울 수 있고, 시민들에게 도움 되는 행위 라는 점을 강조하는 PR 전략이 필요할 것으로 판단된다. 공익제보 행위가 내 부 배신자들에 의해 자행되는 사적 행동이 아니라 건전한 시민들이 사회 정 의를 바로 세우는 행동임을 강조함으로써 이타주의적 성향을 지닌 사람들이 자연스럽게 공익제보에 대한 긍정적 인식을 형성하도록 이끄는 각종 전략이 필요하다는 것이다.

넷째, 지각된 위험은 공익제보에 대한 태도에 부적인 영향을 미쳤다. 이는 공익제보를 했을 때 개인적 불이익, 어려움을 겪을 것이란 인식이 높을수록 공익제보 행위에 대한 부정적 인식이 형성된다는 것을 의미한다. 이에 연구 가설 5는 지지되었다. 지각된 위험, 보복에 대한 두려움 등이 공익제보 행위 에 대한 태도에 부적인 영향을 미친다는 것은 2005년 이후 진행된 다수의 선 행 연구(김보경, 2019; 지양야오 · 백윤정, 2013; Park, Rehg, & Lee, 2005) 를 통해 지속적으로 검증되었다. 시민들이 위험 인식을 느껴 공익제보에 대 한 부정적 인식이 형성된다는 점이 2005년, 2013년, 2019년, 2021년 등 시 간과 대상을 달리해서 진행된 연구들에서 공통으로 나타난다는 것은 안타까 운 일이 아닐 수 없다.

한국은 2011년 3월 11일 공익신고자 보호법을 제정하여 2011년 9월 30일부터 시행 중이다. 그러나 해당 법의 실효성 문제가 존재한다. 예컨대 2014년부터 2018년까지 공익신고자 보호법 위반으로 처벌된 6명 중 5명이 벌금형에 그쳤고, 징역형을 선고받은 사람은 없었다는 대법원의 조사가 존재한다. 아울러 2018년부터 2019년 5월까지 검찰에 접수된 95건의 공익신고자 보호법 위반 사건 중 정식 재판이 진행된 경우는 존재하지 않았다. 공익신고자에게 불이익을 주는 사람이나 기관에 대한 처벌이 충분하게 이루어지지 않는 것이다(유지혜 · 염유섭, 2019.07.09.). 공익제보 후 개인적인 피해를 호소하는 사람이 많으며 공익제보자 보호법을 위반해도 경징계로 문제가 종료되어 버리는 상황은, 공익제보 행위가 그에 대한 위험 인식 때문에 위축될 가능성이 있음을 뜻한다. 이를 개선하려면 공익제보자에 대한 철저한 신분 보호, 공익제보 후 각종 징계나 해고 등 불이익을 해소하기 위한 정책적 지원, 실효성 있는 보상, 공익제보 대상자의 소송에 대한 지원, 공익신고자 보호법 위반자에 대한 실효성 있는 징계와 재발 방지 대책이 필요하다. 개인이 공익제보를 하더라도 불이익과 어려움을 겪지 않을 수 있다는 믿음을 주기 위한 법, 제도의 개선이 필요하다.

다섯째, 계획행동이론을 구성하는 태도, 주관적 규범, 그리고 인지된 행위 통제는 모두 공익제보 의도에 정적인 영향을 미쳤다. 이에 연구 가설 6-1, 6-2, 6-3은 모두 지지되었다. 즉 공익제보 행위에 대해 긍정적 인식이 높을수록, 자신의 의지로 공익제보 행위를 할 수 있다는 믿음이 강할수록, 주변 사람들이 자신의 공익제보 행위를 긍정적으로 인식할 것이란 믿음이 강할수록, 실제 공익제보 의도가 높아지는 것으로 나타났다.

이에 따르면, 대학생들의 공익제보 의도를 높이기 위해서는 사람들이 공익제보 행위를 긍정적으로 인식하게 해야 한다. 그러기 위해서는 공익제보에 대한 긍정적 인식, 즉 태도에 영향을 미치는 변인을 찾아낸 후, 그와 관련한 심리적 기제에 영향을 미칠 수 있게 노력을 기울일 필요가 있다. 이번 장의 분석 결과에 의하면 태도에 영향을 미치는 변인은 사회구조 변인 중 정부 신뢰도, 언론 자유 인식 변인이었고, 심리 변인 중 이타주의 성향, 지각된 위험 변인이었다. 종합해 보면, 정부는 언론의 자유 보장, 공익신고자 보호법 개정 등을 통해 정부에 대한 신뢰도를 높여야 하고, 대의 민주주의 사회에서 정치 권력과 자본 권력을 감시하기 위해 언론 자유의 가치가 중요하다는 인식을 전달하는 미디어 리터러시 교육을 강화해야 한다. 나아가 공익제보 행위가 사회와 시민들을 위해 필요한 이타주의적 행동이란 인식을 전달하는 각종 캠페인을 시행하고, 공익제보가 개인의 피해로 이어지지 않을 것이란 확신을 줄 수 있도록 공익신고자 보호법을 보완할 필요가 있다. 다만, 언론의 자유 인식, 정부 신뢰도, 이타주의, 지각된 위험 변인은 공익제보에 대한 태도에 대해 19% 정도의 설명력을 나타냈다. 공익제보에 대한 태도에 영향을 주는 다양한 독립 변인 군을 개발하여 관련 설명력을 높이기 위한 노력도 필요해 보인다.

또한 대학생들의 공익제보 의도를 높이기 위해서는 그에 대한 부담감을 줄일 수 있는 환경을 조성해야 한다. 공익제보를 하고자 마음먹은 사람이 그 절차와 과정을 쉽게 이해할 수 있도록 각종 매체를 활용한 광고 캠페인을 진행해야 한다. 그리고 미디어 리터러시 교육을 통해 공익제보에 대한 기본 지식을 시민들이 습득할 수 있도록 환경을 구축해야 한다. 마지막으로 한 명의 시민이 공익제보를 할 때 주변에서 해당 시민을 배신자, 조직 부적응자로 비난하는 것이 아니라, 바람직한 행위를 한 것으로 지지해 줄 것이라는 믿음을 주어야 한다. 이를 위해선 공익제보자에 대한 보상 체계, 보호 체계가 완벽히 구성되어야 한다. 공익제보자가 공익제보 후에도 피해를 입지 않을 것이라는 확신이 있어야, 공익제보자의 지인들 역시 그 행동을 마음 편하게 지지할 수 있을 것이기 때문이다. 아울러 공익제보자에 대한 긍정적 이미지를 제고하기 위해 각종 캠페인을 적극적으로 진행할 필요가 있다. 예컨대 참여연대는 2010년 이후 현재까지 공익제보의 가치를 되새기고 그들의 용기와 헌신을 기리는 공익제보자상(구 의인상)을 시상하고 있다. 이와 같은 시상을 지방자치단체 혹은 정부 차원으로 격상시키는 등의 노력도 공익제보자에 대한 긍정적 이미지 형성에 도움이 될 것으로 보인다.

한편, 도덕적 규범은 공익제보 의도에 영향을 미치지 않았다. 이는 도덕적 규범이 내부고발 의도에 영향을 미치지 않는다는 김보경(2019)의 연구와 같다. 즉 연구 가설 6-4는 기각되었다. 그러나 상관관계 분석 결과 도덕적 규범은 공익제보 의도와 상관관계가 나타났고($r=.36$, $p<.001$), 단순 회귀분석 결과 역시 공익제보 의도에 정적인 영향을 미치는 것으로 나타났다($\beta=.36$. $p<.001$, $R2=.13$). 도덕적 규범은 다중회귀분석 상황에서 태도와 동시에 투입될 때 설명력이 사라졌다. 이러한 결과는 공익제보를 하는 행위가 바람직하다는 인식, 즉 태도가, 궁극적으로 공익제보가 좋은 일이고 도덕적이며 필요한 일이라는 인식에서 형성된 것이기 때문이라고 예측해 볼 수 있다.

04

# 위축효과와 저항적 표현

# 9장

## 박근혜 정권에서의 '위축효과'

### 1. 박근혜 정권에서 대학생들의
### 위축효과 결정 요인 규명의 필요성

표현의 자유의 위기다. 보수 정부로 통칭되는 이명박, 박근혜 정부 시기 국제 기자 단체인 국경없는기자회Reporters Sans Frontières와 국제 NGO 단체인 프리덤하우스Freedom House, 그리고 UNUnited Nations은 끊임없이 국내의 표현의 자유가 위축되고 있음을 지적해 왔다. 예컨대 국경없는기자회에 의하면 2006년 세계 31위 수준이었던 우리나라의 표현의 자유 순위는 2016년 70위 수준으로 급감했다. 아울러 프리덤하우스에 의하면 우리나라의 언론의 자유 순위는 2011년 부분적 표현의 자유 보장국으로 강등된 이후 2016년까지 표현의 자유 보장국으로 진입하지 못하고 있다(이정기, 2016a).

국경없는기자회와 프리덤하우스, UN 등이 국내의 표현의 자유를 저평가한 것은 정부가 각종 규제 법률, 소송으로 표현의 자유를 억압하고 있으며, 이 과정에서 시민들의 표현이 위축되고 있다는 판단에 근거한다. 특히 2016년 하반기 가장 큰 사회 이슈였던 최순실(박근혜) 게이트의 경우 정부의 언론 탄압(수사, 세무조사 등)에 근거한 표현의 위축효과, 즉 언론의 권력에 대한 감시, 비판 기능의 훼손이 원인이었다는 평가가 존재한다(김창룡, 2016.11.24.). 정부와 권력 기관에 의한 '전략적 봉쇄 소송Strategic Lawsuit Against Public Participation'(SLAPP) 등이 증가하면서 공적 영역에서 시민들의 발언이 위축되고 있다는 평가도 존재한다(김예지, 2016.09.02.).

한국 사회에 공권력에 의한 표현의 위축 현상이 유발된다는 목소리가 들리는 것은 한국의 민주주의 시스템에 문제가 있음을 보여 주는 지표로 평가될 수 있다. 여론 수렴의 과정, 즉 하의下意의 상달上達 시스템이 원활하지 않은 민주주의는 존재 이유를 상실하게 되기 때문이다. 헌법 제21조 제1항이 언론, 출판, 집회, 결사의 자유를 규정하고 있는 것도 표현의 자유가 지닌 정치적 중요성 때문일 것이다. 각종 표현의 자유 규제 법리 및 표현과 관련한 소송의 증가는 필연적으로 표현의 자유의 위축을 의미한다. 표현의 자유 규제 법리와 정부의 규제가 시민들로 하여금 자기검열을 하게 하고(변상호 · 정성은, 2012), 불안을 부추겨 스스로 입을 닫게 하는(이희정, 2014.10.10.), 이른바 위축효과chilling effect를 유발할 가능성이 있기 때문이다. 위축효과는 표현의 자유의 적이다. 그리고 표현의 자유의 위축은 민주주의의 퇴보를 의미한다.

이에 이번 장에서는 표현의 자유를 위축시키는 위축효과의 원인이 무엇인지 살펴보고자 했다. 선행 연구를 검토하여 위축효과에 영향을 줄 수 있는 변인들을 검토하고, 위축효과의 유형을 온라인과 오프라인으로 구분함으로써 그것의 원인을 보다 세부적으로 파악하고자 했다. 특히 이번 장은 정치적 참여와 표현에 소극적이라고 알려진 대학생들을 대상으로 온오프라인 위축효과의 원인을 파악하는 것과 함께, 한 발 더 나아가 대학생들의 생활 공간인 대학의 학내 문제에 대한 표현과 정치·사회적 문제에 대한 표현의 위축효과 원인을 포괄적으로 파악함으로써 대학생들의 위축효과 극복 방안에 대한 실용적 함의를 제시하고자 했다.

대학생들은 일반적으로 정치적 무관심이 높은 집단, 취업과 관련한 문제에 대한 고민이 높은 집단으로 알려져 있다. 아울러 최근 개인적인 차원에서 정치적 표현이 일부 증가하고 있지만, 총학생회 선거와 같은 학내 문제에 대한 관심과 표현은 더욱 줄어들었다는 평가가 존재한다(구민정, 2016.12.05.). 이러한 상황에서 학내 문제와 정치·사회적 문제에 대한 위축효과를 구분하여 판단하는 일은 나름대로 가치를 지닐 수 있을 것이다.

대학생들의 표현 위축의 원인을 규명하고 위축효과에 대한 극복 방안을 탐색적인 형태로 제시하고자 한 이 연구가 위축효과 관련 연구의 활성화 및 위축효과를 극복하기 위한 실천적 전략(교육 전략, 홍보 전략) 형성에 도움이 될 수 있기를 기대한다.

## 2. 표현의 자유와 위축효과의 개념

위축효과chilling effect는 냉각효과로 번역되기도 한다. 구체적으로 위축효과는 자유로운 의사 표현이 불가능한 상태(황성기, 2008), 공권력의 과도한 제한으로 인해 합법적 표현조차 하지 못하는 상태(김형성·임영덕, 2009), 국가 공권력에 의해 객관적, 합법적 표현의 발화를 스스로 검열하는 자기검열 행위가 이루어지는 상태(박경신, 2009), 권력 기관, 대기업, 사회, 이익단체, 불특정 대중 등의 우월적 위치를 인식하고 스스로 자기검열을 하는 행위(변상호·정성은, 2012), 불안을 부추겨 스스로 입을 닫게 하는 행위(이희정, 2014.10.10.)라는 정의가 존재한다.

결과적으로 위축효과는 권력을 지닌 외부의 직간접적, 유무형의 압력에 의해 심리적으로 위축되어(불안감을 느껴) 자유로운 의사 표현을 하지 못하는 현상으로 정의될 수 있을 것이다. 헌법 제21조 제1항이 보장하는 표현의 자유에 역행하는 개념이 위축효과인 것이다. 대의 민주주의 사회에서 시민들의 표현 위축은 자유로운 의견 표현과 여론 형성을 가로막는다. 즉 자유로운 표현의 보장은 민주적 여론 형성의 필수 요소다(김형성·임영덕, 2009). 다시 말해 대의 민주주의 사회에서 위축효과는 하의의 상달 체계를 망가트리고, 결과적으로 민주주의 발전에 역행하는 결과를 초래할 수 있다는 측면에서 문제의 심각성이 있다(이정기, 2016a).

표 9-1. 위축효과 개념

| 구분 | 정의 |
| --- | --- |
| 황성기(2008) | 자유로운 의사 표현이 불가한 상태 |
| 김형성·임영덕(2009) | 공권력의 과도한 제한으로 인해 합법적 표현 행위조차 하지 못하는 현상 |
| 박경신(2009) | 국가 공권력 행사에 의해 국민이 객관적, 합법적 표현의 발화를 스스로 검열하는(자기검열) 행위 |
| 변상호·정성은(2012) | 권력 기관, 대기업, 사회, 이익단체, 불특정 대중 등의 우월적 위치를 의식, 스스로 자기검열을 하는 행위 |
| 이희정(2014.10.10) | 불안을 부추겨 스스로 입을 닫게 하는 것 |
| 이정기(2016a) | 외부의 압력(정치, 자본)에 의해 자유로운 표현 활동이 축소되는 현상 |

한편, 보수 정권인 이명박 정부 출범 이후 2016년 박근혜 정부에 이르기까지 비판적인 언론인에 대한 부당 해고가 급증하였고, 인터넷 공간에서의 검열과 표현에 의한 명예훼손 소송 역시 급증하면서 국경없는기자회, 프리덤하우스 등이 조사하는 우리나라의 표현의 자유 순위 역시 지속적으로 하락하게 되었다. 표현의 자유가 구조적으로 제한되며 사회 전반적으로 위축효과가 발

생한 것이다. 이는 표현의 자유를 위해 위축효과가 지양되어야 할 개념이라는 측면, 즉 양자가 서로 상충하는 개념임을 확인케 한다.

## 3. 위축효과 관련 논의와 한계

그간 위축효과와 관련한 논의는 언론법의 영역과 실증적 수용자 연구의 영역에서 진행되었다. 언론법의 영역에서 김형성과 임영덕(2009)은 미국의 위축효과 법리를 분석하고 이러한 법리에 근거하여 정보통신 이용촉진 및 정보보호 등에 관한 일부 개정 법률안의 사이버 모욕죄를 검토했다. 그 결과 연구자들은 사이버 모욕죄가 인터넷 공간에서 위축효과를 일으킬 개연성이 있음을 주장했다. 아울러 이재진과 이정기(2011)는 다양한 유형의 판례 분석을 통해 위축효과를 예방하고, 표현(언론)의 자유를 확장하기 위한 측면에서 현실적 악의 원칙actual malice principle, 공인 이론 도입의 필요성을 꾸준히 주장한 바 있다. 이처럼 언론법의 영역에서 진행된 위축효과 관련 논의는 주로 표현의 자유를 규제하는 법률이 위축효과를 이끌어 낼 수 있다는 점 그리고 위축효과를 예방하기 위한 법리의 도입이 필요하다는 인식을 보여 주는 방식으로 이루어졌다.

한편, 실증적 수용자 연구는 주로 내부고발과 같은 표현 의도 또는 위축효과 결정 요인을 중심으로 진행되었다. 내부고발 등 표현 의도와 관련된 대표적 실증 연구는 백윤정과 김보영, 김은실(2016)의 연구, Yao(2012)의 연구다. 구체적으로 백윤정, 김보영 그리고 김은실(2016)의 연구에 따르면 상사가 윤리적 리더십을 가지고 있을수록, 보복에 대한 두려움과 규제 지향적 윤리 프로그램의 상호작용 효과가 있을수록 내부고발 의도가 높아지는 것으로 나타났다. 아울러 Yao(2012)에 따르면 도덕성이 높을수록, 보복에 대한 두려움이 낮을수록, 순응, 가치지향적 윤리 프로그램 지향성이 높을수록 내부고발 의도가 높아지는 것으로 나타났다.

한편, 위축효과와 관련한 대표적 실증적 연구는 변상호와 정성은(2012, 2013) 등의 연구다. 예컨대 변상호와 정성은(2012)은 실명성과 조직 소속 여부, 개인의 정치 성향이 SNS상에서의 위축 행위에 어떠한 영향을 미치는지 확인했다. 그 결과 실명성은 정치·경제 이슈에서, 비판 성향은 정치·사회 이슈에서 의사 표현 위축에 영향을 미치는 것으로 나타났다. 또한 조직 소속 여부가 위축 행위에 영향을 미친다는 결과도 도출됐다. 후속 연구인 변상호와 정성은(2013)의 연구는 대기업 뉴스 노출, 지식, 위력 지각이 SNS상에서의 위축 행위에 미치는 영향을 확인했다. 그 결과 SNS에서 대기업에 대한 위축은 중소기업에 대한 의사 표현 위축보다 크게 나타났다. 또한 대기업 관련 뉴스 노출이 대기업 관련 지식과 위력 지각 강화를 매개로 의사 표현 위축에 영향을 미치는 것으로 나타났다. 아울러 변상호(2015)는 SNS 공간에서 대기업의 검열 활동에 대한 개인 자신의 두려움이 의사 표현 위축을 유발한다는 연구 결과를 도출한 바 있다. 한편 전란영과 김희화(2016)에 따르면, 자존감은 부모의 비일관적 양육 및 과잉 간섭적 양육이 청소년의 사회적 위축에 미치는 영향을 매개하는 것으로 나타났다.

이상 위축효과와 관련된 연구 결과를 종합해 보면, 첫째, 많지 않은 연구의 대부분이 실증적인 방식으로 이루어졌다는 점, 둘째, 실증적인 연구의 대부분이 SNS 공간에서의 표현 위축에 관한 연구였다는 점, 셋째, 위축효과에 영향을 준다고 알려진 독립 변인들이 독립적으로 활용되어 종속 변인에 대한 설명력을 극대화하지 못하고 있다는 점 등의 한계가 있음을 확인할 수 있다. 이에 이번 장은 위축효과에 영향을 미치는 것으로 알려져 있거나 위축효과에 영향을 줄 것으로 예측되는 변인들을 통합적으로 고찰함으로써, 위축효과에 대한 설명력을 극대화하고자 했다.

## 4. 위축효과의 촉진(억제) 요인

이번 장은 선행 연구에 근거하여 자존감과 사회 부과적 완벽주의라는 사회, 심리 변인, 표현의 자유와 규제 인식이라는 표현의 자유 관련 변인, 실명성과 보복에 대한 두려움이라는 개인 정보(표현) 노출에 따른 인식 변인을 각각 독립 변인 군으로 활용하여 위축효과를 예측하고자 했다. 이는 위축효과가 개인의 사회, 심리적 속성에 따라 발생할 수도 있지만, 표현의 자유 인식이나 규제 인식, 개인 정보(표현) 노출에 따른 이후의 상황 예측 과정에서도 유발될 수 있다는 필자의 판단에 근거한 것이다.

### 1) 자존감

자존감은 자신에 대한 평가를 의미한다. 이는 사회적 위축과 관련성이 있는 변인으로 알려져 있다. 예컨대 전란영과 김희화(2015)에 따르면 자존감은 의견 표명과 같은 사회적 위축에 부적인 영향을 미치는 것으로 조사되었다. 즉 자존감이 낮을수록 사회적 위축 행위가 나타난다는 것이다. 아울러 김수미와 이숙(2000)에 따르면 자존감은 아동의 위축 행동에 부적인 영향을 미치는 것으로, 즉 자존감이 낮을수록 위축 행동이 형성되는 것으로 나타났다. 또한 박혜정과 홍상황(2014)에 따르면 자존감은 사회적 위축, 사회적 억제에 부적인 영향을 미치는 것으로 나타났고, 홍상황과 이은주(2014)에 따르면 부정적 평가에 대한 두려움과 사회적 억제에 부적인 영향을 미치는 것으로 나타났다. 이상의 연구 결과는 자존감 수준이 낮을수록 위축효과가 높게 나타날 것이라는 점을 예측하게 한다.

연구 가설 1. 자존감이 낮을수록 위축효과가 높을 것이다.

## 2) 사회 부과적 완벽주의

사회 부과적 완벽주의는 자신에게 중요한 타인이 자신에게 비현실적으로 높은 기준을 요구하고 있고, 이를 충족해야 인정받을 수 있다고 믿는 경향으로 정의된다(정승아 · 설경옥 · 박선영, 2014, 재인용). 사회 부과적 완벽주의는 부적응적 완벽주의 성향이다. "부적응적 완벽주의 경향성이 높은 이들은 자신의 타인에 대한 평가를 과도하게 염려하는 불안한 자아상"을 보이게 된다(정승아 · 설경옥 · 박선영, 2014, 2,225쪽). 특히 우리나라처럼 집단주의적 문화를 가진 사회에서는 대학생들이 사회 부과적 완벽주의에 더욱 취약하다는 연구 결과가 존재한다(Pulford, Johnson & Awaida, 2005).

실제로 김소정과 이승연(2015)에 따르면 대학생의 사회 부과적 완벽주의 성향은 자기 침묵에 영향을 미치는 것으로 나타났다. 아울러 박지연(2014)에 따르면 대학생들의 사회 부과적 완벽주의는 부정적 평가에 대한 두려움에 정적인 영향을 미치고, 사회 불안에 대해 간접적인 영향을 미치는 것으로 나타났다. 이상의 연구 결과에 따라 졸업과 취업 등 다양한 심리적 압박감을 느끼는 대학생들의 경우 타인의 부정적 평가에 대한 두려움을 가지고 있고, 이러한 심리적 위축감이 표현의 위축효과를 이끌어 내는 원인일 수 있다는 가정을 해 볼 수 있다.

연구 가설 2. 사회 부과적 완벽주의 성향이 높을수록 위축효과가 높을 것이다.

## 3) 전통적, 피동적 소통 인식

"모난 돌이 정 맞는다", "가만히 있으면 중간은 간다", "침묵은 금이다"라는 속담은 사람들에게 적극적인 소통보다는 수동적인 소통, 능동적인 소통보다는 피동적인 소통을 강조한다. 속담은 과거부터 전해져 오는 조상들의 가르침이다. 이러한 속담이 현재도 회자되는 것을 보면 한국 사회는 예나 지금이나 능동적이고 적극적인 의사소통, 남과 다른 의사소통 행위를 경계하고 있음을 알 수 있다. 적극적이고, 능동적인 소통을 지양하는 한국 국민의 경향성은 남북전쟁과 이데올로기 대립, 권위주의 정권을 거치면서 자연스럽게 체득된 것이기도 하다. 예컨대 "모난 돌이 정 맞는다"라는 말은 강직한 사람이 타인의 공박을 받게 됨을 의미한다. 아울러 이는 아무 말도 하지 않으면(즉 침묵하면) 큰 탈을 면할 수 있다는 의미(김성해, 2016.11.16.), 남과 다른 이야기를 하는 소수자가 탄압받기 쉽다는 의미로 해석될(최종인, 2016.07.15.) 여지도 있다. 웅변보다 침묵이 중요함을 강조하는 "침묵은 금이다", 적극적인 행동보다 침묵이나 현상의 유지를 강조하는 "가만히 있으면 중간은 간다"라는 말도 같은 맥락에서 해석될 여지가 있다.

다만, 한편으로는 조직의 침묵은 금이 아니라 독이라는 논의(엄상용, 2015), 토론을 위해 침묵은 금이 아니라는 논의(이영태, 2003)도 이루어지고 있다. 이러한 논의는 조직 생활이 상명하복식 권위주의, 보신주의적 가치에 익숙해지면 토론에 의한 조직 발전이 어려울 수 있고, 피동적인 소통 방식이 토론을 통한 더 나은 대안 창출을 어렵게 할 수 있음을 보여 준다. 이러한 측면에서 "모난 돌이 정 맞는다", "가만히 있으면 중간은 간다", "침묵은 금이다"와 같은 전통적 소통 인식을 전통적, 피동적 소통 인식으로 명명하였다. 아울러 전통적, 피동적인 소통 인식이 적극적인 표현을 가로막는 하나의 원인이 될 수 있다고 보았다. 즉 필자는 전통적, 피동적 소통 인식이 위축효과를 높일 수 있다고 가정하고, 이를 탐색적으로 검증해 보고자 했다.

연구 가설 3. 전통적, 피동적 소통 인식이 높을수록 위축효과가 높을 것이다.

## 4) 표현의 자유와 규제 인식

표현(언론)의 자유의 확장을 원하는 사람들은 표현(언론)의 자유가 폭넓게 보장되지 않는 현재의 현실에 대한 문제의식을 지닌 사람들이다. 이에 표현(언론)의 자유 확장에 대한 인식이 높을 경우, 즉 현재의 표현의 자유 수준에 대해 불만이 있는 사람들은 저항적(대안적) 형태의 표현 행위를 할 가능성이 높을 것이다. 반면 표현의 자유 확장에 대한 인식이 낮을 경우, 즉 현재의 표현의 자유 수준에 대해 긍정적으로 생각하는 사람들은 저항적(대안적) 형태의 표현 행위를 할 가능성이 낮을 것으로 생각해 볼 수 있다. 실제로 이정기(2017b)에 따르면 언론의 자유 인식은 표현의 자유 현안에 대한 인식을 거쳐 저항적인 정치 표현 행위에 간접적인 영향을 미치는 것으로 나타났다. 즉 언론의 자유가 잘 보장되지 않는다고 인식할수록 저항적인 형태의 표현이 증가하게 된다는 것이다. 아울러 이는 언론의 자유가 잘 보장된다고 느낄수록 저항적 표현이 위축된다는 점을 예측하게 한다. 따라서 표현의 자유 인식이 낮을수록, 즉 현재의 표현의 자유 수준에 대해 긍정적인 생각을 지니고 있을수록, 자신의 의견을 유보할 경향성이 높아질 것이라고 예측할 수 있다.

한편, 이정기(2017b)의 동 연구에 따르면 표현의 자유 규제 현안에 대한 찬성 인식은 저항적 정치 표현에 정적인 영향을 미친다. 즉 현재의 각종 법규가 표현의 자유를 제한하고 있다고 생각하여 폐지를 원하는 인식이 높을수록 저항적인 형태의 표현 행위가 높아진다는 것이다. 이는 현재의 각종 법규가 표현의 자유를 보호하는 방식으로 나타난다고 생각할 경우 저항적 표현 행위가 위축됨을 의미하는 것이기도 하다. 결과적으로 이는 표현의 자유 규제 법리에 대한 부정적인 인식이 높을수록, 즉 현재의 표현의 자유 규제 법리에 대해 긍정적으로 인식할수록 저항적 표현 행위가 나타나지 않을 것이라는 점, 자신의 의견을 유보할 경향성이 높아질 것이라는 점을 예측하게 한다.

연구 가설 4. 표현의 자유 인식이 낮을수록 위축효과가 높을 것이다.

연구 가설 5. 표현 규제(법리)에 대한 부정적 인식이 높을수록 위축효과가 높을 것이다.

### 5) 실질적 실명성

인터넷 실명제는 글을 쓰기 이전에 신원을 확인함으로써 위축효과를 이끌어 내는 대표적 온라인 검열 정책으로 평가된다. 물론 2012년 8월 인터넷 게시판 제한적 본인 확인제(인터넷 실명제)의 위헌 결정이 있었다(헌법재판소 2012.08.23. 선고 2010헌마47 결정). 그러나 여전히 선거 운동 기간 인터넷 실명제, 게임 실명제 등이 존재한다(오병일, 2016.10.28.).

우지숙과 나현수, 최정민(2010)에 따르면 인터넷 실명제 이후 인터넷 게시글과 댓글 숫자, 게시판 참여자의 숫자가 감소하고 삭제한 글이 늘어나는 등 인터넷 표현이 위축된 것으로 나타났다. 아울러 변상호와 정성은(2012)에 따르면 실질적 실명성은 정치, 경제 이슈에서 의사 표현의 위축 행위에 영향을 미치는 것으로 나타났다. 그러므로 온라인 공간에서 실명성이 표현의 위축 행위를 이끌어 내는 핵심 변인이라고 예측할 수 있다.

연구 가설 6. 비실명 글쓰기 집단보다 실명 글쓰기 집단의 위축효과가 높을 것이다.

### 6) 보복에 대한 두려움

전술했듯 위축효과는 권력을 지닌 외부의 직간접적, 유무형의 압력에 의해 심리적으로 위축되어(불안감을 느껴) 자유로운 의사 표현을 하지 못하는 현상이다. 따라서 특정 표현에 대한 위축효과를 느끼는 사람은 권력의 압력에 대한 두려움을 느끼는 사람이라고 볼 수 있다. 실제로 Park, Rehg &

Lee(2005)은 보복에 대한 두려움 변인이 표현 행동을 하지 않음Non-Action에 영향을 미친다는 연구 결과를 도출한 바 있다. 아울러 Yao(2012) 등 보복에 대한 두려움이 낮을수록 내부고발 의도가 높아진다는 연구 결과도 존재한다. 즉 보복에 대한 두려움이 높을수록 내부고발 의도가 낮아질 수 있다는 것이다. 이상의 연구 결과는 보복에 대한 두려움이 위축효과에 정적인 영향을 미칠 것이란 예측을 가능하게 한다.

연구 가설 7. 보복에 대한 두려움이 높을수록 위축효과가 높을 것이다.

## 5. 연구 방법

### 1) 연구 대상

설문은 2016년 11월 28일 하루 동안 4년제 대학교 학생들을 대상으로 온라인 서베이 방식으로 진행되었다. 총 301명이 설문에 응답했고, 이 가운데 남성은 148명(49.2%), 여성은 153명(50.8%)이었다. 응답자들의 평균 연령은 만 22.29세(SD=2.39)였으며, 학년별 분포는 1학년 50명(16.6%), 2학년 75명(24.9%), 3학년 92명(30.6%), 4학년 81명(26.9%), 5학년 3명(1%)으로 나타났다. 정치적 성향을 살펴본 결과는 매우 보수 4명(1.3%), 보수 35명(11.6%), 중도 144명(47.8%), 진보 113명(37.5%), 매우 진보 5명(1.7%)이었다.

### 2) 주요 변인의 측정

#### (1) 자존감

자존감은 고려대학교 부설 행동과학연구소(1998)에서 제작, 이승조(2013) 등이 사용한 척도를 활용하였다. 구체적으로 '대체로 나 자신에 만족하고 있다', '때때로 내가 무능하다는 생각이 든다(역)',* '가끔 내가 아닌 다른 사람이었으면 하는 생각이 든다(역)', '나를 제대로 이해해주는 사람이 없는 것 같다(역)', '나에게도 몇 가지 좋은 점이 있을 것이라고 믿는다', '나에게는 자랑할 만한 점이 별로 없다(역)', '때때로 내가 아주 쓸모없는 사람이라는 생각이 든다(역)', '내 자신에 대해 좀 더 긍정적인 생각을 하고 싶다(역)', '전반적으로 나는 실패작인 것 같다(역)', '가끔 내가 불행하다는 생각이 든다(역)', '나보다 똑똑한 사람이 많은 것 같다(역)' 등 열한 개 문항을 5점 척도(1: 전혀 그렇지 않다, 5: 매우 그렇다)로 측정하였다(M=3.19, SD=.69, α=.88).

(2) 사회 부과적 완벽주의

사회 부과적 완벽주의는 한기연(1993), 박지연(2014)의 연구에 근거하여 '남이 내게 기대하는 것을 만족시키기 어렵다', '내 주위 사람들은 내가 실수를 할 수도 있다고 생각한다(역)', '내가 잘하면 잘 할수록 사람들은 내가 더 잘 할 것이라 기대할 것이다', '내가 일을 훌륭히 못 해내면 사람들은 나를 형편없다고 볼 것이다', '주변 사람들은 내가 모든 일에서 성공하기를 기대한다' 등 열다섯 개 문항을 5점 척도(1: 전혀 그렇지 않다, 5: 매우 그렇다)로 측정하였다(M=3.04, SD=.50, α=.88).

---

* '(역)'이라고 표시된 항목은 역코딩이 필요한 항목을 의미한다. 역코딩이 필요한 문항은 SPSS의 Transform 메뉴에서 Recode 처리한 뒤, 기존 문항과의 신뢰도 확인 후, 합산평균하여 활용하였음을 밝힌다.

(3) 전통적, 피동적 소통 인식

전통적, 피동적 소통 인식은 말을 아껴야 하고, 표현은 신중해야 한다는 전통적 소통 방식에 대한 동의 정도를 의미한다. 구체적으로 전통적, 피동적 소통 인식은 '가만히 있으면 중간은 간다', '모난 돌이 정을 맞는다', '침묵은 금이다'와 같은 세 개의 속담(진술문)에 대한 동의 정도를 5점 척도(1: 전혀 그렇지 않다, 5: 매우 그렇다)로 측정하였다(M=2.94, SD=.80, α=.65).

(4) 표현의 자유 인식

표현의 자유 인식은 개인이 언론(표현)의 자유의 보장에 대해 생각하는 긍정적, 부정적 인식(이정기, 2016a)으로 측정하였다. 구체적으로 표현의 자유 인식 문항은 UN의 세계인권선언 채택 60주년 기념 국제인권의식여론조사(2008)의 문항을 수정, 보완하여 활용하였다. 구체적으로 '나는 민주주의 사회에서 표현의 자유가 보장되어야 한다고 생각한다', '나는 대의 민주주의 사회에서 권력의 감시 기능을 위해 표현의 자유가 폭넓게 보장되어야 한다고 생각한다', '나는 현재 우리나라에서 표현의 자유가 충분히 보장되고 있지 못하고 있다고 생각한다' 등의 세 가지 문항을 5점 척도(1: 전혀 그렇지 않다, 5: 매우 그렇다)로 측정하였다(M=4.15, SD=.69, α=.74).

(5) 표현 규제(법리) 인식

표현 규제(법리)에 대한 인식은 최근 표현의 자유 제한과 관련된 논쟁이 있었거나 논쟁이 진행 중인 규제 내용 혹은 법리에 대한 인식(이정기, 2016a)으로 측정했다. 구체적으로 '국가기관의 민간인 사찰은 시민들의 자유로운 표현을 제한할 것이다', '사이버테러방지법을 제정하면 시민들의 자유로운 표현이 제한될 것이다', '사이버 검열(카카오톡 검열 등)은 시민들의 자유로운 표현을 제한할 것이다', '복면금지법(집회 현장에서 복면 착용을 금지하는 법)은 집회의 자유를 제한할 것이다', '임시 차단 조치(인터넷 게시글이 사실이라고 해도 요청자의 주장만으로 블라인드 처리하는 제도)는 인터넷에서의 자유로운 표현을 제한할 것이다', '전략적 봉쇄 소송(승소 여부와 관련 없이 특정 표현에 대해 명예훼손 소송을 제기하는 소송)은 시민들의 자유로운 표현을 제한할 것이다' 등 여섯 개 문항을 5점 척도(1: 전혀 그렇지 않다, 5: 매우 그렇다)로 측정하였다(M=3.71, SD=.77, α=.87).

(6) 실질적 실명성

실질적 실명성은 변상호와 정성은(2012)의 연구에 근거하여 SNS, 블로그, 인터넷에서 글을 쓸 때 실명을 사용하는지 또는 가명을 사용하는지 여부로 측정하였다. 아울러 익명으로 글을 쓰거나 댓글을 달 때 다른 사람이 자신을 알아볼 수 있는지 여부를 측정하여, '타인이 자신을 알아 볼 수 없을 것'이라고 응답하거나 '나를 알아보는지 잘 모르겠다'라고 응답한 경우만 실질적 비실명 집단으로 구분했다[실명, 가명(타인이 자신을 알아볼 수 없을 것), 가명(타인이 나를 알아보는지 잘 모르겠다)]. 실명 집단은 183명(60.8%), 비실명 집단(타인이 자신을 알아볼 수 없을 것)은 54명(17.9%), 비실명 집단(타인이 나를 알아보는지 잘 모르겠다)은 64명(21.3%)으로 나타났다. 실질적 실명성은 후속 분석을 위해 더미변수 처리했다(0: 실명, 1: 가명).

(7) 보복에 대한 두려움

보복에 대한 두려움은 특정 표현을 했을 때 받을 수 있는 불이익에 대한 인식을 의미한다. 이는 Park, Rehg & Lee(2005)의 연구의 다섯 개 문항을 수정하여 활용하였다. 구체적으로 "만약 내가 민감한 표현을 하게 된다면…"이라는 지문을 두고 '나는 내 표현의 결과로 취업 등에 어려움을 겪게 될 것이다', '내가 앞으로 생활하는데 방해가 될 것이다', '나는 불이익을 얻게 될 것이다', '나는 나의 조직에 의해 비난받게 될 것이다', '내가 위험에 처할 수 있다' 등 다섯 개 문항을 5점 척도(1: 전혀 그렇지 않다, 5: 매우 그렇다)로 측정하였다 (M=3.16, SD=.87, α=.91).

(8) 위축효과

위축효과는 누군가에게 비난당하거나 처벌받는 것이 두려워 표현을 망설이게 된 경험의 양으로 측정하였다. 보다 구체적으로 위축효과는 변상호 · 정성은(2012)의 문항을 대학생들이 느낄 수 있는 위축효과의 상황으로 수정하여 활용하였다. 특히 이 연구에서 위축효과는 온라인과 오프라인 위축효과로 구분되어 제시되었다. 아울러 학내 문제 위축효과, 정치 · 사회적 문제 위축효과로도 구분되었다.

온라인상 정치 · 사회적 표현에 대한 위축효과는 '온라인 공간에서 정치, 사회적인 문제에 대한 글을 쓰고자 할 때, 누군가에게 비난당할지 모른다는 생각이 들어 망설인 경험이 있다', '온라인 공간에서 정치, 사회적 문제에 대한 글을 쓰고자 할 때, 명예훼손 소송 등으로 처벌받을 수 있다는 생각이 들어 망설인 경험이 있다' 등 두 개 문항을 5점 척도(1: 전혀 그렇지 않다, 5: 매우 그렇다)로 측정하였다(M=3.20, SD=1.04, α=.71).

온라인상 학내 문제에 대한 표현에 따른 위축효과는 '온라인상에서 우리 대학의 문제(학교, 교수, 행정상의 문제 등)를 지적하는 글을 쓰고자 할 때 누군가에게 비난당할지 모른다는 생각이 들어 망설인 경험이 있다', '온라인상에서 우리 대학의 문제(학교, 교수, 행정상의 문제 등)를 지적하는 글을 쓰고자 할 때, 학교 교칙에 의해 처벌받거나 학점, 졸업 등에 불이익을 받을 수 있다는 생각이 들어 망설인 경험이 있다' 등 두 개 문항을 5점 척도(1: 전혀 그렇지 않다, 5: 매우 그렇다)로 측정하였다(M=2.98, SD=1.04 α=.86).

아울러 오프라인 공간에서 정치 · 사회적 표현에 따른 위축효과는 '현실에서 정치, 사회적인 문제에 대해 발언하고자 할 때, 누군가에게 비난당할지 모른다는 생각이 들어 망설인 경험이 있다', '현실에서 정치, 사회적인 문제에 대한 말을 하고자 할 때, 명예훼손 소송 등으로 처벌받을 수 있다는 생각이 들어 망설인 경험이 있다' 등 두 개 문항을 5점 척도(1: 전혀 그렇지 않다, 5: 매우 그렇다)로 측정하였다(M=3.15, SD=1.03, α=.80).

오프라인 공간에서 학내 문제에 대한 표현에 따른 위축효과는 '교내에서 우리 대학의 문제(학교, 교수, 행정상의 문제 등)에 대해 발언하고자 할 때, 비난당할지 모른다는 생각이 들어 망설인 경험이 있다', '교내에서 우리 대학의 문제(학교, 교수, 행정상의 문제 등)에 대해 발언하고자 할 때, 학교 교칙에 의해 처벌받거나 학점, 졸업 등에 불이익을 받을 수 있다는 생각이 들어 망설인 경험이 있다' 등 두 개 문항을 5점 척도(1: 전혀 그렇지 않다, 5: 매우 그렇다)로 측정하였다(M=2.91, SD=1.12, α=.90).

## 3) 분석 방법

연구 가설의 검증을 위해 네 차례의 위계적 회귀분석hierarchical regression analysis을 수행했다. 종속 변인은 온라인 위축효과(학내 문제, 정치 문제)와 오프라인 위축효과(학내 문제, 정치 문제)로 설정되었다. 위계적 회귀분석의 1단계에는 자존감과 사회 부과적 완벽주의라는 개인의 심리적 특성을 반영하는 변인을 투입했다. 2단계에는 전통적, 피동적 소통 인식과 표현의 자유 인식, 표현 규제(법리) 인식 등 표현의 자유와 관련한 인식 변인을, 3단계에는 실질적 실명성과 보복에 대한 두려움 변인 등 정보 노출과 관련한 변인을 각각 투입했다.

회귀분석에 투입한 모든 독립 변인은 선행 연구를 통해 위축효과와의 관계를 보여 주거나 짐작게 하는 변인들로 구성했다. 아울러 위계적 회귀분석에서 단계별 독립 변인 군의 투입 순서는 종속 변인인 위축효과와 얼마나 직접적인 관련성이 있는지에 따라 결정되었다. 1단계에 투입된 자존감과 사회 부과적 완벽주의 변인은 심리 변인에 가깝다. 따라서 종속 변인인 위축효과와의 거리가 가장 먼 변인이라고 볼 수 있다. 2단계에 투입된 전통적, 피동적 소통, 표현의 자유 인식, 표현 규제 부정 인식은 자신의 표현에 대한 인식이 아니라 일반적인 표현의 자유에 대한 인식으로 측정되었다. 마지막 3단계에 투입된 실명성과 보복에 대한 두려움은 개인이 특정 표현을 할 때의 정보 노출에 대한 인식, 불이익 등에 대한 인식으로 측정되었다. 즉 2, 3단계에 투입된 변인은 1단계에 투입된 심리 변인에 비해 표현의 자유와 관련한 변인으로서 종속 변인과의 거리가 가까울 것으로 보았고, 또 3단계에 투입된 변인은 자신의 표현 문제에 대한 인식을 다루고 있어 일반적 표현 문제에 대한 인식으로서 2단계에 투입된 변인에 비해 종속 변인과의 거리가 상대적으로 가까울 것으로 보았다. 실제로 독립 변인 군별 다중회귀분석 결과에서도 설명량은 심리 변인이 가장 낮고, 정보 노출(실명성, 보복에 대한 두려움)이 가장 높은 것으로 나타났다.

한편, 성별, 연령, 학년 등의 인구 통계적 속성과 정치 성향, 비판 성향 등의 변인은 종속 변인인 온오프라인 위축효과에 영향을 미치지 않아 위계적 회귀분석 단계에서 제외하였다. 자료의 분석은 IBM SPSS 21.0 프로그램을 활용하였다.

## 6. 대학생들의 위축효과 결정 요인

위계적 회귀분석을 통해 대학생들의 온라인·오프라인 위축효과 결정 요인을 살펴보았다. 아울러 온오프라인 위축효과는 학내 문제에 대한 위축효과와 정치·사회적 문제에 대한 위축효과로 구분하여 살펴보았다. 본격적인 위계적 회귀분석에 앞서 모든 유형, 모든 단계에 걸쳐 다중공선성 문제를 확인했다. 검증 결과 모든 단계에서 분산팽창인자(VIF)의 범위가 1.03~1.69로 기준치인 10을 넘지 않았고, 공차 한계Tolerance의 범위가 .59~.97로 0.1 이상이었다. 즉 다중공선성의 문제는 없는 것으로 나타났다.

첫째, 온라인 학내 문제 위축효과의 결정 요인을 확인했다. 1단계에 심리 변인으로 자존감과 사회 부과적 완벽주의 변인을 투입했다. 그 결과 자존감(β=-.16, p<.05), 사회 부과적 완벽주의(β=.15, p<.05)가 영향을 미쳤다. 즉 자존감이 낮을수록, 사회 부과적 완벽주의가 높을수록 온라인 학내 문제에 대한 위축효과가 높은 것으로 나타났다. 설명량은 7.4%였다. 2단계에는 표현의 자유 변인을 투입했다. 그 결과 표현의 자유 인식(β=-.15, p<.05), 표현 규제(법리) 부정 인식(β=.20, p<.01)이 위축효과에 영향을 미쳤다. 즉 국내의 표현의 자유 보호의 중요성(필요성)을 낮게 인식할수록, 각종 표현 규제 법리가 표현의 자유를 제한할 것으로 생각할수록, 온라인 학내 문제에 대한 위축효과가 높은 것으로 나타났다. 자존감(β=-.15, p<.05), 사회 부과적 완벽주의(β=.14, p<.05)도 여전히 위축효과에 영향을 미치는 것으로 나타났다. 추가적 설명력은 3%였다. 3단계에는 정보 노출 변인을 투입했다. 그 결과 보복에 대한 두려움(β=.33, p<.001) 변인이 온라인 학내 문제 위축효과에 영향을 미쳤다. 즉 정치·사회적 표현 때문에 보복당할 수 있다는 두려움을 느낄수록 위축효과가 높아지는 것으로 나타났다. 자존감(β=-.04, p<.01), 표현의 자

유 인식(β=-.15, p<.05)도 여전히 위축효과에 영향을 미쳤다. 추가적 설명력은 8.8%였다. 결과적으로 표현에 의한 보복에 대한 두려움이 높을수록, 국내의 표현의 자유 보호의 중요성(필요성)을 낮게 인식할수록, 자존감이 낮을수록 온라인 학내 문제에 대한 위축효과가 높아지는 것으로 나타났다.

둘째, 온라인 정치·사회 문제에 대한 위축효과의 결정 요인을 확인했다. 1단계에는 심리 변인을 투입했다. 그 결과 사회 부과적 완벽주의(β=.23, p<.001)가 위축효과에 영향을 미쳤다. 설명량은 8.6%였다. 2단계에는 표현의 자유 인식 변인을 투입했다. 그 결과 전통적, 피동적 소통 인식(β=.15, p<.01), 표현의 자유 인식(β=-.12, p<.1), 표현의 규제(법리) 부정 인식(β=.19, p<.01)이 영향을 미쳤다. 즉 전통적, 피동적 소통에 대한 인식이 높을수록, 국내의 표현의 자유 보호의 중요성(필요성)을 낮게 인식할수록, 각종 표현 규제 법리가 표현의 자유를 제한할 것이라고 생각할수록, 온라인 정치·사회 문제에 대한 위축효과가 높아졌다. 추가적 설명량은 4.8%였다. 3단계에는 정보 노출 변인을 투입했다. 그 결과 보복에 대한 두려움(β=.37, p<.001)이 온라인 정치·사회 문제에 대한 위축효과에 영향을 미쳤다. 아울러 사회 부과적 완벽주의(β=.17, p<.05), 전통적, 피동적 소통 인식(β=-.13, p<.05), 표현의 자유 인식(β=-.12, p<.05) 변인도 여전히 영향을 미쳤다. 추가적 설명량은 11.2%였다. 결과적으로 표현에 의한 보복에 대한 두려움이 높을수록, 사회 부과적 완벽주의가 높을수록, 전통적, 피동적 소통에 대한 인식이 높을수록, 국내의 표현의 자유 보호의 중요성(필요성)을 낮게 인식할수록 온라인 정치·사회 문제에 대한 위축효과가 높아지는 것으로 나타났다.

표 9-2. 온라인 위축효과 결정 요인

| 구분 | | 온라인 학내 위축 | | | 온라인 정치·사회 위축 | | |
|---|---|---|---|---|---|---|---|
| | | 1 | 2 | 3 | 1 | 2 | 3 |
| 심리 | 자존감 | -.159* | -.147* | -.041+ | -.093 | -.067 | .049 |
| | 사회 부과적 완벽주의 | .152* | .138* | .131 | .234*** | .177* | .169* |
| 표현 자유 | 전통적, 피동적 소통 | | .022 | .003 | | .152** | .131* |
| | 표현의 자유 인식 | | -.145* | -.147* | | -.121+ | -.122* |
| | 표현 규제(법리) 부정 인식 | | .195** | .116 | | .191** | .104 |
| 정보 노출 | 실명성 | | | -.021 | | | -.041 |
| | 보복에 대한 두려움 | | | .333*** | | | .374*** |
| | F | 11.847*** | 6.866*** | 9.994*** | 13.986*** | 9.151*** | 13.667*** |
| | 설명량($R^2$) | .074 | .104 | .192 | .086 | .134 | .246 |

+$p<.1$, *$p<.05$, **$p<.01$, ***$p<.001$

셋째, 오프라인 학내 문제에 대한 위축효과의 결정 요인을 확인했다. 1단계에는 심리 변인을 투입했고, 그 결과 자존감($\beta=-.17$, $p<.01$)이 낮을수록 위축효과가 높아지는 것으로 나타났다. 설명량은 6.3%였다. 2단계에는 표현의 자유 인식 변인을 투입했다. 그 결과 표현의 자유 인식($\beta=-.19$, $p<.01$), 표현 규제(법리) 부정 인식($\beta=.25$, $p<.001$)이 높을수록 위축효과가 높은 것으로 나타났다. 추가적 설명량은 5.2%였다. 3단계에는 정보 노출 변인을 투입했다. 그 결과 보복에 대한 두려움($\beta=.28$, $p<.001$)이 높을수록 오프라인 학내 문제에 대한 위축효과가 커졌다. 여전히 자존감($\beta=-.07$, $p<.1$), 표현의 자유 인식($\beta=-.19$, $p<.01$), 표현 규제(법리) 부정 인식($\beta=.19$, $p<.05$)도 위축효과에 영향을 미쳤다. 추가적 설명량은 6.3%였다. 결과적으로 보복에 대한 두려움이 높을수록, 국내의 표현의 자유 보호의 중요성(필요성)을 낮게 인식할수록, 자존감이 낮을수록 오프라인 학내 문제 위축효과가 커지는 것으로 나타났다.

넷째, 오프라인 정치·사회 문제에 대한 위축효과의 결정 요인을 확인했다. 1단계에 투입된 심리 변인 중 자존감(β=-.19, p<.01), 사회 부과적 완벽주의(β=.14, p<.05) 변인은 오프라인 정치·사회 문제에 대한 위축효과에 영향을 미쳤다. 설명량은 8%였다. 2단계에 투입된 표현의 자유 변인 가운데서는 표현의 자유 인식(β=-.14, p<.05), 표현 규제(법리) 부정 인식(β=.20, p<.01)이 영향을 미쳤다. 추가적 설명량은 4%였다. 3단계에 투입된 정보 노출 변인 중에선 보복에 대한 두려움(β=.27, p<.001)이 오프라인 정치·사회 문제에 대한 위축효과에 영향을 미쳤다. 표현의 자유 인식(β=-.14, p<.05), 표현 규제(법리) 부정 인식(β=.14, p<.05)도 여전히 영향이 있었다. 추가적 설명량은 5%였다. 결과적으로 보복에 대한 두려움이 높을수록, 국내의 표현의 자유 보호의 중요성(필요성)을 낮게 인식할수록 오프라인 정치·사회 문제에 대한 위축효과가 높아지는 것으로 나타났다.

표 9-3. 오프라인 위축효과 결정 요인

| 구분 | | 오프라인 학내 위축 | | | 오프라인 정치·사회 위축 | | |
|---|---|---|---|---|---|---|---|
| | | 1 | 2 | 3 | 1 | 2 | 3 |
| 심리 | 자존감 | -.174** | -.156* | -.066+ | -.188** | -.166* | -.084 |
| | 사회 부과적 완벽주의 | .113 | .092 | .086 | .136* | .099 | .093 |
| 표현 자유 | 전통적, 피동적 소통 | | .039 | .023 | | .096 | .081 |
| | 표현의 자유 인식 | | -.185** | -.187** | | -.139* | -.140* |
| | 표현 규제(법리) 부정 인식 | | .253*** | .185** | | .201** | .139* |
| 정보 노출 | 실명성 | | | -.013 | | | -.027 |
| | 보복에 대한 두려움 | | | .283*** | | | .265*** |
| F | | 10.073*** | 7.671*** | 9.085*** | 13.021*** | 8.044*** | 8.953*** |
| 설명량(R²) | | .063 | .115 | .178 | .080 | .120 | .176 |

+p<.1, *p<.05, **p<.01, ***p<.001

## 7. 연구 결과의 요약

네 차례의 위계적 회귀분석 결과를 요약한 표는 다음과 같다. 우선 모든 단계에서 지속적인 영향을 미친 변인은 보복에 대한 두려움과 표현의 자유 인식이다. 즉 민감한 표현을 했을 때 보복당할 수 있다는 인식이 높을수록, 국내의 표현의 자유 보호의 중요성(필요성)을 낮게 인식할수록 모든 유형의 위축효과가 높아지게 되는 것으로 나타났다. 아울러 실명성은 모든 유형의 위축효과에 영향을 미치지 않았다. 이는 대학생들의 위축효과가 실명 유무와는 별개로 나타나는 현상임을 보여 주는 결과라고 할 수 있다.

한편 표현의 자유 규제(법리)에 대한 부정적 인식은 보복에 대한 두려움 변인이 최종 단계에서 투입되자 설명력이 사라졌지만, 3단계까지는 위축효과에 유의미한 영향을 미쳤다. 이는 각종 표현 규제 법리가 표현의 자유를 제한할 것이라고 생각할수록 위축효과가 높아짐을 보여 주는 결과다. 다만 그것은 표현의 자유와 관련된 법리, 즉 규제 환경에 대한 인식보다는 보복에 대한 두려움이라는 심리적 차원의 변인이 결정적인 영향을 미치는 현상임을 예측하게 한다.

아울러 심리 변인 중 자존감은 학내 문제와 관련해서만 최종 단계에서 유의미한 영향을 미쳤다. 즉 자존감이 낮을수록 온오프라인 학내 문제에서 위축효과가 커지는 것으로 나타났다. 다만 정치 · 사회 문제에서 자존감은 최종 단계에서 유의미한 설명력을 나타내지 못했다. 요컨대 대학생들의 관여도가 직접적으로 높은 문제, 즉 일상생활에서 겪을 수 있는 문제에 대한 표현의 경우 자존감과 같은 심리적 변인의 설명력이 작동하지만, 관여도가 낮은 관념적인 문제에 대한 표현의 경우 자존감의 설명력이 작동하지 않는다고 할 수 있다. 한편, 전통적, 피동적 소통에 대한 인식의 경우 온라인 정치 · 사회 문제에 대해서만 영향을 미쳤다. 이는 온라인 공간과 오프라인 공간의 위축효과 결정 요인이 상이함을 보여 준다.

표 9-4. 연구 결과의 요약

| | | 온라인 학내 위축 | 온라인 정치·사회 위축 | 오프라인 학내 위축 | 오프라인 정치·사회 위축 |
|---|---|---|---|---|---|
| 심리 | 자존감 | - (최종) | | - (최종) | - (2단계) |
| | 사회 부과적 완벽주의 | + (2단계) | + (최종) | | + (1단계) |
| 표현 자유 | 전통적, 피동적 소통 | | + (최종) | | |
| | 표현의 자유 인식 | - (최종) | - (최종) | - (최종) | - (최종) |
| | 표현 규제(법리) 부정 인식 | + (2단계) | + (2단계) | + (최종) | + (최종) |
| 정보 노출 | 보복에 대한 두려움 | + (최종) | + (최종) | + (최종) | + (최종) |

## 8. 결론: 표현의 자유의 적, 위축효과를 극복하기 위하여

이번 장은 '표현의 자유의 적'으로 평가받는 위축효과의 실체를 밝히고자 기획되었다. 특히 20대 대학생들에 집중하고, 위축효과를 온라인과 오프라인에서의 위축효과, 학내 문제와 정치·사회적 문제에서의 위축효과로 구분하고자 하였다. 이를 통해 대학생들의 위축효과의 실체를 규명하고 그것을 극복하기 위한 실천적 방안에 대해 제안하고자 하였다. 이번 장의 핵심적 결과는 다음과 같다.

첫째, 모든 유형의 위축효과에 영향을 미치는 변인은 보복에 대한 두려움 변인과 표현의 자유 인식이었다. 즉 민감한 표현을 했을 때 보복당할 것이라는 두려움의 인식도가 높을수록, 국내 표현의 자유 보호의 중요성(필요성)

인식도가 낮을수록 위축효과가 높게 나타났다. 이는 보복에 대한 두려움이 높을수록 표현 행동을 하지 않게 된다는 연구 결과(Park, Rehg & Lee, 2005), 표현의 자유 보호의 중요성(필요성) 인식도가 낮을수록 저항적 표현 행위가 위축된다는 연구 결과(이정기, 2017b)와 유사한 맥락에서 설명될 수 있다.

결과적으로 대학생들의 위축효과를 예방하려면 민감한 표현을 한다고 해서 취업, 승진 등에 불이익을 받지 않을 것이라는 믿음을 제공하려는 노력이 필요하다고 판단된다. 아울러 표현의 자유가 민주주의 사회 발전을 위해 반드시 필요하다는 인식을 전달하고, 표현의 자유가 잘 보장되지 못하는 국내 현실에 대한 인식을 제고하려는 노력이 필요할 것으로 보인다. 구체적으로 대학 교양 과정 혹은 대학 입학 이전의 사회윤리 교과목에서 대한민국 헌법 제21조의 중요성을 비롯하여, 표현의 자유의 필요성에 관한 세계인권선언 제18조부터 제20조까지의 내용에 대한 교육, 국경없는기자회 등 언론의 자유 지수 순위 산정 기준 등에 대한 비판적 교육이 있어야 할 것이다. 대한민국의 표현의 자유가 어느 정도인지 객관적으로 인지하고 그 중요성을 인식할 수 있도록 하는 교육 커리큘럼을 도입하거나, 표현의 자유의 중요성에 대한 장기적인 캠페인(공익광고 등)의 전개를 통해 대학생들의 표현의 자유에 대한 인식을 제고하려는 노력을 기울일 필요가 있다. 또 공익적인 표현을 한 표현자가 처벌받지 않을 수 있도록 공익신고자 보호법의 강화 등 법적 장치를 마련하고 전략적 봉쇄 소송을 막기 위한 법적인 안전장치를 도입하여, 정부를 비롯한 권력 기관이 보복에 대한 두려움을 상쇄시켜 줄 수 있을 때 위축효과가 예방될 수 있을 것이다.

둘째, 모든 유형의 위축효과에 영향을 미치지 않는 변인은 실명성이었다. 이는 실명으로 글을 쓰거나 말할 때만이 아니라 익명으로 의사소통할 때도 위축효과가 나타날 수 있음을 보여 주는 결과이다. 다만 이는 익명으로 쓴 글도 IP 추적 등을 통해 신원 파악이 가능하다는 일종의 불안감을 반영한 결과로도 해석될 수 있을 것이다. 실제로 이번 장의 분석 결과에 의하면 위축효과에 가장 큰 영향을 미치는 변인은 보복에 대한 두려움이었다. 물론 이는 추론에 불과한 것으로서 과학적인 형태의 검증이 필요할 것이다.

셋째, 온오프라인 학내 문제의 위축효과에만 영향을 미치는 변인은 자존감이었다. 분석 결과에 의하면 자존감이 낮을수록 학내 문제의 표현에 대한 위축효과가 높게 나타났다. 결과적으로 학내에서 발생할 수 있는 각종 문제에 대한 발언을 늘리고 학내 민주화와 학생 참여를 극대화하기 위해서는, 대학생들의 자존감을 배양할 수 있는 교육 커리큘럼의 개발, 홍보 프로그램의 확보가 필요하다고 생각된다. 일반적으로 자존감은 자신에 대한 정확인 인지, 자신에 대한 애정에 의해 높아지는 것으로 알려져 있다. 따라서 학습과 교우관계 속에서 자신을 정확히 인지하고 자기애를 가질 수 있도록 학내 교과-비교과 프로그램 연계를 기획, 운영함으로써, 대학생들이 위축효과를 억제하고 민주 시민의 일원으로서 자유롭게 자기표현을 하는 데 도움을 줄 수 있을 것이다.

한편, 자존감은 학내 문제의 위축효과에만 영향을 미치고, 정치·사회 문제의 위축효과에는 영향을 미치지 않았다. 이는 관여도가 높고 따라서 자신의 표현이 제한된 주변인에게 드러날 가능성이 크다고 여겨지는 조직 속에서의 위축효과에만 자존감이라는 심리적 변인이 개입하는 것으로 해석할 여지가 있다. 정치·사회적 이슈와 같이 거시적이면서 관여도가 낮다고 평가되는 담론에 대한 위축효과의 경우, 자존감과 같은 개인의 심리적 차원의 변인이 아닌, 보다 구조적 차원의 변인이 개입되어 나타나는 문제라는 것이다. 비록 온라인 위축효과에 한정되긴 하지만 전통적, 피동적 소통 인식이라는 관습적, 교육적 변인이 정치·사회적 위축효과에만 영향을 미쳤다는 결과를 통해서도 이를 짐작할 수 있다. 즉 관여도가 높은 학내 문제의 위축효과는 좀 더 개인적인 측면의 변인이 개입할 가능성이 크고, 관여도가 낮은 정치 · 사회적 문제의 위축효과는 좀 더 구조적인 변인이 개입할 가능성이 크다는 것이다. 물론 이는 제한된 결과에 기반한 추론에 불과한 것으로, 추가적인 검증을 통해 타당도를 확보할 필요가 있다.

넷째, 온라인 정치 · 사회적 문제의 위축효과에만 영향을 미치는 변인은 사회 부과적 완벽주의, 전통적, 피동적 소통 인식이었다. 먼저 사회 부과적 완벽주의가 온라인 정치 · 사회적 표현에 대한 위축효과에 영향을 준다는 결과는 타인의 시선에 대한 고려 정도가 강한 대학생들의 경우 타인이 기대하는 자기 모습에 대한 고려 때문에 온라인상에서 정치 · 사회적 문제에 대한 표현을 꺼리게 된다는 점을 보여 준다. 온라인상에서의 정치적, 사회적 표현의 경우 오프라인상에서의 정치적, 사회적 표현(예컨대 집회 시위 참여 등)과 달리 기록으로 남을 가능성이 크다. 아울러 이러한 기록이 자신도 모르는 사이에 검색된다면 취업 등에 불이익을 받을 수 있다는 인식이 형성될 수 있다(양진하, 2016.03.03.). 정치 · 사회적 문제의 경우, 온라인 환경의 기록성이라는 특성이 사회 부과적 완벽주의를 중시하는 대학생들에게 부담으로 작용할 수 있다고 생각해 볼 수 있다.

한편, 전통적, 피동적 소통 인식의 경우 온라인상 정치 · 사회 문제에 대한 위축효과에만 영향을 미쳤다. 관련하여 온라인상 정치 · 사회 문제에 대한 표현의 경우 불특정 다수에게 보여지는 경우가 많고, 댓글 등의 형태로 즉각적인 반응을 유발한다는 측면을 생각해 볼 여지가 있다. 온라인상에서의 정치 · 사회적 표현의 경우 다른 공간, 유형에서의 표현보다 표현을 접하는 대상자가 특정되지 않을 때가 많을 것이다. 아울러 불특정 다수의 누리꾼에게 즉각적인 반응이 유발할 가능성도 크며, 특히 온라인상에서의 정치적, 사회적 표현에 대한 누리꾼들의 반응은 여과 없이 이루어지는 경우가 많다. 즉 온라인상에서의 정치·사회적 표현의 경우 오프라인상에서의 표현이나 온라인상에서 교내의 문제에 대한 표현보다 자극적인 반응을 유발할 때가 많다. 자극적이고 즉각적인 반응이 유발되는 표현이다 보니 가만히 있으면 중간은 간다는 식의 (전통적 관습과 교육에 기반한) 전통적, 피동적 소통 인식이 개입할 가능성이 크다고 볼 수 있는 것이다. 실제로 본 장의 통계 분석 결과에 의하면, 온라인상 정치·사회적 표현은 다른 유형의 표현에 비해 대학생들의 위축효과가 상대적으로 큰 표현이기도 했다.

결과적으로 온라인 정치·사회적 문제의 위축효과를 예방하기 위해서는 사회 부과적 완벽주의가 개인의 행복을 이끌어 낼 수 없음을 강조하는 캠페인 전략을 통해 사회 부과적 완벽주의 성향을 낮추려는 노력이 필요할 것이다. 아울러 전통적 관습과 교육에 기반한 전통적, 피동적 소통 인식이 민주주의 사회의 발전을 위해 부정적일 수도 있음을 강조하는 캠페인 전략을 통해 전통적, 피동적 소통 인식을 재고하기 위한 노력이 필요할 것이다.

다섯째, 연구 결과를 종합해 보면 온오프라인 학내 문제의 위축효과 결정 요인은 자존감, 표현의 자유 인식, 보복에 대한 두려움 변인이었다. 따라서 학내 문제의 위축효과를 예방하기 위한 전략은 자존감을 높이고, 표현의 자유의 중요성을 인식시키는 교육을 기본으로 할 필요가 있다. 아울러 각종 법규 제정과 법규에 대한 홍보를 통해 공익적 표현이 보호받을 수 있다는 (더 나아가 장려받는 행위라는) 인식을 심어주기 위한 메시지 전략이 필요하다.

아울러 온라인 정치·사회 문제의 위축효과 결정 요인은 사회 부과적 완벽주의, 전통적, 피동적 소통, 표현의 자유 인식, 보복에 대한 두려움 변인이었다. 따라서 이들에 관한 위축효과를 예방하기 위한 전략은 대학생들의 사회적 책임감을 줄여 주는 방향, 전통적이고 관습적인 소통 방식의 문제점을 상

기시키고 표현의 자유의 중요성을 인식시키는 방향으로 전개될 필요가 있다. 더불어 마찬가지로 공익적 표현이 보호받는다는 인식을 심어 주는 메시지 전략이 필요하다. 한편 오프라인 정치·사회 문제의 위축효과 결정 요인은 표현의 자유 인식, 보복에 대한 두려움 변인이었다. 따라서 관련 위축효과를 예방하기 위한 전략 역시 표현의 자유의 중요성을 인식시키는 민주주의 교육과 함께 공익적 표현이 보호받을 수 있다는 인식을 심어 주는 메시지 전략일 것이다.

# 10장

## 문재인 정권에서의 '위축효과'

### 1. 문재인 정권에서 위축효과 결정 요인 검증의 필요성

표현의 자유는 국제 인권규약인 '시민적 · 정치적 권리에 관한 국제규약 International Covenant on Civil and Political Rights' 제19조가 보장하는 기본권이다. 모든 사람은 타인의 간섭을 받지 아니하고 의견을 가질 권리(제19조 1항), 표현의 자유에 대한 권리(제19조 2항)를 가진다. 이는 우리 헌법 제21조가 보장하는 기본권이기도 하다. 헌법 제21조 1항은 언론 · 출판, 집회 · 결사의 자유 보장을 명시하고 있고, 제21조 2항은 언론 · 출판에 대한 검열과 집회 · 결사에 대한 허가가 인정되지 않는다고 명시하고 있다.

문재완(2011)에 따르면, 표현의 자유는 "국민의 의사가 권력으로부터 독립되어 형성될 수 있도록 보호하고, 국민의 의사결정을 위하여 필요한 모든 정보와 의견에 접근할 수 있도록 보호한다." 즉 표현의 자유의 제한 혹은 위축은 민주주의의 훼손을 의미한다(이정기, 2020). 매해 전 세계의 언론자유지수를 선정하는 국경없는기자회에 의하면, 보수 정부인 박근혜 정부 시기 대부분(2014~2017년 평가)이 언론의 자유에 가시적인noticeable 문제가 있는 것으로 평가되었다. 2013년 한국의 언론자유지수 순위는 조사 대상인 180여 개 국가 중 50위였고, 2014년 57위, 2015년 60위, 2016년 70위, 2017년에는 63위로 각각 나타났다.

2016년 평가 당시 국경없는기자회는 "정부는 점점 더 비판을 참지 못하고 있고, 이미 양극화된 미디어에 대한 간섭으로 언론의 독립성을 위협"하고 있으며, "최대 7년의 징역을 선고할 수 있는 명예훼손죄가 미디어 자기검열의 주된 이유"고, "북한의 관계에 대한 공공 토론은 국가보안법의 방해를 받고 있다. 이것 또한 온라인 검열의 주요 원인"이라고 지적한 바 있다(강건택, 2016.04.20.). 박근혜 정부 시기 정부와 정부의 고위공직자들에 의해 각종 민·형사소송이 빈번하게 발생했고, 이러한 소송이 시민들의 정부 비판 여론 형성을 차단하는 이른바 국민 입막음 사례라는 지적도 존재한다(참여연대공익법센터, 2015.09.07.).

그러나 2017년 5월, 보수 정당인 국민의 힘에 비해 상대적으로 진보개혁적 성향이 강하다고 평가받는 더불어민주당의* 문재인 정부가 출범한 후 한국의 언론자유지수는 대폭 상승한다. 문재인 대통령은 대선후보 시절인 2017년 4월 15일 '표현의 자유 위원회'를 발족하여 시민들의 표현의 자유를

---

* 문재인 정부의 집권 여당인 더불어민주당은 제1야당인 국민의힘(보수 정당 표방)에 비해 진보개혁적 색깔을 가지고 있다. 물론 한국에는 정의당, 노동당, 진보당과 같은 이념 정당으로서의 진보 정당이 존재한다. 이들 입장에서 더불어민주당은 개혁적 자유주의 정당으로 평가될 수 있다. 그럼에도 현실적으로 양당 중심의 국내 정치 지형에서는 자유주의 정당인 더불어민주당이 진보개혁 정당으로 지칭된다. 이러한 맥락에서 이번 장에서는 집권 여당인 더불어민주당을 (제1야당인 국민의 힘에 비해) 진보개혁적 성향이 강한 정당으로 지칭하고자 한다.

대폭 보장하겠다는 의지를 밝혔다(김동호, 2017.04.15.). 실제로 문재인 정부 시기인 2018년 한국의 언론자유지수 순위는 43위, 2019년 41위, 2020년과 2021년 42위를 각각 기록했다. 아시아 1위 수준이다. 특히 박근혜 정부와 재임 시기가 겹치는 2017년을 제외하면 문재인 정부의 언론 자유는 '만족스러운 상황'으로 평가됐다. 이는 정부의 정치적 지향에 따라 표현의 자유 보호 수준, 시민들의 표현의 위축 정도에 차이가 날 수 있음을 암시한다. 그렇다면 표현의 자유 보호 정도가 박근혜 정부보다 대폭 상승했다고 평가받고 있는 문재인 정부에서 시민들의 위축효과chilling effect는 얼마나 줄어들게 됐을까.

비록 표현의 자유 수준이 이전 정권에 비해 대폭 상승했다고는 하지만, 문재인 정부 시기의 표현의 자유가 충분치 않다는 비판의 목소리도 존재한다. 예컨대 2020년 8월 20일, 영국의 시사주간지 《이코노미스트》는 문재인 정부가 정부에 반대하는 의견을 무시하거나 소송으로 대응할 때가 많다고 비판했다. 문재인 정부가 자신에 대한 비판을 받아들이지 않으려 한다는 것이다(The Economist, 2020.08.20.). 한겨레신문 출신의 언론인 홍세화, 손석춘과 진보적 지식인으로 평가받는 강준만, 진중권 역시 진보 언론과 언론인들의 표현의 자유, 정부에 대한 지식인들의 비판적 표현이 위축된 측면이 있다고 주장하기도 했다(이정기, 2020, 재인용). 이는 이전 정부와 정도의 차이가 있겠지만, 문재인 정부에서도 시민들의 위축효과가 여전히 나타날 수 있음을 예측하게 한다. 아울러 보수 정부에서 중도, 진보적인 정치적 성향을 지닌 시민들이 경험하는 위축효과의 맥락(이정기, 2017a)과 달리, 문재인 정부에서는 보수적 성향의 시민들과 자유주의, 개혁 정당인 더불어민주당에 비해 더욱 진보적인 정치 성향을 지닌 시민들이 위축효과를 느꼈을 가능성이 있음을 예측하게 한다.

그러나 그동안 상당수의 위축효과 연구는 보수 정부인 이명박, 박근혜 정부 시기에 시민들이 경험한 위축효과의 실체를 검증하는 방식으로 진행됐다 (변상호 · 정성은, 2012; 변상호 · 정성은, 2013a, 2013b; 변상호, 2015; 이정 기, 2017a). 진보 정부로 평가받는 문재인 정부 시기에 위축효과의 실체를 규 명한 연구는 존재하지 않는다. 이러한 맥락에서 이번 장은 시민들의 정치 · 사회적 이슈에 대한 표현에 위축효과가 문재인 정부에서 나타났는지, 어떠한 심리적 상황, 정치 · 사회적 맥락에서 위축효과가 나타났는지 검증해 보고자 했다. 본 장의 분석 결과가 시민들이 합리적이고 당당하게 자신의 의견을 표 현할 수 있는 환경을 조성하기 위한 정책 구성의 기초 자료로 활용될 수 있길 기대한다.

## 2. 위축효과에 관한 실증 연구

위축효과는 다양한 학자들에 의해 정의된다. 그것은 "공권력에 의한 과도 한 제한으로 인하여 합법적인 표현 행위조차도 하지 못하게 되는 현상"(김형 성 · 임영덕, 2009), "권력을 가진 외부에 직 · 간접적, 유 · 무형의 압력에 의 해 심리적으로 위축되어(불안감을 느끼게 되어) 자유로운 의사 표현을 하지 못하게 되는 현상"을 의미한다(이정기, 2017a). 위축효과는 단순하게 의사 표현을 자제하는 것을 넘어서 자기검열self-auditing을 이끌어 낼 수 있다(박경 신, 2009). 같은 맥락에서 위축효과의 결과가 "자기검열을 강화하고 표현의 자유를 방해"한다는 주장(황용석, 2009.03.29.), 위축효과가 "헌법상의 권리 행사를 실질적으로 억제하는 효과"를 가진다는 주장(이형석 · 전정환, 2020) 도 존재한다. 이정기(2017a) 역시 위축효과가 "표현의 자유의 적"이고, "표 현의 자유 위축은 민주주의의 퇴보"를 의미한다고 주장한 바 있다.

한편, 우리 헌법재판소는 "정치적 · 학술적 토론이나 의견 교환 과정에서 사용된 일부 부정적인 언어나 예민한 정치적 · 사회적 이슈에 관한 비판적 표현이 모욕에 해당하여 규제된다면, 정치적 · 학술적 표현 행위를 위축시키고 열린 논의의 가능성이 줄어들어 표현의 자유의 본질적인 기능이 훼손된다"라고 본다(헌법재판소, 2013.06.27. 선고, 2012헌바37). 위축효과가 표현의 자유를 훼손할 우려가 있다는 것이다. 이처럼 우리 헌법재판소는 "표현의 자유를 제한하는 법률이나 공권력이 문제된 판결에서는 '위축효과'를 중요한 판단의 요소로 제시"하고 있다(임영덕 · 김형성, 2009). 이러한 맥락에서 위축효과는 주로 헌법학, 미디어법학의 영역에서 연구되고 있다(김형성 · 임영덕, 2009; 이형석 · 전정환, 2020; 한명진, 2017 등). 다만, 위축효과에 대한 실증 연구는 몇몇 연구자에 의해 제한적으로 이루어졌다.

관련 선행 연구들에 의하면, 위축효과는 대체로 자존감(김미선, 2017; 이정기, 2017a)과 같은 심리적 요소, 비판적 정치 성향(변상호 · 정성은, 2012; 변상호, 2014)과 같은 정치적 성향, 권력이나 보복에 대한 두려움(변상호, 2015; 이정기, 2017a)과 같은 두려움 인식 변인, 표현의 자유 인식 등을 통해 유발되는 것으로 나타났다. 다만, 실증 연구의 대부분은 보수 정부라고 볼 수 있는 이명박, 박근혜 정부에서 나타난 연구임을 확인할 수 있다. 문재인 정부는 이전 정부보다 국경없는기자회의 언론의 자유(표현의 자유) 지수와 순위를 대폭 상승시키는 데 기여한 정부다(이정기, 2020).

이는 문재인 정부에서 시민들이 경험한 위축효과가 이전 정부에서 시민들이 경험했던 위축효과와 차이가 있을 것임을 예측하게 한다. 아울러 표현의 자유 가치를 중시하는 문재인 정부에서 위축효과가 어떤 맥락에서 나타났는지, 위축효과의 결정 요인이 이전 정부와는 다른 방식으로 나타났는지에 대한 추가적 연구의 필요성이 제기된다. 이러한 맥락에서 이번 장은 20대 대학생에 초점을 맞추어, 문재인 정부에서의 위축효과의 실체를 검증해 보고자 했다. 특히 20대 대학생을 대상으로 진행하고자 한 이번 장은 선행 연구(이 정기, 2017a)의 연장선에서 위축효과를 정치·사회적 위축효과와 학내 문제에 대한 위축효과로 구분했다. 정치·사회적 위축효과는 표현의 자유 증진에 많은 관심을 기울여 온 문재인 정부에 대한 표현 위축 정도를 확인하기 위한 것이며, 학내 문제에 대한 위축효과는 20대 대학생들이 가장 많은 시간을 보내는 공간인 학내에서 경험하게 되는 표현 위축 정도를 확인하기 위한 것임을 밝힌다.

표 10-1. 위축효과를 검증하기 위한 주요 실증 연구 목록

| 저자 | 대상 / 정부 | 주요 독립 변인 | 종속 변인 |
|---|---|---|---|
| 변상호, 정성은 (2012a) | 20~50대 / 이명박 정부 | 비판 성향 | SNS 공간에서 의사 표현 위축 |
| 변상호, 정성은 (2013a) | 20~50대 / 이명박 정부 | 위력 지각 | 중소기업 대비 대기업에 대한 위축 |
| 변상호, 정성은 (2013b) | 20~50대 / 이명박 정부 | 대기업 관여도, 대기업 선호 태도 | 대기업에 대한 의사 표현 위축 |
| 변상호 (2014) | 20~50대 / 이명박 정부 | 정치적 진보 성향 | 대기업에 대한 의사 표현 위축 |
| 변상호 (2015) | 20~59대 / 박근혜 정부 | 권력에 대한 자신의 두려움 | 의사 표현 위축 |
| 이정기 (2017a) | 20대 대학생 / 박근혜 정부 | 표현의 자유 인식, 보복에 대한 두려움, 표현 규제 부정 인식, (자존감, 전통적·피동적 소통) | 온·오프라인 정치·사회적, 학내 문제에 대한 의사 표현 위축 |
| 김미선 (2017) | 청소년 / 문재인 정부 | 자존감, 외로움 | 사회적 위축 |

## 3. 위축효과의 촉진(억제) 요인

### 1) 자존감

자존감은 자신에 대한 평가를 의미하는 것으로, 표현을 위축시키는 변인 중 하나로 알려져 있다. 예컨대 전영란과 김희화(2016)의 연구에 의하면 청소년들의 자존감은 사회적 위축(다른 사람들에게 의견을 분명하게 말하기 어려움 등)에 부적인 영향을 미쳤다. 아울러 자아존중감이 중학생들의 위축에 부적인 영향을 미친다는 연구 결과(최원석·강순화·백승아, 2020), 자아존중감이 중학생들의 사회적 위축에 부적인 영향을 미친다는 연구 결과(조윤영·배희진·정현희, 2019)도 존재한다. 이밖에 김미선(2017)의 연구에서도 청소년들의 경우 자존감이 높을수록 사회적 위축이 낮게 나타났다. 이상의 결과들은 자존감이 낮을수록 청소년의 사회적 행동과 표현이 위축될 가능성이 커질 수 있음을 암시한다. 다만, 자존감과 위축효과의 관련성을 검증한 연구의 대부분은 청소년들을 대상으로 하고 있음을 확인할 수 있다.

대학생들의 자존감과 위축효과의 관련성을 검증한 연구 결과는 많지 않다. 예컨대 이정기(2017a)의 연구에 의하면 박근혜 정부 시기 대학생들의 자존감은 오프라인 정치·사회적 문제에 대한 위축효과는 물론 학내 문제에 대한 위축효과, 온라인 학내 문제에 대한 위축효과에 부적인 영향을 미쳤다. 이는 대학생들의 자존감이 낮을수록 위축효과가 커짐을 의미한다. 본 장은 이와 같은 연구 결과에 근거하여 대학생들의 자존감이 정치·사회적 문제에 대한 표현과 학내 문제에 대한 표현의 위축에 부적인 영향을 미칠 것이라고 가정하고, 이를 실증적으로 규명해 보고자 했다.

연구 가설 1-1. 자존감은 정치·사회적 표현 위축효과에 부적인 영향을 미칠 것이다.

연구 가설 1-2. 자존감은 학내 문제 표현 위축효과에 부적인 영향을 미칠
    것이다.

## 2) 표현의 자유 인식

표현의 자유는 언론, 출판, 집회 및 결사의 자유, 말할 자유, 글을 쓸 자유
를 의미한다. 우리나라 헌법 제21조는 표현의 자유 보호를 명시하고 있다. 구
체적으로 헌법 제21조 1항은 "모든 국민은 언론 · 출판의 자유와 집회 · 결
사의 자유를 가진다"라고 명시하며, 제21조 2항은 "언론 · 출판에 대한 허가
나 검열과 집회 · 결사에 대한 허가는 인정되지 아니한다"라고 명시한다. 표
현의 자유가 보장되어야 "민주적 여론 형성이 가능"하고, 표현의 자유를 통
해 "국가 권력이 창출될 수 있기 때문에, 표현의 자유는 민주국가에서 중요한
초석이 되는 기본권"으로 인식되고 있다(임영덕 · 김형성, 2009). 물론 국민
의 기본권인 표현의 자유는 다른 기본권인 사생활 보호, 명예권 등과 비교 형
량 될 수밖에 없다. 즉 표현의 자유는 제한적 자유로 인식되는 것이 타당하다
(이재진, 2002). 그럼에도 타인의 표현의 자유를 제한하지 않는 선에서 자신
의 다양한 의견을 자유롭게 말할 수 있는 권리는 민주 시민으로서 너무나 자
연스러운 권리라 할 수 있다(이정기, 2020).

한편, 말을 할 수 있는 자유인 표현의 자유에 대한 인식과 유무형의 권력
에 의해 표현이 제한되는 위축효과는 상대적 개념으로 볼 수 있다. 이정기
(2017a)의 연구에 의하면 표현의 자유에 대한 인식은 온라인 · 오프라인 공
간에서의 정치 · 사회적 문제, 학내 문제에 대한 위축효과에 부적인 영향을
미쳤다(이정기, 2017a). 즉 표현의 자유에 대한 중요성을 긍정적으로 인식하
지 않을수록 위축효과가 높아진다는 것이다. 이는 표현의 자유 인식과 위축

효과의 관련성을 예측하게 하는 결과다. 다만, 그것은 표현의 자유가 제한적으로 보장된다고 평가받던 박근혜 정부(보수 정부) 시기의 결과다. 즉 표현의 자유 보호 정도가 낮다고 평가된 시기에, 표현의 자유의 가치를 긍정적으로 인식할 경우 정치·사회적 표현과 학내 표현이 위축되지 않았음을 의미한다. 반면, 문재인 정부는 박근혜 정부보다 표현의 자유의 가치를 중시한다고 알려진 정부다. 상대적으로 진보적인 색이 강한 정부기도 하다. 이러한 맥락에서 이번 장은 과연 진보 정부에서도 표현의 자유의 가치를 중요하게 인식할수록 정부에 대한 정치·사회적 표현과 학내 문제에 대한 표현이 강하게 나타날 것인지 검증해 보고자 했다.

> 연구 가설 2-1. 표현의 자유 인식은 정치·사회적 표현 위축효과에 부적인 영향을 미칠 것이다.
> 연구 가설 2-2. 표현의 자유 인식은 학내 문제 표현 위축효과에 부적인 영향을 미칠 것이다.

### 3) 전통적·피동적 소통 인식

한국은 왜곡된 유교적 가치관의 유산으로 '침묵이 미덕'이라는 인식이 존재한다(김용근, 2016.05.19.). "침묵은 금이다", "가만히 있으면 중간은 간다"라는 말은 침묵을 강조하는 한국 사회의 모습을 보여 준다(이창호, 2017.10.30.).

여기에서 "가만히 있으면 중간은 간다"라는 말은 피동적, 수동적인 소통을 의미하는 대표적 격언이다. 이 격언이 "소리 내지 말고 죽은 듯 있으라는, 보신주의적 충고"를 의미한다는 주장도 있다(차현진, 2020.10.26.). "침묵은 금이다"라는 말은 영국의 역사학자 토머스 칼라일Thomas Carlyle(1795~1881)

의 "웅변은 은이요, 침묵은 금이다"라는 말에서 유래했다. 이 역시 피동적, 수동적 소통을 의미하는 격언으로, "말이 많아지면 얻는 것보다 잃는 것이 많아짐을 깨닫고 말의 신중함을 강조하기 위한" 것이란 주장도 있다(이윤애, 2018.08.19.). 한편, "모난 돌이 정 맞는다"라는 말 또한 남과 다른 행동과 말을 지양해야 한다는 의미를 담은 격언으로, 침묵을 강요하는 전통적인 소통관에 근거한 표현으로 볼 수 있다. 이와 같은 전통적 의미의 유교적 소통관은 조직 내 원활한 소통과 조직 내 혁신을 막는 원인이 될 수 있다(김용근, 2016.05.19.).

실제로 전통적 · 피동적 소통에 대한 인식은 온라인 공간상의 정치 · 사회적 문제에 대한 위축효과를 이끌어 낸다는 연구 결과가 존재한다(이정기, 2017a). 이러한 맥락에 근거하여 이번 장에서는 전통적이고 피동적인 형태의 소통 인식이 정치 · 사회적 표현, 학내 문제에 대한 표현과 같은 다방면에서의 표현에 위축효과를 유발할 것이라고 가정하고 이를 실증적으로 규명해 보고자 했다.

연구 가설 3-1. 전통적 · 피동적 인식은 정치 · 사회적 표현 위축효과에 정적인 영향을 미칠 것이다.

연구 가설 3-2. 전통적 · 피동적 인식은 학내 문제 표현 위축효과에 정적인 영향을 미칠 것이다.

## 4) 사회적 고립에 대한 두려움

노엘레 노이만Noelle-Neumann(1993)의 침묵의 나선 이론the spiral of silence theory은 개인이 다수 여론의 분위기에 동조하거나 침묵하는 핵심 원인을 사회적 고립에 대한 두려움fear of isolation으로 설명하는 강효과 이론이다. 침묵의 나선 이론에 따르면, 자신의 의견이 소수 의견으로 판단될 경우 사회적 고립에 대한 두려움 때문에 이를 제시하지 않고 침묵하게 된다. 즉 침묵의 나선 이론은 의견에 대한 사회적 분위기가 정치적 표현에 영향을 미친다고 가정한다. 실제로 침묵의 나선 이론과 관련한 메타 분석 연구에 따르면, 의견에 대한 분위기와 정치적 의견 표명 사이에 매우 강한 관련성이 발견됐다(Matthes, Knoll & ver Silorski, 2018). 이러한 맥락에서 필자는 자신과 다수의 의견이 다르다고 느껴 갖게 되는 사회적 고립에 대한 두려움이 정치 · 사회적 문제에 대한 위축효과를 이끌어 내는 원인일 수 있다고 가정하였다.

실제로 신동인과 곽기영(2019)의 연구에 따르면, 지각된 의견 지지(자신의 의견이 타인들의 의견과 일치한다고 지각하는 정도)는 부정적 평가에 대한 두려움에 부적인 영향을 미쳤다. 그리고 부정적 평가에 대한 두려움은 공개적 의견 표명 의지에 부적인 영향을, SNS 자기표현 성향에 정적인 영향을 미쳤다. 이는 자신과 타인의 의견과 일치하지 않을 경우 부정적 평가에 대한 두려움을 느끼게 되고, 공개적인 표현에 위축된다는 '침묵의 나선' 효과를 입증하는 것이다. 그러나 변상호(2015)는 개인의 의사 표현 위축을 타인에 대한 추정이 아니라 권력 주체에 대한 개인 자신의 지각으로부터 영향받는 것으로 보고, 개인의 의사 표현 위축(침묵)이 주변인에 대한 관찰로부터 나타난다는 '침묵의 나선 이론'을 비판적으로 고찰한 바 있다. 과연 침묵의 나선 이론이 상정하듯 주변 상황의 관찰에 따른 사회적 고립이 표현 위축에 유의미한 영향을 미칠까. 이에 필자는 사회적 고립에 대한 두려움이 대학생들의 위축효과에 정적인 영향을 미칠 것이라고 가정하고, 이를 실증적으로 규명해 보고자 했다.

연구 가설 4-1. 사회적 고립에 대한 두려움 인식은 정치 · 사회적 표현 위축효과에 정적인 영향을 미칠 것이다.

연구 가설 4-2. 사회적 고립에 대한 두려움 인식은 학내 문제 표현 위축효
과에 정적인 영향을 미칠 것이다.


5) 보복에 대한 두려움

보복에 대한 두려움은 특정한 표현을 할 경우 보복당할지 모른다는 위기
감 때문에 표현을 하지 않게 되는 현상을 의미한다. 보복에 대한 두려움은 표
현을 제한하는 대표적인 선행 변인으로 알려져 있다. 예컨대 Park, Rehg, &
Lee(2005)의 연구에 따르면 보복에 대한 두려움은 표현 행동을 하지 않는 것
Non-Action에 영향을 미쳤다. 그리고 온 · 오프라인 공간에서 정치 · 사회적 문
제, 학내 문제에 대한 위축효과에 정적인 영향을 미친다는 연구 결과도 존재
한다(이정기, 2017a). 같은 맥락에서 내부고발자를 대상으로 한 다양한 유형
의 보복이 조직의 윤리적이지 않은 행동에 대한 내부고발을 막는 원인이라는
연구 결과(Liyanarachchi & Newdick, 2009), 보복에 대한 두려움이 내부고
발 의도에 부적인 영향을 미친다는 연구 결과도 존재한다(지양야오 · 백윤정,
2013). 이상의 결과를 종합해 보면, 보복에 대한 두려움이 클수록 표현이 위
축될 것으로 예측할 수 있다. 이에 필자는 보복에 대한 두려움 인식이 대학생
들의 정치 · 사회적 표현, 학내 문제에 대한 표현 등을 위축시킬 것이라고 가
정하고, 이를 실증적으로 규명해 보고자 했다.


연구 가설 5-1. 보복에 대한 두려움은 정치 · 사회적 표현 위축효과에 정적
인 영향을 미칠 것이다.

연구 가설 5-2. 보복에 대한 두려움은 학내 문제 표현 위축효과에 정적인
영향을 미칠 것이다.

## 6) 문재인 정부에 대한 지지도, 정치 성향

정치 성향은 위축효과와 관련성이 높은 변인이다. 예컨대 박근혜 정부인 2012년 2월 설문 조사가 진행된 변상호와 정성은(2012)의 연구에 따르면, 정치 이슈(이명박 정부와 여당이 추진한 4대강 개발, 한미 FTA 체결 등)에서 비판 성향은 의사 표현 위축 행위에 정적 영향을 미쳤다. 보수 성향이 강한 개인일수록 정치 이슈에 대한 의사 표현의 위축 행위가 강하다는 것이다. 이 는 보수적인 정치 성향을 지닌 사람은 보수 정부에서 정치 이슈에 대한 발언 이 위축되고, 반대로 진보적인 정치 성향을 지닌 사람은 보수 정부에서 정치 이슈에 대한 발언이 위축되지 않는다는 것을 의미한다. 이는 대기업 검열을 지각하지 않는 상황에서 진보적 정치 성향을 지녔을수록 대기업에 대한 의사 표현의 위축이 감소한다는 결과(변상호, 2014)와 맥락을 같이한다.

그러나 변상호와 정성은(2012)의 연구에 따르면, 경제 이슈(대기업의 독 과점, 재벌의 변칙적 증여와 상속, 대기업의 동네 상권 진출 등)와 사회 이슈 (계층 간 불평등, 세대 간 갈등, 학벌 우선주의 풍토 등)에서 비판 성향은 의 사 표현 위축 행위에 부적인 영향을 미쳤다. 보수 성향이 강한 개인일수록 보 수 정부의 경제와 사회 이슈에 대한 의사 표현 위축 행위가 줄어든다는 것이 다. 아울러 변상호(2014)의 연구에 따르면 대기업 검열을 지각하지 않는 상 황에서 진보적 정치 성향을 가지고 있을수록 대기업에 대한 의사 표현의 위 축이 감소하는 것으로 나타났다. 다만 대기업에 대한 적극적 의사 표현을 하 고자 하는 진보적 정치 성향을 지닌 사람도, 대기업의 검열을 지각하게 될 때 의사 표현의 양과 내용이 위축되는 것으로 나타났다.

이상의 결과는 보수적 성향을 지닌 사람은 진보 정부로 평가받는 문재인 정부에 대한 정치·사회적 표현이 위축될 수 있고, 진보적 성향을 지닌 사람 은 문재인 정부에 대한 정치·사회적 표현이 위축되지 않을 수 있음을 예측하게 한다. 이에 필자는 정치 성향이 위축효과에 부적인 영향을 미친다고 가정하고 이를 실증적으로 규명해 보고자 했다. 특히 이번 장에서는 개인의 정치 성향과 함께 진보 정부라고 평가받는 문재인 정부에 대한 지지도에 따라 정치·사회적 이슈에 대한 위축효과가 나타나는지를 추가로 검증해 보고자 했다.

연구 가설 6. 문재인 정부에 대한 지지도는 위축효과에 정적인 영향을 미칠 것이다.
연구 가설 7. 정치 성향은 위축효과에 부적인 영향을 미칠 것이다.

한편, 이번 장은 현 정부에 대한 지지도와 개인의 정치 성향에 따른 위축효과의 관련성을 검증하는 동시에 문재인 정부에 대한 지지 정도와 정치 성향에 따라 위축효과에 어떠한 차이가 존재하는지도 검증하고자 했다. 이를 통해 정부 지지도(지지, 중립, 비지지), 정치 성향(진보, 중도, 보수)과 위축효과의 관련성을 보다 심층적으로 규명하고자 했다.

연구 문제 8. 문재인 정부에 대한 지지 정도에 따라 위축효과는 어떠한 차이가 있는가?
연구 문제 9. 정치성향에 따라 위축효과는 어떠한 차이가 있는가?

## 4. 연구 방법

### 1) 연구 대상

이 연구의 대상은 20대 대학생들이다. 온라인 서베이 방식으로 2020년 12

월 28일부터 2021년 1월 4일까지 설문을 진행하였다. 총 268명이 설문에 응답했고, 이 가운데 남성이 91명으로 34%, 여성이 177명으로 66%였다. 평균 연령은 만 21.80세였으며, 응답자의 정치 성향(1: 매우 보수적, 3: 중도적, 5: 매우 진보적)은 3.10(SD=.75)으로 나타났다. 그리고 응답자의 문재인 정부에 대한 지지 정도(1: 매우 지지함, 3: 중립적, 5: 매우 지지하지 않음)는 3.24(SD=.86)로 나타났다.

표 10-2. 연구 대상의 정치 성향 및 문재인 정부 지지 정도

| 정치 성향 | 빈도(%) | 문재인 정부 지지 | 빈도(%) |
|---|---|---|---|
| 매우 보수 | 11(4.1%) | 매우 지지 | 4(1.5%) |
| 보수 | 21(7.8%) | 지지 | 27(10.1%) |
| 중도 | 174(64.9%) | 중립 | 173(64.6%) |
| 진보 | 53(19.8%) | 지지하지 않음 | 29(10.8%) |
| 매우 진보 | 9(3.4%) | 매우 지지하지 않음 | 35(13.1%) |

## 2) 주요 변인의 측정

### (1) 자존감

자존감은 고려대 부설 행동과학연구소(1998)에서 제작하고 이승조(2013), 이정기(2017a)의 연구서 활용된 문항을 사용했다. 구체적으로 "대체로 나 자신에 만족하고 있다", "때때로 내가 무능하다는 생각이 든다(역)", "가끔 내가 아닌 다른 사람이었으면 하는 생각이 든다(역)", "나를 제대로 이해해주는 사람이 없는 것 같다(역)", "나에게도 몇 가지 좋은 점이 있을 것이라고 믿는다", "나에게는 자랑할 만한 점이 별로 없다(역)", "때때로 내가 아

주 쓸모없는 사람이라는 생각이 든다(역)", "내 자신에 대해 좀 더 긍정적인 생각을 하고 싶다(역)", "전반적으로 나는 실패작인 것 같다(역)", "가끔 내가 불행하다는 생각이 든다(역)", "나보다 똑똑한 사람이 많은 것 같다(역)" 등 열한 개 문항을 5점 척도(1: 전혀 그렇지 않다, 5: 매우 그렇다)로 측정했다(M=3.37, SD=.73, α=.81).

(2) 표현의 자유 인식

표현의 자유 인식은 표현의 자유 보호에 대한 긍정적 인식을 의미한다. 구체적으로 표현의 자유 인식은 국제인권의식여론조사(2008)의 문항을 활용한 이정기(2017a)의 연구로부터 세 개 문항을 수정하여 사용했다. 구체적으로 "나는 민주주의 사회에서 개인들의 표현의 자유가 보장되어야 한다고 생각한다", "나는 대의 민주주의 사회에서 권력의 감시 기능을 위해 개인들의 표현의 자유가 폭넓게 보장되어야 한다고 생각한다", "나는 대의 민주주의 사회에서 정치권력과 자본권력을 견제하기 위한 개인들의 표현의 자유가 중요하다고 생각한다"를 5점 척도(1: 전혀 그렇지 않다, 5: 매우 그렇다)로 측정했다(M=4.17, SD=.54, α=.85).

(3) 전통적, 피동적 소통 인식

전통적, 피동적 소통 인식은 말을 아껴야 하고, 표현은 신중해야 한다는 전통적 소통 방식에 대한 동의 정도를 의미한다(이정기, 2017a). 구체적으로 전통적, 피동적 소통 인식은 "가만히 있으면 중간은 간다", "모난 돌이 정을 맞는다", "침묵은 금이다"와 같은 세 가지 속담(진술문)에 대한 동의 정도를 5점 척도(1: 전혀 그렇지 않다, 5: 매우 그렇다)로 측정했다(M=3.17, SD=.84, α=.69).

## (4) 사회적 고립에 대한 두려움

사회적 고립에 대한 두려움은 침묵의 나선 이론에서 개인이 다수 여론의 분위기에 동조하거나 침묵하는 핵심 원인을 설명하는 전제로 알려져 있다. 이 연구에서 사회적 고립에 대한 두려움은 "온라인 공간에서 특정한 표현을 하고자 할 때, 해당 커뮤니티의 의견들이 내 의견과 다르다고 생각될 때, 사회적 고립에 대한 두려움을 느낀다", "문재인 정부에 대해 비판적 표현을 하고 싶지만, 문재인 정부를 지지하는 사람들이 많을 때, 사회적 고립에 대한 두려움을 느낀다", "보수정당인 국민의힘에 대해 비판적 표현을 하고 싶지만, 국민의힘을 지지하는 사람들이 많을 때, 사회적 고립에 대한 두려움을 느낀다" 등 세 가지 항목을 5점 척도(1: 전혀 그렇지 않다. 5: 매우 그렇다)로 측정했다(M=2.87, SD=.89, α=.78).

## (5) 보복에 대한 두려움

보복에 대한 두려움은 개인이 특정 표현을 할 때 불이익을 받게 될 것이라는 인식을 의미한다. 이정기(2017b)의 연구에서 활용된 다섯 개 문항을 활용했다. 구체적으로 "만약 내가 정치적으로 민감한 표현을 하게 된다면…"이라는 지문을 두고 "나는 내 표현의 결과로 취업 등에 어려움을 겪게 될 것이다", "내가 앞으로 생활하는 데 방해가 될 것이다", "나는 불이익을 얻게 될 것이다", "나는 나의 조직에 의해 비난받게 될 것이다", "내가 위험에 처할 수 있다" 등 다섯 개 문항을 5점 척도(1: 전혀 그렇지 않다, 5: 매우 그렇다)로 측정했다(M=2.91, SD=.96, α=.95).

## (6) 위축효과

위축효과는 이정기(2017b)의 연구에 근거해 "누군가에게 비난당하거나 처벌받을 것을 두려워해서 표현을 망설이게 된 경험의 양"으로 측정했고, 정치·사회적 표현에 따른 위축효과와 학내 문제에 대한 위축효과로 구분했다.

구체적으로 정치·사회적 표현에 따른 위축효과는 "(문재인 정부에서) 정치, 사회적인 문제에 대해 발언하고자 할 때, 누군가에게 비난당할지 모른다는 생각이 들어 망설인 경험이 있다", "(문재인 정부에서) 정치, 사회적인 이슈에 대한 말을 하고자 할 때, 명예훼손 소송 등으로 처벌받을 수 있다는 생각이 들어 망설인 경험이 있다" 등 두 개 항목을 5점 척도(1: 전혀 그렇지 않다. 5: 매우 그렇다)로 측정했다(M=2.56, SD=1.05, α=.72).

학내 문제에 대한 위축효과는 "교내에서 우리 대학의 문제(학교, 교수, 행정상의 문제 등)에 대해 발언하고자 할 때, 비난당할지 모른다는 생각이 들어 망설인 경험이 있다", "교내에서 우리 대학의 문제(학교, 교수, 행정상의 문제 등)에 대해 발언하고자 할 때, 학교 교칙에 의해 처벌받거나 학점, 졸업 등에 불이익을 받을 수 있다는 생각이 들어 망설인 경험이 있다" 등 두 개 항목을 5점 척도(1: 전혀 그렇지 않다. 5: 매우 그렇다)로 측정했다(M=2.56, SD=1.05, α=.75).

### 3) 분석 방법

위축효과에 영향을 미치는 변인을 확인하기 위한 연구 가설의 검증을 위해, 정치·사회적 이슈 위축효과와 학내 이슈 위축효과를 종속 변인으로 한 두 차례의 위계적 회귀분석hierarchical regression analysis을 진행했다. 위계적 회귀분석의 1단계에는 심리 변인으로 자존감을 투입했고, 2단계에는 표현의 자유와 관련된 변인으로 표현의 자유 인식, 전통적·피동적 소통 인식, 사회적 고립에 대한 두려움 변인을 투입했다. 3단계에는 보복에 대한 두려움 변인을 투입했다. 아울러 4단계에는 정치 성향 변인으로 정치 성향과 정부 지지도 변인을 투입했고, 5단계에는 인구 통계적 속성으로 성별과 연령을 투입했다. 위계적 회귀분석에 투입될 독립 변인 군의 순서는 이정기(2017a)의 연구에 근거하여 종속 변인인 위축효과와 관련성이 가장 낮을 것으로 판단된 변인을 1단계에, 위축효과와 관련성이 가장 높은 것이라고 판단된 변인을 3단계에 투입하는 방식을 택했다. 이러한 방식의 변인 투입을 통해 후속 변인 투입 시 선행 변인의 유의미성 변화, 설명력 변화를 확인하고자 했다.

한편, 정치 성향 변인은 정치 · 사회적 이슈에 대한 위축효과에 있어 1~3단계에 투입한 심리 변인, 표현 자유 변인에 비해 관련성이 높을 것으로 판단, 4단계에 투입했다. 아울러 이 연구가 20대 대학생이라는 동질성 높은 집단을 대상으로 진행됐다는 측면, 인구 통계적 속성보다 각 변인의 순수한 설명력을 확인하는 것에 집중했다는 특성을 반영하여 인구 통계적 속성(성별, 연령)은 5단계에 투입했다.

문재인 정부 지지 여부, 정치 성향에 따른 문재인 정부의 정치 · 사회적 위축효과의 차이를 확인하기 위해서는 두 차례의 One-way ANOVA를 수행했다. 문재인 정부 지지 여부는 애초 5점 척도로 측정했으나 '매우 지지'와 '지지'를 '지지'로, '중립'은 '중립'으로, '매우 지지하지 않음'과 '지지하지 않음'을 '비지지'로 변형한 후 ANOVA와 사후 검증(Tukey 방식)을 수행했다. 정치 성향 역시 애초 5점 척도로 측정했으나 '매우 진보'와 '진보'는 '진보'로, '중도'는 '중도'로, '매우 보수'와 '보수'는 '보수'로 변형한 후 ANOVA와 사후 검증(Tukey 방식)을 수행했다. 연구 가설과 연구 문제에 대한 검증은 SPSS 21.0 프로그램을 활용했다.

## 5. 대학생들의 정치 · 사회적 이슈,
## 학내 이슈에 대한 위축효과 결정 요인

문재인 정부에서 대학생들의 정치 · 사회적 이슈에 대한 위축효과 결정 요인을 5단계 위계적 회귀분석을 통해 확인했다. 위계적 회귀분석의 1단계에는 심리 변인으로 자존감을 투입했다. 그 결과 자존감($\beta$=-.14, p<.05)은 정치 · 사회적 이슈에 대한 위축효과에 부적인 영향을 미쳤다. 즉 대학생들의 경우 자존감이 낮을수록 정치 · 사회적 이슈에 대한 위축효과가 높아지는 것으로 나타났다. 설명량은 20%였다.

위계적 회귀분석의 2단계에는 표현의 자유 변인 군을 투입했다. 그 결과 표현의 자유 인식($\beta$=.12, p<.05), 사회적 고립에 대한 두려움($\beta$=.35, p<.001)은 정치 · 사회적 이슈에 대한 위축효과에 정적인 영향을 미쳤다. 즉 민주주의 사회에서 표현의 자유의 가치가 중요하다고 인식할수록, 자신의 의견이 지지받지 못할 때 사회적으로 고립될 것이란 두려움이 강할수록, 정치 · 사회적 이슈에 대한 위축효과가 높아지는 것으로 나타났다. 2단계의 추가적 설명량은 8.1%였다. 2단계에서 표현의 자유 변인 군이 투입되자 자존감의 설명력은 사라졌다.

위계적 회귀분석의 3단계에는 보복에 대한 두려움을 투입했다. 그 결과 보복에 대한 두려움($\beta$=.35, p<.001)은 정치 · 사회적 이슈에 대한 위축효과에 정적인 영향을 미쳤다. 이는 정치적 표현에 의해 보복받을 수 있다는 인식이 높을수록 정치 · 사회적 이슈에 대한 위축효과가 높아짐을 의미한다. 3단계의 추가적 설명량은 10.6%였다. 3단계에서 보복에 대한 두려움 변인을 투입하자 표현의 자유 인식 변인의 설명력은 사라졌다.

위계적 회귀분석의 4단계에는 정치 성향 변인 군을 투입했다. 그 결과 정치 성향(β=-.14, p<.01), 정부 지지도(β=.17, p<.01)는 정치·사회적 이슈에 대한 위축효과에 유의미한 영향을 미쳤다. 즉 보수적인 사람일수록, 문재인 정부를 지지하지 않는 사람일수록 위축효과가 높아지는 것으로 나타났다. 4단계의 추가적 설명량은 6.9%였다.

위계적 회귀분석의 5단계에는 인구 통계적 속성 변인 군을 투입했다. 그 결과 성별(β=-.17, p<.01)이 정치·사회적 이슈에 대한 위축효과에 유의미한 영향을 미쳤다. 이는 남성이 여성보다 정치·사회적 이슈에 대한 위축효과가 높다는 것을 의미한다. 5단계의 추가적 설명량은 1.7%였다. 즉 최종 단계를 기준으로 사회적 고립에 대한 두려움(β=.43, p<.001), 보복에 대한 두려움(β=.28, p<.001), 성별(β=-.17, p<.01), 정부 지지도(β=.14, p<.01), 정치 성향(β=-.12, p<.05)이 정치·사회적 이슈에 대한 위축효과에 유의미한 영향을 미쳤다.

표 10-3. 정치·사회적 이슈 위축효과 결정 요인

| 구분 | | 표준화된 회귀계수 | | | | |
|---|---|---|---|---|---|---|
| | | 1단계 | 2단계 | 3단계 | 4단계 | 5단계 |
| 심리 | 자존감 | -.140* | -.060 | .002 | .018 | -.010 |
| 표현 자유 | 표현의 자유 인식 | | .115* | .073 | .090 | .062 |
| | 전통적·피동적 소통 | | -.009 | -.042 | -.093 | -.106 |
| | 사회적 고립에 대한 두려움 | | .488*** | .414*** | .415*** | .429*** |
| 위축 | 보복에 대한 두려움 | | | .353*** | .295*** | .279*** |
| 정치 성향 | 정치성향(1: 보수, 5: 진보) | | | | -.144** | -.122* |
| | 정부 지지도(1: 지지, 5: 비지지) | | | | .178** | .143** |
| 인구 통계 | 성별(0: 남성, 1: 여성) | | | | | -.169** |
| | 연령 | | | | | -.075 |
| F | | 5.349* | 25.648*** | 33.131*** | 31.157*** | 25.711*** |
| 설명량($R^2$) | | .200 | .281 | .387 | .456 | .473 |

*p<.05, **p<.01, ***p<.001

다음으로 대학생들의 학내 이슈에 대한 위축효과 결정 요인을 5단계 위계적 회귀분석을 통해 확인했다. 위계적 회귀분석의 1단계에는 심리 변인으로 자존감을 투입했다. 그 결과 자존감($\beta=-.13$, $p<.05$)은 학내 이슈에 대한 위축효과에 부적인 영향을 미쳤다. 즉 대학생들의 경우 자존감이 낮을수록 학내 문제에 대한 위축효과가 높아지는 것으로 나타났다. 설명량은 1.6%였다.

위계적 회귀분석의 2단계에는 표현의 자유 변인 군을 투입했다. 그 결과 사회적 고립에 대한 두려움($\beta=.46$, $p<.001$)은 학내 이슈에 대한 위축효과에 정적인 영향을 미쳤다. 2단계의 추가적 설명량은 21.2%였다. 2단계에서 표현의 자유 변인 군을 투입하자 자존감의 설명력은 사라졌다.

위계적 회귀분석의 3단계에는 보복에 대한 두려움을 투입했다. 그 결과 보복에 대한 두려움($\beta=.26$, $p<.001$)은 학내 이슈에 대한 위축효과에 정적인 영향을 미쳤다. 이는 정치적 표현에 의해 보복받을 수 있다는 인식이 높을수록 학내 이슈에 대한 위축효과가 높아짐을 의미한다. 3단계의 추가적 설명량은 5.8%였다.

위계적 회귀분석의 4단계에는 정치 성향 변인을 투입했다. 그 결과 정치 성향 변인은 학내 이슈에 대한 위축효과에 유의미한 영향을 미치지 않았다.

위계적 회귀분석의 5단계에는 인구 통계적 속성 변인 군을 투입했다. 인구 통계적 속성 변인은 학내 이슈에 대한 위축효과에 유의미한 영향을 미치지 않았다. 즉 최종 단계를 기준으로 사회적 고립에 대한 두려움($\beta=.39$, $p<.001$), 보복에 대한 두려움($\beta=.24$, $p<.001$)만이 학내 이슈에 대한 위축효과에 영향을 미쳤다.

표 10-4. 학내 이슈 위축효과 결정 요인

| 구분 | | 표준화된 회귀계수 | | | | |
|---|---|---|---|---|---|---|
| | | 1단계 | 2단계 | 3단계 | 4단계 | 5단계 |
| 심리 | 자존감 | -.128* | -.036 | .010 | .018 | .035 |
| 표현 자유 | 표현의 자유 인식 | | .036 | .005 | .012 | .032 |
| | 전통적·피동적 소통 | | .043 | .019 | -.011 | -.003 |
| | 사회적 고립에 대한 두려움 | | .459*** | .404*** | .405*** | .394*** |
| 위축 | 보복에 대한 두려움 | | | .261*** | .228*** | .242*** |
| 정치 성향 | 정치성향(1: 보수, 5: 진보) | | | | -.057 | -.072 |
| | 정부 지지도(1: 지지, 5: 비지지) | | | | .125 | .150 |
| 인구 통계 | 성별(0: 남성, 1: 여성) | | | | | .113 |
| | 연령 | | | | | .034 |
| F | | 4.432* | 20.557*** | 22.065*** | 17.435*** | 13.934*** |
| 설명량($R^2$) | | .016 | .238 | .296 | .319 | .327 |

*$p<.05$, **$p<.01$, ***$p<.001$

## 6. 정부 지지, 정치 성향에 따른 대학생들의 정치·사회적 위축효과의 차이*

정부 지지 여부에 따른 대학생들의 정치·사회적 이슈에 대한 위축효과의 차이를 One-Way ANOVA를 통해 확인했다. 그 결과 정부 지지 여부에 따라 정치·사회적 이슈에 대한 위축효과에 통계적으로 유의미한 차이가 나타났다($F=.13.711$, $p<.001$).

구체적으로 문재인 정부를 지지하는 집단의 문재인 정부 내 정치·사회적

---

\* 본 장에서 제시한 결과 일부는 이정기(2021)의 저서 《위축효과》(커뮤니케이션북스)를 통해 소개되었음을 밝힌다.

이슈에 대한 위축효과의 평균은 1.94(SD=.70)로 나타났고, 중립적인 집단의
위축효과의 평균은 2.49(SD=.89)로 나타났다. 마지막으로 문재인 정부를 지
지하지 않는 집단의 위축효과의 평균은 3.03(SD=1.35)으로 나타났다. 사후
검증 결과 문재인 정부 내 정치·사회적 이슈에 대한 위축효과는 문재인 정
부를 지지하지 않는 집단에서 가장 크고, 문재인 정부를 지지하는 집단에서
가장 작았다.

표 10-5. 문재인 정부 지지 여부에 따른 정치·사회적 위축효과 (One-Way ANOVA 결과)

| 구분 | N | 평균 (표준편차) | F | 사후 검증(Tukey) |
|------|-----|------------------|----------|-------------------|
| 지지 | 31 | 1.94 (SD=.70) | | |
| 중립 | 173 | 2.49 (SD=.89) | 13.711*** | 지지 < 중립 < 미지지 |
| 미지지 | 64 | 3.03 (SD=1.35) | | |

***p<.001

정치 성향에 따른 대학생들의 문재인 정부 내 정치·사회적 이슈에 대
한 위축효과의 차이를 One-Way ANOVA를 통해 확인했다. 그 결과 정치
성향에 따른 위축효과에 통계적으로 유의미한 차이가 나타났다(F=8.574,
p<.001).

구체적으로 진보적인 성향을 지닌 사람들의 문재인 정부 내 정치·사회적
이슈에 대한 위축효과의 평균은 2.39(SD=1.13)였고, 중도적인 집단의 위축
효과 평균은 2.49(SD=.93), 보수적인 성향을 지닌 사람들의 위축효과 평균
은 3.25(SD=1.24)였다.

즉 평균을 기준으로 볼 때, 보수적인 성향의 사람, 중도적인 성향의 사람,
진보적인 성향의 사람 순으로 문재인 정부 내 정치·사회적 이슈에 대한 위
축효과가 높았다. 그러나 사후 검증 결과 진보적인 집단과 중도적인 집단의

정치·사회적 이슈에 대한 위축효과에는 유의미한 차이가 나타나지 않았다. 즉 보수적인 집단의 문제인 정부 내 정치·사회적 이슈에 대한 위축효과가 진보적인 집단이나 중도적인 집단의 위축효과에 비해 높다는 점을 확인했다.

표 10-6. 정치 성향에 따른 정치·사회적 위축효과(One-Way ANOVA 결과)

| 구분 | N | 평균 (표준편차) | F | 사후 검증(Tukey) |
|------|-----|----------------|-----------|-------------------|
| 진보 | 62 | 2.39 (SD=1.13) | | |
| 중도 | 174 | 2.49 (SD=.93) | 8.574*** | 진보=중립 〈 보수 |
| 보수 | 32 | 3.25 (SD=1.24) | | |

***p〈.001

## 7. 결론: 표현의 자유의 적, 위축효과를 극복하기 위하여

문재인 정부는 진보적 정부로 평가받는다. 문재인 정부의 언론자유지수 (국경없는기자회)는 보수 정부로 평가받는 이명박, 박근혜 정부에 비해 괄목할 만한 성장을 보였다. 그러나 일각에서는 문재인 정부에서도 여전히 표현의 자유 위축 문제가 존재한다고 말한다. 실제로 그러할까. 이번 장은 문재인 정부하의 2020년 말부터 2021년 초에도 위축효과가 나타나는지, 나타난다면 이를 유발하는 원인이 무엇인지 확인하기 위해 설계됐다. 대학생 268명을 대상으로 두 차례의 위계적 회귀분석을 통해 정치·사회적 이슈에 대한 위축효과, 학내 문제에 대한 위축효과에 영향을 미치는 원인을 조사한 결과와 함의는 다음과 같다.

첫째, 위계적 회귀분석의 1단계에는 자존감을 투입했다. 그 결과 자존감은 정치·사회적 이슈와 학내 문제에 대한 위축효과 모두에 부적인 영향을 미쳤다. 이는 자존감이 낮은 사람일수록 정치 · 사회적 이슈와 학내 이슈에 대한 표현에 위축효과를 느낀다는 점을 의미한다. 선행 연구에서도 자존감은 사회적 위축(김미선, 20117; 전영란 · 김희화, 2016), 정치 · 사회적 위축(이정기, 2017a)에 부적인 영향을 미쳤다.

이상의 결과는 대학생들의 사회적 위축과 표현 위축을 예방하고 자신 있게 정치, 사회, 학내 문제에 대해 의견을 표현할 수 있게 하려면 그들이 자신을 사랑하고 스스로 존중하는 마음을 갖도록 해주어야 한다는 점을 보여 준다. 대학생들의 자존감 향상을 위해서는 각종 학내 인성 교육, 상담 과정을 통한 자존감 치유 프로그램 등이 도움이 될 수 있을 것이다. 한편, 자존감은 정치 · 사회적 이슈에 대한 위축효과에는 20%의 설명력을, 학내 이슈에 대한 위축효과에는 1.6%의 설명력을 나타냈다. 이는 위축효과에 영향을 미친다고 알려진 자존감이 학내 문제에 대한 표현 위축보다 정치 · 사회적 이슈에 대한 표현 위축 예측에 설명력이 높은 변인으로 활용될 수 있음을 보여 준다.

둘째, 위계적 회귀분석의 2단계에는 표현의 자유 인식 변인 군을 투입했다. 먼저 표현의 자유 인식($\beta$=.12, p<.05)은 정치 · 사회적 이슈에 대한 위축효과에 정적인 영향을 미쳤다. 이는 한국 사회에서 표현의 자유의 가치가 중요하다는 인식이 높을수록, 자신의 의견이 지지받지 못할 때 사회적으로 고립될 수 있다는 두려움이 클수록, 정치 · 사회적 이슈에 대한 위축효과가 높아진다는 것을 의미한다.

표현의 자유의 가치를 높게 인식할수록 문제인 정부 내 정치 · 사회적 이슈에 대한 위축효과가 높아진다는 것은, 보수 정부 시절 표현의 자유 중요성 인식이 정치 · 사회적 이슈에 대한 위축효과에 부적인 영향을 미친다는 선행 연구(이정기, 2017a)와 상이한 결과다. 박근혜 정부 시절인 2014년부터 2017년까지를 국경없는기자회는 '제한적으로 표현의 자유가 보장되던 시기'로 인정한다. 이 시기 표현의 자유의 중요성을 인식한 사람들은 정치·사회적 이슈에 있어 위축되지 않고, 표현을 했다. 박근혜 정부가 표현의 자유를 위축시켰다는 인식 때문이었을 것이다. 그러나 문재인 대통령은 새정치민주연합의 대표이던 2015년 8월 31일 '표현의자유특별위원회'를 설치하는 등, 표현의 자유의 가치를 중요하게 인식했다. 그러한 노력 때문인지 문재인 정부 출범 이후 국경없는 기자회의 언론자유지수는 괄목할 만한 성장을 이루어냈다. 그러나 문재인 정부에서도 표현의 자유에 대한 국내외의 문제 제기는 여전히 지속되었다.

이러한 맥락을 고려하여 추론해 보면, 우선 과거 보수 정부에서 표현의 자유 위축을 비판하며 그 중요성을 인식해 온 사람들은 문재인 정부에서 표현의 자유가 신장된 상황을 충분히 인지하고 있을 것이다. 아울러《이코노미스트》등의 외신이 보도한 국내 표현의 자유 위축 상황, 손석춘, 강준만, 홍세화, 진중권 등 진보적 지식인들이 제기한 문재인 정부의 표현의 자유 위축 상황(이정기, 2020)도 충분히 인지하고 있을 것이다. 표현의 자유를 강조한 진보 정부가 출범했지만, 여전히 정부와 정부의 고위 관계자에 의한 소송이 나타나고 있기도 하다. 이처럼 문재인 정부의 표현의 자유 개선이 이루어진 맥락과 한계를 인지하는 사람들은, 그에 대한 정치·사회적 표현을 망설이게 될 가능성이 있을 것이다. 물론 이는 추론에 불과하다. 더 과학적인 결과 도출을 위해서는 각 정부의 표현의 자유 보호 정도, 개인의 표현의 자유에 대한 중요성 인식과 위축효과의 관련성을 장기적인 호흡으로 검증해 낼 필요가 있다.

2단계에 투입한 사회적 고립에 대한 두려움 변인은 정치·사회적 이슈에 대한 위축효과와 학내 이슈에 대한 위축효과 모두에 정적인 영향을 미쳤다. 또한 이는 표현의 자유 인식과 비교할 때 정치·사회적 이슈에 대한 위축효과에 더 큰 영향력을 미치는 변인으로 나타났다.

사회적 고립에 대한 두려움은 '침묵의 나선 이론'에서 착안된 변인이다. 침묵의 나선 이론에 따르면, 인간은 사회적 고립에 대한 두려움을 느끼기 때문에 자신의 의견이 사회적으로 지지받지 못한다고 생각되면 침묵하고, 사회적으로 지지받는다고 생각되면 발언의 강도를 높이게 된다. 사회적 고립에 대한 두려움이 위축효과의 원인이 될 수 있다는 것이다. 본 장의 결과에 의하면 실제로 그것은 모든 유형의 위축효과에 유의미한 영향을 미쳤다. 이는 연구 대상 대부분이 또래 집단의 영향력을 비교적 많이 받는 학생들(평균 만 21.80세)이라는 점에서 생각해 볼 수 있다. 특정 표현을 했다가 사회적으로 고립되지 않을까 하는 염려가 각종 표현의 위축을 이끌어 냈다고 추론해 볼 수 있는 것이다.

도출된 연구 결과에 기반하여 시민들이 각종 사회적 문제에 관하여 자유롭게 표현하는 환경을 조성하기 위한 전략을 추론해 보면 다음과 같다. 정부는 시민들이 사실에 기반한 표현을 하거나 공익적 표현을 하더라도 사회적으로 고립되지 않을 것이란 믿음을 제공해야 한다. 이를 위해서는 지배적인 의견과 다른 의견을 제시하는 것이 잘못이 아니란 인식을 심어 주어야 할 것이며, 이를 위해 토론과 협상 교육을 초등학교 단계부터 활성화시킬 필요가 있을 것이다. 아울러 공익광고나 공공 PR 캠페인 등을 통해 서로 다른 의견을 지닌 사람들이 토론을 거쳐 합의에 이르는 것이야말로 진정한 민주주의라는 인식을 제고하고, 남과 다른 것이 틀림이 아니라는 인식을 제고하기 위한 노력이 필요해 보인다.

셋째, 보복에 대한 두려움은 정치 · 사회적 이슈에 대한 위축효과와 학내 이슈에 대한 위축효과 모두에 정적인 영향을 미쳤다. 즉 특정한 표현의 결과로 불이익을 당할 것이라는 인식이 높을수록, 정치, 사회, 학내 문제에 대한 표현이 위축될 수 있다는 것이다. 이는 공익제보와 같이 법적인 보호의 테두리 안에 있는 표현 행위를 한다고 해도 보호받지 못하고 불이익(사회적 관계

파괴, 조직적 차별 대우, 개인적 피해 등)을 받을 수 있다는 부정적 상황 인식이 한국 사회에 존재하는 현실과 무관치 않아 보인다(허성호 · 이근영 · 정태연, 2017).

보복에 대한 두려움 문제를 개선하는 방법을 다음과 같이 추론해 볼 수 있다. 정부는 시민들 공공의 이익을 위한 합리적 정치 · 사회적 의견 표현, 부당한 학내 문제에 대한 의견 표현을 장려하고, 그러한 표현에 의해 불이익을 받지 않을 것이라는 사회적 분위기를 조성해야 한다. 구체적으로 정부와 국회는 공익신고자보호법을 개정하여 공익제보자가 실질적으로 보호받을 수 있는 환경을 구축해야 한다. 또한 국가, 정치인과 기업, 기업인 등 공인公人이 시민들의 자유로운 표현을 위축시키지 못하도록, 전략적 봉쇄 소송의 오남용 방지 대책을 마련해야 한다. 예컨대 전략적 봉쇄 소송을 제기한 주체가 패소할 경우 가중 처벌하는 방식 등을 고려할 필요가 있다. 또한 공익적 목적을 가진 사실(적) 표현, 타인의 표현의 자유를 제한하지 않는 단순한 의견 표명의 경우 처벌하지 않는 표현 촉진적 환경을 고려함으로써, 보복에 대한 두려움 때문에 시민들이 위축효과를 겪지 않도록 하는 노력이 필요해 보인다.

한편, 위계적 회귀분석의 2단계에서 정치 · 사회적 이슈 위축효과에 영향을 미쳤던 표현의 자유 인식은 3단계에서 보복에 대한 두려움 인식 변인이 투입되자 영향력이 사라졌다. 즉 헌법이 보장하는 표현의 자유라는 기본권에 대한 중요성 인식보다, 표현했을 때 겪을 것으로 예상되는 두려움 때문에 표현이 제한될 가능성이 크다. 인간이 필수적으로 향유해야 할 기본권이 기본권을 향유했을 때 겪을지 모르는 불이익 때문에 억제된다는 것은 민주주의 사회의 발전을 저해하는 요인일 수 있다.

넷째, 정치 성향 군 중 정치 성향과 정부 지지도는 정치 · 사회적 이슈에 대한 위축효과에만 영향을 미쳤다. 즉 보수적인 성향의 사람일수록, 문재인 정부를 지지하지 않는 사람일수록 정치·사회적 이슈에 대한 위축효과가 커졌다. 이는 소통을 강조하며 출범한 문재인 정부가 보수적인 사람들, 정부를 지지하지 않는 사람들과 충분히 소통하지 못하고 있을 가능성을 보여 준다. 대한민국의 모든 국민을 대표하는 정부가 진보적인 사람들, 정부를 지지하는 사람들과만 소통할 수는 없는 일이다. 진보적인 성향의 사람들과 보수적인 성향의 사람들이 공론의 장에서 자유롭고 합리적으로 의사를 표현하고, 토론을 통해 지금보다 나은 대안을 만들어 내는 상황이 한국 민주주의를 한 단계 성숙하게 만들 것이다.

한편, 남성의 정치·사회적 이슈에 대한 위축효과가 여성에 비해 큰 것으로 나타났다. 이 연구의 추가적 분석 결과에 의하면, 여성의 정치 성향은 3,24점(SD=.61), 남성의 정치 성향은 2.82점(SD=.90)으로 여성의 진보성이 강했고(t=-4.531, p<.001), 여성의 문재인 정부 지지도는 3.02점(SD=.60), 남성의 문재인 정부 지지도는 3.66(SD=1.10)으로 여성의 문재인 정부 지지도가 강했다(t=6.133, p<.001). 이는 20대 남성의 보수성이 강하다는 논의(조형근, 2019.01.21.)의 연장선에 있는 결과다. 20대 남성의 보수성, 문재인 정부 비지지도가 상대적으로 강하기 때문에 정치·사회적 이슈에 대한 위축효과가 크게 나타난 것으로 보인다. 20대 대학생 남성이 정치·사회적 이슈에 대해 자신의 의견을 합리적으로 발언하고 토론하며 합의해 나갈 수 있도록 대학 교양 과정 등을 통해 소통, 토론에 대한 교육을 지속해서 진행할 필요가 있다. 근거를 갖춘 합리적인 주장이라면 다른 사람들의 눈치를 보지 않고 당당하게 자기 견해를 표현할 수 있는 환경을 학교에서 조성하기 위한 교육적 노력이 필요하다.

다섯째, 문재인 정부 지지 여부(지지, 중립, 비지지)에 따른 정치·사회적 이슈에 대한 위축효과의 차이를 변량분석을 통해 확인했다. 그 결과 문재인 정부를 지지하지 않는 사람이 정치·사회적 이슈에 있어 가장 큰 위축효과를 느끼고 있었고(M=3.03), 중립적인 사람은 중간 정도의 위축효과를 느끼고 있었으며(M=2.49), 문재인 정부를 지지하는 사람은 위축효과가 가장 낮게 나타났다(M=1.94). 이는 진보적 정부라고 평가받는 문재인 정부를 지지하지 않는 사람들의 경우 비난당하거나 처벌받을 수 있다는 생각 때문에 문재인 정부와 관련한 정치, 사회적 문제에 대해 표현하길 망설일 가능성이 크다는 점을 보여 준다. 반면, 문재인 정부를 지지하는 사람들은 그와 관련한 정치, 사회적 표현을 함에 있어 위축되는 정도가 상대적으로 낮았다.

이상의 결과는 특정 정부에 대한 지지 여부에 따라 정치, 사회적 표현의 위축 정도에 차이가 나타날 수 있음을 암시한다. 민주주의는 다양성을 핵심으로 한다(나은경, 2007). 정부에 대한 맹목적인 비난은 비판받아 마땅하지만, 정부에 대한 맹목적인 지지도 바람직하지 않다. 정부의 정책에 대한 논리적, 건설적 비판은 정부 정책에 대한 생산적 토론을 이끌어 내고, 정부를 건강하게 만드는 촉매제가 될 수 있다. 정부를 지지하지 않는 사람들이 정부에 대한 건전한 비판을 멈추어 버리는 것은 민주주의의 핵심 가치인 다양성을 훼손할 우려가 있다. 정부의 정치적 지향과 상관없이, 정부를 지지하지 않는 사람들이라도 위축되지 않고 공론의 장에서 건전한 비판을 자연스럽게 할 수 있는 환경(제도적 장치, 사회적 분위기)을 구축해야만 대의 민주주의 사회가 한 단계 성장할 수 있을 것이다.

여섯째, 정치 성향(진보, 중도, 보수)에 따른 정치·사회적 이슈에 대한 위축효과의 차이를 변량분석을 통해 확인했다. 그 결과 보수적인 성향의 사람은 중도적인 성향의 사람이나 진보적인 성향의 사람에 비해 정치·사회적 이슈에 대한 표현을 하는 것에 있어 위축효과를 더 느끼고 있었다(M=3.25). 아울러 중도적인 사람의 위축효과(M=2.49)는 진보적인 사람의 위축효과

(M=2.39)보다 다소 큰 것으로 나타났지만, 통계적으로 유의미한 차이는 아니었다. 이는 진보적인 정부에서 중도적인 사람이나 진보적인 사람에 비해 보수적인 사람이 위축될 가능성이 큼을 의미한다. 한편, 선행 연구에 의하면 보수적 성향을 지닌 사람들은 보수 정부의 경제와 사회 이슈에 대한 의사 표현 위축 정도가 낮았다(변상호 · 정성은, 2012). 결과적으로 보수적인 성향의 사람들은 보수 정부에서 위축되는 정도가 낮지만, 진보 정부에서 위축되는 정도가 높았다. 이는 진보적인 성향을 지닌 사람들이 진보 정부에서 위축되는 정도가 낮게 나타난 본 장의 결과와 맥락을 같이한다.

특정 정치 · 사회적 의견이 사회적 다수 의견이라고 판단되는 상황에서 그와 반대되는 정치적 성향의 사람들이 위축된다는 것은, 사회적 다수 의견과 반대되는 의견을 지닌 사람들이 사회적 고립에 대한 두려움 때문에 위축된다는 '침묵의 나선 이론'이 한국 사회에 적용될 수 있음을 보여 준다. 실제로 앞선 연구 결과에 의하면, 사회적 고립에 대한 두려움은 정치 · 사회적 이슈에 대한 위축 효과에 정적인 영향을 미쳤다. 자신의 의견이 사회적 다수의 의견이 아니라고 해서 자신 있게 그것을 표명하지 못하는 사회는 건강한 민주주의 사회일 수 없다. 타인의 표현을 위축시킬 수 있는 혐오적 표현, 악의적 표현, 맹목적 반대를 위한 표현이 아니라면, 누구든, 어떤 의견이든 자유롭게 표현할 수 있어야 하며, 그런 의견이 공론의 장에서 토론될 수 있는 환경을 만들어 내야 한다. 보수적인 사람들이 진보적인 정부에서는 침묵하고 보수적인 정부에서는 표현하는 상황, 반대로 진보적인 사람들이 보수적인 정부에서는 침묵하고 진보적인 정부에서는 표현하는 상황은 사회의 통합적 발전을 이끌어 낼 수 없다. 어떤 정부에서든, 자신이 어떤 정치적 성향을 지녔든, 자유롭게 정치, 사회적 이슈에 대해 의견을 개진할 수 있는 사회를 조성하고자 노력할 필요가 있다.

한편, 2016년 11월 박근혜 정부에서 대학생들(평균 연령 만 22.29세)의 위축효과를 조사한 연구 결과에 따르면, 정치·사회적인 이슈에 대한 오프라인 위축효과의 평균 점수는 3.15점(SD=1.03)이었고, 온라인 위축효과의 평균 점수는 3.20점(SD=1.04)이었다(이정기, 2017a). 그러나 2020년 말(2021년 초) 문재인 정부에서 대학생들(평균 연령 만 21.80세)의 위축효과를 조사한 본 장의 분석 결과에 따르면, 정치·사회적 이슈에 대한 위축효과의 평균 점수는 2.56점(SD=1.05)이었다. 이는 정치·사회적 이슈에 대한 시민들의 위축효과가 박근혜 정부에서보다 문재인 정부에서 상당히 감소했음을 보여 주는 긍정적인 결과로 볼 수 있다(이정기, 2021).* 국경없는기자회의 언론자유(표현의 자유)지수에서도 문재인 정부는 과거 보수 정부에 비해 긍정적인 평가를 받은 바 있다. 이는 집권 전부터 표현의 자유 확장에 관심을 기울여 온 문재인 정부의 노력이 반영될 결과일 것이다.

그러나 문재인 정부에서도 여전히 정치·사회적 위축효과는 존재했다. 특히 진보 정부로 평가받고 있는 문재인 정부를 지지하지 않거나 보수적 성향을 지닌 사람들의 위축효과는 진보나 중도 성향을 지닌 사람들에 비해 상대적으로 높게 나타났다. 표현의 자유의 중요성, 소통의 중요성을 강조하며 출범한 문재인 정부가 한국의 표현의 자유 수준을 한 단계 높인 것은 분명해 보인다. 그럼에도 정부는 시민들이 한 단계 더 진화한 형태의, 합리적인 정치적·사회적 표현의 자유를 향유하는 환경을 조성하고자 노력할 필요가 있다. 우리 사회에 존재하는 다양한 목소리에 적극적으로 귀 기울임으로써 시민들의 표현이 지금보다 훨씬 더 자유로울 수 있는 환경을 구축하고자 노력할 때, '표현의 자유의 적'인 위축효과는 상당 부분 극복될 수 있을 것이다.

---

\* 물론 서로 다른 조건과 대상으로 이루어진 두 설문 조사의 결과(평균 점수)를 직접 비교한다는 것이 무의미한 일일 수 있다.

# 11장

## 표현의 자유 인식과
## 저항적 정치 표현

### 1. 표현의 자유 인식은 저항적 정치 표현을 이끌어 내는가?

대의 민주주의 사회에서 표현의 자유 보장 수준은 민주주의의 척도다. 이에 대한민국 헌법 제21조 제1항은 언론, 출판, 집회, 결사의 자유 보장을 명시하고 있다. 그렇다면 대한민국은 헌법적 가치인 표현의 자유가 잘 보장되고 있는 국가인가. 프리덤하우스Freedom House, 국경없는기자회Reporters Sans Frontières 등 국외 단체에 따르면 그렇지 않은 것 같다. 예컨대 2016년 4월 27일 프리덤하우스가 발표한 언론의 자유 보고서에 따르면, 한국은 대상 국가 중 66위로 '부분적 언론자유국Partly Free'에 불과하다. 또한 국경없는기자회가 2016년 4월 20일 발표한 세계언론자유지수에 따르면, 우리나라의 언론자유 순위는 180개 국가 중 70위에 불과하다. 박근혜 정부가 들어선 이후 한국의 언론자유지수 순위는 해마다 떨어졌다. 프리덤하우스와 국경없는기자회의 지적에 따르면, 한국은 정부에 비판적인 표현을 규제하며 언론 독립성이 침해받고, 명예훼손 소송이 증가하고 있는 등 표현의 자유가 제한되고 있다.

이러한 문제의식에 근거하여 표현의 자유를 연구하는 일부 언론법학자들은 국내의 표현의 자유 관련 판례, 법리의 문제점과 해결 방안을 제시하는 연구 성과를 도출하고 있다. 예컨대 대표적인 국내 언론법학자인 한양대학교 이재진 교수와 충남대학교 이승선 교수 등은 한국 사회 표현의 자유 확장을 위해 판례 분석과 법리 분석을 기반으로 다양한 연구 성과물을 제시하였다. 특히 이들은 공인 이론public figure theory과 현실적 악의 원칙actual malice principle, 임시 차단 조치(정보통신망법 제44조의2), 교원의 정치 참여 규제와 같은 사전 규제의 제한을 통해 표현의 자유를 확장할 필요성이 있음을 지속해서 주장했다(이재진, 2003b; 이재진·이정기, 2011a; 이승선, 2007; 2014a; 2014b). 나아가 특정 정치적 표현을 위축하려는 목적의 전략적 봉쇄 소송(명예훼손 소송)을 금지함으로써 표현 과정의 위축효과 문제를 개선하기 위한 노력도 나타났다(장용진, 2016.06.28.).

다만, 표현의 자유 확장을 위한 언론법 연구의 대부분은 질적인 사례 분석(판례 분석) 위주로 진행되었다. 판례 분석을 통해 법원(법관)의 표현의 자유 인식을 확인하기 위한 연구는 적지 않지만, 표현의 주체인 일반 시민들의 표현의 자유 인식, 표현의 자유 법리에 대한 인식 등을 실증적인 관점에서 다룬 연구는 거의 이루어지지 않은 현실이다. 표현의 자유 관련 법을 도입하는 목적이 언론의 자유 보장과 함께 일반 시민들의 위축효과를 없앰으로써 민주주의에 기여하는 것이라면, 표현의 자유와 관련한 실증적 연구가 부족한 현실은 표현의 자유 관련 법리를 도입하는 과정 등에서 장애 요인이 될 가능성이 있다고 생각된다. 이러한 측면에서 본 장은 표현의 자유 인식, 표현의 자유 관련 법 도입에 대한 일반인들의 인식을 실증적으로 측정하고, 추후 관련 법리 도입을 위한 자료로 활용할 수 있도록 하고자 했다.

보다 구체적으로 이번 장은 20대 대학생들의 언론의 자유 인식, 위축효과 (보복에 대한 두려움 인식) 등을 측정하고, 표현의 자유 관련 현안 인식, 표현의 자유 관련 법리의 제정 등 표현의 자유 확장에 대한 국민의 인식 제고에 영향을 주는 원인은 무엇일지 확인해 보고자 했다. 이는 표현의 자유 관련 법리 제정을 위한 기초 자료로 활용될 수 있을 것이다.

한편, 이번 장은 상당한 수준의 능동성이 요구되는 저항적 정치 표현 행위를 이끌어 내는 원인을 표현의 자유 인식, 위축효과, 표현의 자유 보호 법리 제정의 문제와 함께 유기적 관계 속에서 검증해 보고자 했다. 본 장의 분석을 위한 설문은 2016년 11월 18일 금요일에 이루어졌다. 11월 18일은 최순실의 국정농단에 의해 주최 측 추산 100만 명(경찰 추산 26만)(유세아, 2016.11.13.)이 광화문에서 촛불집회(제3차 박근혜 대통령 하야 및 최순실 게이트 진상 규명 촉구 촛불집회)를 한 직후이고, 2016년 11월 19일 전국적으로 100만 명(광화문 기준 주최측 추산 60만 명, 경찰추산 17만 명, 기타 지역 36만여 명)이 제4차 촛불집회를 개최하기 하루 전이었다. 한국갤럽에 따르면 2016년 11월 11일 기준 박근혜 대통령의 지지율은 5%였고, 이 가운데 20대의 지지율은 0%로 가장 낮았다. 20대는 정치적 참여가 일반적으로 낮은 연령대로 알려져 있다(이정기 · 정대철, 2011). 그럼에도 불구하고 20대가 대통령에 대한 가장 낮은 지지율을 보인 것은 20대들이 최순실의 국정농단(박근혜-최순실 게이트) 사건에 대해 그만큼 강력하게 분노했음을 보여 준다.*

---

* 2017년 2월 21일 참여연대가 전국 만 19세 이상 성인 1,200명을 대상으로 설문을 진행한 결과에 따르면, 최순실 국정농단(박근혜-최순실 게이트)과 관련한 촛불집회에 참여했다는 응답은 20대가 45%로 전체 평균(32.7%)에 비해 상대적으로 높았다(이승현, 2017.02.23.). 일반적으로 20대의 전통적 정치 참여 비율이 전체 평균에 비해 낮다는 점을 고려할 때, 20대의 촛불집회 참여율이 전체 평균보다 높았다는 점은 주목할 만한 일이다.

일반적으로 20대는 투표 행위와 같은 전통적인 의미의 정치 참여 수준이 다른 연령대보다 낮은 것으로 알려져 있다(이정기, 2011). 실제로 현재까지 치러진 중요 선거에서 20대의 투표율은 저조했다. 예컨대 2002년 19대 총선에서 20대 투표율은 45.4%(평균 54.2%)로 모든 연령대 중 가장 낮았다. 아울러 2012년 18대 대선에서 20대의 투표율은 68.5%(평균 75.8%)였고, 2014년 6회 지방선거에서 20대 투표율은 48.4%(평균 56.8%)였다. 아울러 2016년 20대 총선에서 20대의 투표율은 49.4%(평균 58%)였다. 모두 평균치를 크게 밑도는 수치다. 이에 일각에서는 정치 참여에 무관심한 20대 때문에 진보 진영이 선거에서 패배한다는 이른바 '20대 개새끼론'이라는 신조어를 만들어 내기도 했다(이정환·이우림, 2016). 20대를 대상으로 정치 참여 결정 요인을 도출하는 형식의 연구가 필요한 이유다. 이에 20대의 정치 참여 이유를 밝히고 결정 요인을 확인하기 위한 연구가 속속 이루어지고 있다(박상호·성동규, 2005; 이정기·금현수, 2012; 이재신·이민영, 2011; 황하성·김정혜, 2012). 다만, 집회 시위, 촛불집회 참여와 같은 이른바 비전통적, 저항적 정치 참여 결정 요인을 확인하는 형태의 연구는 매우 부족한 편이다(이정기, 2011).

한편, 촛불집회 등 저항적 정치 참여의 경우 투표와 같은 제도적, 전통적 정치 참여에 비해 참여 인원이 더욱 제한적일 수밖에 없다. 실제로 2016년 11월 12일 촛불집회에 참여한 20대 상당수는 처음 집회에 참석한 사람들이었다. 예컨대《매일경제》(2016.11.13.)의 조사 결과에 의하면, 11월 12일 촛불집회에 참여한 20대의 48.1%가 집회에 참여한 경험이 없었다(황순민·양연호·임형준, 2016.11.13.). 이는 최순실 국정농단 사건이 20대에게 그동안의 침묵을 깨트릴 만한 강력한 분노를 이끌어 냈고, 이러한 분노가 저항적 정치 표현 행위로 이어졌을 가능성을 짐작게 한다. 그러나 단순히 정부에 대한 분노만이 저항적 정치 표현 행위를 이끌어 낸 것은 아닐 것이다. 만약 단순히 정부에 대한 분노만으로 저항적 정치 참여 행위가 나타났다면, 박근혜 대통령을 지지하지 않는 모든 20대가 촛불집회 현장에 나와야 했을 것이기 때문이다.

본 장은 정부에 대한 감시, 견제, 비판의 목소리를 높여야 할 언론의 역할에 대한 문제의식에서 그 원인을 찾을 수 있다고 가정했다. 최순실의 국정농단과 박근혜 대통령의 위헌적 행동의 문제를 거론하는 촛불집회 현장에서 공영 방송(KBS, MBC)의 문제를 거론하는 시위대의 모습을 어렵지 않게 볼 수 있기 때문이다. 실제로 최순실의 국정농단과 관련한 공영 방송의 보도는 많지 않았고, 심층적이지 않았다는 평가가 존재한다. 2016년 11월 12일 촛불집회에서 MBC가 로고 없는 중계 버스 위에서 MBC 마크를 뗀 마이크를 가지고 보도할 수밖에 없었던 이유이다(강성원, 2016.11.17.). 2016년 11월 17일 언론학자 484명이 시국선언을 통해 공영 방송의 문제점을 거론한 것도, 언론의 비판과 견제 기능이 상실되어 오늘날의 문제가 초래되었다는 자성의 목소리를 반영하는 것으로 볼 수 있다. 결과적으로 이는 최순실의 국정농단을 발단으로 한 저항적 정치 표현의 원인이 정부에 대한 불신, 정부를 감시해야 할 언론의 역할(언론의 통제, 언론의 자유)에 대한 문제의식일 수 있음을 예측하게 한다. 정부에 대한 감시와 견제 기능을 충실히 하지 못한 언론사의 역할을 대신하고자 저항적 표현 행위를 했을 개연성이 있다는 것이다.

한편, 일반적 정치 참여와는 달리 저항적 정치 표현 행위에는 일종의 위축효과가 개입할 여지가 있다. 경찰의 채증, 살수차 공격 등에 대한 두려움, 저항적 정치 참여가 가져올 개인적 불이익에 대한 두려움에 의해 표현이 제한될 수 있다는 것이다. 아울러 만약 일종의 위축효과가 능동적이고 적극적인 행동인 저항적 정치 표현 행위에 영향을 미치고 있다면, 표현의 자유 인식과 위축효과는 표현의 자유 보호를 위한 법리의 제정, 표현의 자유 현안에 대한 문제 인식과 같은 덜 능동적인 인식의 변화를 수반할 수 있을 것이다. 즉 저항적 정치 표현 행위는 표현의 자유 인식, 위축효과, 정부에 대한 신뢰, 언론의 역할에 대한 인식과 함께 포괄적으로 살펴볼 필요가 있다.

이에 이번 장은 20대를 대상으로 표현의 자유, 위축효과, 정부 신뢰, 언론의 역할 인식, 표현의 자유 보호 법리 제정 인식 등과 저항적 정치 표현의 관계를 유기적으로 검증해 보고자 했다. 본 장의 결과가 20대의 분노를 이해하고, 정부와 언론의 바람직한 역할을 설정하는 데 도움을 줄 수 있길 기대한다.

## 2. 언론의 역할 인식과 표현의 자유에 관한 논의

표현의 자유는 민주주의의 기본권이다. 표현의 자유가 천부적 인권의 하나라는 것이다. 이에 표현의 자유 수준은 한 국가의 민주주의가 얼마나 성숙했는지를 보여 주는 척도로서 기능한다(이정기, 2016a). 여기에서 표현의 자유는 '어떤 형태로든 원하는 경우 개인의 의사를 표현할 수 있는' 자유를 의미한다. 즉 표현의 자유는 개인의 존엄성 실현, 개성 신장, 다양한 사람이 가진 의견을 교류하고 여론을 형성하기 위해 필요하다(차병직, 2006). 또한 표현의 자유는 개인의 자아실현, 지식 발전과 진리 발견, 사회 구성원의 정치적 결정 행위 참여, 안정과 변화의 균형을 위해 필요하다는 주장도 존재한다(Emerson, 1970).

한편, 표현의 자유는 언론의 자유와 함께 양심의 자유, 집회·결사의 자유, 학문·예술의 자유, 투표·선거의 자유, 저항의 자유를 포괄하는 개념이다(박주현, 2014). 즉 언론의 자유는 표현의 자유의 하위 개념으로, 대표적인 표현의 자유 유형에 해당한다(차병직, 2006). 다만, 대의 민주주의 사회에서는 언론이 시민들의 의견을 수렴하고 여론 형성하며, 정치 권력과 자본 권력의 비판과 견제라는 공적인 기능을 담당한다. 따라서 대의 민주주의 사회에서 표현의 자유의 중요성은 언론 자유의 중요성으로 인식되기도 한다(이재진·이정기, 2011a). 그러나 언론사는 공적 기능을 담당하는 동시에 광고비와 구독료를 통해 이윤을 추구하는 사적 기업이기도 하다. 표현의 자유의 유형인 언론의 자유를 언론사의 자유로 등치하여 생각할 수 없는 이유다. 즉 모든 시민이 자유롭게 생각하고, 말하고, 행동할 수 있는 권리인 표현의 자유의 하위 개념인 언론의 자유는, 언론사의 사적 표현의 자유가 아니라 언론사의 공적 표현의 자유에 가깝다.

한국의 표현의 자유, 언론의 자유에 관하여 각종 국제 지표는 우려의 목소리를 낸 바 있다. 예컨대 프리덤하우스의 2016년 인터넷 자유 조사 보고서에 따르면, 한국의 언론 자유 순위는 조사 대상이 된 66개 국가 가운데 22위 (36점) 수준이다. 0에 가까울수록 표현의 자유가 보장되고 있는 것인데, 우리나라는 2013년 32점, 2014년 33점, 2015년 34점으로 해마다 인터넷 자유 보장 점수가 떨어졌다. 프리덤하우스는 우리나라를 부분적 표현의 자유Partly Free 국가로 규정하면서, "2016년 한국의 규제기관이 네이버 포털의 온라인 동성애 드라마를 '규제'"하는 등, 성소수자 관련 콘텐츠를 제재하고 있다는 문제 등을 지적했다(금준경, 2016.11.16., 재인용). 아울러 동 기관이 2016년 4월 27일 발표한 언론 자유 보고서에 따르면, 총 199개 국가 중 한국의 언론 자유 순위는 66위로 부분적 언론 자유국에 포함되었다.

한편 국경없는기자회가 2016년 4월 20일 발표한 세계언론자유지수에 따르면 한국의 언론자유 순위는 180개 국가 중 70위로 나타났다. 동 조사에 따르면 2013년 국내 순위는 50위, 2014년 57위, 2015년 60위로 해마다 언론의 자유 순위가 떨어졌다. 국경없는기자회는 "박근혜 대통령 치하에서 미디어와 정부 사이에 긴장감이 흐르고 있다. 정부는 비판을 참지 못하고, 미디어에 대한 간섭으로 언론의 독립성을 위협하고 있다", "최대 7년의 징역을 선고할 수 있는 '명예훼손죄' 때문에 언론이 자기검열을 하지 않을 수 없다. 북한 문제와 관련한 국가보안법 역시 온라인 검열의 주요 원인이다"라고 순위 선정의 이유를 밝힌 바 있다(김영미, 2016.05.18.).

이밖에 UN 역시 국가보안법 제7조가 표현의 자유, 언론의 자유를 위축시키고 있음을 해마다 지적하고 있다. 해외의 기관뿐만이 아니라 참여연대와 같은 국내의 시민 단체 역시 한국 사회의 언론의 자유가 정보통신망법 제44조의 2가 규정하는 임시 차단 조치 등 각종 규제 법리에 의해 제한되고 있음을 계속 지적해 왔다. 아울러 이정기(2016a)는 표현의 자유를 보장하는 법, 예컨대 공인 이론, 현실적 악의 원칙과 같은 표현의 자유 관련 법리가 제정되고 있지 않은 것이 국내 표현의 자유를 위축시키는 원인임을 지적한 바 있다.

이처럼 국내외 각종 기관은 한국 사회의 언론의 자유가 지속해서 축소되고 있으며, 공권력(정부나 법)에 의한 표현의 자유 규제가 언론 자유 위축의 원인이라는 데 있어 유사한 인식을 지니고 있다. 이러한 측면에서 볼 때, 한국의 언론의 자유 수준에 대해 부정적인 인식을 지닌 사람들은 표현의 자유를 보호하는 각종 법리의 제정에 찬성하는 한편, 그와 관련한 각종 사회적 현안에서 표현의 자유를 긍정하는 인식을 지니게 되리라고 예측해 볼 수 있다. 한편 집회나 시위, 각종 서명운동에 참여하는 것과 같은 저항적 정치 참여 행위는 진보적인 정치 성향을 지닌 사람들에게서 주로 발생하는 일종의 정치적 표현 행위로 볼 수 있다(이정기, 2011). 아울러 국내에서 표현의 자유 위축 문제는 보수적인 행정부에 의해 유발되는 경우가 많아 정치적으로 해석될 수밖에 없다(이재진·이정기, 2011a). 그렇다면 국내에서 언론의 자유가 잘 보장되지 않는다는 인식은 보수적 행정부에서의 저항적 정치 표현 행위에 영향을 미칠 것이라고 가정해 볼 수 있다.

보다 구체적으로 공익제보(내부고발)라는 저항적 표현 행위를 사례로 들어 보자. 공익제보는 조직의 구성원이 조직의 문제점을 제보하는 방식을 의미한다. 일반적으로 조직의 구성원은 구성원이 아닌 사람들에 비해 조직 내부의 사정을 잘 알고 있다. 아울러 기업이나 정부 기관 등의 조직은 폐쇄성으로 인해 언론 감시, 보도의 대상이 되지 못하는 경우가 종종 있다. 이에 공익제보는 조직 구성원이 하나의 언론이 되어 내부의 문제점을 투명하게 개선할 기회를 준다는 측면에서 가치가 있다. 그러나 많은 기업과 조직은 공익제보(내부고발)라는 저항적 표현 행위를 한 개인에 대해 보복 조치를 한다. 이는 저항적 표현 행위자에게 보복에 대한 두려움을 유발하여 침묵시키고, 다른 잠재적 공익제보자의 표현을 위축시키려는 이유에서다(Miceli & Near, 1994; 백윤정 · 김보영 · 김은실, 2016, 94쪽, 재인용).

이에 우리 정부는 2011년 3월 29일 공익신고자 보호법 등을 제정하는 등 각종 보호 법안을 통해 공익제보자의 표현의 자유를 보호하고자 노력하고 있다. 표현의 자유가 온전히 보장되지 않는다고 느끼는 사람은 표현 과정에서 필연적으로 위축효과를 겪을 수밖에 없으며, 이를 예방하기 위한 차원에서 법과 제도의 역할이 필요하다는 인식이 반영된 결과다. 결국 한국 사회의 표현의 자유와 언론의 자유 인식이 낮을수록, 현실적 악의 원칙이나 전략적 봉쇄 소송 규제 법리 등 표현의 자유 보호 법리에 대한 필요성 인식이 높아질 것으로 예측할 수 있다.

다만 그럼에도 여전히 공익제보자는 저항적 표현을 이유로 해고 등 징계에 직면하거나 각종 소송에 휘말리는 등 피해를 받고 있다(이정기, 2016b). 이에 대해 이정기(2016b)는 공익제보 사건 발생 시 공익제보자 보호법 등 표현의 자유 보호 법리를 보다 강하게 적용함으로써, 공익제보자와 잠재적 공익제보자의 위축효과를 막기 위한 노력이 필요하다고 주장했다. 표현의 자유를 막거나 표현의 자유라는 기본권을 행사하는 과정에서 겪을 수 있는 위축효과를 예방하는 법리를 제정할 때, 공익제보라는 저항적 정치 표현 행위가 활성화될 수 있다는 것이다. 즉 한국 사회의 표현의 자유와 언론의 자유 인식이 낮을수록, 표현의 자유를 제한한다고 알려진 각종 현안에 대해 찬성 인식을 가질 것으로 예측할 수 있다.

공익제보자에게 있어 공익제보는 많은 위험을 감수해야 하는 저항적인 표현 행위다. 만약 언론의 감시 기능이 충분하고 언론보도에 대한 만족도가 높았다면, 굳이 위험을 감수하면서까지 하지 않아도 될 일이라는 것이다. 결과적으로 언론이 자유롭게 각종 감시 기능을 충분히 수행하지 않는다고 여길수록, 다시 말해 언론의 자유 인식이 낮을수록, 자신이 직접 언론이 되어 무엇인가를 표현하는 행위, 즉 집회 시위 참여, 부당함에 대한 항의, 탄원 서명, 공익제보와 같은 비전통적인 방식의 저항적 정치 참여 행위(이정기, 2011)가 늘어날 것으로 예측할 수 있다.

연구 가설 1-1. 언론의 자유 인식은 표현의 자유 보호 법리에 대한 인식에 부적인 영향을 미칠 것이다.

연구 가설 1-2. 언론의 자유 인식은 표현의 자유 현안에 대한 인식에 부적인 영향을 미칠 것이다.

연구 가설 1-3. 언론의 자유 인식은 저항적 정치 표현 행위에 부적인 영향을 미칠 것이다.

한편, 언론의 역할 인식에 따라 정치에 대한 수용자들의 인식은 차별적으로 나타날 수 있다. 예컨대 김춘식(2010)에 따르면 언론의 역할을 긍정적으로 평가할수록 정치에 대한 부정적 감정 수준이 낮아지고, 정치 효능감이 높아진다. 이는 언론의 역할을 부정적으로 평가할 경우 정치에 대한 부정적 감정이 높아짐을 의미하는 것이다. 한편, 언론에 대한 신뢰도는 저항적 정치 참여에 영향을 미친다(이정기, 2011). 대체로 1인 미디어와 진보 언론에 대한 신뢰도가 높을수록, 포털과 보수 언론에 대한 신뢰도가 높을수록, 온오프라인 정치 참여 행위가 높게 나타났다. 이는 기존 언론이 제대로 역할을 하지 못한다는 평가에 근거하여 정치적 표현 행위가 유발된다는 점을 보여 준다. 이상의 연구 결과들은 언론에 대한 신뢰도가 저항적, 비전통적 형태의 정치적 참여 행위에 영향을 미치는 핵심 변인일 수 있음을 암시한다.

이는 20대 대상 연구에서도 유사하게 나타난다. 구체적으로 이재신과 이민영(2011)에 따르면 대중 매체가 아닌 인터넷을 통한 정치 정보 습득이 촛불집회 참여 의도와 광우병 관련 정치 논의 참여 등 20대 대학생들의 저항적 정치 참여에 영향을 주는 것으로 나타났다. 연구자들은 이러한 현상이 대중 매체를 통한 정치 정보보다 인터넷이나 면대면 상황을 통해 얻은 정치 정보를 응답자들이 더 신뢰하기 때문이라고 설명했다. 이 밖에 이정기와 금현수(2012)의 연구에서도 팟캐스트의 대안 언론 및 정보의 추구 동기가 20대 대학생들의 오프라인 정치 참여(집회 참여, 공공 문제 해결을 위한 연대 활동 등)에 영향을 미치는 것으로 나타났다. 이는 전통 언론과 다른 팟캐스트 정치 정보 추구에 대한 욕구가 대학생들의 저항적 정치 참여로 이어질 수 있음을 의미한다. 즉 20대들의 경우 전통 매체를 통한 정보 습득보다 인터넷이나 팟캐스트, SNS와 같은 새로운 미디어를 통한 정보 습득 과정을 통해 저항적 정치 표현 행위를 하게 된다는 것이다. 종합편성채널은 2011년 12월 1일 개국한 비교적 새로운 미디어다. 이러한 측면에서 볼 때, 전통적 지상파 방송의 역할 인식과 달리 JTBC에 대한 역할 인식은 20대들의 저항적 정치 표현 행위에 정적인 영향을 미칠 것으로 예측해 볼 수 있다.

앞선 연구의 발견에 근거하여 본 장은 언론의 역할 인식이 20대들의 저항적 정치 표현 행위에 차별적 영향을 미칠 것이라고 가정하였다. 민주언론운동시민연합의 분석에 따르면 지상파 방송은 최순실 국정농단 관련 보도에 소극적이었고 JTBC는 가장 적극적이었다(이봉우, 2016.10.25.; 2016.11.10.). 2016년 11월 17일 언론학자 484명이 동참한 시국선언에서 확인할 수 있듯이 KBS와 MBC 등 지상파 방송은 최순실 국정농단과 관련한 일련의 보도에 있어 책무를 다하지 못했다는 평가를 받기도 했다(김시연, 2016.11.17.). 반면, JTBC의 경우 최순실 태블릿 PC 단독 보도 이후 평균 8%대의 시청률을 보였다(정철운, 2016.11.14.). JTBC는 정부에 대해 비판적 논조를 가지고 보도한 최순실 국정농단의 공론화에 가장 큰 기여를 한 것으로 평가받았다. 더욱이 광화문 촛불집회 현장에서 MBC가 야유를, JTBC가 환호를 받은 사례(강성원, 2016.11.17.; 이정현, 2016.10.31.)에서도 확인할 수 있듯이, 최순실 국정농단 정국에서 지상파 방송과 JTBC의 역할은 차별적으로 나타난 것으로 보인다. 이에 본 장은 언론의 역할 인식을 측정함에 있어 지상파 방송과 JTBC를 구분하여 분석을 진행하였다.

한편, 대의 민주주의 사회에서 언론의 기본적 역할은 정부나 기업 등 권력에 대한 감시를 통해 민주주의 사회를 건강하게 하는 데 있다. 언론이 저널리즘 원칙에 입각하여 감시견 역할을 하기 위해서 언론의 자유, 표현의 자유가 필요한 것이다. 헌법 제21조 제1항이 언론, 출판, 집회, 결사의 자유를 명시하고 있는 것 역시 언론의 감시견 기능 보장을 위한 조치 중 하나라고 볼 수 있다. 다만, 국내에서 언론의 자유는 무제한적이지 않다. 국내의 언론의 자유는 헌법 제21조 제4항 등 각종 법리 속에서 제한적으로 보장된다. 따라서 실질적 언론의 자유를 보장하기 위해 현실적 악의 원칙 등의 법리를 도입해야 한다는 주장이 있다(이재진·이정기, 2011a). 이러한 측면에서 볼 때, 수용자들의 언론의 역할 인식(보도에 대한 만족도)은 표현의 자유 현안과 표현의 자유 보호 법리에 대한 인식에 영향을 미칠 것으로 생각해 볼 수 있다.

연구 가설 2-1. 언론의 역할 인식(지상파, JTBC)은 표현의 자유 보호 법리에 대한 인식에 차별적인 영향을 미칠 것이다.

연구 가설 2-2. 언론의 역할 인식(지상파, JTBC)은 표현의 자유 현안에 대한 인식에 차별적인 영향을 미칠 것이다.

연구 가설 2-3. 언론의 역할 인식(지상파, JTBC)은 저항적 정치 표현 행위에 차별적인 영향을 미칠 것이다.

## 3. 정부 신뢰도와 표현의 자유에 관한 논의

정치 신뢰도는 정치 효능감과 함께 민주주의 체제의 현황 진단 지표로 간주된다(Craig, Niemi & Silver, 1990). 많은 선행 연구가 포괄적 의미의 정치 신뢰도를 민주주의 사회에서 시민들의 정치 인식, 정치 참여 행위를 설명하는 핵심 변인으로 고려하고 있다. 구체적으로 정치 신뢰도는 정치 정보 추구나 투표 행위와 같은 전통적인 정치 참여 행위에 부적인 영향을 준다(Cappella & Jamieson, 1997). 즉 정치 신뢰도가 낮을수록 전통적 정치 참여 행위를 하지 않게 된다는 것이다. 다만, 이정기(2011)에 따르면 정치 신뢰도가 낮을수록 집회 참여, 서명운동 참여와 같은 저항적 정치 참여 경험은 높아진다. 즉 정부와 정치권의 소통 의지를 낮게 평가할수록 저항적 형태의 온오프라인 정치 참여 행위가 높아진다는 것이다. 아울러 이혜인과 홍준형(2013)에 따르면 정부 신뢰도가 낮을수록 비통상적인 형태의 정치 참여(진정서 서명, 상품 불매 운동, 시위 참가 등)는 더 활발해지는 것으로 나타났다. 이상의 연구 결과는 정부에 대한 신뢰도가 저항적 정치 표현 행위에 부적인 영향을 미칠 것임을 짐작게 한다.

이러한 현상은 20대에게도 유효하다. 예컨대 20대 대상 연구 중 이재신과 이민영(2011)에 따르면 정부에 대한 개인의 신뢰도(-)는 투표 참여에 직접적 영향을 미쳤다. 이는 20대 대학생의 경우 정부에 대한 신뢰도가 낮을수록 불만을 투표 행위로 표현하는 경향이 높음을 의미한다. 아울러 정부에 대한 신뢰도는 총선 투표 참여를 매개로 하여 촛불집회 참여 의도, 광우병 관련 정치 논의 참여와 같은 저항적 정치 참여에 간접적인 영향을 미치는 것으로 나타났다. 따라서 20대의 정부 신뢰도가 저항적 정치 표현 행위에 부적인 영향을 미칠 것이라고 예측할 수 있다.

한편, 이번 장에서는 정부 신뢰도가 표현의 자유 현안에 대한 인식과 표현의 자유 보호 법리에 대한 인식에 영향을 미칠 것이라고 가정했다. UN, 프리덤하우스, 국경없는기자회 등의 단체는 정부와 규제 법률에 의해 언론의 자유가 침해되고 있다고 주장하고 있다. 정부가 표현의 자유 순위 하락의 원인이라는 것이다. 이런 측면에서, 정부에 대한 신뢰도가 낮을수록 각종 표현의 자유 현안에서 표현의 자유를 보장하는 방식의 인식을 가질 것이라고, 표현의 자유 보호 법리에 대한 찬성 인식이 높아지게 될 것이라고 예측할 수 있다.

연구 가설 3-1. 정부에 대한 신뢰도는 표현의 자유 보호 법리에 대한 인식에 부적인 영향을 미칠 것이다.

연구 가설 3-2. 정부에 대한 신뢰도는 표현의 자유 현안에 대한 인식에 부적인 영향을 미칠 것이다.

연구 가설 3-3. 정부에 대한 신뢰도는 저항적 정치 표현 행위에 부적인 영향을 미칠 것이다.

## 4. 보복에 대한 두려움과 표현의 자유에 관한 논의

보복에 대한 두려움은 특정 표현이나 행동을 했을 때 정신적, 물리적으로 압력이 가해짐으로써 개인적인 불이익, 비난, 위험에 처할 수 있다는 믿음을 의미한다. 일반적으로 보복에 대한 두려움은 특정 표현 행위를 억제하고 침묵을 촉진하는 변인으로 알려져 있다. 예컨대 백윤정과 김보영, 김은실(2016)의 연구에 따르면 보복에 대한 두려움은 내부고발 의도에 부적인 영향을 미쳤다. 즉 보복에 대한 두려움이 높을수록 내부고발 의도가 낮아진다는 것이다. 이는 내부고발을 한 구성원에 대한 조직의 다양한 보복이 타 구성원의 내부고발 의도에 영향을 준다는 연구 결과(Miceli & Near, 1992; 백윤정 · 김보영 · 김은실, 2016; 재인용)의 연장선에서 설명될 수 있다. 다만 Park, Rehg & Lee(2005)에 따르면 보복에 대한 두려움 변인은 내부고발 의도에는 유의미한 영향을 미치지 않았다. 그러나 내부고발 의도는 표현 행동을 하지 않음Non-Action에는 정적인 영향을 미치는 것으로 나타났다. 즉 보복에 대한 두려움이 침묵을 이끌어 낸다는 것이다. 따라서 보복에 대한 두려움이 저항적 정치 표현 행위를 억제하는 요인이라고 예측할 수 있다.

한편, 특정 정치적 표현을 하게 될 때의 두려움은 일종의 위축효과를 의미한다. 결과적으로 위축효과가 있는 사람들은 표현하기를 주저하게 될 것이다. 이들이 표현을 하게 만들려면, 그들의 두려움을 상쇄할 만한 법이나 제도, 즉 표현의 자유를 보호하는 강력한 법리의 도입이 필요할 것이다. 다시 말해 표현해도 처벌받지 않을 것이라는 믿음을 제공해야 위축효과가 사라질 것이다. 이에 정치적 표현 과정에서 보복에 대한 두려움을 느끼는 사람들은 표현의 자유 보호 법리에 대한 찬성 인식을 갖게 될 것이라고 가정하였다.

연구 가설 4-1. 보복에 대한 두려움은 표현의 자유 보호 법리에 대한 인식에 정적인 영향을 미칠 것이다.

연구 가설 4-2. 보복에 대한 두려움은 표현의 자유 현안에 대한 인식에 정적인 영향을 미칠 것이다.

연구 가설 4-3. 보복에 대한 두려움은 저항적 정치 표현 행위에 부적인 영향을 미칠 것이다.

## 5. 표현의 자유 관련 법리, 현안에 대한 인식과 정치적 표현에 관한 논의

표현의 자유를 확장하기 위한 법리로 거론되는 대표적인 법리는 현실적 악의 원칙과 위법성 조각 사유, 전략적 봉쇄 소송의 규제 등이다. 이 가운데 현실적 악의 원칙과 전략적 봉쇄 소송의 경우 국내에 도입되지 않은 법리이고, 위법성 조각 사유는 형법 제307조에 규정된 법리이다. 표현의 자유를 확장하기 위한 법리가 저항적 정치 표현 행위를 포함한 각종 표현 행위를 촉진할 수 있다는 점은 상식적인 측면에서 생각해 볼 수 있는 문제다. 이러한 맥락에서 본 장은 표현의 자유 보호 법리에 대한 찬성 인식이 저항적 정치 표현 행위에 정적인 영향을 미칠 것이라고 가정하였다.

한편, 2016년 기준 국내외 기관이 문제를 제기하여 국내에서 쟁점이 된 다양한 형태의 표현의 자유 쟁점 이슈가 존재한다. 예컨대 UN 자유권규약위원회(2015.11.06.)와 미국 국무부(2016.04.13.)는 국가보안법 제7조(찬양 · 고무)에 대한 폐지를 권고하고 있다. 구체적으로 UN 자유권규약위원회는 이적단체 찬양 고무 규정이 사상과 표현의 자유를 부적절하게 침해할 가능성이 있고, 정부 비판 인사들의 표현의 자유를 제한할 수 있다고 권고한 바 있다. 아울러 국제노동기구총회(2016)는 공무원(교사)의 정치적 표현을 허용해야 한다고 권고한 바 있다. 교사들의 학교 밖, 방과 후, 수업 외 정치적 의사 표현을 이유로 차별하거나 징계해서는 안 된다는 의견을 표명한 것이다. 또한 참여연대 공익법센터(2016.07.26)는 헌법소원 등을 통해 공익적이고 진실한 글이라고 해도 피해자의 권리 침해 주장만으로 인터넷 사업자가 블로그나 카페 등의 게시글을 차단할 수 있도록 허용한 임시 차단 조치에 대해 표현의 자유 침해 문제를 제기했고, UN 인권이사회(2016.06.15.)의 집회결사의 자유 특별보고관은 정부와 기관에 비판적인 언론인에 대한 부당 해고가 표현의 자유를 침해할 수 있다는 의견을 표명한 바 있다. 이 밖에 대통령 등에 대한 풍자(패러디) 그림, 풍자 퍼포먼스에 대한 명예훼손 소송이 표현의 자유를 침해한다는 주장(최예슬, 2016.11.03.), 대통령(후보)이나 삼성 등 재벌의 문제점에 대한 의혹을 (혹은 사실을) 제기한 정봉주, 노회찬 등 야당 국회의원에 대한 처벌이 표현의 자유 위축으로 이어질 수 있다는 주장(이정기, 2016a)도 존재한다. 표현의 자유의 가치를 중시하는 사람들은 이러한 쟁점이 표현의 자유를 보장(확장)하는 방향으로 해결될 필요가 있다고 주장한다(이정기, 2016a). 해당 쟁점이 표현의 자유를 확장하는 방식으로 해결될 경우 저항적 정치 표현 행위와 같은 표현 행위 역시 자연스럽게 확장될 것으로 가정할 수 있기 때문이다.

연구 가설 5. 표현의 자유 보호 법리에 대한 인식은 저항적 정치 표현 행위
에 정적인 영향을 미칠 것이다.

연구 가설 6. 표현의 자유 현안에 대한 인식은 저항적 정치 표현 행위에 정적인 영향을 미칠 것이다.

## 6. 연구 방법

### 1) 연구 대상

설문은 2016년 11월 18일 하루 동안 온라인 서베이 방식으로 이루어졌다. 수도권의 H 종합대학교에 재학 중인 대학생 414명이 설문에 응답했다. 이 가운데 남성은 182명(44%), 여성은 232명(56%)이었고, 평균 연령은 22.21세(SD=2.01)로 나타났다. 또한 1학년 68명(16.4%), 2학년 81명(19.6%), 3학년 126명(32.9%), 4학년 136명(32.9%), 5학년 3명(0.7%)으로 나타났다.

### 2) 주요 변인의 측정

#### (1) 언론의 자유 인식

언론의 자유 인식은 언론의 자유의 보호에 대한 개인의 긍정적, 부정적 인식으로 정의하였다. 구체적으로 언론의 자유 인식 문항은 UN 인권선언채택 60주년 기념 국제인권의식여론조사(2008)의 문항을 수정, 보완하여 활용하였다. "나는 민주주의 사회에서 언론의 자유가 보장되어야 한다고 생각한다", "나는 대의 민주주의 사회에서 권력의 감시 기능을 위해 언론의 자유가 폭넓게 보장되어야 한다고 생각한다", "나는 현재 우리나라에서 언론의 자유가 충분히 보장되고 있지 못하고 있다고 생각한다" 등의 세 가지 문항을 5점 척도(1: 전혀 그렇지 않다, 5: 매우 그렇다)로 측정하였다(M=4.28, SD=.68, α=.74).

(2) 언론의 역할 인식

언론의 역할 인식은 언론이 최근 이슈에 대해 충실히 보도함으로써 (즉 언론으로서 역할을 다함으로써) 언론 수용자들에게 어느 정도의 만족도를 이끌어 냈는지로 정의하였다. 구체적으로 언론의 역할 인식 변인은 김춘식(2010)의 연구를 참조하여 구성하였다. 2016년 11월 16일 기준 뉴스 기사 데이터베이스인 빅카인즈(www.bigkinds.or.kr)의 검색어 순위를 참조, 언론에서 빈번하게 보도되고 있는 다섯 가지 의제(최순실 국정 개입, 미국 트럼프 대통령 당선자, 박근혜 대통령 검찰 조사, 광화문 촛불집회, 한일군사정보보호협정)를 대상으로 각각의 이슈에 대한 언론보도 만족도를 5점 척도(1: 전혀 만족하지 않는다, 5: 매우 만족한다)로 측정하였다. 다만, 언론의 역할 인식의 경우 지상파 방송(M=2.18, SD=.70, α=.83), JTBC(M=3.90, SD=.72, α=.89)로 구분하여 측정하였다.

(3) 정부 신뢰도

정부 신뢰도는 연구를 진행한 시점의 행정부와 대통령에 대한 신뢰도를 넘어 해당 정권의 공공서비스, 사법부, 국회 등 포괄적 의미의 정부 신뢰도로 정의하였다. 구체적으로 정부 신뢰도는 이창원과 조문석(2016)의 연구에서 활용한 네 개 문항, 즉 국회, 행정부, 공공서비스, 사법부에 대한 신뢰도, 박근혜 대통령에 대한 신뢰 수준, 박근혜 정권에 대한 신뢰도를 포함한 여섯 개 문항을 5점 척도(1: 전혀 신뢰하지 않음, 5: 매우 신뢰)로 측정하였다 (M=1.79, SD=.48, α=.73).

(4) 보복에 대한 두려움

보복에 대한 두려움은 개인이 특정 정치적 표현을 했을 때 불이익을 받을 수 있다는 믿음으로 정의하였다. 구체적으로 보복에 대한 두려움은 Park, Rehg & Lee(2005)의 다섯 개 문항을 수정하여 활용하였다. 즉 "만약 내가 정치적으로 민감한 표현을 하게 된다면…"이라는 지문을 두고 "나는 내 표현의 결과로 취업 등에 어려움을 겪게 될 것이다", "내가 앞으로 생활하는 데 방해가 될 것이다", "나는 불이익을 얻게 될 것이다", "나는 나의 조직에 의해 비난받게 될 것이다", "내가 위험에 처할 수 있다" 등 다섯 개 문항을 5점 척도(1: 전혀 그렇지 않다, 5: 매우 그렇다)로 측정하였다(M=3.16, SD=.88, α=.87).

### (5) 표현의 자유 보호 법리에 대한 인식

표현의 자유 보호 법리에 대한 인식은 표현의 자유 확장을 위해 필요하다고 알려진 대표적 법리에 대한 도입 찬성 인식으로 정의하였다. 구체적으로 위법성 조각 사유의 기준 완화(현재는 명예훼손적 표현이라고 해도 진실성과 공익성이 있다면 처벌받지 않음, 공인 대상 표현일 때는 진실할 경우 면책하는 방식의 정책 구성), 현실적 악의 원칙의 도입(공인, 즉 대통령이나 정치인, 유력 기업인 등을 대상의 언론보도가 명예훼손임을 입증하기 위해서는 공인 스스로 언론사가 악의를 가지고 보도했음을 입증해야 한다는 원칙), 특정 정치적 표현을 위축하기 위한 목적의 전략적 봉쇄 소송의 규제 등 세 가지 항목을 5점 척도(1: 전혀 찬성하지 않는다, 5: 매우 찬성한다)로 측정하였다(M=3.62, SD=.83, α=.72).

### (6) 표현의 자유 현안 인식

표현의 자유 현안에 대한 인식은 표현의 자유와 관련하여 논쟁이 벌어지는 각종 사회 이슈에 대한 찬성(표현의 자유 보호) 인식으로 정의하였다. 구체적으로 표현의 자유 현안은 이재진과 이정기(2011), 이정기(2016a)의 표현의 자유 연구에서 다루어진 이슈로 한정하였다. 구체적으로 ① UN 자유권 규약위원회와 미국 국무부가 표현의 자유를 침해한다고 평가한 국가보안법 제7조(찬양, 고무)의 폐지, ② 국제노동기구총회가 표현의 자유를 침해한다고 평가한 공무원(교사)들의 정치적 표현(학교 밖, 방과 후, 수업 외) 행위에 대한 허용, ③ 참여연대 등이 인터넷 표현의 자유를 침해한다고 평가한 인터넷 임시 차단 조치(진실하고, 공익적인 글이라도 권리침해 주장만으로 블로그, 게시판 게시글을 최대 30일 차단할 수 있게 한 조치)의 폐지, ④ UN 인권이사회 등이 비판적 언론인의 표현의 자유를 침해한다고 평가한 언론인 부당해고와 부당발령 금지, ⑤ 대통령(후보)이나 재벌의 문제점을 거론한 (의혹 제기, 사실이거나 상당성이 있을 경우) 정치인들의 피선거권 제한 금지, ⑥ 대통령이나 정치인을 풍자한 그림이나 퍼포먼스를 이유로 예술가나 시민 처벌 금지, ⑦ 촛불집회 참여자에 대한 불법 채증(사진 촬영) 금지, ⑧ 정부 기관의 민간인 사찰[SNS(카카오톡) 등의 사찰] 금지 등 여덟 개 항목을 5점 척도(1: 전혀 찬성하지 않는다, 5: 매우 찬성한다)로 측정하였다(M=3.51, SD=.77, α=.83).

(7) 저항적 정치 표현 행동

저항적 정치 표현 행동은 투표와 같은 전통적인 정치 표현 행위가 아닌 촛불집회 참여, 항의, 탄원 서명과 같은 비전통적 정치 표현 행위로 정의하였다. 구체적으로 이정기(2011)의 저항적 정치 표현 측정 항목을 수정하여 활용하였다, 즉 "나는 대통령이나 특정 정치인(집단)에게 반대 의사를 표명하기 위해 촛불집회에 참석했다", "나는 대통령이나 특정 정치인(집단)의 문제에 대해 주변인들에게 적극적으로 발언했다", "나는 대통령이나 특정 정치인(집단)의 부당행위에 대해 항의하거나 탄원하는 서명을 했다"의 세 가지 항목을 5점 척도(1: 전혀 그렇지 않다, 5: 매우 그렇다)로 측정하였다(M=2.89, SD=1.02, α=.68).

### 3) 자료의 처리

연구 가설의 검증을 위해 SmartPLS 3.0 프로그램을 활용한 경로 분석을 수행했다. 본격적인 경로 분석 전 Calculate 탭 상의 'PLS Algorithm'를 활용하여 측정 모델의 신뢰도, 타당도 검증을 수행했다. 신뢰도와 타당도 검증 이후에는 부트스트래핑bootstrapping 테스트를 통해 경로 분석 결과를 제시했다.

## 7. 측정 모형의 신뢰도와 타당도

측정 도구의 신뢰도는 SmartPLS 3.0 프로그램을 통해 확인했다. 구체적으로 Calculate 탭 상의 'PLS Algorithm'을 통해 신뢰도를 확인했다. 그 결과 Cronbach α값은 모두 0.6 이상 나타나 적절한 것으로 나타났다. 아울러 구성 타당도composite reliability 역시 모든 항목이 최소 기준인 0.5보다 높게 나타나 적절한 것으로 나타났다.

아울러 요인적 재치 확인을 통해 수렴 타당도를 확인한 결과 모든 항목이 0.6 이상으로 적절한 것으로 나타났다. 또한 수렴 타당도 확인을 위한 지표 중 하나인 AVEAverage Variance Extracted를 확인한 결과, 항목 대부분에서 기준치인 0.7 이상의 점수를 기록했다. 결과적으로 이 연구에서 수렴 타당도는 확보된 것으로 볼 수 있다(주지혁·김형일, 2013). 한편, 잠재 변인 사이의 상관계수와 잠재 변인의 AVE 제곱근의 값을 비교하여 판별 타당성을 확인할 수 있다. 검증 결과 AVE의 제곱근 값은 다른 상관계수의 값보다 크다는 사실을 확인하였다. 즉 이 연구에서 판별 타당도는 확보되었음을 확인하였다(주지혁·김형일, 2013).

표 11-1. 확인적 요인분석 결과

| 구분 | AVE | Composite Reliability | Cronbach Alpha |
|---|---|---|---|
| 언론의 자유 인식 | .852 | .660 | .735 |
| 언론의 역할 인식(지상파) | .872 | .583 | .830 |
| 언론의 역할 인식(JTBC) | .694 | .918 | .890 |
| 정부 신뢰도 | .783 | .562 | .728 |
| 보복에 대한 두려움 | .904 | .657 | .873 |
| 표현의 자유 보호 법리 | .845 | .644 | .723 |
| 표현의 자유 현안 인식 | .845 | .644 | .832 |
| 저항적 정치 표현 행동 | .888 | .666 | .677 |

표 11-2. 상관계수와 AVE 제곱근

| 구분 | 언론의 자유 인식 | 언론의 역할 인식 (지상파) | 언론의 역할 인식 (JTBC) | 정부 신뢰도 | 보복에 대한 두려움 | 표현의 자유 보호 법리 | 표현의 자유 현안 인식 | 저항적 정치 참여 행동 |
|---|---|---|---|---|---|---|---|---|
| 언론의 자유 인식 | .923 | | | | | | | |
| 언론의 역할 인식(지상파) | -.198** | .934 | | | | | | |
| 언론의 역할 인식(JTBC) | .438** | -.079 | .833 | | | | | |
| 정부 신뢰도 | -.234** | .423** | -.181** | .885 | | | | |
| 보복에 대한 두려움 | .195** | -.181** | .198** | -.218** | .951 | | | |
| 표현의 자유 보호 법리 | .418** | -.099* | .393** | -.147** | .247** | .919 | | |
| 표현의 자유 현안 인식 | .371** | -.150** | .392** | -.173** | .145** | .461** | .919 | |
| 저항적 정치 참여 행동 | .192** | -.224** | .237** | -.106* | .035 | .129* | .333** | .942 |

$^*p<.05$, $^{**}p<.01$, 주1. 굵은 글씨체는 AVE의 제곱근을 의미함.

## 8. 저항적 정치 표현 행위에 영향을 미치는 요인 경로

저항적 정치 표현 행위의 결정 요인을 확인하기 위해 SmartPLS 3.0 프로그램의 부트스트래핑 테스트를 수행했다. 디폴트default 값은 표본 수 1,000으로 설정했다(주지혁 · 김형일, 2013). 저항적 정치 표현 행위에 영향을 미치는 변인들의 경로를 확인한 결과는 다음과 같다.

첫째, 표현의 자유 보호 법리에 대한 찬성 인식에 영향을 미치는 변인은 언론의 자유 인식($\beta$=.27, t=5.41, p<.001), 언론의 역할 인식(JTBC)($\beta$=.23, t=4.37, p<.001), 보복에 대한 두려움($\beta$=.16, t=2.78, p<.01)으로 나타났다. 즉 언론의 자유에 대한 필요성 인식이 높을수록, JTBC의 언론보도에 만족할수록, 표현 행위에 따른 보복의 두려움이 클수록, 표현의 자유 보호 법리의 제정에 찬성하고 있음을 확인할 수 있다. 종속 변인에 대한 독립 변인들의 설명량은 25.6%였다.

둘째, 표현의 자유 현안에 대한 인식에 영향을 미치는 변인은 언론의 자유 인식($\beta$=.20, t=4.08, p<.001), 언론의 역할 인식(JTBC) 변인($\beta$=.28, t=4.88, p<.001)으로 나타났다. 즉 언론의 자유의 필요성 인식이 높을수록, JTBC의 언론보도에 만족할수록, 표현의 자유와 보호와 관련한 각종 현안을 긍정적으로 인식하고 있음을 확인할 수 있다. 종속 변인에 대한 독립 변인들의 설명량은 21.9%였다.

셋째, 저항적 정치 표현에 영향을 미치는 변인은 언론의 역할 인식(지상파)($\beta$=-.17, t=3.71, p<.001), 언론의 역할 인식(JTBC)($\beta$=.15, t=2.60, p<.05), 표현의 자유 현안 인식($\beta$=.30, t=5.88, p<.001)으로 나타났다. 즉 지상파 방송사들의 언론보도에 만족하지 않을수록, JTBC의 언론보도에 만족할수록, 표현의 자유와 관련된 각종 현안을 긍정적으로 인식하고 있을수록,

저항적 정치 표현 행위가 나타남을 확인할 수 있다. 종속 변인에 대한 독립 변인들의 설명량은 17.8%였다.

한편, 이상의 결과를 연구 가설과 결부 지어 설명해 보면, 언론의 자유 인식이 표현의 자유 보호 법리에 대한 인식에 정적인 영향을 미칠 것이라는 연구 가설 1-1과 표현의 자유 현안에 대한 인식에 정적인 영향을 미칠 것이라는 연구 가설 1-2가 지지됨을 확인할 수 있다. 아울러 언론의 역할 인식(지상파, JTBC)은 표현의 자유 보호 법리에 대한 인식, 표현의 자유 현안에 대한 인식, 저항적 정치 표현 행위에 차별적인 영향을 미칠 것이라는 연구 가설 2도 모두 지지됨을 확인할 수 있다. 한편 보복에 대한 두려움은 표현의 자유 보호 법리에 대한 인식과 표현의 자유 현안에 대한 인식에만 정적인 영향을 미쳤고, 따라서 연구 가설 4-1과 4-2가 지지되었다. 마지막으로 표현의 자유에 대한 인식은 저항적 정치 표현 행위에 정적인 영향을 미쳤고, 이에 연구 가설 6이 지지되었다. 다만, 정부에 대한 신뢰도가 표현의 자유 보호 법리에 대한 인식, 표현의 자유 현안에 대한 인식, 저항적 정치 표현 행위에 부적인 영향을 미칠 것이라고 가정했던 연구 가설 3, 표현의 자유 보호 법리에 대한 인식이 저항적 정치 표현 행위에 정적인 영향을 미칠 것이라고 가정했던 연구 가설 5는 기각되었다.

표 11-3. 저항적 정치 표현 행위에 영향을 미치는 요인 경로

| 가설 | 내용 | Original Sample (O) | Sample Mean (M) | Standard Deviation (STDEV) | T Statistics (\|O/STERRI\|) | P Value |
|---|---|---|---|---|---|---|
| 연구 가설 1-1 | 언론의 자유 인식 → 표현의 자유 보호 법리 | 0.268 | 0.268 | 0.050 | 5.411 | 0.000 |
| 연구 가설 1-2 | 언론의 자유 인식 → 표현의 자유 현안 인식 | 0.199 | 0.202 | 0.049 | 4.077 | 0.000 |

| 가설 | 내용 | Original Sample (O) | Sample Mean (M) | Standard Deviation (STDEV) | T Statistics (\|O/STERR\|) | P Value |
|---|---|---|---|---|---|---|
| 연구 가설 1-3 | 언론의 자유 인식 → 저항적 정치 표현 | -0.002 | -0.007 | 0.053 | 0.036 | 0.971 |
| 연구 가설 2-1 | 언론의 역할 인식(지상파) → 표현의 자유 보호 법리 | 0.000 | -0.001 | 0.049 | 0.000 | 1.000 |
| 연구 가설 2-2 | 언론의 역할 인식(지상파) → 표현의 자유 현안 인식 | -0.075 | -0.074 | 0.048 | 1.547 | 0.123 |
| 연구 가설 2-3 | 언론의 역할 인식(지상파) → 저항적 정치 표현 | -0.174 | -0.182 | 0.047 | 3.712 | 0.000 |
| 연구 가설 2-1 | 언론의 역할 인식(JTBC) → 표현의 자유 보호 법리 | 0.229 | 0.226 | 0.052 | 4.371 | 0.000 |
| 연구 가설 2-2 | 언론의 역할 인식(JTBC) → 표현의 자유 현안 인식 | 0.280 | 0.275 | 0.057 | 4.883 | 0.000 |
| 연구 가설 2-3 | 언론의 역할 인식(JTBC) → 저항적 정치 표현 | 0.149 | 0.148 | 0.057 | 2.600 | 0.010 |
| 연구 가설 3-1 | 정부 신뢰도 → 표현의 자유 보호 법리 | -0.048 | -0.055 | 0.044 | 1.089 | 0.277 |
| 연구 가설 3-2 | 정부 신뢰도 → 표현의 자유 현안 인식 | -0.038 | -0.042 | 0.048 | 0.781 | 0.435 |
| 연구 가설 3-3 | 정부 신뢰도 → 저항적 정치 표현 | -0.018 | -0.019 | 0.064 | 0.286 | 0.775 |
| 연구 가설 4-1 | 보복에 대한 두려움 → 표현의 자유 보호 법리 | 0.156 | 0.158 | 0.056 | 2.783 | 0.006 |
| 연구 가설 4-2 | 보복에 대한 두려움 → 표현의 자유 현안 인식 | 0.063 | 0.064 | 0.047 | 1.350 | 0.177 |
| 연구 가설 4-3 | 보복에 대한 두려움 → 저항적 정치 표현 | -0.044 | -0.045 | 0.053 | 0.816 | 0.415 |
| 연구 가설 5 | 표현의 자유 보호 법리 → 저항적 정치 표현 | -0.073 | -0.069 | 0.049 | 1.505 | 0.133 |
| 연구 가설 6 | 표현의 자유 현안 인식 → 저항적 정치 표현 | 0.301 | 0.301 | 0.051 | 5.877 | 0.000 |

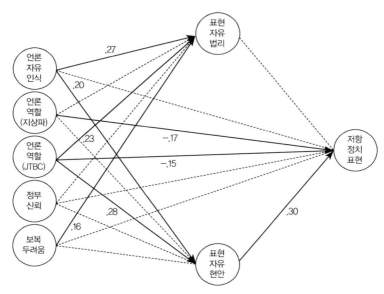

그림 11-1. 저항적 정치 표현 행위에 영향을 미치는 요인 경로

## 9. 결론: 저항적 정치 표현을 활성화하기 위하여

이번 장은 2016년 최순실 국정농단(박근혜-최순실 게이트) 정국에서 20대 대학생들의 표현의 자유 현안에 대한 인식, 표현의 자유 보호 법리에 대한 찬성 인식, 저항적 정치 표현 결정 요인을 확인하기 위해 기획되었다. 연구 결과와 함의는 다음과 같다.

첫째, 연구 가설 1-1, 2-1, 3-1, 4-1에 근거하여 표현의 자유 보호 법리에 대한 찬성 인식 결정 요인을 확인하였다. 그 결과 언론의 자유에 대한 필요성 인식이 높을수록(연구 가설 1-1), JTBC의 언론보도에 만족할수록(연구 가설 2-1), 표현 행위에 따른 보복의 두려움이 클수록(연구 가설 4-1), 표현의 자유 보호 법리의 제정에 찬성하는 것으로 나타났다.

이는 한국에서 언론의 자유가 보장되지 않는다는 현실 인식과 함께, 해당 시국에서 진보적인 대안 언론의 역할을 하는 JTBC 보도에 대한 만족 수준, 그리고 정치적 표현에 대한 위축효과(정치적 발언을 할 때 처벌받을 수 있을 것이라는 두려움) 정도가 현실적 악의 원칙, 전략적 봉쇄 소송의 규제와 같은 표현의 자유 보호 법리에 대한 필요성을 이끌어 낸다는 사실을 확인케 한다. 다시 말해 현실적 악의 원칙과 같은 표현의 자유를 보장하는 법리의 도입이 정부에 대한 비판, 정치권에 대한 비판과 같은 대안적 정치적 표현을 활성화하고, 개인의 정치적 표현에 대한 위축효과를 일정 부분 상쇄할 수 있다는 것이다. 결과적으로 현실적 악의 원칙 등 표현의 자유 보호 법리 제정을 위한 대국민 여론 형성을 위해서는 시민들로 하여금 그것이 개인의 정치적 표현에 따른 위축효과(보복의 두려움)를 없애는 수단이 될 수 있고, 사회적으로 정부를 견제, 비판하는 언론의 감시 환경을 보장하는 수단이 될 수 있음을 강조하는 메시지 전략이 필요하다고 생각된다.

둘째, 연구 가설 1-2, 2-2, 3-2, 4-2에 근거하여 표현의 자유 현안에 대한 인식 결정 요인을 확인하였다. 그 결과 언론의 자유의 필요성 인식이 높을수록(연구 가설 1-2), JTBC의 언론보도에 만족할수록(연구 가설 2-2), 표현의 자유와 보호와 관련된 각종 현안을 긍정적으로 인식하고 있음을 확인했다.

이는 표현의 자유와 관련된 각종 쟁점에서 표현의 자유를 긍정하는 인식을 이끌어 내는 원인이 한국에서 언론의 자유가 잘 보장되지 않는다는 현실 인식과 함께 현 시국에서 대안적 언론보도를 한다고 평가되는 JTBC의 보도에 대한 만족도라는 점을 보여 준다. 결과적으로 한국 사회를 둘러싼 표현의 자유 현안 문제에 대학생들이 관심을 가지려면, 저널리즘 가치에 입각하여 정부나 권력 기관을 비판하고 견제하는 언론사가 늘어나야 한다는 사실을 확인할 수 있다. 언론이 저널리즘에 입각한 언론의 기능에 충실하지 못하고 그 결과 언론 수용자들이 언론보도에 불만족하게 된다면, 표현의 자유를 제약하는 각종 현안에 대해 시민들의 무관심이 가중될 수 있다. 다시 말해 언론의 독립성과 비판 기능이 보장되어 언론이 그 역할에 충실할 때, 시민들의 사회적 현안에 관한 관심도도 높아지게 될 것이다.

한편, 정부 신뢰도와 지상파 방송의 보도에 대한 만족도는 표현의 자유 보호 법리에 대한 찬성 인식과 표현의 자유 현안에 대한 인식 모두에 유의미한 영향을 미치지 않았다. 이는 20대 대학생들 사이에 지상파 방송이 현 시국에서 신뢰를 상실한 정부에 친화적인 논조를 가지고 있으며, 그간 정부를 비판해 오지 않았다는 인식이 광범위하게 퍼져 있다는 측면에서 생각해 볼 수 있을 것이다. 실제로 본 장을 위한 설문에 참여한 사람들의 정부 신뢰도 평균은 1.79점으로 정부를 매우 불신하는 것으로 나타났다. 또한 지상파 방송 보도의 평균 만족도는 2.18점으로 JTBC 보도의 평균 만족도 3.90점에 비해 상대적으로 낮았다. 20대 대학생들은 정부를 신뢰하지 않는 것과 유사하게 지상파 방송의 보도에도 불만족하고 있으므로, 이들은 표현의 자유에 대한 인식의 차별성으로까지 이어지진 않은 것으로 생각해 볼 수 있다. 한편, 표현의 자유 보호 법리의 제정 등 표현의 자유 확장이라는 문제는 보수적인 행정부에 대한 신뢰 문제가 아니라 정부에 대한 합리적 비판의 문제와 결부되어 있다는 측면에서도 생각해 볼 수 있을 것이다. 20대 대학생들은 표현의 자유 확장 문제를 정부의 정치적 지향성에 대한 찬성, 반대에서 유발되는 것이 아닌, 정부에 대한 감시, 비판, 견제 시스템의 작동을 위해 필요한 문제라고 인식하고 있을 수 있다는 것이다.

셋째, 연구 가설 1-3, 2-3, 3-3, 4-3, 5, 6에 근거하여 저항적 정치 표현 행위 결정 요인을 확인하였다. 그 결과 지상파 방송사들의 언론보도에 만족하지 않을수록, JTBC의 언론보도에 만족할수록(연구 가설 2-3), 표현의 자유와 관련된 각종 현안을 긍정적으로 인식하고 있을수록(연구 가설 6), 저항적 정치 표현 행위가 나타나게 된다는 사실을 확인했다.

이는 촛불집회 참여와 같은 저항적 정치 표현 행위가 정부에 대한 단순한 반감에서 발생한 것이 아니라 정부를 감시, 견제해야 할 지상파 방송의 책임 방기와 정부에 대한 활발한 감시 및 견제 기능을 수행한 종합편성채널 JTBC 의 역할, 그리고 표현의 자유가 제약되었던 각종 현안에 대한 반감에서 촉발 되었음을 확인케 한다. 다소 역설적이라고 할 수 있지만, 결과적으로 20대 대 학생들의 저항적 정치 표현 행위를 지속, 활성화하려면 정부나 권력의 비리 등 사회적 문제가 발생했을 때 지상파 방송사들이 관련 사건을 외면하거나 축소하고 왜곡 보도함으로써 그에 대한 만족도를 떨어트리면 된다. 반대로 20대의 저항적 정치 표현 행위를 억제하려면 일차적으로 정부에 대한 신뢰 도를 높이려는 노력을 기울일 필요가 있다. 그러나 정부에 대한 신뢰도가 매 우 낮은 상황이라면, 이차적으로 사회적 영향력이 큰 지상파 방송의 보도 만 족도를 높여야 한다. 지상파 방송이 정부와 권력에 대한 합리적 비판과 견제 기능의 수위를 높여야 하고, 이를 통해 부정부패가 있다고 해도 국내 표현의 자유 기능이 잘 작동하고 있다는 인식을 시민들에게 주어야 한다.

20대 대학생들은 박근혜-최순실 게이트와 같은 전대미문의 국정 농단의 상황에서 박근혜 대통령에 대한 신뢰를 상실했다. 동시에 이들은 사회의 공 기여야 할 지상파 방송이 이 문제에 대해 충분한 견제, 비판 기능을 하지 못 한다고 생각했다. 한국 사회의 언론(표현)이 자유롭지 못하다는 인식도 가지 고 있었다. 그러다 보니 그들은 스스로 광장으로 나와 저항적인 형태의 표현 행위를 한 것이다. 20대의 저항적 정치 참여는 한편으로는 우리나라의 미래 를 이끌어 나갈 주체들의 냉철한 사회 인식과 성숙한 민주주의 수준을 보여 주는 것이라고 하겠다. 다만, 박근혜-최순실 게이트 정국에서 권력을 감시해 야 할 지상파 방송사들의 직무 유기, 신뢰 상실의 모습은 표현의 자유와 언론 의 자유가 얼마나 중요한 문제이며, 어려운 문제인지에 대해 생각하게 한다.

강건택. 2016.04.20. 〈한국 언론자유 10계단 떨어진 70위… 역대 최저〉. 《연합뉴스》.

강경윤. 2019.05.21. 〈'키디비 성적모욕 혐의' 블랙넛 "힙합은 솔직한 매력… 용인될 가사였다〉. 《SBS뉴스》.

강성원. 2015.01.28. 〈5번 해고된 인천일보 기자 부당해고 판정〉. 《미디어오늘》.

강성원. 2016.11.17. 〈MBC 로고 떼고 집회 중계, 쪽팔려서 눈물이 났다〉. 《미디어오늘》.

강성태. 2010. 〈내부고발자에 대한 '직장 내 괴롭힘'과 손해배상책임〉. 《노동법학》 제35호.

강수경. 2018.08.15. 〈반동성애 광고하며 '후원금' 요구하는 한국교회〉. 《천지일보》.

강영조. 2018.04.19. 〈[SS이슈] '블랙넛 고소' 키디비 현재 심경은? "대인기피증-정신과 치료 중"〉. 《스포츠서울》.

강주희. 2014.11.22. 〈지노위 , 〈전자신문〉 이은용 전 부지부장 해고 '부당'〉. 《고발뉴스》.

강진아. 2016.05.05. 〈배우 문성근, '종북좌파' 비방 보수인사에 2심도 일부 승소〉. 《뉴시스》.

강진아. 2015.02.16. 〈YTN 복직 기자 3명 징계무효소송 제기〉. 《한국기자협회》.

강진아. 2014.01.23. 〈유엔보고서 "한국 정부, 해직언론인 위협 · 불법사찰〉. 《한국기자협회》.

고려대학교 부설 행동과학연구소 편. 1998. 《심리평가 핸드북 Ⅰ》. 학지사.

고승우. 2010.01.30. 〈80년대 해직언론인 특별법 추진은 역사바로세우기〉. 《미디어오늘》.

곽관훈. 2014. 〈기업 규제 관점에서 본 내부고발자(Whistleblower) 보호의 필요성 및 방안〉. 《기업법연구》 제28권 1호.

구민정. 2016.12.05. 〈[외강내약 대학가①] 밖에선 '민주주의 세우자' …안에선 '총학 선거 잡음'〉.《헤럴드경제》.

국민권익위원회. 2012.《공익신고자 보호제고의 이해》. 국민권익위원회 공익심사정책과.

국민권익위원회. 2014.12.26. 〈금년도 최고 보상금은 4천3백만 원… 산재 은폐 공익신고〉. 국민권익위원회 보도자료.

국민일보. 2005.04.18. 〈[사설] 대통령 저격 패러디는 풍자 넘은 폭력〉.《국민일보》.

국제신문. 2016.10.26. 〈대만, 아시아 첫 동성결혼 합법화 추진〉.《국제신문》.

국제인권의식조사. 2008. 〈UN인권선언 채택 60주년 기념 "국제인권의식여론조사"〉. 《EAI 여론브리핑》 제28호. http://www.eai.or.kr/data/bbs/kor_report/200906021428352.pdf

국회입법조사처. 2021. 〈공익신고자 보호제도 현황과 개선과제〉.《NARS 입법·정책》 제76호.

권건보. 2012. 〈정보인권의 침해와 국가인권위원회의 역할〉.《헌법학연구》 제18권 2호.

권귀순. 2010.01.26. 〈MB정권, 피디수첩 패소했지만 '방송겁주기' 성공〉.《한겨레》.

권수진·윤성현. 2016. 〈공익신고제도의 개선방안에 관한 연구〉.《한국형사정책연구원 연구총서》 16-AA-03.

권순택. 2015.12.18. 〈채널A, 민언련에 '종북' 딱지 붙였다가 손해배상 1000만원〉.《미디어스》.

권영전. 2017.01.13. 〈경찰 "청와대 앞 집회금지 적법… 인권위 개선권고 수용 못해"〉.

《연합뉴스》.

금준경. 2016.11.16. 〈나이지리아보다 낮다, 한국 인터넷 자유도〉.《미디어오늘》.

기수정. 2010.07.28. 〈법원, 인천일보 전 노조 지도부 부당징계 인정〉.《인천뉴스》.

김경호. 2005. 〈정치 패러디와 표현의 자유: 의견 표현과 사실 적시의 이분법적 접근〉.
《언론과 법》제4권 2호.

김경호. 2013. 〈공익을 해할 목적의 허위통신 조항에 대한 위헌결정의 함의와 온라인 표
현의 자유에 관한 연구〉.《사회과학연구》제24권 1호.

김경희. 2012.06.01. 〈[Sex] 현수막 내건 동성애의 현실〉.《매일경제》.

김고은. 2013.11.22. 〈법원 "이상호 기자 해고는 무효"〉.《한국기자협회보》.

김규종. 2017.09.14. 〈블랙리스트와 예술가〉.《경북매일》.

김남일. 2008. 〈내부고발에 대한 텔레비전 뉴스 프레임: '김용철' 변호사의 삼성비리 고
발사건을 중심으로〉.《한국언론정보학보》제43호.

김도연. 2014.10.20. 〈국제기자연맹 "박근혜, YTN · MBC 해직사태 방치" 비판〉.《미디
어오늘》.

김동현. 2015.06.17. 〈野, '종북 좌빨' 등 혐오발언 처벌 법안 추진(종합)〉.《연합뉴스》.

김동호. 2017.04.15. 〈문재인 측 "블랙리스트 없는 나라… 표현의 자유 침해하는 법 개
정"〉.《한국경제》.

김미란. 2015.09.22. 〈이하 작가 "보수 · 독재정권, 예술의 영역까지 정치적으로 판단〉.
《고발뉴스》.

김미선. 2017. 〈청소년들의 자존감과 외로움이 사회적위축에 미치는 영향: 스마트폰 중
독의 매개효과를 중심으로〉.《사회복지경영연구》제4권 2호.

김미영. 2016.08.11. 〈이성호 인권위원장 취임 1년 "백남기 농민 등에 침묵"〉.《한겨레》.

김민제. 2019.04.01. 〈혐오가 스웨그? 이번에는 힙합 가수 김효은 여혐 가사 도마 위〉.
《한겨레》.

김보경. 2019. 〈계획행동이론의 확장을 통한 경마산업 종사자의 내부고발 의도 예측에
관한 연구: 윤리풍토, 도덕적 규범, 지각된 위험의 역할 탐색을 중심으로〉.《관광

경영연구》 제23권 3호.

김보경 · 김미경. 2018. 〈윤리경영이 내부고발 의도와 조직몰입에 미치는 영향〉.《관광 경영연구》 제22권 7호.

김봉철 · 최명일 · 김유미. 2012. 〈TV자선모금 프로그램에 대한 수용자의 정서적 인지 적 관여가 기부의도에 미치는 영향〉.《미디어 경제와 문화》 제10권 3호.

김서중. 2015. 〈[미디어] 종북몰이, 언론도 한몫 했다〉.《황해문화》 제86권.

김성해. 2016.11.21. 〈왜 워터게이트에 주목해야 할까? 닮아도 너무 닮았다〉.《허핑턴포 스트》.

김세옥. 2015.12.18. 〈"민언련 종북" 채널A 정정보도에 손해배상까지〉.《PD저널》.

김세은. 2010. 〈해직 그리고 그 이후: 해직 언론인의 삶과 직업을 통해 본 한국 현대언론 사의 재구성〉.《언론과 사회》 제18권 4호.

김세은. 2012. 〈해직 언론인에 대한 생애사적 접근 연구: 동아자유언론수호투쟁위원회 를 중심으로〉.《한국언론학보》 제56권 3호.

김소정 · 이승연. 2015.08. 〈대학생의 사회부과적 완벽주의와 분노억압 간의 관계: 자기 침묵의 매개효과〉. 한국심리학회 학술대회. 한국심리학회.

김수미 · 이숙. 2000. 〈아동의 위축행동에 대한 연구〉.《생활과학연구》 10호.

김수아. 2015. 〈힙합은 여성혐오적인 장르인가요?〉.《대중음악》 15호.

김수아 · 홍종윤. 2016. 〈한국 힙합에 나타난 루저 남성성 담론과 여성 혐오: 블랙넛 사 례를 중심으로〉.《대중음악》 18호.

김수정. 2014.02.26. 〈KBS 새 노조, 해직언론인 후원 사업 시작〉.《미디어스》.

김시연. 2016.11.17. 〈3대 언론학회 첫 공동성명 "공영방송이 권력 호위병 노릇"〉.《오 마이뉴스》.

김영미. 2016.05.18. 〈한국 언론자유지수 70위… 역대 최하위 기록〉.《시사IN》.

김영택. 2016.01.13. 〈권익위 '공익신고'는 급증하는데… 내부고발자 보호는 '미흡'〉. 《뉴스토마토》.

김영화. 2016.10.22. 〈'왕관 쓴 박근혜' 풍자한 대구 거리 예술가에 벌금 3백만원?〉.《평화뉴스》.

김예지. 2016.09.02. 〈이불 · 물통 책임지라며 8년 소송, '치졸한 정부'〉.《오마이뉴스》.

김용국. 2015.02.09. 〈"너 종북이지?"⋯ 이 말했다간 이렇게 됩니다〉.《오마이뉴스》.

김용근. 2016.05.19. 〈왜곡된 유교문화, 기업 혁신의 발목을 잡다〉.《포스코경영연구원
POSRI보고서》.
https://www.posri.re.kr/files/file_pdf/63/14033/63_14033_file_pdf_1463538097.
pdf

김은수 · 정성지 · 김동건. 2008. 〈패션광고의 동성애 표현에 관한 소비자 태도 연구〉.
《디자인포럼21》11호.

김정언. 2016.11.03. 〈한국, UN 동성애자 차별금지 관련 정책에 '찬성'〉.《교회와 신앙》.

김정인. 2015. 〈종북프레임과 민주주의의 위기〉.《역사와 현실》제93권.

김종환. 2000. 〈동성애 표현 광고에 대한 연구〉. 중앙대학교 석사학위 논문.

김주리. 2017.01.24. 〈표창원 '더러운 잠' 논란에 패러디물 일파만파.. "공인이 아닌 내가
족, 미성년자인 자녀는 제외해야"〉.《한국경제TV》.

김주언. 2012.09.03. 〈짭새라 부르면 벌금? 명예훼손 남발 이대로 좋은가〉.《미디어오늘》.

김중기. 2017.06.08. 〈'동성결혼 합법화' 찬성 34% 반대 58%, 2001년比 찬성 2배 증
가⋯ "동성애도 사랑" 56%(한국갤럽)〉.《뉴스인사이드》.

김지연 · 허철. 2010. 〈텔레비전을 통한 정치적 패러디: YTN돌발영상, KBS시사투나잇,
MBC 무한도전의 사례를 중심으로〉.《언론과학연구》제10권 2호.

김창룡. 2016.11.24. 〈박근혜 정권 언론탄압 주역들 처벌받아야 한다〉.《시사저널》.

김철문 · 차대운. 2019.05.24. 〈대만서 아시아 첫 '법적 동성부부' 탄생⋯ "서로 도와 잘
살게요"〉.《연합뉴스》.

김춘식. 2010. 〈미디어 이용, 미디어 선거정보의 중요성 인식 및 미디어 역할에 대한 평
가가 정치에 대한 부정적 감정과 정치효능감에 미치는 영향〉.《언론과학연구》
제10권 3호.

김태수. 2007. 〈정치풍자의 자유와 선거의 공정성 보장〉.《안암법학회》제25권.

김하늘. 2017.01.25. 〈표창원, '더러운 잠' 그림에 여성들이 뿔났다 "못 쓸 권력자라도 여성 혐오는 반대"〉.《뉴스타운》.

김한나. 2016. 〈정치참여의 다양성과 심리적 조건: 내적효능감과 정부신뢰를 중심으로〉.《한국정치연구》제25집 1호.

김한수. 2016.12.20. 〈신자 수, 개신교 1위… "종교 없다" 56%〉.《조선일보》.

김현빈. 2015.07.13. 〈"옳은 일 하고도 죄 지은 듯" 움츠린 공익제보자〉.《한국일보》.

김현정. 2015.05.15. 〈박정희 '아빠 닭' 벽화 벌금형… "아주 비싼 미술재료비라 생각"〉.《고발뉴스》.

김형성 · 임영덕. 2009. 〈미국의 '위축효과법리'와 그 시사점: '사이버모욕죄' 입법안에 대한 검토〉.《美國憲法硏究》제20권 2호.

김혜영 · 박정엽. 2014.03.25. 〈법원, "임수경은 종복" 비난 박상은에 배상 판결〉.《뷰스앤뉴스》.

김효실 · 이정국. 2014.08.21. 〈'종북 매도'가 표현의 자유라는 조선일보〉.《한겨레》.

나성원. 2015.03.17. 〈[종북프레임 해부−사법기관 판단] '이정희 종북' 민형사소송 법원 "배상하라"−검 "무혐의"〉.《국민일보》.

나영. 2016. 〈한국 사회 혐오표현의 배경과 양상: 2000년대 이후를 중심으로〉.《혐오표현의 실태와 대책 토론회 발표문》.

나은경. 2007. 〈다양성에 기초한 민주주의: 온라인 사회연결망 이질성 인식 수준에 따른, 다양성과 민주적 시민태도의 다면적 관계〉.《한국언론학보》제51권 6호.

노진호. 2018.03.21. 〈한국 힙합은 어쩌다 '여혐' 음악이 됐나〉.《중앙일보》.

대법원. 2017.05.31. 〈대법원 선고 2017도50 이○○ 사건에 관한 보도자료〉. https://www.scourt.go.kr/portal/news/NewsViewAction.work;jsessionid=aKMP 61XlEULrWFqclQatpjur3IWf92whwJKebGS01UmDibdp9gWewhPcuKDTQ b7H.BJEUWS05_servlet_SCWWW?pageIndex=1&searchWord=&searchOptio n=&gubun=6&seqnum=1313

대법원. 2019.12.12. 〈대법원 선고 2019도12168 모욕사건에 관한 보도자료〉.

https://www.scourt.go.kr/portal/news/NewsViewAction.work?seqnum=1770&g ubun=6&searchOption=&searchWord=

두잇서베이. 2019.02.20. 〈[설문조사결과/여론조사결과] 내부고발, 하실 의향 있으신지요?〉. https://doooit.tistory.com/572

리대룡. 1999. 〈동성애적 광고표현에 대한 소비자의 태도〉.《광고홍보연구》제7권 2호.

마포레인보우주민연대 레이. 2011.04. 〈마포레인보우주민연대 마레연〉. http://rainbowring.tistory.com/188

명숙. 2016.10.07. 〈국정감사 받아도 바뀌지 않는 인권위〉.《미디어스》.

문재완. 2004. 〈정치 패러디와 표현의 자유의 한계〉.《언론과 법》제3권 1호.

문재완. 2011. 〈표현의 자유와 민주주의: 청자(聽者) 중심의 표현의 자유 이론을 위한 시론〉. 《세계헌법연구》제17권 2호.

민주언론시민연합. 2019.11.18. 〈엠넷 '쇼미더머니' 랩 절반에 욕과 혐오가 담겼다〉.《미 디어오늘》.

민중의소리. 2015.01.19. 〈[사설] '민언련 종북' 비방 이유 있다는 법원 판결〉.《민중의소리》.

박경신. 2009. 〈인터넷 실명제의 위헌성〉.《헌법학연구》제15권 3호.

박경신. 2012. 〈국제인권법상 표현의 자유 및 대한민국 법제의 평가〉.《홍익법학》제13권 3호.

박상호 · 성동규. 2005. 〈미디어 신뢰도가 정치효능감과 투표행위에 미치는 영향에 관한 연구〉.《한국언론학보》제49권 4호.

박은선 · 김지범. 2017. 〈중장년 취업자의 가구 및 일자리 특성이 직무만족에 미치는 영향〉. 《노동정책연구》제17권 2호.

박주민. 2011.11.18. 〈표현의 자유에 관한 국가인권위원회의 역할 및 그 변화〉.《국가인 권위원회 설립 10주년 대토론회 발표문》.

박주연. 2015.01.16. 〈법원 "민언련은 종북세력"에 "그렇게 말할 만했다" 판결〉.《미디 어워치》.

박주현. 2014.《인터넷 저널리즘에서 의제의 문제》. 커뮤니케이션북스.

박주희. 2013. 〈카지노 종사원의 윤리경영인식이 내부고발과 조직시민행동의 참여성에 미치는 영향〉.《서비스산업연구》제10권 1호.

박지연. 2014. 〈대학생의 사회부과적 완벽주의와 사회불안의 관계〉. 경상대학교 대학원 석사학위 논문.

박진관. 2014.10.31. 〈영화 '제보자'의 실제 인물… MBC 'PD수첩' 책임PD 지낸 최승호 뉴스타파 앵커〉.《영남일보》.

박찬. 2000. 〈동성애 및 이성애 광고의 성 정체성에 따른 효과〉. 중앙대학교 석사학위 논문.

박태인. 2019.12.12. 〈"블랙넛 노래는 힙합 아니다" 대법, 키디비 디스에 유죄 확정〉.《중앙일보》.

박하얀. 2020.10.15. 〈[단독]공익신고자 10명 중 8명은 보호조치 못 받아… 인용률 3년 새 '반토막'〉.《노컷뉴스》.

박혜정 · 홍상황. 2014. 〈아동의 거부민감성과 또래괴롭힘 피해의 관계에서 자아존중감, 사회적 위축 및 억제에 매개효과〉.《한국초등교육》제25권 3호.

박흥식. 2003. 〈내부고발자의 보호와 현실: 보호법 제정을 요구한다〉.《사회비평》제35권.

박흥식. 2005. 〈내부고발 의도의 설명과 예측: 계획된 행동이론을 중심으로〉.《한국행정연구》제14권 2호.

방석호. 2006. 〈사이버공간에서의 정치 패러디 허용 한계에 대한 법적 고찰〉.《선진사상법률연구》35호.

방준호 · 김규남. 2015.05.18. 〈'대통령 풍자'에 벌금 폭탄… 예술이 범죄가 된 사회〉.《한겨레》.

방현덕. 2015.05.11. 〈"민변 안에 北변" 발언 하태경, 민변에 승소〉.《연합뉴스》.

백윤정 · 김보영 · 김은실. 2016. 〈보복에 대한 두려움과 윤리적 리더십이 내부고발의도에 미치는 영향〉.《인적자원개발연구》제19권 3호.

변상호. 2014. 〈대기업 검열에 대한 지각이 SNS공간에서 대기업에 대한 의사표현 위축에 미치는 영향〉.《한국언론학보》제58권 2호.

변상호. 2015. 〈침묵의 나선 이론에서 다수의 영향력 지각에 대한 비판적 고찰: 삼자 의사표현 위축 추정과 일자 의사표현 위축 간 영향 비교를 중심으로〉.《한국방송학보》제29권 5호.

변상호 · 정성은. 2012. 〈실명성, 직업상 조직소속 여부, 개인의 정치적 성향이 SNS공간 에서의 의사표현 위축에 미치는 영향〉.《한국언론학보》제56권 4호.

변상호 · 정성은. 2013a. 〈대기업 권력이 SNS공간에서의 의사표현 위축에 미치는 영향: 대기업에 대한 지식과 위력지각, 미디어 노출을 중심으로〉.《한국언론학보》제 57권 5호.

변상호 · 정성은. 2013b. 〈대기업에 대한 선호태도와 규범적 평가 사이의 불일치가 의사 표현 위축에 미치는 영향〉.《한국방송학보》제27권 6호.

변희재. 2013.03.05. 〈경향신문 기자는 '종북'에 대해 질문하다〉.《뉴데일리》.

손병관. 2016.01.28. 〈'변희재 소송' 이긴 이재명 "일베충 기다려라"〉.《오마이뉴스》.

손봉석. 2017.01.24. 〈朴 패러디 '더러운 잠' 관련 작가들 성명 "새누리 · 보수언론, 여성 비하 운운하며 정권 비호 말라"〉.《스포츠경향》.

송강직. 2006. 〈한국에서의 사용자의 근로자에 대한 언론의 자유〉.《법학논고》24호.

송경민 · 유동주. 2017.01.26. 〈[theL+] 법조인들이 본 '더러운 잠'… '표현의 자유' 한 계는?〉.《머니투데이》.

송경재. 2005. 〈인터넷 정치 패러디와 표현의 자유〉.《사회이론》28호.

송진우. 2007.《Basic 중학생을 위한 국어 용어사전》. 신원문화사.

신광식 · 조병희. 2008. 〈한국사회 공익제보자의 스트레스와 건강문제〉.《보건과 사회과학》 24호.

신동인 · 곽기영. 2019. 〈소셜미디어상에서의 침묵의 나선효과: SNS 자기표현 성향을 중심으로〉.《경영학연구》제48권 5호.

신동호. 2013.10.21. 〈[경향의 눈] 우리 안의 '증오 선동'〉.《경향신문》.

신민철. 2014. 〈내부고발 활성화 방안에 관한 소고: 자체감사기구를 통한 접근 가능성〉. 《한국공공관리학보》제28권 2호.

신연선. 2017.12.12. 〈힙합 아티스트 12인이 말하는 한국 힙합의 현재〉.《채널예스》.

신종훈. 2015.12.11. 〈대법원, '전두환 29만 원 풍자 포스터' 붙인 예술인 이병하 선고유예).《로이슈》.

신필규. 2017.02.16. 〈문재인과 안희정, 성소수자 앞에선 다를 바 없다〉.《오마이뉴스》.

심동준. 2018.07.14. 〈'성소수자' 서울 도심 퍼레이드… 찬반 대립 속 퀴어축제〉.《뉴시스》.

심윤지. 2015.08.19. 〈혐오 · 차별 제재 목소리 고조… 16개국선 이미 형사 차별 법제화〉.《한
국일보》.

심재진. 2017. 〈일반적 차별금지법으로서의 영국의 2010년 평등법 제정의 의미와 시사점〉.
《강원법학》50호.

양대근. 2015.10.29. 〈부패사건 절반, '내부고발자'가 잡아냈다〉.《헤럴드경제》.

양진하. 2016.03.03. 〈대자보 쓰면 다친다? 테러방지법에 대학가 술렁〉.《한국일보》.

엄상용. 2015. 〈조직의 침묵은 금(金)이 아니라 독(毒)이다〉.《합참》65호.

오민애 2015.11.13. 〈법원, "이정희 전 대표 부부는 '종북 부부'" 종편채널 손해배상책
임 인정〉.《민중의 소리》.

오병일. 2016.10.28. 〈디지털보안가이드: 통신 보안 – 온라인 검열을 우회하는 방법〉.
《슬로우뉴스》.

오픈넷. 2019.09.16. 〈블랙넛 모욕죄 처벌, 예술작품에 대한 국가권력 개입을 우려한다.〉
https://opennet.or.kr/16456

우지숙 · 나현수 · 최정민. 2010. 〈인터넷 게시판 실명제의 효과에 관한 실증 연구〉.《행
정논총》제48권 1호.

위평량. 2016. 〈20대 총선 여 · 야 4당의 경제분야 공약 비교분석〉.《기업지배구조연구》
52호.

유길용. 2016.08.19. 〈'꽃 꽂은 대통령' 풍자 전단지 뿌린 팝아티스트 벌금형〉.《중앙일
보》.

유대영. 2012.05.15. 〈"동성애 조장 광고, 즉각 허용 철회를" 교계, 서울시 비판 성명〉.
《국민일보》.

유덕영. 2006.11.25. 〈국가인권위, 구속력 없는 권고 한계〉.《세계일보》.

유성애. 2012.12.29. 〈동아투위 "대법원, 합법 가장한 꼼수판결" 비판〉.《오마이뉴스》.

유세아. 2016.11.13. 〈'광화문 촛불집회' 주최측 최대 100만명 vs 경찰 26만명… 차이나는 이유는〉.《이뉴스투데이》.

유지혜 · 염유섭. 2019.07.09. 〈"고발은 짧고 고통은 길었다"… 보호 못 받는 공익신고자들〉.《세계일보》.

윤광은. 2019.12.16. 〈극우적 장르가 된 한국 힙합〉.《미디어스》.

윤광은. 2019.12.16. 〈블랙넛 유죄 파결로 보는 한국 힙합의 주소〉.《미디어스》.

윤성옥. 2016. 〈방송광고 표현의 보호와 규제의 법리〉.《미디어 경제와 문화》제14권 2호.

윤성현 · 류혜옥. 2016. 〈기독 청소년의 신앙요소에 따른 성의식, 동성애 태도와의 상관 연구〉.《한국기독교상담학회지》제27권 3호.

윤유빈. 2012.05.18. 〈"동성애 광고가 웬말이냐" …보수-진보 '이념대립' 양상〉.《JTBC》.

윤주헌. 2014.08.14. 〈검찰 "2심 재판분, 종북개념 너무 좁게 해석"〉.《조선일보》.

이광석. 2009. 〈온라인 정치 패러디물의 미학적 가능성과 한계〉.《한국언론정보학보》48호.

이건호(2000). 내부고발자 보호제도에 관한 연구.《한국형사정책연구원 연구보고서 00-04》.

이경미. 2014.11.27. 〈대법 "공익 위한 행위" 인정하고도 언론의 자유보다 해고의 자유 우선〉.《한겨레》.

이계덕. 2012.05.07. 〈시내버스 1000대에 동성애 광고 실렸다〉.《대자보》.

이계덕. 2012.04.12. 〈현역구의원 "동성애 인권광고 허용하라"〉.《대자보》.

이계덕. 2014.06.02. 〈영등포구, 동성애 차별금지 현수막 다시 게시하기로〉.《신문고뉴스》.

이기형 · 채지연 · 권영숙. 2015. 〈코미디 텍스트와 '풍자의 정치학':《민상토론》을 분석의 주요한 사례로〉.《방송문화연구》제27권 2호.

이대웅. 2012.05.14. 〈서울 거리 한복판에 동성애 광고가 웬말〉.《크리스천투데이》.

이문균. 2004. 〈동성애와 기독교〉.《대학과 복음》제10권.

이봉우. 2016.10.25. 〈'최순실' 좇은 JTBC, '개헌카드' 집중한 KBS〉.《오마이뉴스》.

이봉우. 2016.11.10. 〈"탄핵 해보라"… 대통령 호위 나선 MBC〉.《오마이뉴스》.

이부하. 2012. 〈공인(公人)의 인격권과 표현의 자유〉.《서울法學》제20권 1호.

이석민. 2018. 〈예술의 자유에 대한 헌법적 검토〉. 헌법재판연구원. 《헌법이론과 실무》.

이수영. 2005. 〈동성애 표현 광고에서 독창성과 적합성이 광고효과에 미치는 영향〉. 영남대학교 석사학위 논문.

이승선. 2004. 〈방송광고 사전심의제도의 헌법적 고찰〉. 《한국광고홍보학보》 제6권 2호.

이승선. 2007. 〈'공적인물'이 청구한 명예훼손 소송의 특성과 함의〉. 《방송과 커뮤니케이션》 제8권 1호.

이승선. 2014a. 〈언론법제와 규제: 표현의 자유 논의의 흐름 및 주요 쟁점을 중심으로〉. 《사회과학연구》 제25권 4호.

이승선. 2014b. 《표현의 자유를 구속하는 열 가지 판결》. 커뮤니케이션북스.

이승재. 2015.09.15. 〈공익신고 제보↑… 제보자에 대한 보호·지원은 '미흡'〉. 《뉴스웨이》.

이승조. 2013. 〈개인 성향으로서의 자존감과 긍부정 프레이밍의 상호작용이 국제 기아돕기 캠페인의 효과에 미치는 영향〉. 《한국언론학보》 제57권 5호.

이승현. 2017.02.23. 〈국민 10명 중 7명 이상 "3월 초 박근혜 탄핵해야" [참여연대 여론조사]〉. 《통일뉴스》.

이시영·은종환·한익현. 2017. 〈내부고발에 관한 인식유형 분석: Q방법론을 활용하여〉. 《한국사회와 행정연구》 제27권 4호.

이아람. 2017. 〈한국 힙합음악의 주제 및 소재에 관한 고찰: 2010년대 힙합 레이블 앨범을 중심으로〉. 경희대학교 대학원 석사학위 논문.

이영미. 2018. 〈사회정의에 대한 인식과 사회적 박탈감이 정부신뢰에 미치는 영향: 서울시민을 중심으로〉. 《한국행정논집》 제30권 1호.

이영태. 2003. 〈침묵은 금이 아니다!: 참여정부 '토론 공화국' 표방… 토론문화 급속한 확산〉. 《주간한국》 1964호.

이영표. 2004.06.17. 〈'정치패러디' 학계공방 가열〉. 《서울신문》.

이용우. 2018.06.25. 〈대구 퀴어축제, 기독교계 반대로 퍼레이드 중단〉. 《데일리굿뉴스》.

이윤애. 2018.08.19. 〈침묵은 금(金)인가? 침묵은 독(毒)이었다〉. 《전북일보》.

이재신 · 이민영. 2011. 〈정치정보 습득 채널, 정부신뢰, 사회적 영향이 대학생들의 정치
    참여에 미치는 영향〉. 《언론과 사회》 제19권 3호.

이재진. 2000. 〈가상공간에서의 혐오언론의 문제: 미국의 경우를 중심으로〉. 《사이버커
    뮤니케이션학보》 6호.

이재진. 2002. 《한국 언론 윤리법제의 현실과 쟁점》. 한양대학교 출판부.

이재진. 2003a. 〈사이버공간에서의 표현의 자유와 인격권의 갈등해결 방식에 관한 연구:
    한 · 미 간의 판례 고찰을 중심으로〉. 《방송통신연구》 57호.

이재진. 2003b. 〈방송에서의 '공인'의 의미에 대한 법제론적 고찰〉. 《미디어 경제와 문화》
    제1권 1호.

이재진. 2006. 〈표현으로서의 광고의 보호 정도에 대한 탐구: 인격권 관련 판례에 대한
    분석을 중심으로〉. 《한국언론정보학보》 32호.

이재진 · 이성훈. 2003. 〈명예훼손 소송의 위법성 조각사유로서의 공익성에 대한 연구〉.
    《한국언론정보학보》 20호.

이재진 · 이정기. 2011a. 《표현, 언론 그리고 집회결사의 자유》. 한양대학교 출판부.

이재진 · 이정기. 2011b. 〈한국과 중국 명예훼손법상의 '공인' 개념에 관한 비교 연구: 관
    련 판례분석을 중심으로〉. 《언론과 법》 제10권 2호.

이재진 · 이정기. 2012. 《표현, 언론 그리고 집회결사의 자유》. 한양대학교 출판부.

이재진 · 이창훈. 2010. 〈법원과 언론의 공인 개념 및 입증책임에 대한 인식적 차이 연구〉.
    《미디어 경제와 문화》 제8권 3호.

이정국. 2014.10.23. 〈언론인 해직, 1975년이나 지금이나 소름돋게 유사하다〉. 《한겨레》.

이정기. 2009. 〈인권으로서의 표현의 자유에 관한 연구: 국가인권위원회의 진정사례, 의
    견표명문을 중심으로〉. 《정치커뮤니케이션연구》 14호.

이정기. 2011. 〈온오프라인 공간에서의 '저항적(대안적) 정치참여'에 관한 연구〉. 《미디
    어, 젠더 & 문화》 18호.

이정기. 2013. 《온라인 뉴스 유료화 전략》. 커뮤니케이션북스.

이정기. 2015. 〈언론인 해고 관련 판결의 특성과 판결에 나타난 법원의 '언론의 자유' 인

식, 한계에 관한 탐색적 연구: 이명박 정권 출범 이후의 언론인 해고를 중심으로〉.
《한국언론학보》 제59권 4호.

이정기. 2016a. 《대한민국 표현 자유의 현실》. 커뮤니케이션북스.

이정기. 2016b. 〈공익제보 사례에 담긴 공적 표현의 자유 가치에 대한 탐색적 연구: 참여
연대공익제보지원센터의 '의인상' 수상 사례를 중심으로〉. 《미디어 경제와 문화》
제14권 2호.

이정기. 2016c. 〈'종북(從北)' 관련 판례의 특성과 판례에 나타난 법원의 표현의 자유 인식〉.
《미디어와 인격권》 제2권 1호.

이정기. 2017a. 〈표현의 자유의 적, 대학생들의 '위축효과에 대한 실증적 고찰〉. 《미디어와
인격권》 제3권 2호.

이정기. 2017b. 〈대학생들의 표현의 자유 인식과 저항적 정치 표현행위 결정요인 연구:
2016년 최순실 국정농단(박근혜-최순실 게이트) 사건을 중심으로〉. 《언론과학연구》
제17권 3호.

이정기. 2019. 〈정치적 풍자의 자유와 한계에 관한 탐색적 연구: 오프라인 공간에 나타
난 정치풍자 판례를 중심으로〉. 《사회과학연구》 제35권 1호.

이정기. 2020. 《대한민국 표현 자유의 현실 2》. 커뮤니케이션북스.

이정기. 2021. 《위축효과》. 커뮤니케이션북스.

이정기·금현수. 2012. 〈정치 팟캐스트 이용이 온·오프라인 정치참여에 미치는 영향:
20대의 정치 팟캐스트 이용동기, 정치심리변인, 온·오프라인 정치참여 변인을
중심으로〉. 《한국언론학보》 제56권 5호.

이정기·이재진. 2017. 〈국가인권위원회의 표현의 자유 보호 현황과 한계에 관한 연구: 진
정 사례 분석을 중심으로〉. 《언론과 법》 제16권 2호.

이정기·주지혁. 2020. 〈네이티브 광고 소구 유형에 따른 광고효과 결정요인 연구〉. 《사
회과학연구》 제36집 2호.

이정기·황우넘. 2016. 《대만 방송 뉴스의 현실과 쟁점》. 커뮤니케이션북스.

이정현. 2016.10.31. 〈최순실 규탄 촛불시위서 쫓겨난 MBC, 박수받은 JTBC〉. 《이데일리》.

이정환 · 이우림. 2016. 〈'20대 개새끼론' 어떻게 생각하십니까?〉. 《미디어오늘》.

이주연. 2019. 〈한국대중음악에서 힙합이 성행하는 문화와 사회적 측면에 대한 연구〉. 《문화와 융합》 제41권 1호.

이지문. 2003. 〈한국의 내부고발자, 그들은 누구인가?〉. 《사회비평》 35호.

이지현. 2014. 〈한국에서 차별금지법 제정에 있어서 성적지향을 둘러싼 갈등과 전망〉. 《중앙법학》 제16권 3호.

이진설. 2015.06.29. 〈[광고이야기] 금단의 영역을 깨는 '동성애' 광고〉. 《뉴스투데이》.

이창원 · 조문석. 2016. 〈정부성과, 정치이념, 사회가치가 정부신뢰에 미치는 영향에 대한 탐색적 연구〉. 《한국조직학회보》 제12권 4호.

이창호. 2017.10.30. 〈스피치의 결정권은 청중에게 있다!〉. 《브레이크뉴스》.

이하늬. 2020.10.11. 〈공익신고 이후, 세 명의 이야기〉. 《경향신문》.

이하늬. 2015.12.16. 〈박근혜 스티커 23장 붙였다고 지문 추적까지…〉. 《미디어오늘》.

이항우. 2015.12. 〈'종북(從北)'의 정치사회학: 비판적 담론분석〉. 《한국사회학회 사회학대회 논문집》.

이형석. 2018. 〈유럽인권협약상 표현의 자유와 정치적 풍자표현: 유럽인권재판소 판결을 중심으로〉. 《법과 정책》 제24권 1호.

이형석 · 전정환. 2020. 〈증오범죄와 표현의 자유: 표현의 자유 위축효과와 헌법적 정당성을 중심으로〉. 《법학연구》 제20권 3호.

이혜인 · 홍준형. 2013. 〈정부신뢰와 시민참여〉. 《한국행정논집》 제25권 3호.

이호용. 2013. 〈공익신고제도의 법적 과제와 전망〉. 《법학논집》 제37권 2호.

이후경. 2016.04.04. 〈[후박사의 힐링 상담 | 눈치 보기 갈등 극복] 중 · 허 · 화 떠올려라〉. 《이코노미스트》.

이희정. 2014.10.10. 〈[지평선] 위축 효과〉. 《한국일보》.

임병연. 2008. 〈공익신고자 보호제도 도입방안 연구〉. 《공익신고자 보호제도 도입을 위한 공개토론회 발표문》.

임영덕 · 김형성. 2009. 〈'위축효과'에 대한 비교법적 고찰〉. 《成均館法學》 제21권 2호.

임재형 · 김재신. 2014. 〈한국사회의 혐오집단과 관용에 관한 경험적 분석〉.《OUGHTOPIA》 제29권 1호.

임지봉. 2006. 〈한국사회와 국가인권위원회〉.《공법연구》제35권 22호.

장슬기. 2015.03.09. 〈한겨레에 실린 동성애 혐오 광고, 광고는 광고일 뿐?〉.《미디어오늘》.

장연이 · 김희권. 2017. 〈패러디의 의미와 표현의 자유〉.《디지털콘텐츠학회논문지》제18권 7호.

장용진. 2016.06.23. 〈언론 · 시민단체 입막음용 '봉쇄소송' 함부로 못한다〉.《파이낸셜뉴스》.

장용진 · 강영웅 · 김강배 · 김민경 · 민지혜 · 박성은. 2011. 〈6명의 공익제보자 사례를 통해 본 한국의 공익제보의 특징과 함의〉.《한국행정학회 학술대회 발표논문집》6호.

장용진 · 박성은 · 민지혜. 2011. 〈한국의 내부고발자 사례를 통해 본 효과적인 내부고발의 조건과 함의〉.《행정논총》제49권 4호.

장용진 · 윤수재 · 조태준. 2012. 〈지방자치단체 공무원의 내부고발 인식에 관한 연구〉.《한국공공관리학회보》제26권 2호.

장용진 외. 2011. 〈6명의 공익제보자 사례를 통해 본 한국의 공익제보의 특징과 함의〉.《한국행정학회 학술대회 발표논문집》6회.

장은교. 2014.12.30. 〈KBS 2009년 연봉계약직 대량해고는 무효〉.《경향신문》.

장화익. 2007. 〈근로자 내부고발보호제도 국제비교: 영 · 미 · 일의 사례와 시사점〉.《노동정책연구》제7권 2호.

전영란 · 김희화. 2016. 〈부모의 비일관적 양육 및 과잉간섭적 양육이 초기 청소년의 사회적 위축에 미치는 영향: 청소년의 자아존중감의 매개효과를 중심으로〉.《청소년시설환경》제14권 2호.

전용모. 2019.12.12. 〈[판결] 모욕 혐의 힙합가수 '블랙넛' 유죄 원심확정〉.《로이슈》.

전란영 · 김희화. 2015. 〈부모의 비일관적 양육 및 과잉간섭적 양육이 초기 청소년의 사회적 위축에 미치는 영향〉.《청소년시설환경》제14권 2호.

정상조. 2004.《지적재산권법》. 홍문사.

정상혁. 2015.05.15. 〈'박정희 닭' 벽에 낙서한 20대 대학생에 재물손괴로 벌금 100만 원〉. 《조선일보》.

정수연·김연주. 2017.10.18. 〈"힙합이면 다야?" 할 말 다하고 책임 없는 한국 래퍼들〉. 《서울경제》.

정아란, 2014.06.27. 〈"법원, MBC 해직언론인 6명 복직 명령"〉. 《연합뉴스》.

정영오·고경석. 2016.10.24. 〈문화계 검열, 세월호 규명·대통령 풍자에 민감〉. 《한국일보》.

정종오. 2014.10.21. 〈[2014국감] 신뢰도 추락 MBC… 날개가 없다〉. 《아시아경제》.

정지혜·박남희. 2019. 〈전립선암 검진의도 구조모형〉. 《지역사회간호학회지》 제30권 4호.

정철운. 2016.11.14. 〈손석희 JTBC뉴스, 3주간 평균 시청률 8.01%〉. 《미디어오늘》.

정철운. 2014.11.28. 〈YTN 판결로 보는 조중동과 KBS의 '언론자유도'〉. 《미디어오늘》.

조국. 2015. 〈정치권력자 대상 풍자·조롱행위의 과잉범죄화 비판〉. 《刑事法硏究》 제27권 1호.

조근호. 2019.06.15. 〈태평양 건너 여성혐오 쓰레기 된 힙합〉. 《노컷뉴스》.

조영환. 2014.08.14. 〈[조영환 칼럼] '從北(종북)'이란 용어 규정의 자유는 보장되어 야!〉. 《뉴데일리》.

조윤영·배희진·정현희. 2019. 〈청소년이 지각하는 부정적 양육경험과 우울과의 관계: 자아존중감, 사회적 위축, 학교 내 대인관계의 다중매개효과〉. 《중등교육연구》 제67권 4호.

조윤호. 2013.05.24. 〈법원 "조상운 전 국민일보 기자 해고는 위법〉. 《미디어오늘》.

조윤호. 2014.01.17. 〈법원, 2심에서도 "조상운 국민일보 기자 해고 위법"〉, 《미디어오늘》.

조윤호. 2014.08.13. 〈조선일보, '종북' 사상검증이 '표현의 자유'라고?〉. 《미디어오늘》.

조윤호. 2015.11.05. 〈임수경 "종북 색깔론, 의원인 나도 자기검열 하게 돼"〉. 《미디어오늘》.

조재영. 2001. 〈TV기업 PR 광고의 공익적 표현에 관한 연구〉. 《한국광고홍보학보》 제3권 2호.

조재현. 2008. 〈인권보장제도로서의 국가인권위원회제도의 의의와 한계〉. 《헌법학연구》 제14권 2호.

조정훈. 2014.12.18. 〈'박정희 풍자그림' 그려서 기소? '표현의 자유' 침해 논란〉.《오마이뉴스》.

조지현. 2016.10.25. 〈[글로벌 24] 성소수자, 소비 블루칩으로!〉.《KBS》.

조형근. 2019.01.21. 〈[이슈논쟁] 20대 남성의 보수화, 우리 세대 진보의 책임이다〉.《한겨레》.

조현정. 2019.12.12. 〈한국 힙합, 반성 없는 혐오 어디까지〉.《브런치》,

　　　https://brunch.co.kr/@artinsight/735

조형식. 2004. 〈국제인권법의 관점에서 본 인터넷상의 표현의 자유〉.《선진상사법률연구》

　　　24호.

중앙일보. 2012.05.19. 〈종로구 두 곳에 걸린 '동성애 현수막'… 여러분은 어떠세요〉.

　　　《중앙일보》.

지양야오 · 백윤정. 2013. 〈내부고발 의도의 영향요인에 관한 실증연구: 중국기업조직을

　　　대상으로〉.《윤리연구》 제90권.

차병직. 2006.《인권》. 살림출판사.

차현진. 2020.10.26. 〈가만히만 있으면 중간도 못 간다〉.《한국일보》.

참여연대. 2015. 〈그 사건 그 검사 DB: 박근혜 대통령 비판한 시민에 대한 명예훼손 및

　　　집시법 위반 혐의 수사〉.

　　　https://www.peoplepower21.org/index.php?mid=CaseDB&document_srl=1402832

　　　&sort_index=regdate&order_type=desc

참여연대 공익법센터. 2015.09.07. 〈[이슈리포트] 박근혜정부의 국민입막음 사례22선〉.

　　　http://www.peoplepower21.org/PublicLaw/1358502

채은하. 2010.07.11. 〈진주MBC, 통폐합 반대 노조 간부에 해고 등 '초강경 징계'〉.《프

　　　레시안》.

최상진 · 김기범. 2011.《문화심리학: 현대 한국인의 심리분석》. 지식산업사.

최원석 · 강순화 · 백승아. 2020. 〈중학생의 우울과 불안이 자살사고에 미치는 영향: 위

　　　축과 자아존중감의 매개된 조절효과〉.《청소년문화포럼》 제7권.

최연진 · 최원우. 2014.08.12. 〈從北은 정치 논쟁거리… 법적 판단대상 아니다〉.《조선일보》.

최영주. 2015.01.30. 〈권성민 MBC PD, 재심에서도 '해고'〉.《PD저널》.

최예슬. 2016.11.03. 〈대통령 풍자하면 벌금형부터 징역형까지? 공주전·박공주헌정시'
는 안전할까〉. 《문화뉴스》.

최유빈. 2013.01.22. 〈인권위, "서초구, 동성애 광고 불허는 차별"〉. 《한겨레》.

최정학. 2003. 〈내부고발자 보호제도의 법적 문제점〉. 《형사정책》 제15권 1호.

최종인. 2016.07.15. 〈모난 돌이 정 맞지 않는 세상을 위해〉. 《오마이뉴스》.

최종환·하진홍. 2016. 〈통일 관련 언론보도 논조 및 프레임 분석 연구〉. 《커뮤니케이션학
연구》 제24권 2호.

최진녕. 2017.01.28. 〈표창원 의원님, 표현의 자유는 그런 게 아닙니다〉. 《시사포커스》.

최진호·한동섭. 2012. 〈언론의 정파성과 권력 게임〉. 《언론과학연구》 제12권 2호.

추광규. 2012.04.17. 〈'동성애자 차별금지' 지하철 광고, 게시불허 논란: 지하철역에 광고
신청, 서울도시철도공사 "민원소비 많다" 반려〉. 《오마이뉴스》.

한경경제용어사전. 2005. 《공익제보》.
https://terms.naver.com/entry.nhn?docId=2063862&cid=42107&categoryId=42107

한국기독교총연합회. 2012.05.13. 〈[성명서] 동성애 옹호 광고를 즉각 철회하라〉.
http://www.cck.or.kr/chnet2/board/view.php?id=222&code=news_2011

한기연. 1993. 〈다차원적 완벽성-개념, 측정 및 부적응과의 관련성〉. 고려대학교 대학원
박사학위 논문.

한만송. 2010.08.02. 〈법원 판결 무시하는 인천일보? … "취재 현장 복귀하고 싶다"〉,
《인천투데이》.

한명진. 2017. 〈독일의 위축효과 법리에 대한 비교법적 검토〉. 《유럽헌법연구》 제23권.

한지혜. 2014. 〈언론사 내부에 있어서의 언론의 자유 침해와 정치파업의 문제: MBC파
업사태와 징계무효판결과 관련하여〉. 《서강법률논총》 제3권 1호.

황순민·양연호·임형준. 2016.11.13. 〈1020세대 96% "계속 촛불 들겠다"… 절반 이
상 생애 첫 시위〉. 《매일경제》.

황용석. 2009.03.29. 〈[미디어 세상] 위축효과와 PD수첩 수사〉. 《경향신문》.

황하성·김정혜. 2012. 〈서울 지역 20대 유권자의 팟캐스트 이용과 정치참여에 관한 연구〉.

《사회과학연구》제19권 3호.

허성호 · 이근영 · 정태연. 2017. 〈공익제보자들이 경험하는 이상과 현실의 차이: 현상학적 분석〉.《한국심리학회지: 문화 및 사회문제》제23권 1호.

허재현. 2013.02.24. 〈법원 '함부로 '종북'이라고 했다가는…〉.《한겨레》.

홍관표. 2013. 〈차별금지법 제정 추진상 쟁점 및 과제〉.《저스티스》139호.

홍상황 · 이은주. 2014. 〈아동의 거부민감성과 사회적 억제의 관계에서 자아존중감과 부정적 평가에 대한 두려움의 매개효과〉.《초등상담연구》제13권 1호.

홍석윤. 2018.07.07. 〈광고에 다인종 가족 많이 출연하는 까닭〉.《이코노믹 리뷰》.

황성기. 2008. 〈인터넷 실명제에 관한 헌법학적 연구〉.《법학논총》제25집 1호.

홍성수. 2011. 〈국가인권위원회 조사 · 구제기능에 대한 평가와 과제: 출범 이후 10년간의 통계를 중심으로〉.《법학연구》34호.

홍인기. 2014.10.06. 〈공익신고 2012년 1153건 → 올 9월까지 5374건 매년 급증〉.《서울신문》.

한혜인. 2018.02.27. 〈스타벅스 · 코카콜라 동성애 광고 "현혹되지 마세요"〉.《데일리굿뉴스》.


Ajzen, I. 1991. "The theory of planned behavior". *Organizational Behavior and Human Decision Processes* Vol.50.

Cappella, J. N., & Jamieson, K. H. 1997. *Spiral of cynicism. The press and the public good.* Oxford University Press.

Craig, S. C., Niemi, R. G., & Silver, G. E. 1990. "Political efficacy and trust: A report on the NES pilot study items". *Political Behavior* Vol.12 No.3.

Denhardt, R. B. 1991. *Public administration: An action orientation, belmont.* Wadsworth Publishing Company.

Emerson, T. I. 1970. *The System of Freedom of Expression.* Random House.

Faina, K. 2012. "Public journalism is a joke: The case for Jon Stewart and Stephen Colbert". *Journalism* Vol.14 No.4.

Jackson, T. H. & Jeffries, JR. J. C. 1979. "Commercial Speech: Economic Due Process and the First Amendment". *Virginia law review* Vol.65 No.1.

Kasse, M. 1999. "Interpersonal trust, political trust, and non-industrialized political participation in Western Europe". *West European Politics* Vol.22 No.3.

Kim, E. K. 2014. 〈비리제보제도의 활성화〉. 《법학논집》 제19권 2호.

Liyanarachchi, G., & Newdick, C. 2009. "The impact of moral reasoning and retaliation in whistle-blowing". *Journal of Business Ethics* Vol.89.

Matthes, J., Knoll, J., & vor Silorski, C. 2018. "The "Spiral of Silence" Revisited: A Meta-Analysis on the Relationship Between Perceptions of Opinion Support and Political Opinion Expression". *Communication research* Vol.45 No.1.

Miceli, M. P., & Near, J. P. 1992. *Blowing the whistle: The organizational and legal implications for companies and employees.* Lexington Books.

Noelle-Neumann, E. 1993. *The Spiral of Silence: Public Opinion, our Social Skin.* University of Chicago Press.

Park, H., Rehg, M. T., & Lee, D. 2015. "The influence of confucian ethics and collectivism on whistleblowing intentions: A study of south korean public employees". *Journal of business ethics* Vol.58.

Pulford, B. D., Johnson, A., & Awaida, M. 2005. "A cross-cultural study of predictors of selfhandicapping in university students". *Personality and Individual Differences* Vol.39 No.4.

Sang. Y. M., Lee, J. K., Kim, Y. R., & Woo. H. J. 2015. "Understanding the intentions behind illegal downloading: A comparative study of American and Korean college students". *Telematics & Informatics* Vol.32 No.2.

SOCI법정책연구회. 2019. 〈한국 LGBT 인권현황 2019〉.

　　https://sogilaw.org/75?category=588043

The Economist. 2020.08.20. "South Korea's liberal rulers unleash their inner authoritarians". *The Economist.*

https://www.economist.com/asia/2020/08/20/south-koreas-liberal-rulers-unleash-their-in-ner-authoritarians

Vikers. L. 2002. *Freedom and speech in employment.* Oxford University Press.

Yao, J. 2012. 〈개인적 요인과 상황적 요인이 내부고발 의도에 미치는 영향〉. 경북대학교 대학원 석사학위 논문.

Zhang, J., Chiu, R. K., & Wei, L. 2009. "Decision-making process of internal whistleblowing behavior in China: Empirical evidence and implications". *Journal of Business Ethics* Vol.88.

# 표현의 자유 확장을
# 위한 논리

나와 타인, 모두의 권리를 위하여

초판인쇄 2022년 07월 29일
초판발행 2022년 07월 29일

지은이 이정기
펴낸이 채종준
펴낸곳 한국학술정보(주)
주 소 경기도 파주시 회동길 230(문발동)
전 화 031-908-3181(대표)
팩 스 031-908-3189
홈페이지 http://ebook.kstudy.com
E-mail 출판사업부 publish@kstudy.com
등 록 제일산-115호(2000. 6. 19)

ISBN 979-11-6801-528-9 93330